正玄流四柱推命　震之巻

大運

人生を左右する星々の解明

池本正玄

太玄社

まえがき

『正玄流四柱推命乾《けん》之巻』を出版してから二十数年が経ち、正玄流の概略を『黄帝暦八字占術《こうていれきはちじせんじゅつ》』として太玄社より出版しました。今回、人生の吉凶を判断する際に一番重要となる「大運《だいうん》」の解説を「震《しん》之巻」として出版します。

正玄流は、広く解釈すると四柱推命ですが、中国明時代・清時代に研究された四柱推命ではありません。

第一に、使用する干支暦が異なります。

第二に、格局などの吉凶を判断する理論を使用しません。判断には変通星のみ使用します。

命式は先天《せんてん》運を表すのであって、該当年齢で起こる実際の吉凶は、後天《こうてん》運である大運や年運などを使わないといけません。

しかし、四柱推命の大家である阿部泰山先生が「大運は、地支を重んじ天干は軽く見る」と全集に記載したように、大運天干で人生の出来事を判断することはできないのです。なぜなら、天干を使った占い結果と現実の出来事が一致しないからです。

著者は、運よく二十代に「甲寅《きのえとら》暦」を考案した真勢《ませ》易龍先生に教えを請うことができました。「甲寅暦」は、中国古典の「三命通会《さんめいつうかい》」に記載がある四柱すべて「甲子《きのえね》」から始まる死法とされる暦と一致します。この死法の暦に著者は「黄帝復古《こうていふっこ》暦」として世に公開したのが「乾之巻」です。

正玄流の奥義の一つは、現在使用されている干支暦の月干支と時干支の天干を2つ前にずらすことです。

そして、この「黄帝復古暦」を検証してきた半世紀で、多くの手法を考案しました。これは、多くの卒業生のおかげです。普通、占い師は相談者を占っても、占いの結果を報告してくれる人は多くはありません。著者は、教師をしていましたので、卒業生が結婚しました、子どもが生まれましたと、多くの検証結果をまとめることができました。

死法と言われた「黄帝復古暦」こそが四柱推命の「大運」を読み解く重要な鍵だったのです。

たとえば、人生で一番気をつけたいのは、突然死です。

本書執筆中に、落語家の林家市楼《いちろう》さんが、心臓疾患のため42歳で亡くなりました。１９８０年４月13日、大阪市出身です。本書で解説する42歳のときの大運図は、次のようになります。

林家市楼《いちろう》さん大運

第４運

9.壬申：偏官

一般の四柱推命であれば、大運は「甲申《きのえさる》」の偏印《へんいん》大運です。偏印も病気に気をつけなくてはいけない星ですが、突然死を表すことはありません。

右図の第４運のグラフの山は、強い偏官《へんかん》となり殺運です。そして、亡くなられた令和４年は「壬寅《みずのえとら》」年です。大運の「壬」と年運の「壬」が重なり非常に強い殺運になっています。

図の山は43歳3か月まで、約1年の期間です。健康に留意し、この山を通り過ぎていれば、次の大運は

「乙酉《きのととり》」の正官《せいかん》大運となり大成功運、寿命は少なくとも20年は延びていました。

運命に抗うのは難しいのですが、自分を取り囲む環境運を大運図で把握すれば、人生道半ばで倒れることはなく、人生の目標を無事達成することができるでしょう。

正玄流の四柱推命は、変通星だけで人生の出来事を判断します。一般的な判断方法の十《じゅう》二《に》運星《うんせい》や神殺星《しんさつせい》は使いません。まして、用神《ようじん》や忌神《きしん》といった判断を大きく誤らす手法は用いません。

変通星を定性的に使用するだけでは、吉凶判断をするのは難しいのですが、定量的に使用すれば容易に人生の吉凶運気を判断することができます。

読者も、大運図を作成し、自分の人生の航海チャートとして使ってみてください。チャンスを逃さず吉とし、危険を察知して凶を避けます。読者の人生に美しい華が咲くことを願っています。

２０２２年（令和４年）壬寅年、戊戌月、吉日

淵野辺ジョナサンにて記す

正玄流四柱推命　大運　震之巻――目次

第4章　応用

附録

第1章 基礎

1節 生年と生月の干支

四柱推命は、誕生日を干支暦に直して占います。古代中国で「八字《はちじ》」と呼ばれたように、生年月日時の干支八文字が基本になります。干支は、十干と十二支の組み合わせです。

「十干《じっかん》」は、「甲《こう》・乙《おつ》・丙《へい》・丁《てい》・戊《ぼ》・己《き》・庚《こう》・辛《しん》・壬《じん》・癸《き》」で、「天干《てんかん》」ともいいます。

「十二支《じゅうにし》」は、「子《ね》・丑《うし》・寅《とら》・卯《う》・辰《たつ》・巳《み》・午《うま》・未《ひつじ》・申《さる》・酉《とり》・戌《いぬ》・亥《い》」で、「地支《ちし》」ともいいます。

中国宋《そう》時代（960年～1279年）に活躍した徐子平《じょしへい》先生が、生日天干（以下、日干《にっかん》と記載）を自分の意志である「我《われ》」とし、それまでの三柱に時柱を加え四柱としました。

「大運《だいうん》」の干支は、約10年ごとに変化し一生の吉凶を占うことができます。現在の自分の運気を求め、自分が何をすれば吉となり、良い運気を取り込めるかを解説していきます。

サーフィンではありませんが、自分に巡ってくる運気を知り、上手に運気の波に乗ることで、最終的な成功を手に入れるのです。ポイントは波の変わり目となる大運の境を知ることです。

十干と十二支を組み合わせると「六十干支《ろくじゅうかんし》」ができます。

陽の十干と陽の十二支が組み合わさり、陰の十干と陰の十二支が組み合わさります。一番目の干支は「甲《きのえ》子《ね》」です。甲は十干の一番目で、子は十二支の一番目だからです。

六十干支表は次のようになります。

六十干支表

第１旬 甲子旬	第２旬 甲戌旬	第３旬 甲申旬	第４旬 甲午旬	第５旬 甲辰旬	第６旬 甲寅旬
1 甲子	11 甲戌	21 甲申	31 甲午	41 甲辰	51 甲寅
2 乙丑	12 乙亥	22 乙酉	32 乙未	42 乙巳	52 乙卯
3 丙寅	13 丙子	23 丙戌	33 丙申	43 丙午	53 丙辰
4 丁卯	14 丁丑	24 丁亥	34 丁酉	44 丁未	54 丁巳
5 戊辰	15 戊寅	25 戊子	35 戊戌	45 戊申	55 戊午
6 己巳	16 己卯	26 己丑	36 己亥	46 己酉	56 己未
7 庚午	17 庚辰	27 庚寅	37 庚子	47 庚戌	57 庚申
8 辛未	18 辛巳	28 辛卯	38 辛丑	48 辛亥	58 辛酉
9 壬申	19 壬午	29 壬辰	39 壬寅	49 壬子	59 壬戌
10 癸酉	20 癸未	30 癸巳	40 癸卯	50 癸丑	60 癸亥
戌亥空亡	申酉空亡	午未空亡	辰巳空亡	寅卯空亡	子丑空亡

※奇数は陽干支　偶数は陰干支

「旬《じゅん》」となる10組の干支は、仲間や身内が集まっているイメージです。甲子旬であれば、この10組の干支が仲間になります。10個の十干と12個の十二支を組み合わせると、２個の十二支が余ります。これを「旬中空《じゅんちゅうくう》亡《ぼう》」と呼びます。たとえば、甲子旬の10組の干支は、それぞれが戌亥《いぬい》空亡になります。

空亡の意味は「吉は吉ならず、凶は凶ならず」と言われるように、物事が空回りしやすくなります。通常は、日干支より求めますので、「年支《ねんし》」や「月支《げっし》」そして「大運《だいうん》」は空亡の作用を受けません。

生年干支と生月干支は、巻末附表1の「月干支表」より求めます。
例として、大リーグで活躍中の大谷翔平選手の生年月干支を求めてみます。
大谷選手は、１９９４年７月５日21時６分、岩手県奥州市生まれです。
附表１から下表の１９９４年を探します。１９９４年は、立春２月４日10時31分から、「甲戌《きのえいぬ》」年（〇印）になります。

◎一年の始まりは、立春からです。

立春の時刻は、毎年変わりますので注意してください。

次に、７月の欄を見ます。余気が７日17時19分で、この時刻より月干支は「56己未《つちのとひつじ》」になります。大谷選手は５日生まれで７日より前に生まれていますから、生月干支は６月の欄の「55戊午《つちのえうま》」月（□印）になります。55は六十干支の順番を表しています。

◎月の始まりは、余気の欄に記載した「節入り」時刻からです。

余は「余気《よき》」、中は「中気《ちゅうき》」、正は「正気《せいき》」の意味です。

月干支は、実質上の時間を測定していますので、余気・中気・正気の中から一つだけに決まります。※通常の暦では、月柱の干支は「庚午《かのえうま》」になります。

正玄流は、月干が２つ前の十干に変わります。
月干支表は、２つ前にずらして作成してあります。

大谷翔平選手

	年柱	月柱
天干	甲	戊
地支	戌	午

1994年 甲戌年 蔵干（辛・丁・戊） 立春2月4日10：31

月	月干支		蔵干	日時
1月	50癸丑	余	癸	5日22:48～
		中	辛	14日19:06～
		正	己	17日17:53～
2月	51甲寅	余	戊	4日10:31～
		中	丙	11日09:04～
		正	甲	18日07:37～
3月	52乙卯	余	甲	6日04:38～
		中		
		正	乙	16日06:39～
4月	53丙辰	余	乙	5日09:32～
		中	癸	14日14:44～
		正	戊	17日16:28～
5月	54丁巳	余	戊	6日02:54～
		中	庚	11日07:40～
		正	丙	20日16:07～
6月	55戊午	余	丙	6日07:05～
		中	己	16日18:54～
		正	丁	26日05:10～
7月	56己未	余	丁	7日17:19～
		中	乙	17日03:26～
		正	己	20日06:49～
8月	57庚申	余	己	8日03:04～
		中	壬	18日11:12～
		正	庚	21日13:53～
9月	58辛酉	余	庚	8日05:55～
		正	辛	18日11:30～
10月	59壬戌	余	辛	8日21:29～
		中	丁	17日22:25～
		正	戊	20日22:43～
11月	60癸亥	余	戊	8日00:36～
		中	甲	15日00:54～
		正	壬	19日21:42～
12月	1甲子	余	壬	7日17:23～
		正	癸	17日13:29～

次に、藤井聡太七冠の生年月干支を求めてみましょう。２００２年７月19日午前2時21分、愛知県瀬戸市生まれです。生年干支は、誕生日が立春を過ぎていますから「壬午《みずのえうま》」（表の点線円印）年です。

月干支を求めるには、７月生まれなので７月の欄を見ます。７月の「乙《きのと》未《ひつじ》」月（□印）は余気の欄７日15時56分からです。19日生まれで７日を過ぎていますから、月干支は「32乙未《きのとひつじ》」月になります。

生月干支を万年暦やネットで求めると「丁未《ひのとひつじ》」になります。正玄流は、天干を丁《ひのと》より２つ戻して乙《きのと》に直します。

藤井聡太七冠
現行暦命式

	年柱	月柱
天干	壬	丁
地支	午	未

丁を乙に

正玄流命式

	年柱	月柱
天干	壬	乙
地支	午	未
蔵干		乙

直すのは月干のみで、月支の未はそのままです。

藤井聡太七冠の「月律分野蔵干《げつりつぶんやぞうかん》」も求めてみましょう。７月19日生まれなので、７月の表より17日02時02分～20日05時25分の欄の中気「乙《きのと》」（円印）を月律分野蔵干として採用します。

月律分野蔵干は、自分の「使命《しめい》」を表す重要ポイントになります。古典では、「格」と呼び吉凶判断の中心星になっています。

2002年 壬午年 蔵干（　・己・丁）　立春2月4日09：24

月	月干支	区分	蔵干	日時
1月	26己丑	余	癸	5日21:43～
		中	辛	14日18:01～
		正	己	17日16:47～
2月	27庚寅	余	戊	4日09:24～
		中	丙	11日07:56～
		正	甲	18日06:28～
3月	28辛卯	余	甲	6日03:28～
		中		
		正	乙	16日05:28～
4月	29壬辰	余	乙	5日08:18～
		中	癸	14日13:29～
		正	戊	17日15:13～
5月	30癸巳	余	戊	6日01:37～
		中	庚	11日06:23～
		正	丙	20日14:49～
6月	31甲午	余	丙	6日05:45～
		中	己	16日17:33～
		正	丁	26日03:48～
7月	32乙未	余	丁	7日15:56～
		中	乙	17日02:02～
		正	己	20日05:25～
8月	33丙申	余	己	8日01:39～
		中	壬	18日09:48～
		正	庚	21日12:29～
9月	34丁酉	余	庚	8日04:31～
		正	辛	18日10:07～
10月	35戊戌	余	辛	8日20:09～
		中	丁	17日21:06～
		正	戊	20日21:26～
11月	36己亥	余	戊	7日23:22～
		中	甲	14日23:41～
		正	壬	19日20:30～
12月	37庚子	余	壬	7日16:14～
		正	癸	17日12:21～

『手取り解説』月律分野蔵干

月支には、「余気・中気・正気」と呼ぶ十干が含まれています。これを月律分野蔵干《げつりつぶんやぞうかん》といいます。

藤井聡太七冠は、月支未《ひつじ》の蔵干（余気丁《ひのと》・中気乙《きのと》・正気己《つちのと》）から中気乙《きのと》が「透干《とうかん》」したといいます。

月律分野蔵干は、次の表のようになっています。

月律分野蔵干表

	余気・中気・正気
正月	寅（戊・丙・甲）
二月	卯（甲・　・乙）
三月	辰（乙・癸・戊）
四月	巳（戊・庚・丙）
五月	午（丙・己・丁）
六月	未（丁・乙・己）
七月	申（己・壬・庚）
八月	酉（庚・　・辛）
九月	戌（辛・丁・戊）
十月	亥（戊・甲・壬）
十一月	子（壬・　・癸）
十二月	丑（癸・辛・己）

月律分野蔵干は、寅《とら》の正気の甲《きのえ》が、次の卯《う》の余気甲《きのえ》になっています。卯《う》の正気乙《きのと》が、次の辰《たつ》の余気乙《きのと》になっています。丑《うし》の正気己《つちのと》が寅《とら》の余気戊《つちのえ》になっていないのは、寅月《とら》は一年の始まりで陽の戊《つちのえ》とし、丑月《うし》は一年の終わりで陰の己《つちのと》とするからです。

丑《うし》と寅《とら》の関係以外は、必ず前月の正気が次月の余気になっています。

中気は、三合《さんごう》理論です。たとえば、亥卯未《いうひつじ》を三合木局と呼び、亥《い》と未《ひつじ》の蔵干に木気の甲《きのえ》と乙《きのと》を置きます。

三合木局の亥卯未の図

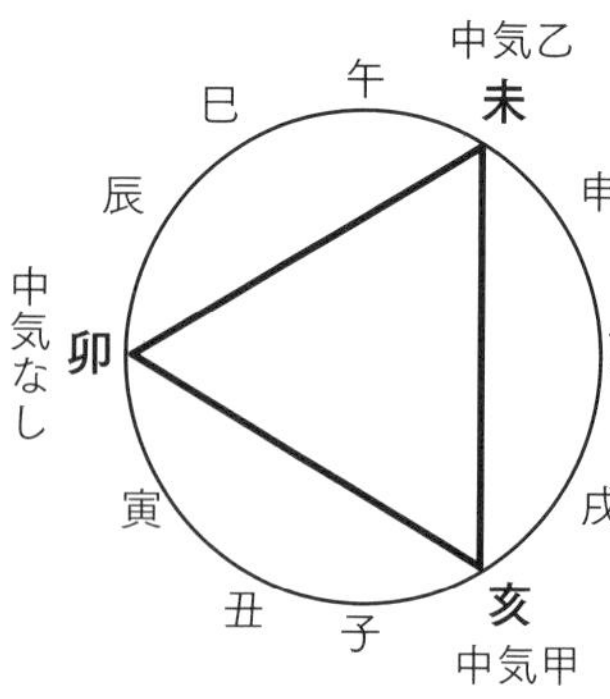

三合には、次の４種類があります。

亥卯未《いうひつじ》の木局《もっきょく》
寅午戌《とらうまいぬ》の火局《かきょく》
巳酉丑《みとりうし》の金局《きんきょく》
申子辰《さるねたつ》の水局《すいきょく》

三合木局の、亥《い》を生《せい》、卯《う》を旺《おう》、未《ひつじ》を墓《ぼ》といいます。他の三合も同じです。

2節　生日の干支

除子平《じょしへい》先生が、日干を我としたのは、宋時代は中国のルネサンスで庶民の文化が花開き、個人の幸せが問われ、その人の運命を見る必要性があったからだと思います。それまでは、年干支を中心にして判断していました。個人を占っても、財運や仕事運というよりは、行動の特質を判断しました。

日本の占いは、1日の始まりを新暦に合わせて午前0時にする傾向があります。中国の占いは、23時を1日の始まりにします。これは子刻が23時から1時までの2時間で、0時を境として前後二つに分断してしまうと問題が起こるからです。日本の占いは、分断してしまった2つの子刻を「遅い子刻」と「早い子刻」と呼んで、疑問にも思わずに使っています。

正玄流には日干支を決める際に、重要な奥義があります。

◎1年の始まりが寅月であるように、1日の始まりを寅刻の3時にします。

この暦を、私の恩師である真勢《ませ》易龍先生は「甲寅《きのえとら》暦」と呼びました。一般に使われている干支暦を「現行暦」と呼ぶことにします。

明時代（1368～1644年）に万民英《ワンミンイン》が著した『三命通会《さんめいつうかい》』に「甲子年、甲子月、甲子日、甲子時に始まる暦が古代にはありましたが、今は死法として使われていません」という記述があります。干支暦は、伝説上の黄帝が作ったと言われています。この死法の暦を「黄帝復古《こうていふっこ》暦」と呼ぶことにすると、「甲寅《きのえとら》暦」と「黄帝復古暦」は、同じ暦になります。

本書では、「黄帝復古暦」を「黄帝暦」と略して記載することにしますが、現在中国で「黄帝暦」というと、日本で使われている「現行暦」と同じものです。

巻末附表2の「日干支表」より、生日干支を求めます。

たとえば、大谷翔平選手の生日干支を求めてみます。１９９４年７月５日21時10分、岩手県 奥州市生まれです。

巻末附表2から下表の１９９４年を探し、左欄の７月と上欄の５日より、矢印のように生日干支の「壬辰《みずのえたつ》」を求めます。大谷選手の日干「我《われ》」は「壬《みずのえ》」になります。

大谷翔平選手

	年柱	月柱	日柱
天干	甲	戊	壬
地支	戌	午	辰
蔵干		丁	

日干は、自分の体や手足を表すのではなく、自分の性格や意志といった精神活動の中心です。自分の感情や物事をどのように捉え、どのように考えやすいか、そして物事をどのように決断するのかが日干の「我」です。

四柱推命は、生まれた場所と太陽の関係を基本として干支を決めます。現在は、どの国でも標準時を使用しているので、生まれた場所の「真太陽時《しんたいようじ》」ではありません。標準時を真太陽時に直すには、時差や均時差を修正します。

また、夏にサマータイムを実施している国もあります。夏の時間が1時間早まっていますので注意が必要です。日本でも戦後数年間は、サマータイムが実施されています。

1994年　甲戌年　立春２月4日10：31

	1	2	3	4	5	6	7	8	9	10	11	12	13	14	15	16	17	18	19	20	21	22	23	24	25	26	27	28	29	30	31
1	丁亥	戊子	己丑	庚寅	辛卯	壬辰	癸巳	甲午	乙未	丙申	丁酉	戊戌	己亥	庚子	辛丑	壬寅	癸卯	甲辰	乙巳	丙午	丁未	戊申	己酉	庚戌	辛亥	壬子	癸丑	甲寅	乙卯	丙辰	丁巳
2	戊午	己未	庚申	辛酉	壬戌	癸亥	甲子	乙丑	丙寅	丁卯	戊辰	己巳	庚午	辛未	壬申	癸酉	甲戌	乙亥	丙子	丁丑	戊寅	己卯	庚辰	辛巳	壬午	癸未	甲申	乙酉			
3	丙戌	丁亥	戊子	己丑	庚寅	辛卯	壬辰	癸巳	甲午	乙未	丙申	丁酉	戊戌	己亥	庚子	辛丑	壬寅	癸卯	甲辰	乙巳	丙午	丁未	戊申	己酉	庚戌	辛亥	壬子	癸丑	甲寅	乙卯	丙辰
4	丁巳	戊午	己未	庚申	辛酉	壬戌	癸亥	甲子	乙丑	丙寅	丁卯	戊辰	己巳	庚午	辛未	壬申	癸酉	甲戌	乙亥	丙子	丁丑	戊寅	己卯	庚辰	辛巳	壬午	癸未	甲申	乙酉	丙戌	
5	丁亥	戊子	己丑	庚寅	辛卯	壬辰	癸巳	甲午	乙未	丙申	丁酉	戊戌	己亥	庚子	辛丑	壬寅	癸卯	甲辰	乙巳	丙午	丁未	戊申	己酉	庚戌	辛亥	壬子	癸丑	甲寅	乙卯	丙辰	丁巳
6	戊午	己未	庚申	辛酉	壬戌	癸亥	甲子	乙丑	丙寅	丁卯	戊辰	己巳	庚午	辛未	壬申	癸酉	甲戌	乙亥	丙子	丁丑	戊寅	己卯	庚辰	辛巳	壬午	癸未	甲申	乙酉	丙戌	丁亥	
7	戊子	己丑	庚寅	辛卯	壬辰	癸巳	甲午	乙未	丙申	丁酉	戊戌	己亥	庚子	辛丑	壬寅	癸卯	甲辰	乙巳	丙午	丁未	戊申	己酉	庚戌	辛亥	壬子	癸丑	甲寅	乙卯	丙辰	丁巳	戊午
8	己未	庚申	辛酉	壬戌	癸亥	甲子	乙丑	丙寅	丁卯	戊辰	己巳	庚午	辛未	壬申	癸酉	甲戌	乙亥	丙子	丁丑	戊寅	己卯	庚辰	辛巳	壬午	癸未	甲申	乙酉	丙戌	丁亥	戊子	己丑
9	庚寅	辛卯	壬辰	癸巳	甲午	乙未	丙申	丁酉	戊戌	己亥	庚子	辛丑	壬寅	癸卯	甲辰	乙巳	丙午	丁未	戊申	己酉	庚戌	辛亥	壬子	癸丑	甲寅	乙卯	丙辰	丁巳	戊午	己未	
10	庚申	辛酉	壬戌	癸亥	甲子	乙丑	丙寅	丁卯	戊辰	己巳	庚午	辛未	壬申	癸酉	甲戌	乙亥	丙子	丁丑	戊寅	己卯	庚辰	辛巳	壬午	癸未	甲申	乙酉	丙戌	丁亥	戊子	己丑	庚寅
11	辛卯	壬辰	癸巳	甲午	乙未	丙申	丁酉	戊戌	己亥	庚子	辛丑	壬寅	癸卯	甲辰	乙巳	丙午	丁未	戊申	己酉	庚戌	辛亥	壬子	癸丑	甲寅	乙卯	丙辰	丁巳	戊午	己未	庚申	
12	辛酉	壬戌	癸亥	甲子	乙丑	丙寅	丁卯	戊辰	己巳	庚午	辛未	壬申	癸酉	甲戌	乙亥	丙子	丁丑	戊寅	己卯	庚辰	辛巳	壬午	癸未	甲申	乙酉	丙戌	丁亥	戊子	己丑	庚寅	辛卯

藤井聡太七冠の生日干支を求めてみましょう。２００２年７月19日午前２時21分、愛知県瀬戸市生まれです。

下表の２００２年を附表２から探し、左欄の７月と上欄の19日より、矢印のように生日干支の「戊子《つちのえね》」を求めます。

しかし、正玄流は１日の始まりを寅時の午前３時にします。藤井聡太七冠は２時21分生まれで３時前に生まれています。生日干支を前日の「丁亥《ひのとい》」に戻します。

藤井聡太七冠の日干「我」は「丁《ひのと》」になります。

藤井聡太七冠

	年柱	月柱	日柱
天干	壬	乙	丁
地支	午	未	亥
蔵干		乙	

藤井聡太七冠の生時に時差などの修正を加え、真太陽時を求めてみましょう。

次頁の「手取り解説」を見てください。「時差表」17頁より「名古屋」を見て時差８分、「均時差表」19頁より「７月19日」を見てマイナス６分、合計プラス２分となり、藤井聡太七冠は午前２時23分生まれとなります。午前３時前なので、日干支は「丁亥」のままです。

※日本の標準時となる明石より、釧路や沖縄など離れた地域で生まれた人で、生時が奇数時前後なら修正を検討しなくてはいけません。

特に、午前３時前後は、日干支も変わる可能性があります。

2002年　壬午年（立春2月4日09時24分）

	1	2	3	4	5	6	7	8	9	10	11	12	13	14	15	16
1	己巳	庚午	辛未	壬申	癸酉	甲戌	乙亥	丙子	丁丑	戊寅	己卯	庚辰	辛巳	壬午	癸未	甲申
2	庚子	辛丑	壬寅	癸卯	甲辰	乙巳	丙午	丁未	戊申	己酉	庚戌	辛亥	壬子	癸丑	甲寅	乙卯
3	戊辰	己巳	庚午	辛未	壬申	癸酉	甲戌	乙亥	丙子	丁丑	戊寅	己卯	庚辰	辛巳	壬午	癸未
4	己亥	庚子	辛丑	壬寅	癸卯	甲辰	乙巳	丙午	丁未	戊申	己酉	庚戌	辛亥	壬子	癸丑	甲寅
5	己巳	庚午	辛未	壬申	癸酉	甲戌	乙亥	丙子	丁丑	戊寅	己卯	庚辰	辛巳	壬午	癸未	甲申
6	庚子	辛丑	壬寅	癸卯	甲辰	乙巳	丙午	丁未	戊申	己酉	庚戌	辛亥	壬子	癸丑	甲寅	乙卯
7	庚午	辛未	壬申	癸酉	甲戌	乙亥	丙子	丁丑	戊寅	己卯	庚辰	辛巳	壬午	癸未	甲申	乙酉
8	辛丑	壬寅	癸卯	甲辰	乙巳	丙午	丁未	戊申	己酉	庚戌	辛亥	壬子	癸丑	甲寅	乙卯	丙辰
9	壬申	癸酉	甲戌	乙亥	丙子	丁丑	戊寅	己卯	庚辰	辛巳	壬午	癸未	甲申	乙酉	丙戌	丁亥
10	壬寅	癸卯	甲辰	乙巳	丙午	丁未	戊申	己酉	庚戌	辛亥	壬子	癸丑	甲寅	乙卯	丙辰	丁巳
11	癸酉	甲戌	乙亥	丙子	丁丑	戊寅	己卯	庚辰	辛巳	壬午	癸未	甲申	乙酉	丙戌	丁亥	戊子
12	癸卯	甲辰	乙巳	丙午	丁未	戊申	己酉	庚戌	辛亥	壬子	癸丑	甲寅	乙卯	丙辰	丁巳	戊午

	17	18	19	20	21	22	23	24	25	26	27	28	29	30	31
1	乙酉	丙戌	丁亥	戊子	己丑	庚寅	辛卯	壬辰	癸巳	甲午	乙未	丙申	丁酉	戊戌	己亥
2	丙辰	丁巳	戊午	己未	庚申	辛酉	壬戌	癸亥	甲子	乙丑	丙寅	丁卯			
3	甲申	乙酉	丙戌	丁亥	戊子	己丑	庚寅	辛卯	壬辰	癸巳	甲午	乙未	丙申	丁酉	戊戌
4	乙卯	丙辰	丁巳	戊午	己未	庚申	辛酉	壬戌	癸亥	甲子	乙丑	丙寅	丁卯	戊辰	
5	乙酉	丙戌	丁亥	戊子	己丑	庚寅	辛卯	壬辰	癸巳	甲午	乙未	丙申	丁酉	戊戌	己亥
6	丙辰	丁巳	戊午	己未	庚申	辛酉	壬戌	癸亥	甲子	乙丑	丙寅	丁卯	戊辰	己巳	
7	丙戌	丁亥	戊子	己丑	庚寅	辛卯	壬辰	癸巳	甲午	乙未	丙申	丁酉	戊戌	己亥	庚子
8	丁巳	戊午	己未	庚申	辛酉	壬戌	癸亥	甲子	乙丑	丙寅	丁卯	戊辰	己巳	庚午	辛未
9	戊子	己丑	庚寅	辛卯	壬辰	癸巳	甲午	乙未	丙申	丁酉	戊戌	己亥	庚子	辛丑	
10	戊午	己未	庚申	辛酉	壬戌	癸亥	甲子	乙丑	丙寅	丁卯	戊辰	己巳	庚午	辛未	壬申
11	己丑	庚寅	辛卯	壬辰	癸巳	甲午	乙未	丙申	丁酉	戊戌	己亥	庚子	辛丑	壬寅	
12	己未	庚申	辛酉	壬戌	癸亥	甲子	乙丑	丙寅	丁卯	戊辰	己巳	庚午	辛未	壬申	癸酉

『手取り解説』真太陽時

日干支と時干支を真太陽時に直すには、生まれた時間に時差と均時差の修正を加えないといけません。
年干支と月干支は、地球の自転関係ではなく、公転関係なので時差と均時差の修正は不要です。

①時差

日本の標準時は兵庫県明石の東経１３５度が基準になっています。したがって、東経１３５度以外の場所で生まれたら修正が必要になります。

たとえば、太陽が明石の真上に来たとき、標準時で正午になります。東京ではこのとき、太陽は真上を過ぎているので正午過ぎです。また福岡では、まだ太陽が真上にきていないので正午になっていません。

修正は、経度１度の差が４分になります。

東京を東経１３９度45分とすると、標準時で正午のとき東京は12時19分です。

また、福岡を東経１３０度23分とすると、標準時で正午のとき11時42分です（下記計算参照、１度は60分なので45分は０・75度です）。

東京

$$\{(139+\frac{45}{60})-135\}\times 4 \fallingdotseq 19$$

福岡

$$\{(130+\frac{23}{60})-135\}\times 4 \fallingdotseq -18$$

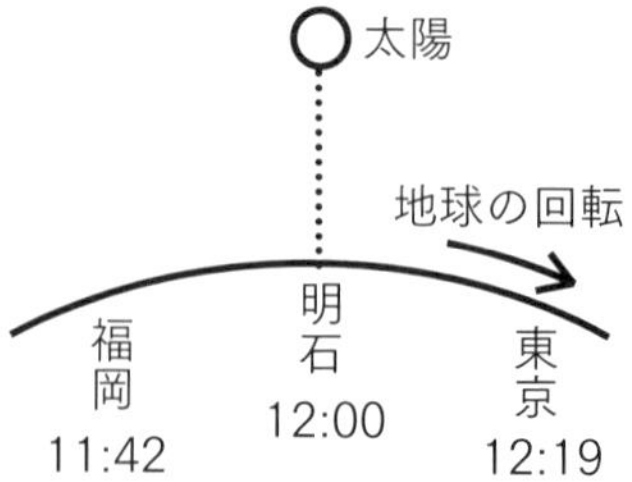

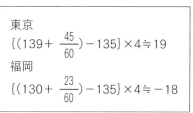

日本の主要都市の時差表を記載しておきます。

時差表

場所	東経	時差	場所	東経	時差	場所	東経	時差
岡山	133.55	-4	高田	138.15	13	釧路	144.23	38
福山	133.15	-7	富山	137.12	9	旭川	142.22	29
広島	132.28	-10	金沢	136.38	7	札幌	141.20	25
山口	131.27	-14	福井	136.13	5	函館	140.45	23
徳島	134.34	-2	甲府	138.33	14	青森	140.46	23
高松	134.03	-4	長野	138.12	13	盛岡	141.10	25
松山	132.47	-9	飯田	137.49	11	仙台	140.54	24
宇和島	132.33	-10	岐阜	136.46	7	秋田	140.06	20
高知	133.33	-6	静岡	138.24	14	山形	140.21	21
下関	130.56	-16	浜松	137.43	11	いわき	140.53	24
福岡	130.23	-18	名古屋	136.58	8	福島	140.28	22
佐賀	130.18	-19	津	136.31	6	水戸	140.28	22
長崎	129.52	-21	彦根	136.15	5	宇都宮	139.52	19
福江	128.50	-25	京都	135.44	3	前橋	139.04	16
熊本	130.42	-17	大阪	135.31	2	さいたま	139.35	18
本渡	130.11	-19	神戸	135.13	1	熊谷	139.23	18
大分	131.37	-14	奈良	135.50	3	千葉	140.06	20
宮崎	131.25	-14	和歌山	135.10	1	東京	139.45	19
延岡	131.39	-13	鳥取	134.14	-3	八王子	139.19	17
鹿児島	130.33	-18	米子	133.20	-7	大島	139.22	17
種子島	130.59	-16	松江	133.04	-8	八丈島	139.47	19
名瀬	129.30	-22	浜田	132.04	-12	横浜	139.39	19
那覇	127.41	-29	明石	135	0	小田原	139.09	17
石垣島	124.10	-43	姫路	134.41	-1	新潟	139.03	16

※東経の欄の小数点以下の単位は分。ただし、１度60分。
※時差の欄の単位は分。

②均時差《きんじさ》

地球は太陽の周りを、だ円運動しています。また、地球の公転速度の変化や地軸の傾きによって生ずる補正が真太陽時を求める際には必要です。これを均時差といいます。

この均時差は年によって大きな違いはありません。均時差と時差を修正することで、生まれた場所の真太陽時が得られます。

均時差のグラフは下記のようになり、2月に最小値マイナス14分、11月上旬に最大値プラス16分になります。表にすると次頁になります。

大谷翔平選手は、7月5日生まれなので、均時差はマイナス5分です。

藤井聡太七冠は、7月19日生まれなので、均時差はマイナス6分です。

淵野辺駅前にある日時計

上の日時計の傍にあるグラフの修正図は、真太陽時を標準時に直すので、下図と上下反対です。また、写真のグラフは時差も修正してあります。

読者も日時計を見つけたら確認してみてください。

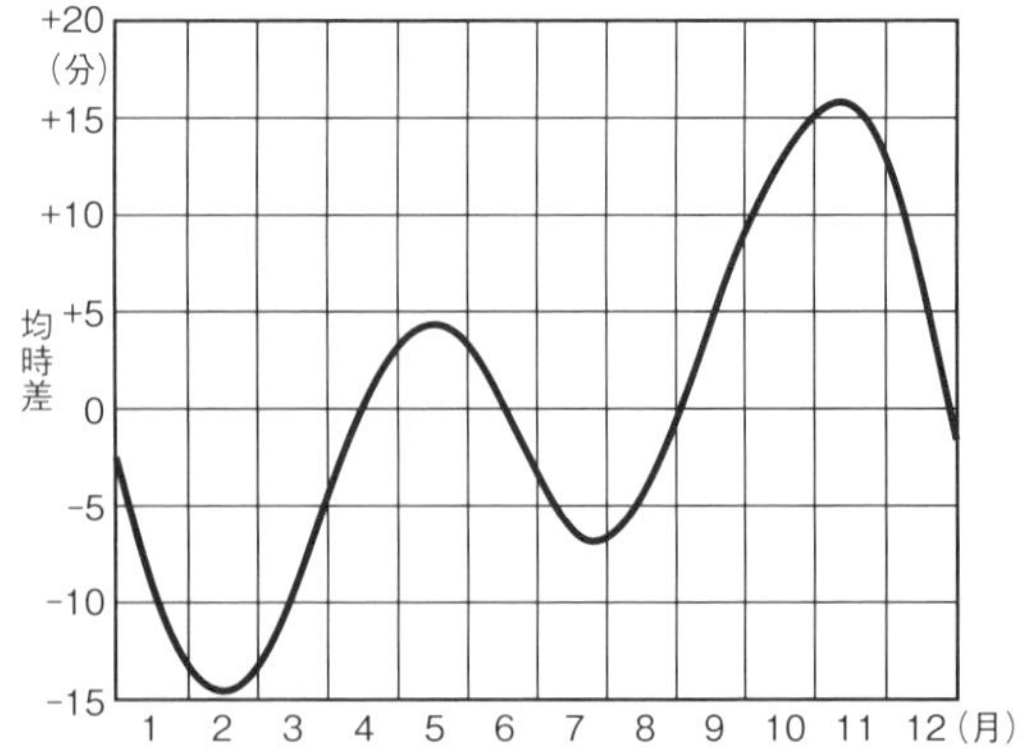

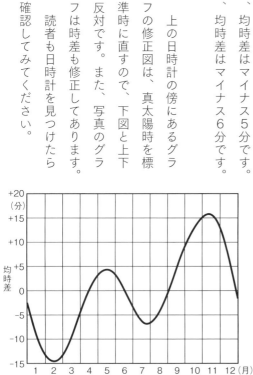

均時差表

12	11	10	9	8	7	6	5	4	3	2	1	月／日
11	16	10	0	-6	-4	2	3	-4	-12	-13	-3	1
11	16	11	0	-6	-4	2	3	-4	-12	-14	-4	2
10	16	11	1	-6	-4	2	3	-3	-12	-14	-4	3
10	16	11	1	-6	-4	2	3	-3	-12	-14	-4	4
9	16	12	1	-6	-5	2	3	-3	-12	-14	-5	5
9	16	12	2	-6	-5	1	3	-2	-11	-14	-5	6
9	16	12	2	-6	-5	1	3	-2	-11	-14	-6	7
8	16	12	2	-6	-5	1	4	-2	-11	-14	-6	8
8	16	13	3	-5	-5	1	4	-2	-11	-14	-7	9
7	16	13	3	-5	-5	1	4	-1	-10	-14	-7	10
7	16	13	3	-5	-5	0	4	-1	-10	-14	-7	11
6	16	13	4	-5	-6	0	4	-1	-10	-14	-8	12
6	16	14	4	-5	-6	0	4	-1	-10	-14	-8	13
5	16	14	4	-5	-6	0	4	0	-9	-14	-9	14
5	15	14	5	-4	-6	0	4	0	-9	-14	-9	15
4	15	14	5	-4	-6	-1	4	0	-9	-14	-9	16
4	15	15	5	-4	-6	-1	4	0	-8	-14	-10	17
3	15	15	6	-4	-6	-1	4	1	-8	-14	-10	18
3	15	15	6	-4	-6	-1	4	1	-8	-14	-10	19
2	14	15	7	-3	-6	-2	4	1	-8	-14	-11	20
2	14	15	7	-3	-6	-2	3	1	-7	-14	-11	21
1	14	15	7	-3	-6	-2	3	1	-7	-14	-11	22
1	14	16	8	-3	-6	-2	3	2	-7	-14	-12	23
0	13	16	8	-2	-6	-2	3	2	-6	-13	-12	24
0	13	16	8	-2	-7	-3	3	2	-6	-13	-12	25
-1	13	16	9	-2	-7	-3	3	2	-6	-13	-12	26
-1	12	16	9	-2	-7	-3	3	2	-5	-13	-13	27
-2	12	16	9	-1	-6	-3	3	3	-5	-13	-13	28
-2	12	16	10	-1	-6	-3	3	3	-5	-13	-13	29
-2	11	16	10	-1	-6	-4	3	3	-5		-13	30
-3		16		0	-6		2		-4		-13	31

3節　立運

生年月日の干支を使った「命式《めいしき》」は、自分の「先天運《せんてんうん》」を表します。

「大運《だいうん》」は、10年ごとに変化し、その時々の年齢の自分に作用する「後天運《こうてんうん》」を表します。

この大運が始まる年齢が「立運《りつうん》」です。

立運は、大運・第1運の入口の年齢です。

第2運の入口は、立運に10を加えた年齢です。この後順次10を加えていくと次の大運の入口になります。

人生で大きな事件や出来事は、大運の入口や出口で起こりやすくなります。

最初に、大運が「順行《じゅんこう》」か「逆行《ぎゃくこう》」かを決めます。

順行は、生月干支から次の月の干支に順に進んでいきます。

逆行は、生月干支から前の月の干支に逆に戻っていきます。
◎男性は、生年干支が陽であれば順行、陰であれば逆行です。
◎女性は、生年干支が陰であれば順行、陽であれば逆行です。
大谷翔平選手は、年柱が甲戌で陽干支なので、「順行」になります。

本来、立運は精密に計算する必要がありますが、年齢とともに十年大運がずれていきますので、簡便法として順行の表（21頁）と逆行の表（22頁）を記載しておきます。

順行の立運表より、7月5日の欄を見て、立運1歳が求まります。第1運が1歳から11歳までになります。

大谷翔平選手にとって、11歳、21歳、31歳、41歳……が人生の転換期となりやすいのです。この年齢の運気を大運と大運の境なので「谷間運《たにまうん》」と呼ぶことにします。

藤井聡太七冠も、年柱が「壬午」で陽干支なので、「順行」になります。

順行の立運表より、7月19日の立運7歳を求めます。第1運が7歳から17歳までになります。第2運の入口が17歳です。17歳は谷間運で人生の転換期です。次の転換期は27歳になります。各10年間に何が起こりやすいかを調べることにより、吉運を取り込み、凶を避けます。

順行の順は、生月から次の月へ順番に巡っていく意味で、逆行の逆は、生月より月を順番に戻っていく意味です。順と逆に吉凶の意味はありません。

順行の立運表

12	11	10	9	8	7	6	5	4	3	2	1	月/日
2	2	3	2	2	2	2	2	1	2	1	2	1
2	2	2	2	2	2	1	1	1	1	1	1	2
1	2	2	2	2	1	1	1	1	1	0	1	3
1	1	2	1	1	1	1	1	0	1	0	1	4
1	1	1	1	1	1	0	0	0	0	10	0	5
0	1	1	1	1	0	0	0	10	0	9	0	6
0	0	1	0	0	0	10	10	10	10	9	9	7
10	10	0	0	0	10	10	10	9	9	8	9	8
9	10	10	10	10	10	10	9	9	9	8	9	9
9	9	10	10	10	10	9	9	9	9	8	8	10
9	9	9	9	9	9	9	9	8	8	8	8	11
8	9	9	9	9	9	8	8	8	8	7	8	12
8	8	9	9	9	9	8	8	8	8	7	7	13
8	8	8	8	8	8	8	8	7	7	7	7	14
7	7	8	8	8	8	7	7	7	7	6	7	15
7	7	8	8	8	8	7	7	7	7	6	6	16
7	7	7	7	7	7	7	7	6	6	6	6	17
6	6	7	7	7	7	6	6	6	6	5	6	18
6	6	7	7	7	7	6	6	6	6	5	5	19
6	6	6	6	6	6	6	6	5	5	5	5	20
5	5	6	6	6	6	5	5	5	5	4	5	21
5	5	6	6	6	6	5	5	5	5	4	4	22
5	5	5	5	5	5	5	5	4	4	4	4	23
4	4	5	5	5	5	4	4	4	4	3	4	24
4	4	5	5	5	5	4	4	4	4	3	3	25
4	4	4	4	4	4	4	4	3	3	3	3	26
3	3	4	4	4	4	3	3	3	3	2	3	27
3	3	4	4	4	4	3	3	3	3	2	2	28
3	3	3	3	3	3	3	3	2	2	2	2	29
2	2	3	3	3	3	2	2	2	2		2	30
2		3		3	3		2		2		1	31

逆行の立運表

12	11	10	9	8	7	6	5	4	3	2	1	月/日
8	8	7	8	8	8	9	8	9	8	9	8	1
8	8	8	8	8	8	9	9	9	8	9	8	2
8	8	8	9	9	9	9	9	9	9	9	9	3
9	9	8	9	9	9	10	9	10	9	10	9	4
9	9	9	9	9	9	10	10	10	9	0	9	5
9	9	9	10	10	10	10	10	0	10	0	0	6
10	10	9	10	10	10	0	0	0	0	1	0	7
0	0	10	10	10	0	0	1	1	1	1	1	8
0	0	0	0	0	0	1	1	1	1	1	1	9
1	1	0	0	1	1	1	1	1	1	2	1	10
1	1	1	1	1	1	1	2	2	2	2	2	11
1	1	1	1	1	1	2	2	2	2	2	2	12
2	2	1	1	2	2	2	2	2	2	3	2	13
2	2	2	2	2	2	2	3	3	3	3	3	14
2	2	2	2	2	2	3	3	3	3	3	3	15
3	3	2	2	3	3	3	3	3	3	4	3	16
3	3	3	3	3	3	3	4	4	4	4	4	17
3	3	3	3	3	3	4	4	4	4	4	4	18
4	4	3	3	4	4	4	4	4	4	5	4	19
4	4	4	4	4	4	4	5	5	5	5	5	20
4	4	4	4	4	4	5	5	5	5	5	5	21
5	5	4	4	5	5	5	5	5	5	6	5	22
5	5	5	5	5	5	5	6	6	6	6	6	23
5	5	5	5	5	5	6	6	6	6	6	6	24
6	6	5	5	6	6	6	6	6	6	7	6	25
6	6	6	6	6	6	6	7	7	7	7	7	26
6	6	6	6	6	6	7	7	7	7	7	7	27
7	7	6	6	7	7	7	7	7	7	8	7	28
7	7	7	7	7	7	7	8	8	8	8	8	29
7	7	7	7	7	7	8	8	8	8		8	30
8		7		8	8		8		8		8	31

正確な立運計算を藤井聡太七冠を例にして解説します。

特に、節入り前後の表の０歳と10歳になる方は、計算しないと、０と10が逆になることがあります。

藤井聡太七冠は、２００２年７月19日午前２時21分生まれでした。立運を計算するときは、時差などの修正をしていない標準時で計算します。

立運の計算には、節入り時間が必要です。附表１の余気の始まりが節入り時間です。

時分を省略して、日数だけで概略計算してもよいです。

藤井聡太七冠は２００２年生まれなので、次頁の表を使用します。「32乙未」の未月は、７月の節入り７

日15時56分（下表7月余気点線だ円）から8月の節入り8日01時39分（8月余気実線だ円）までです。

藤井聡太七冠の大運は順行なので、誕生日と次の月の節入り時間を使い、次のように計算します。立運は6歳8か月で、表より求めた7歳と若干の差があります。 逆行の場合は、誕生日から当月の節入り時刻までさかのぼって計算します。

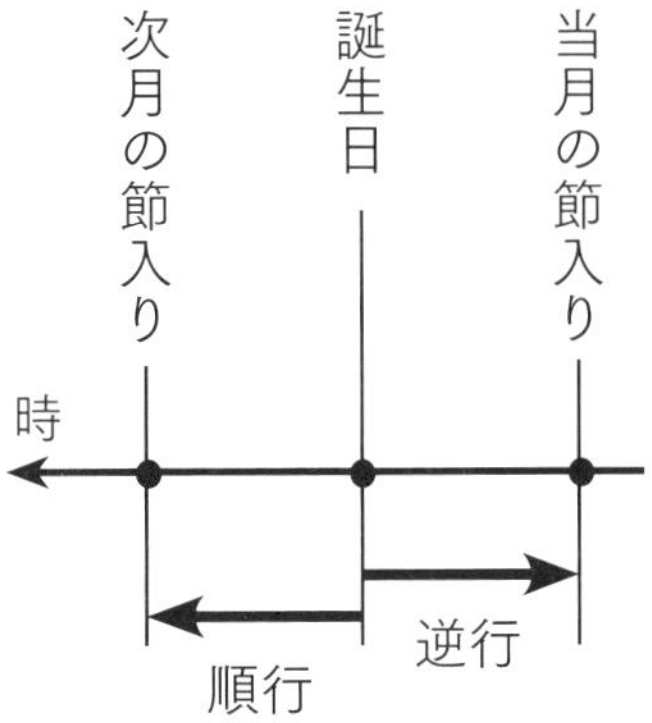

※日数を3で割ります。
商が年数、余り1が4か月を表します。
時間は省略して、日数だけで計算してもよいです。

順行の場合

{(次の月の節入り) − (誕生日)} ÷3＝立運年齢

（8月8日01時39分 − 7月19日2時21分）÷3＝6日15時間46分

⇒　6歳8か月

2時間を1か月に変換

逆行の場合

{(誕生日) − (その月の節入り)} ÷3＝立運年齢

2002年　壬午年　蔵干（　・己・丁）　立春2月4日09：24

月	月干支		干	節入り
1月	26 己丑	余	癸	5日21:43～
		中	辛	14日18:01～
		正	己	17日16:47～
2月	27 庚寅	余	戊	4日09:24～
		中	丙	11日07:56～
		正	甲	18日06:28～
3月	28 辛卯	余	甲	6日03:28～
		中		
		正	乙	16日05:28～
4月	29 壬辰	余	乙	5日08:18～
		中	癸	14日13:29～
		正	戊	17日15:13～
5月	30 癸巳	余	戊	6日01:37～
		中	庚	11日06:23～
		正	丙	20日14:49～
6月	31 甲午	余	丙	6日05:45～
		中	己	16日17:33～
		正	丁	26日03:48～
7月	32 乙未	余	丁	7日15:56～
		中	乙	17日02:02～
		正	己	20日05:25～
8月	33 丙申	余	己	8日01:39～
		中	壬	18日09:48～
		正	庚	21日12:29～
9月	34 丁酉	余	庚	8日04:31～
		正	辛	18日10:07～
10月	35 戊戌	余	辛	8日20:09～
		中	丁	17日21:06～
		正	戊	20日21:26～
11月	36 己亥	余	戊	7日23:22～
		中	甲	14日23:41～
		正	壬	19日20:30～
12月	37 庚子	余	壬	7日16:14～
		正	癸	17日12:21～

4節　大運図の作成

大運には月柱干支から順に次の月に進んでいく順行と、前の月に戻っていく逆行があります。

大運は約10年ごとに変わり、人生の大きな転換期は、大運の入口か出口の「谷間《たにま》運」で起こる可能性が高くなります。

藤井聡太七冠の大運を求めるには、下表の丸印の生月干支「32乙未《きのとひつじ》」より、順行なので四角で囲った月が、順に大運の干支になります。

立運を簡易表で求めた場合は7歳なので、この年齢に10を加えていきます。

第1運は、8月の干支「33丙申《ひのえさる》」です。7歳から17歳までです。

第2運は、9月の干支「34丁酉《ひのととり》」です。17歳から27歳までです。

第3運は、10月の干支「35戊戌《つちのえいぬ》」です。27歳から37歳までです。

第4運は、11月の干支「36己亥《つちのとい》」です。37歳から47歳までです。

以下、37番目の干支、38番目の干支と続いていきます。

六十干支表を次頁に記載しておきます。この表を見て月柱干支より順に求めてもよいです。

順行は干支の番号が増えていき、60番の次は1番です。逆行は干支の番号が減っていき、1番の次は60番です。

2002年　壬午年　蔵干（　・己・丁）　立春２月4日09：24

月	干支		蔵干	日時
1月	26己丑	余	癸	5日21:43～
		中	辛	14日18:01～
		正	己	17日16:47～
2月	27庚寅	余	戊	4日09:24～
		中	丙	11日07:56～
		正	甲	18日06:28～
3月	28辛卯	余	甲	6日03:28～
		中		
		正	乙	16日05:28～
4月	29壬辰	余	乙	5日08:18～
		中	癸	14日13:29～
		正	戊	17日15:13～
5月	30癸巳	余	戊	6日01:37～
		中	庚	11日06:23～
		正	丙	20日14:49～
6月	31甲午	余	丙	6日05:45～
		中	己	16日17:33～
		正	丁	26日03:48～
7月	32乙未	余	丁	7日15:56～
		中	乙	17日02:02～
		正	己	20日05:25～
8月	33丙申	余	己	8日01:39～
		中	壬	18日09:48～
		正	庚	21日12:29～
9月	34丁酉	余	庚	8日04:31～
		正	辛	18日10:07～
10月	35戊戌	余	辛	8日20:09～
		中	丁	17日21:06～
		正	戊	20日21:26～
11月	36己亥	余	戊	7日23:22～
		中	甲	14日23:41～
		正	壬	19日20:30～
12月	37庚子	余	壬	7日16:14～
		正	癸	17日12:21～

一般の四柱推命は、阿部泰山全集に記載があるように、大運に蔵干を使用することはありません。また、大運は地支を重んじ天干を軽く見ます。重んじるとは、寅卯辰は春の東方運、巳午未は夏の南方運とするわけです。

しかし、正玄流は大運を月干支の延長と考え、泰山先生の春夏秋冬を重んじる理論を、さらに展開し蔵干も重視します。蔵干を運命エネルギーとして、自分の環境運に強烈に作用すると考えます。

◎正玄流は、大運の判断に蔵干を重要視します。

次に、10年大運法は、12か月すべての月を30日として、１年３６０日で計算しています。

しかし、１年は３６５日と４分の１です。さらに、公転軌道が楕円などのために各月の日数は異なります。現在の二十四節気を求める定気法を基準として大運の年数を決める方法を「節間《せっかん》大運法」と呼ぶことにします。

六十干支表

第６旬 甲寅旬	第５旬 甲辰旬	第４旬 甲午旬	第３旬 甲申旬	第２旬 甲戌旬	第１旬 甲子旬
51 甲寅	41 甲辰	31 甲午	21 甲申	11 甲戌	1 甲子
52 乙卯	42 乙巳	32 乙未	22 乙酉	12 乙亥	2 乙丑
53 丙辰	43 丙午	33 丙申	23 丙戌	13 丙子	3 丙寅
54 丁巳	44 丁未	34 丁酉	24 丁亥	14 丁丑	4 丁卯
55 戊午	45 戊申	35 戊戌	25 戊子	15 戊寅	5 戊辰
56 己未	46 己酉	36 己亥	26 己丑	16 己卯	6 己巳
57 庚申	47 庚戌	37 庚子	27 庚寅	17 庚辰	7 庚午
58 辛酉	48 辛亥	38 辛丑	28 辛卯	18 辛巳	8 辛未
59 壬戌	49 壬子	39 壬寅	29 壬辰	19 壬午	9 壬申
60 癸亥	50 癸丑	40 癸卯	30 癸巳	20 癸未	10 癸酉

実際、多くの人を10年大運法で判断すると、起こる事象が大運の境より数年ずれることが多いのです。節間大運の年数を使用すると、そのずれが修正されます。

◎正玄流は、「10年大運法」ではなく、「節間大運法」を使います。

節間大運法で使用する蔵干の年数は、次の表のようになります。また、附録には「節間大運法」の大運図を載せてあります。

節間大運の蔵干は、12頁の『手取り解説』月律分野蔵干と同じです。節間大運蔵干は、月律分野蔵干の応用にもなっているわけです。

節間大運蔵干年数表

寅 9年11か月	余気　戊	2年4か月
	中気　丙	2年4か月
	正気　甲	5年3か月
卯 10年0か月	余気　甲	3年4か月
	正気　乙	6年8か月
辰 10年3か月	余気　乙	3年1か月
	中気　癸	1年
	正気　戊	6年2か月
巳 10年5か月	余気　戊	1年9か月
	中気　庚	3年1か月
	正気　丙	5年7か月
午 10年6か月	余気　丙	3年6か月
	中気　己	3年2か月
	正気　丁	3年10か月
未 10年6か月	余気　丁	3年2か月
	中気　乙	1年
	正気　己	6年4か月
申 10年5か月	余気　己	3年5か月
	中気　壬	1年1か月
	正気　庚	5年11か月
酉 10年3か月	余気　庚	3年5か月
	正気　辛	6年10か月
戌 10年0か月	余気　辛	3年
	中気　丁	1年
	正気　戊	6年
亥 9年11か月	余気　戊	2年4か月
	中気　甲	1年8か月
	正気　壬	5年11か月
子 9年10か月	余気　壬	3年3か月
	正気　癸	6年7か月
丑 9年10か月	余気　癸	2年11か月
	中気　辛	1年
	正気　己	5年11か月

『手取り解説』大運蔵干

昭和期は「西の阿部泰山、東の高木乗（初代）」と言われていましたが、現在は多くの四柱推命の流派があります。日本で出版された四柱推命の本は、ほとんどが命式の解説で、大運の解説をしている本は多くはありません。その中の阿部泰山先生の『泰山全集行運看法』に「最近奇妙を喜ぶ傾向より大運の地支中より蔵干を採って吉凶を論ずるものあるも、大運地支は方位を論じ通変は一切取りません。」と記載があります。

大運は、生月干支から単に干支を並べたわけではありません。生月干支から次の月干支へと続くものです。命式は生月蔵干を重要視するわけですから、大運も蔵干を重要視できます。

では、泰山先生はなぜ大運蔵干は使えないと判断したのでしょうか。

同じ行運看法の中に、「古書の曰く、大運は地支を重んじ天干を次とします。」とあります。大運天干を使用して判断しても、現実の出来事と一致しないのです。大運天干が重要視できないのに、どうして大運蔵干を使うことができるでしょうか。

正玄流は、干支暦の月干支と時干支の天干を２つ前にずらします。大運は、月干支から展開するわけですから、大運天干も２つ前にずらします。これによって、大運蔵干を使える手法を見つけ出したわけです。

命式の判断方法と大運の判断方法は同じです。蔵干は、地支の中に眠っている「運命エネルギー」と捉えます。眠っているのですから、掘り出さないと蔵干は作用しません。蔵干があるからといっても、常に作用するわけではありません。本書は、命式の蔵干についての記載はしませんので、興味のある方は、『黄帝暦八字占術』（太玄社）などをお読みください。

藤井聡太七冠の大運図を作ります。命式の月干支「32乙未」が、大運の第0運の干支です。この番号の大運図を附表4の大運図「順行」から求めます。

図の左端、この大運の出口が立運の年齢です。精密に計算した6歳8か月とします。

巻末の32乙未図

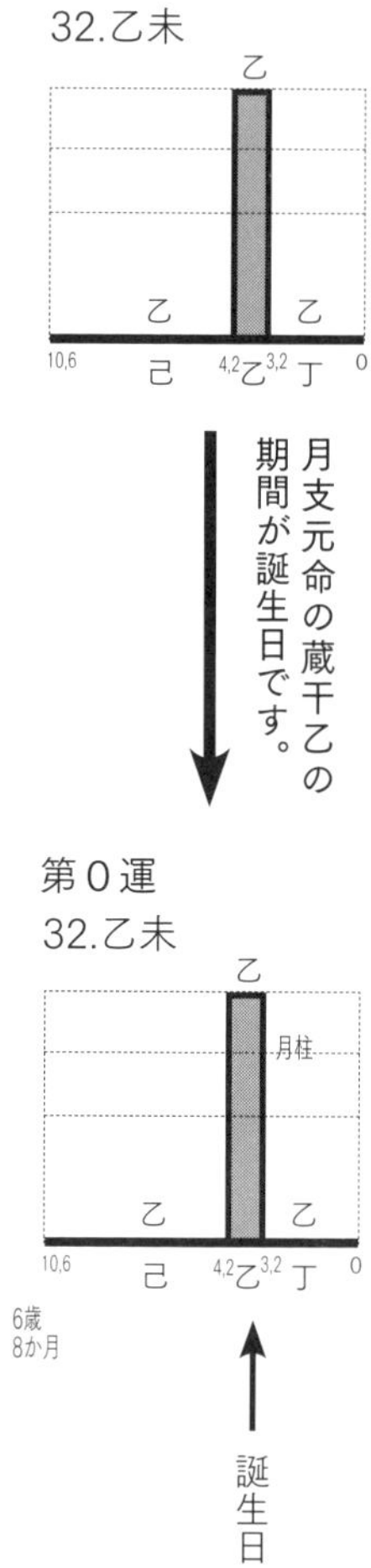

3,2は３年２か月
4,2は4年2か月
10,6は10年6か月を表します。

第1運からは、蔵干の年数を右端の年数に順に加えていきます。第1運の入口が立運の年齢です。第1運から第4運までの計算式を記載しておきます。

巻末の33丙申図

余気己
6,8＋3,5
＝10,1
中気壬
6,8＋4,6
＝11,2
正気庚
6,8＋10,5
=17,1

第1運の出口となる左端の年齢17・1が、第2運の入り口となる右端の年齢です。以下、同じです。

読者も自分の大運図を作成してみてください。

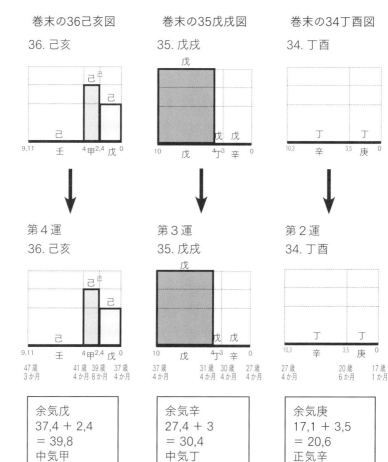

巻末の36己亥図

36. 己亥

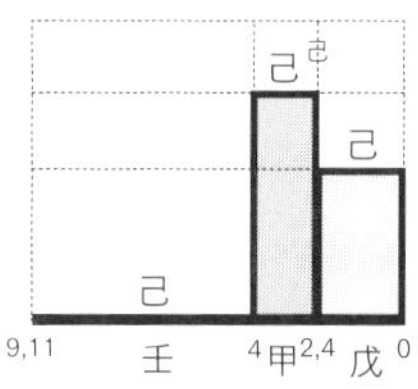

巻末の35戊戌図

35. 戊戌

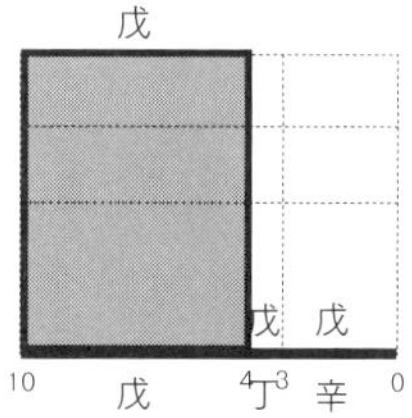

巻末の34丁酉図

34. 丁酉

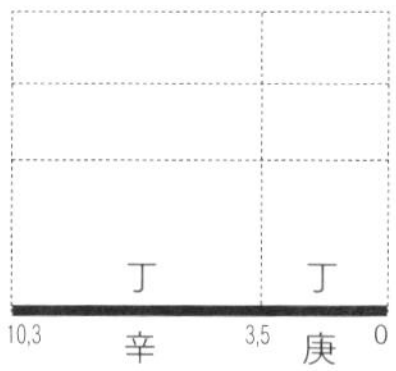

第４運

36. 己亥

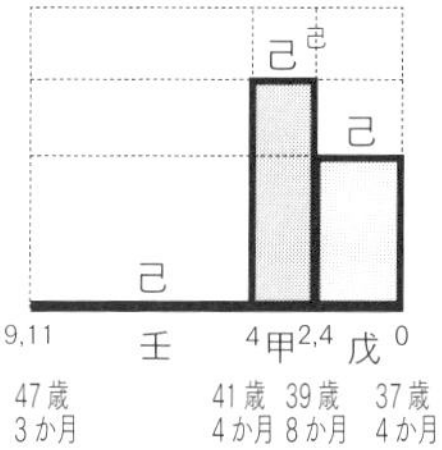

第３運

35. 戊戌

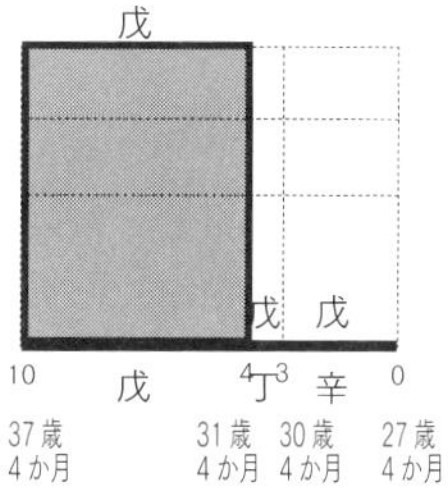

第２運

34. 丁酉

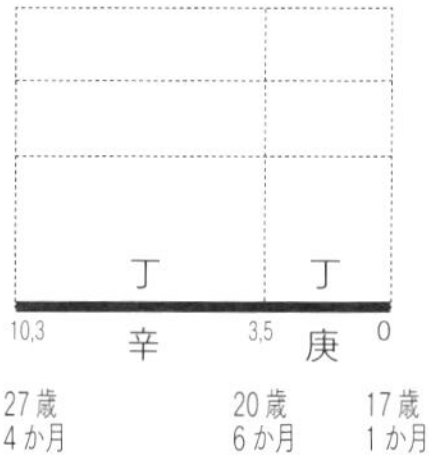

余気戊
37,4 ＋ 2,4
＝ 39,8
中気甲
37,4 ＋ 4
＝ 41,4
正気壬
37,4 ＋ 9,11
=47,3

余気辛
27,4 ＋ 3
＝ 30,4
中気丁
27,4 ＋ 4
＝ 31,4
正気戊
27,4 ＋ 10
=37,4

余気庚
17,1 ＋ 3,5
＝ 20,6
正気辛
17,1 ＋ 10,3
=27,4

「逆行《ぎゃくこう》」の解説に、新垣結衣さん、1988年6月11日10時40分、沖縄県那覇市生まれを取り上げてみます。

1988年は「戊辰《つちのえたつ》」年の陽干支なので、女性の新垣さんの大運は「逆行」になります。

6月11日生まれで、6月の節入り5日20時15分を過ぎています。月柱干支は「43丙午《ひのえうま》」です。

女性で、年干支が戊辰の陽になると「逆行」です。

逆行は、誕生月の6月から前の月の干支に戻っていきます。

第1運は、5月の干支「42乙巳《きのとみ》」です。

第2運は、4月の干支「41甲辰《きのえたつ》」です。

以下、第3運「40癸卯《みずのとう》」、第4運「39壬寅《みずのえとら》」と続いていきます。

立運を「逆行」の簡易表で求めると1歳ですが、精密に計算すると1歳10か月です。第1運は、1歳10か月から始まります。

新垣結衣さん

	年柱	月柱	日柱
天干	戊	丙	丁
地支	辰	午	酉
蔵干		丙	

新垣結衣さんの大運図を「節間大運」で年齢を計算すると、次のようになります。

5,4の「,」は5年と4か月を表す区切りの意味です。

1988年　戊辰年　蔵干（乙・癸・戊）　立春2月4日23：43

月	干支		蔵干	日時
1月	38辛丑	余	癸	6日12:04～
		中	辛	15日08:21～
		正	己	18日07:07～
2月	39壬寅	余	戊	4日23:43～
		中	丙	11日22:15～
		正	甲	18日20:47～
3月	40癸卯	余	甲	5日17:47～
		中		
		正	乙	15日19:47～
4月	41甲辰	余	乙	4日22:39～
		中	癸	14日03:51～
		正	戊	17日05:36～
5月	42乙巳	余	戊	5日16:02～
		中	庚	10日20:49～
		正	丙	20日05:16～
6月	43丙午	余	丙	5日20:15～
		中	己	16日08:05～
		正	丁	25日18:22～
7月	44丁未	余	丁	7日06:33～
		中	乙	16日16:41～
		正	己	19日20:03～
8月	45戊申	余	己	7日16:20～
		中	壬	18日00:29～
		正	庚	21日15:13～
9月	46己酉	余	庚	7日19:12～
		正	辛	18日00:46～
10月	47庚戌	余	辛	8日10:45～
		中	丁	17日11:40～
		正	戊	20日11:58～
11月	48辛亥	余	戊	7日13:49～
		中	甲	14日14:07～
		正	壬	19日10:55～
12月	49壬子	余	壬	7日06:34～
		正	癸	17日02:40～

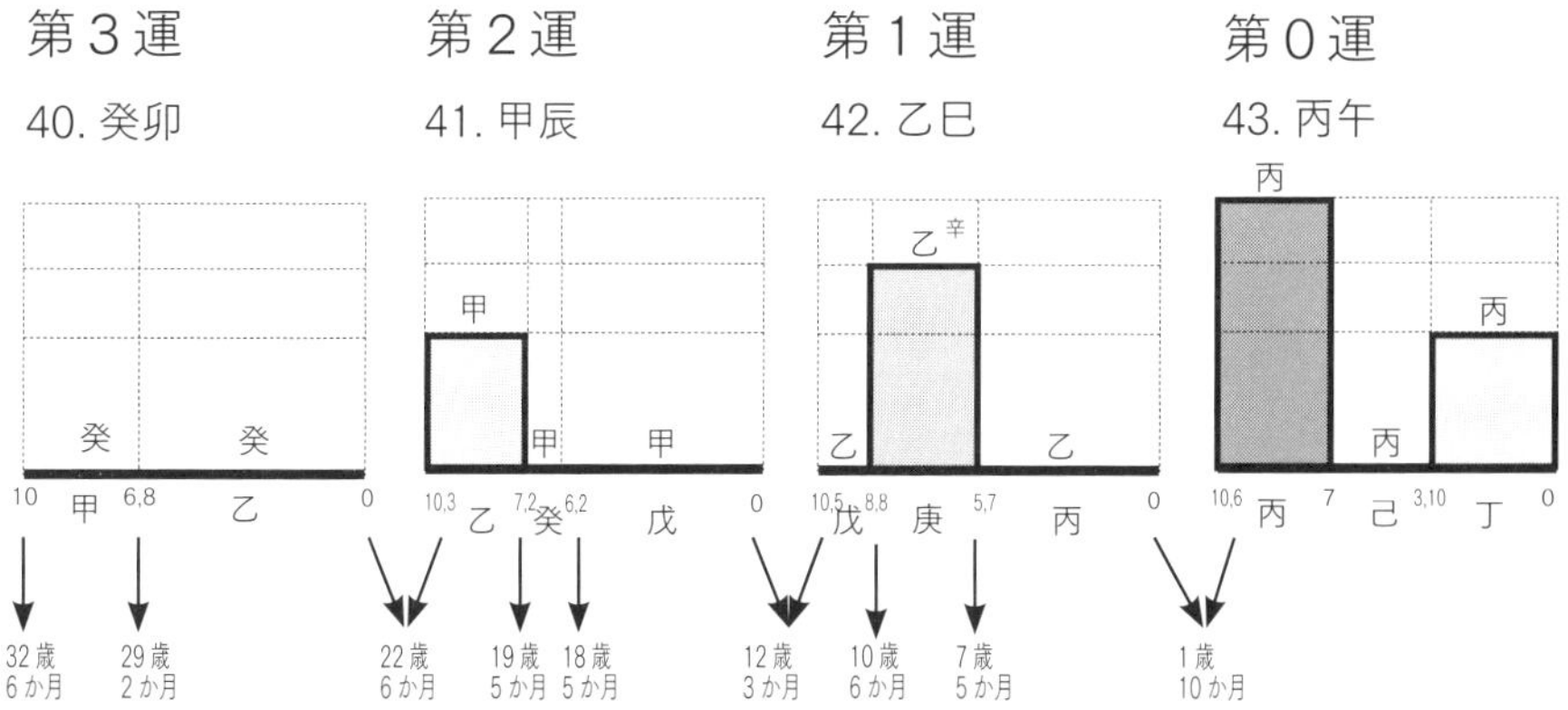

正気乙
22,6 + 6,8
= 29,2
余気甲
22,6 + 10
=32,6

正気戊
12,3 + 6,2
= 18,5
中気癸
12,3 + 7,2
= 19,5
余気乙
12,3 + 10,3
=22,6

正気丙
1,10 + 5,7
= 7,5
中気庚
1,10 + 8,8
= 10,6
余気戊
1,10 + 10,5
=12,3

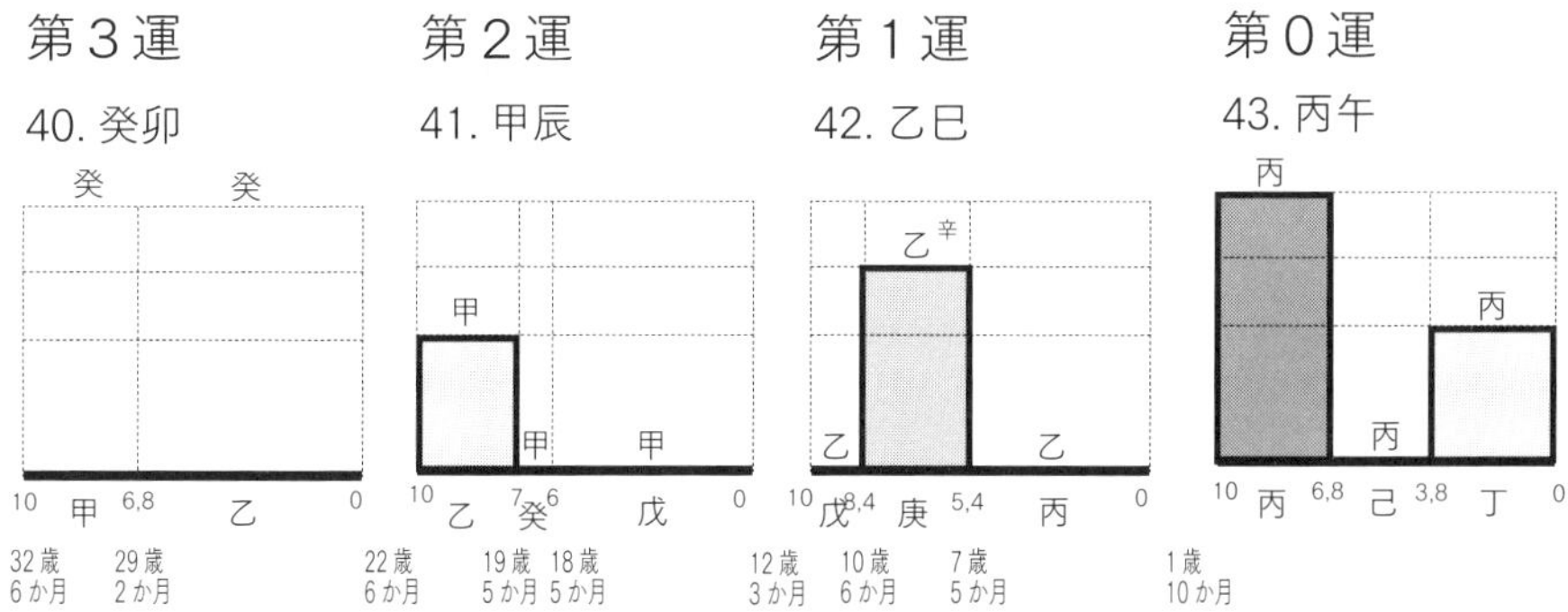

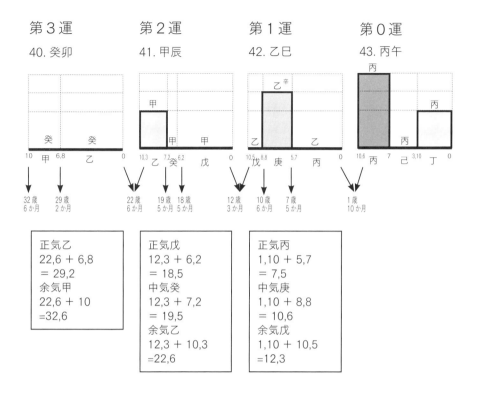

5節　変通星を求める

十干は、陰陽五行から構成されます。

「五行《ごぎょう》」は、「木《き》・火《ひ》・土《つち》・金《きん》・水《みず》」です。「木《もく》・火《か》・土《ど》・金《ごん》・水《すい》」ともいいます。

五行には、「相生《そうしょう》」と「相剋《そうこく》」と呼ばれる重要な関係があります。　図にすると左図です。

相生は、「木」は「火」を生じます。「木生火《もくしょうか》」といいます。

「火」は「土」を生じます。「火生土《かしょうど》」といいます。

「土」は「金」を生じます。「土生金《どしょうきん》」といいます。

「金」は「水」を生じます。「金生水《きんしょうすい》」といいます。

「水」は「木」を生じます。「水生木《すいしょうもく》」といいます。

相剋は、「木」は「土」を剋します。「木剋土《もくこくど》」といいます。

「火」は「金」を剋します。「火剋金《かこくきん》」といいます。

「土」は「水」を剋します。「土剋水《どこくすい》」といいます。

「金」は「木」を剋します。「金剋木《きんこくもく》」といいます。

「水」は「火」を剋します。「水剋火《すいこくか》」といいます。

同じ五行どうしを「比和《ひわ》」といいます。

たとえば、「木」と「木」は比和です。

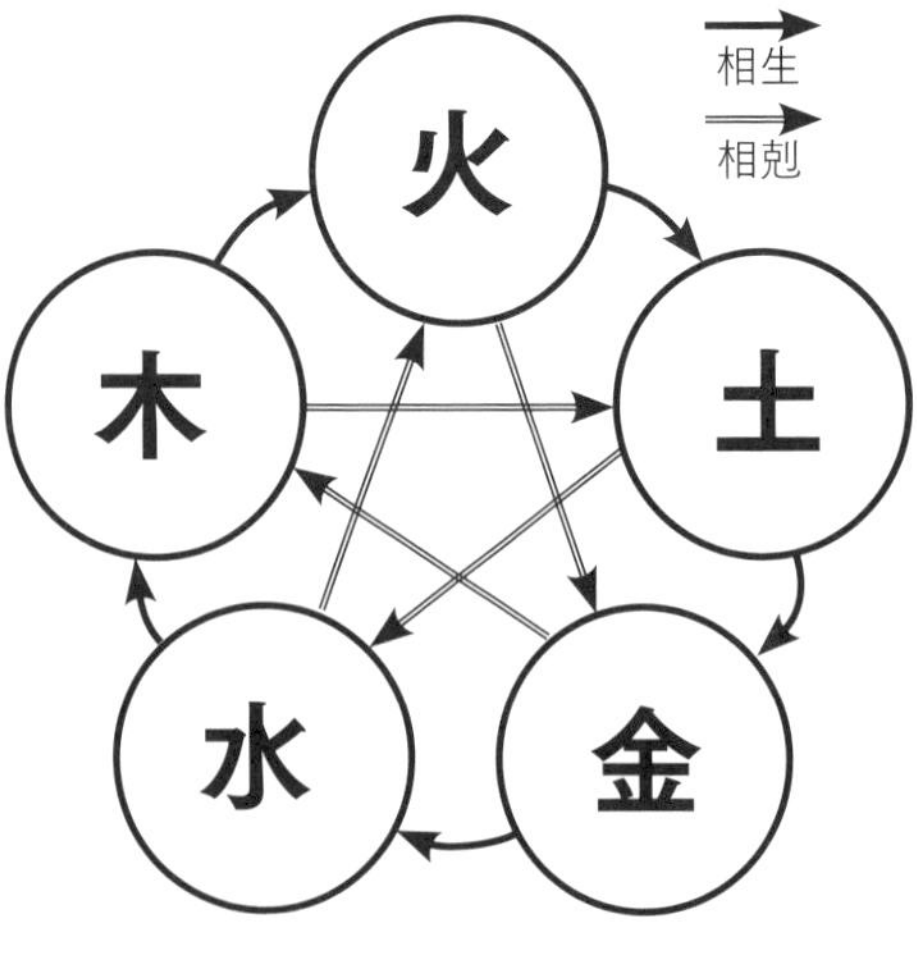

五行には、多くの意味がありますが、重要な象意を左にあげておきます。

五行	木	火	土	金	水
季節	春	夏	四季	秋	冬
四時	朝	昼	辰戌丑未時	夕	夜
方位	東	南	辰戌丑未方位	西	北
カラー	青	赤	黄	白	黒

「十干《じっかん》」は、「甲《こう》・乙《おつ》・丙《へい》・丁《てい》・戊《ぼ》・己《き》・庚《こう》・辛《しん》・壬《じん》・癸《き》」で、陰陽五行に分けると次のようになります。

五行	木	火	土	金	水
陽	甲《きのえ》	丙《ひのえ》	戊《つちのえ》	庚《かのえ》	壬《みずのえ》
陰	乙《きのと》	丁《ひのと》	己《つちのと》	辛《かのと》	癸《みずのと》

日干我から他の十干を見たときに付ける名称を「変通星《へんつうせい》」と呼びます。

「変通星《へんつうせい》」は、十干の相互関係を表し10種類あります。

「比肩《ひけん》」・「劫財《ごうざい》」・「食神《しょくじん》」・「傷官《しょうかん》」・「偏財《へんざい》」・「正財《せいざい》」・「偏官《へんかん》」・「正官《せいかん》」・「偏印《へんいん》」・「印綬《いんじゅ》」といいます。

中心となる十干を「比肩《ひけん》」の自分の星とします。通常は、「日干《にっかん》」です。

比肩と同じ五行で、陰陽が異なる十干を「劫財《ごうざい》」といいます。

比肩が生じる五行で、陰陽が同じ十干を「食神《しょくじん》」といいます。

比肩が生じる五行で、陰陽が異なる十干を「傷官《しょうかん》」といいます。

比肩が剋す五行で、陰陽が同じ十干を「偏財《へんざい》」といいます。

比肩が剋す五行で、陰陽が異なる十干を「正財《せいざい》」といいます。

比肩が剋される五行で、陰陽が同じ十干を「偏官《へんかん》」といいます。

比肩が剋される五行で、陰陽が異なる十干を「正官《せいかん》」といいます。

比肩を生じる五行で、陰陽が同じ十干を「偏印《へんいん》」といいます。

比肩を生じる五行で、陰陽が異なる十干を「印綬《いんじゅ》」といいます。

変通星の関係を図にすると、下図のようになります。

大円の内側が陽なら、外側は陰で、内側が陰なら、外側は陽です。

簡単なイメージとして、江戸時代の身分制度を意味する「士農工商」を使えば、士は「偏官」・「正官」。農は「食神」・「傷官」。工は「偏印」・「印綬」。商は「偏財」・「正財」です。「比肩」・「劫財」は統治者の大名やその一族です。

変通星の関係図

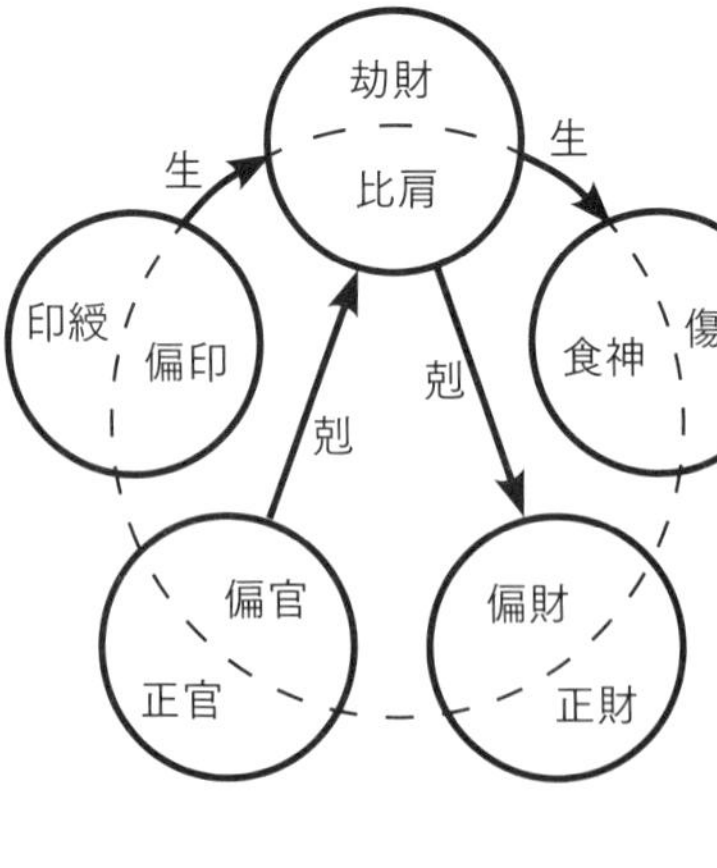

藤井聡太七冠と新垣結衣さんの命式に変通星をつけると、次のようになります。

藤井聡太七冠

	天干	変通星	地支	蔵干	蔵干変通星
年柱	壬	正官	午		
月柱	乙	偏印	未	乙	偏印
日柱	丁	比肩	亥		

年干壬は、日干丁から見て正官です。

月干乙は、日干丁から見て偏印です。

月律分野蔵干乙は、日干丁から見て偏印です。

日干は、常に比肩と記載します。

新垣結衣さん

	年柱	月柱	日柱
天干	戊	丙	丁
変通星	傷官	劫財	比肩
地支	辰	午	酉
蔵干		丙	
蔵干変通星		劫財	

年干戊は、日干丁から見て傷官です。
月干丙は、日干丁から見て劫財です。
月律分野蔵干丙は、日干丁から見て劫財です。
日干は、常に比肩です。

日干から求める変通星表を左記します。
たとえば、日干が丁なら、右端に丁を取り、上段に他の十干取り、変通星を求めます。

変通星表

日干＼他十干	甲	乙	丙	丁	戊	己	庚	辛	壬	癸
甲	比肩	劫財	食神	傷官	偏財	正財	偏官	正官	偏印	印綬
乙	劫財	比肩	傷官	食神	正財	偏財	正官	偏官	印綬	偏印
丙	偏印	印綬	比肩	劫財	食神	傷官	偏財	正財	偏官	正官
丁	印綬	偏印	劫財	比肩	傷官	食神	正財	偏財	正官	偏官
戊	偏官	正官	偏印	印綬	比肩	劫財	食神	傷官	偏財	正財
己	正官	偏官	印綬	偏印	劫財	比肩	傷官	食神	正財	偏財
庚	偏財	正財	偏官	正官	偏印	印綬	比肩	劫財	食神	傷官
辛	正財	偏財	正官	偏官	印綬	偏印	劫財	比肩	傷官	食神
壬	食神	傷官	偏財	正財	偏官	正官	偏印	印綬	比肩	劫財
癸	傷官	食神	正財	偏財	正官	偏官	印綬	偏印	劫財	比肩

藤井聡太七冠の大運の変通星を求めます。大運の変通星を「大運星《だいうんせい》」と呼ぶことにします。

藤井聡太七冠

	年柱	月柱	日柱
天干	壬	乙	丁
変通星	正官	偏印	比肩
地支	午	未	亥
蔵干		乙	
蔵干変通星		偏印	

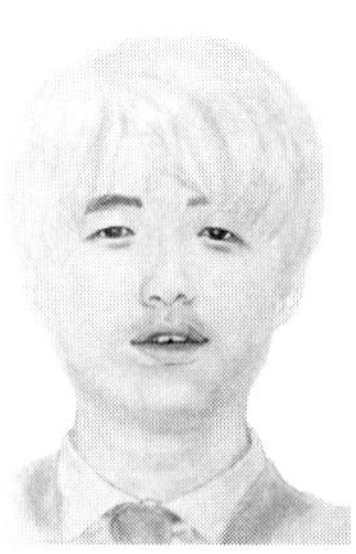

第０運
32. 乙未

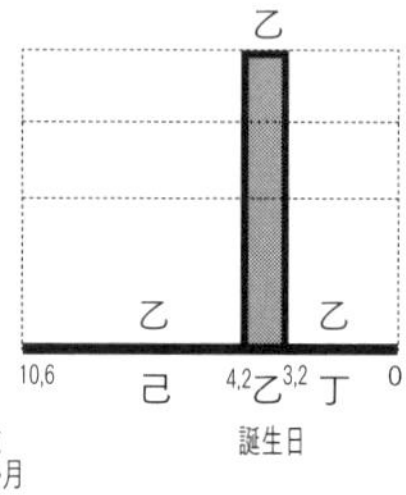

偏印	偏印	
食神	偏印	

第１運
33. 丙申

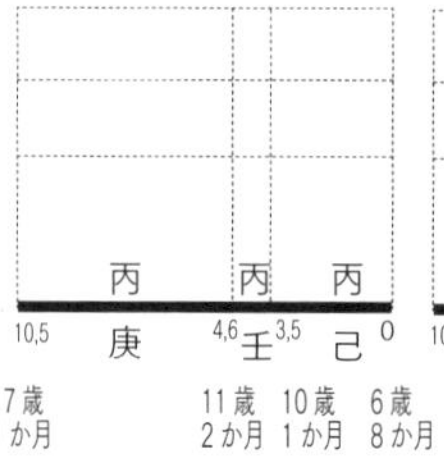

劫財	劫財	劫財
正財	正官	食神

第２運
34. 丁酉

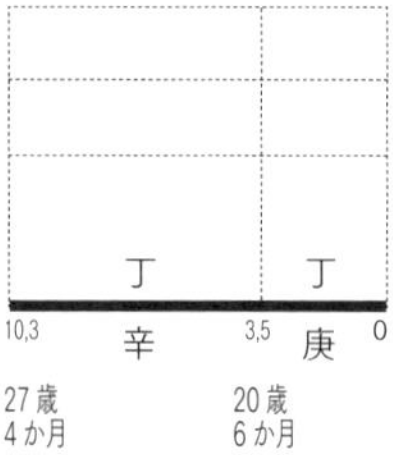

比肩		比肩
偏財		正財

大運天干乙は、日干丁から見て偏印です。偏印大運星になります。
蔵干中気乙は、日干丁から見て偏印です。
蔵干正気己は、日干丁から見て食神です。
大運天干丙は、日干丁から見て劫財です。劫財大運星になります。
蔵干余気己は、日干丁から見て食神です。
蔵干中気壬は、日干丁から見て正官です。
蔵干正気庚は、日干丁から見て正財です。
大運天干丁は、日干丁から見て比肩です。比肩大運星になります。
蔵干余気庚は、日干丁から見て正財です。
蔵干正気辛は、日干丁から見て偏財です。

第3運
35. 戊戌

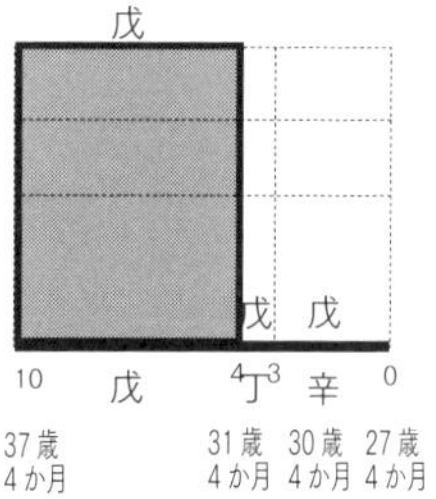

傷官	傷官	傷官
傷官	比肩	偏財

大運天干戊は、日干丁から見て傷官です。傷官大運星になります。

蔵干余気辛は、日干丁から見て偏財です。

蔵干中気丁は、日干丁から見て比肩です。

蔵干正気戊は、日干丁から見て傷官です。

以下、同様に変通星を枠内に記入していきます。次頁に第9運までの大運図を記載しておきます。

大運星は、約100年で一周します。10種類の大運星は100歳まで生きれば、誰でもすべての運気を得られます。しかし、人が活躍できる時期は、10代から70代くらいまでです。社会で成功するかどうかは、活躍できる時期に、どのような環境運となる大運星が巡っているのかを知ることが大切です。

藤井聡太七冠の大運星の流れの関係を図にすると下図です。小さいときに、比肩・劫財の独立・協力運が巡ります。若いときに、食神・傷官の才能発揮運が巡ります。

自分の運気が、どの位置から始まるかを確認することは、人生計画を立てる上で重要になります。

39頁と巻末に読者用の記入表を記載しておきます。読者自身の命式と大運を作成してみてください。

藤井聡太七冠の大運星の流れ

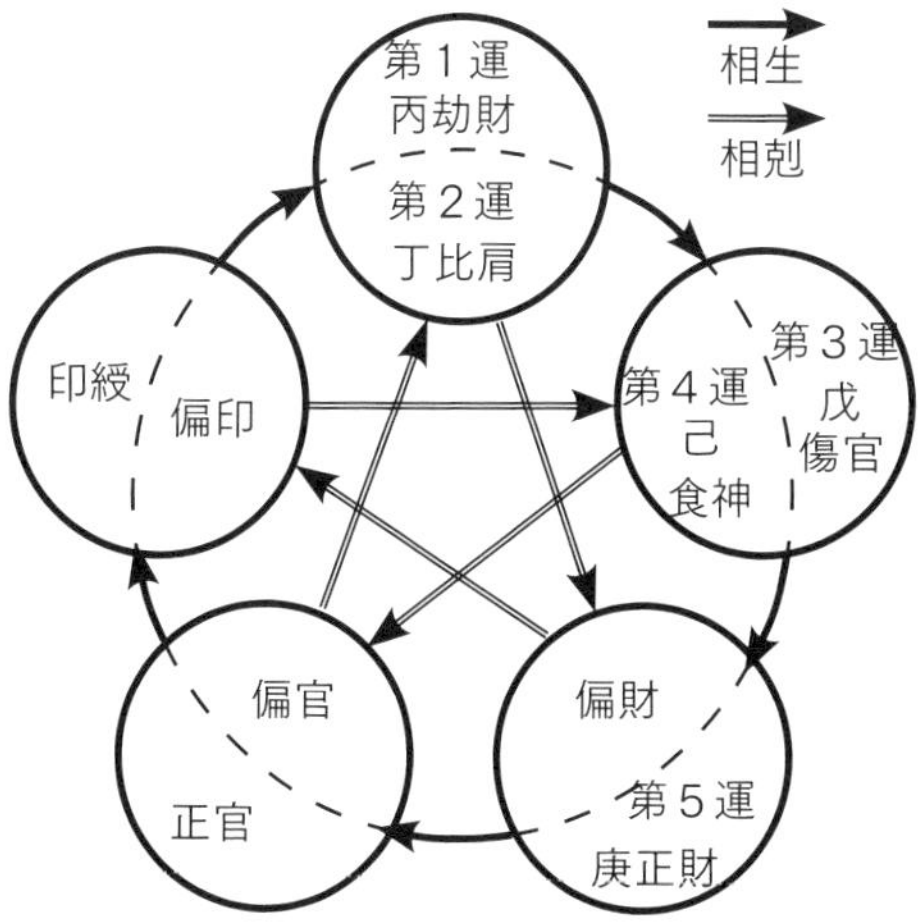

藤井聡太七冠

日柱	月柱	年柱	
丁	乙	壬	天干
比肩	偏印	正官	変通星
亥	未	午	地支
	乙		蔵干
	偏印		蔵干変通星

第２運
34. 丁酉

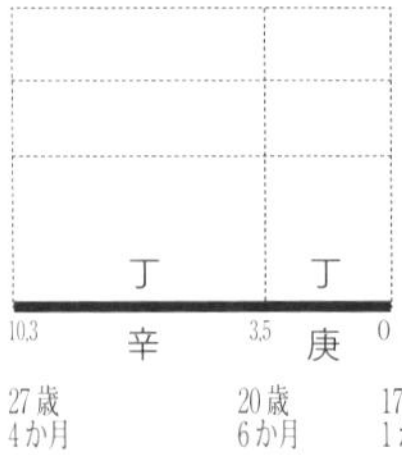

比肩		比肩
偏財		正財

第１運
33. 丙申

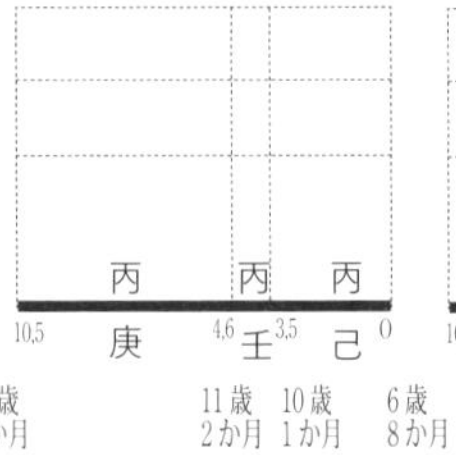

劫財	劫財	劫財
正財	正官	食神

第０運
32. 乙未

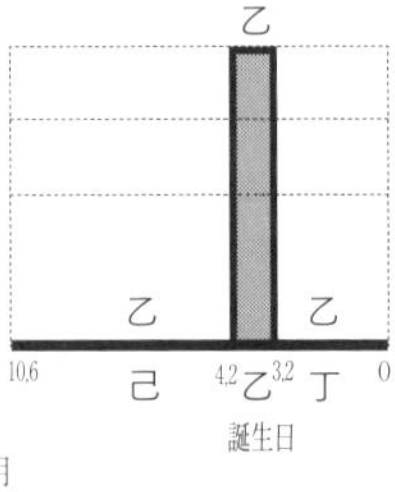

偏印	偏印	
食神	偏印	

第５運
37. 庚子

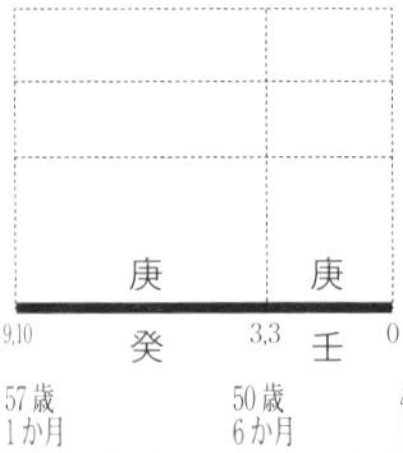

正財		正財
偏官		正官

第４運
36. 己亥

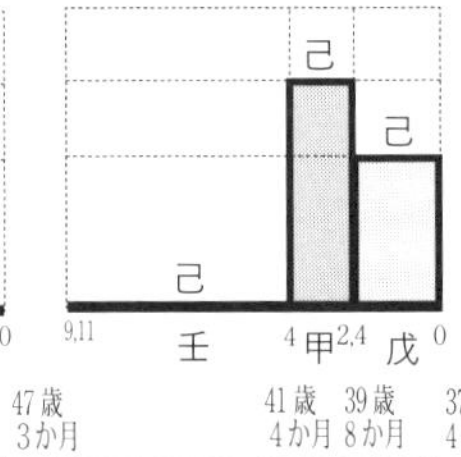

食神	食神	食神
正官	印綬	傷官

第３運
35. 戊戌

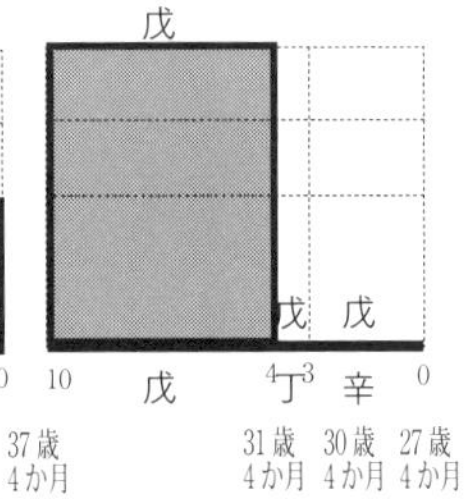

傷官	傷官	傷官
傷官	比肩	偏財

第９運
41. 甲辰

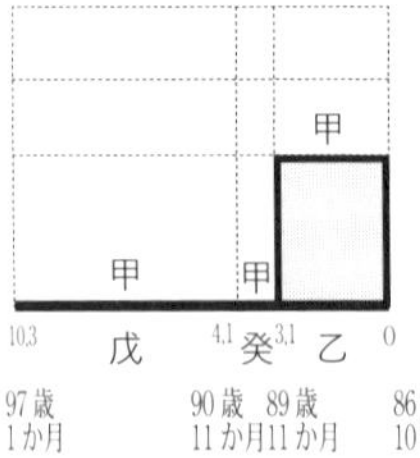

印綬	印綬	印綬
傷官	偏官	偏印

第８運
40. 癸卯

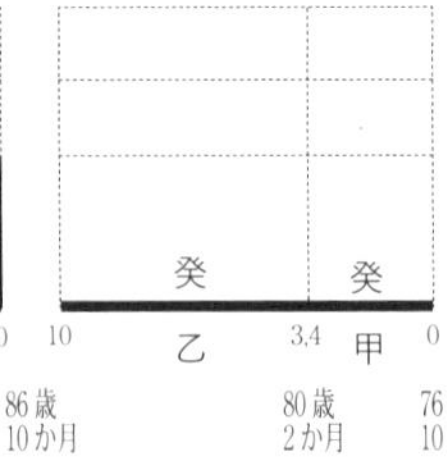

偏官		偏官
偏印		印綬

第７運
39. 壬寅

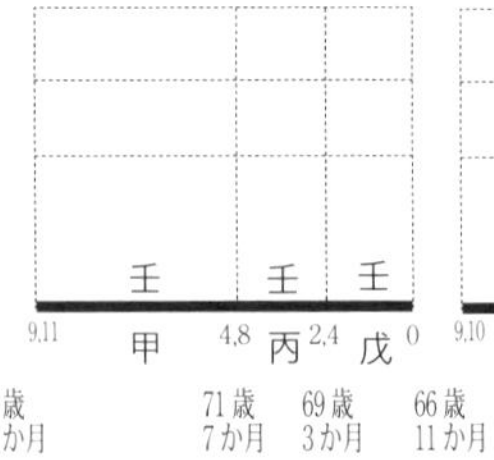

正官	正官	正官
印綬	劫財	傷官

第６運
38. 辛丑

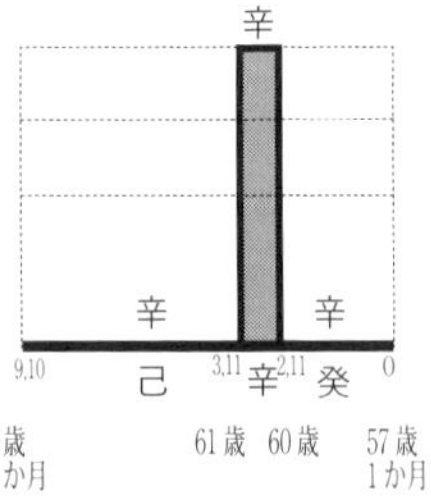

偏財	偏財	偏財
食神	偏財	偏官

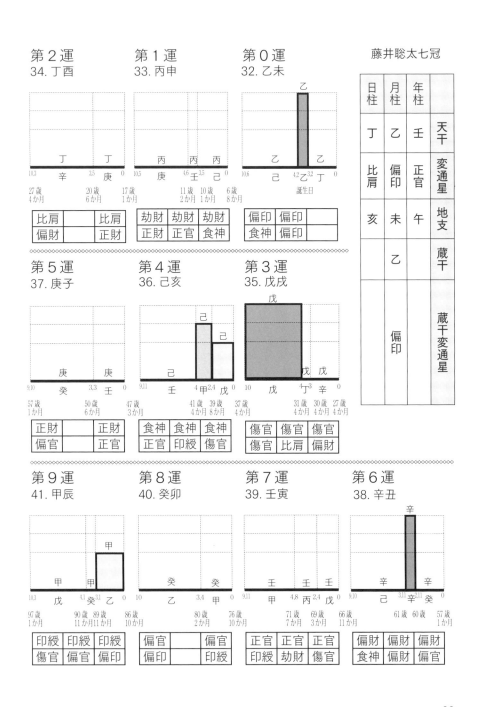

第2運	第1運	第0運
,	,	,

歳 か月		

歳 か月		

歳 か月		

命式

	日柱	月柱	年柱
天干			
変通星	比肩		
地支			
蔵干			
蔵干変通星			

第5運	第4運	第3運
,	,	,

歳 か月		

歳 か月		

歳 か月		

第9運	第8運	第7運	第6運
,	,	,	,

歳 か月		

歳 か月		

歳 か月		

歳 か月		

『足取り問題』次の人の命式（時柱を除く）と第０運から第５運までの大運図を作成してください

（生時は午前３時過ぎを確認するために記載しました）

※立運は、精密計算をしてみてください。

（１）イチロー選手　１９７３年10月22日８時43分　愛知県西春日井郡豊山町生まれ

（２）羽生善治棋士　１９７０年９月27日７時34分　埼玉県所沢市生まれ

（３）松田聖子さん　１９６２年３月10日17時５分　福岡県久留米市生まれ

手順復習

①附表１より生年と生月の干支を求めます。

②月支元命の蔵干を求めます。

③附表２より生日の干支を求めます。※午前３時前に生まれた人は、前日の干支に戻します。

④順行か逆行かを決め、立運を精密計算します。

⑤生月干支を第０運にして、附表大運図より、第１運から順に大運図を求めます。

⑥10年ごとの各大運の入り口年齢と蔵干の境となる年齢を計算します。

⑦変通星表より命式の十干を変通星に直します。

⑧大運天干と蔵干を変通星に直します。

第２運
45. 戊申

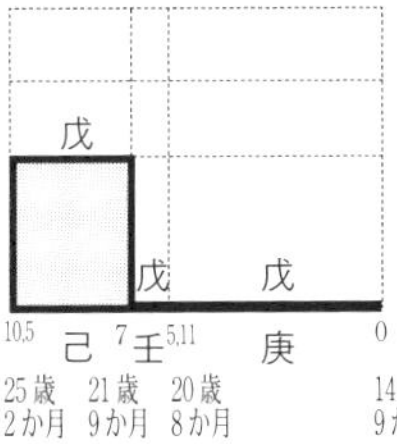

印綬	印綬	印綬
偏印	傷官	劫財

第１運
46. 己酉

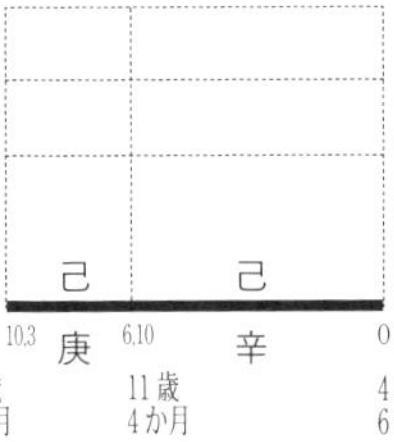

偏印		偏印
劫財		比肩

第０運
47. 庚戌

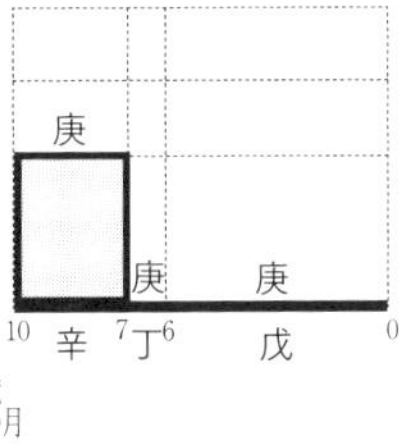

劫財	劫財	劫財
比肩	偏官	印綬

第５運
42. 乙巳

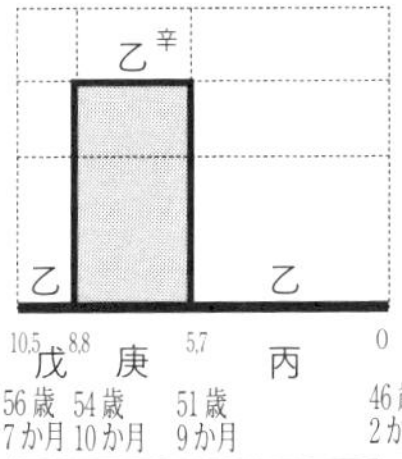

偏財	偏財	偏財
印綬	劫財	正官

第４運
43. 丙午

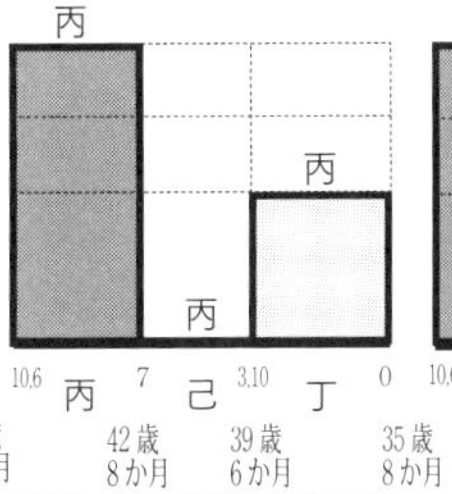

正官	正官	正官
正官	偏印	偏官

第３運
44. 丁未

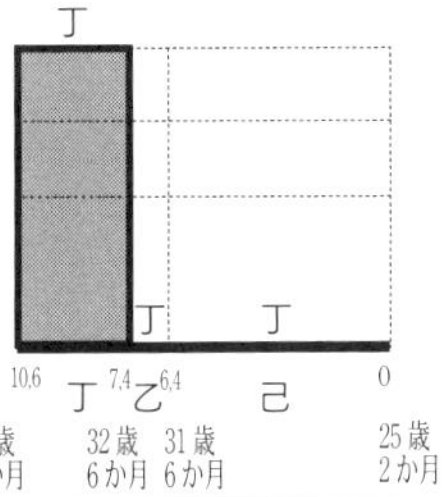

偏官	偏官	偏官
偏官	偏財	偏印

イチロー選手

日柱	月柱	年柱	
辛	庚	癸	天干
比肩	劫財	食神	変通星
卯	戌	丑	地支
	戊		蔵干
	印綬		蔵干変通星

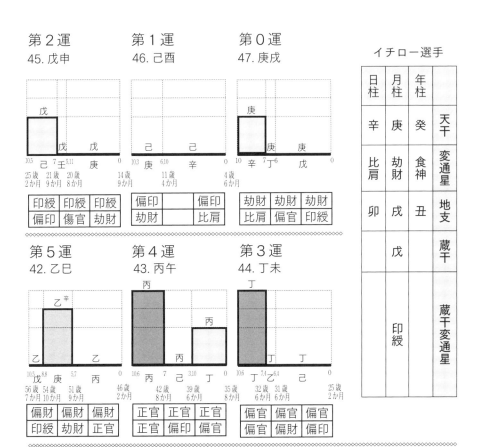

羽生善治棋士

	日柱	月柱	年柱
天干	庚	癸	庚
変通星	比肩	傷官	比肩
地支	戌	酉	戌
蔵干		辛	
蔵干変通星		劫財	

第２運
12. 乙亥

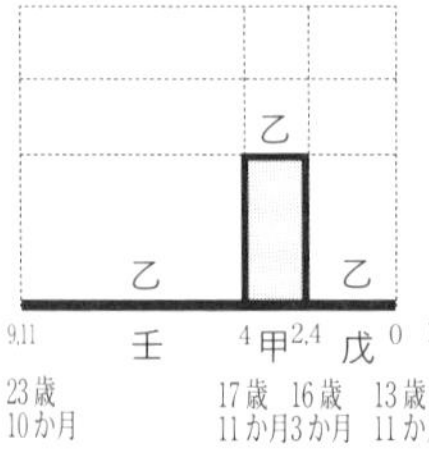

正財	正財	正財
食神	偏財	偏印

第１運
11. 甲戌

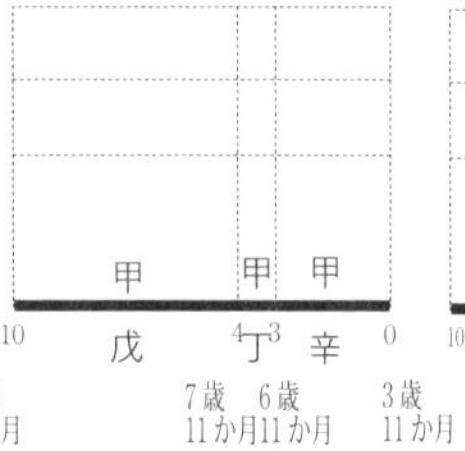

偏財	偏財	偏財
偏印	正官	劫財

第０運
10. 癸酉

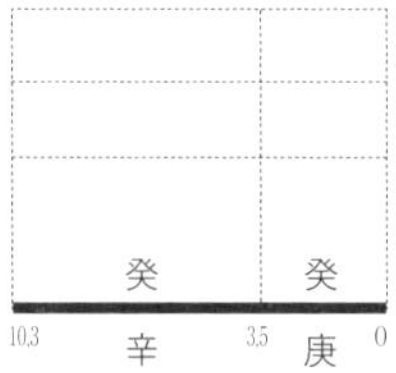

傷官		
劫財		

第５運
15. 戊寅

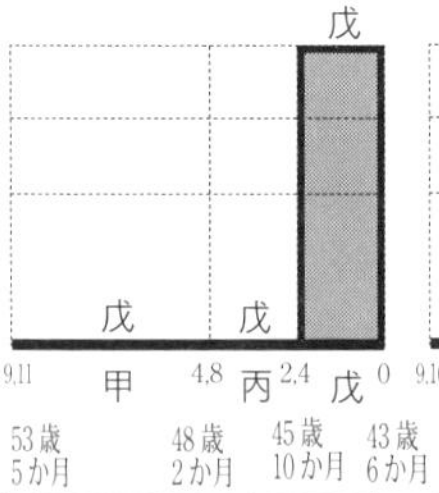

偏印	偏印	偏印
偏財	偏官	偏印

第４運
14. 丁丑

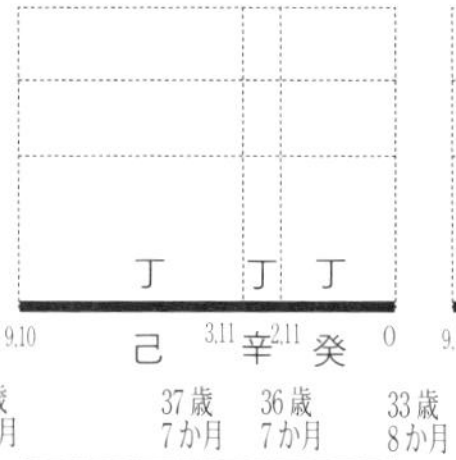

正官	正官	正官
印綬	劫財	傷官

第３運
13. 丙子

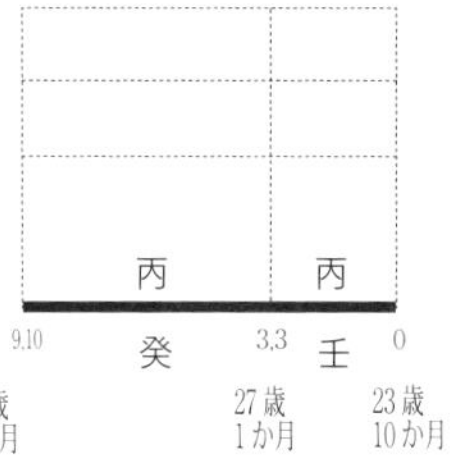

偏官		偏官
傷官		食神

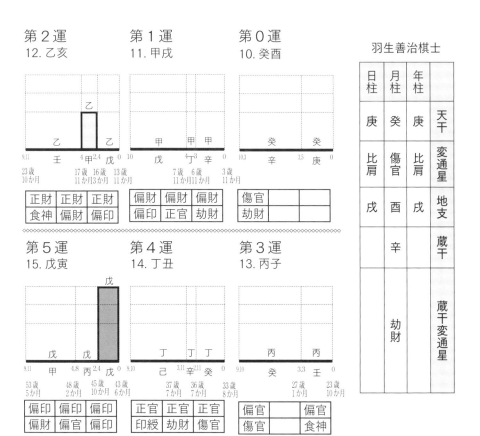

第2運
26. 己丑

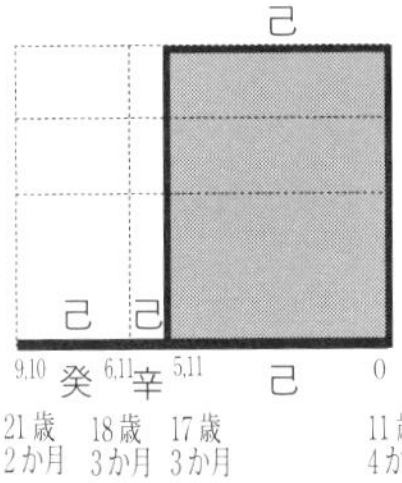

食神	食神	食神
偏官	偏財	食神

第1運
27. 庚寅

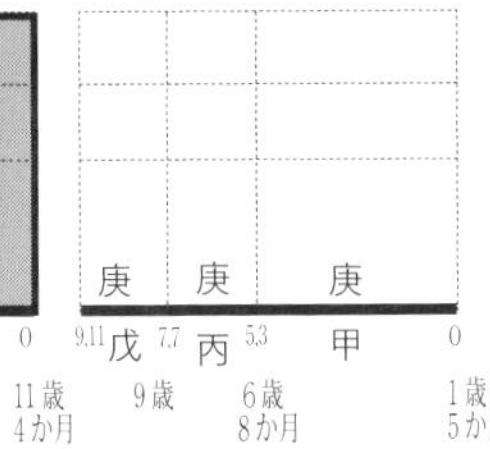

正財	正財	正財
傷官	劫財	印綬

第0運
28. 辛卯

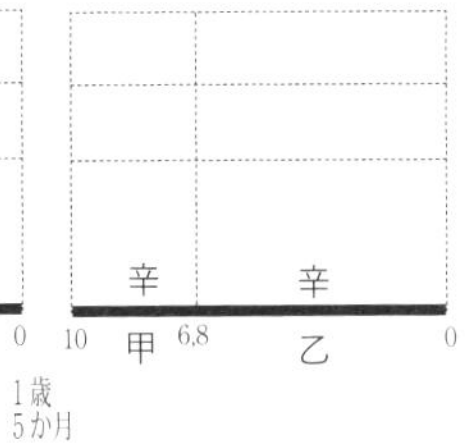

偏財		
印綬		

第5運
23. 丙戌

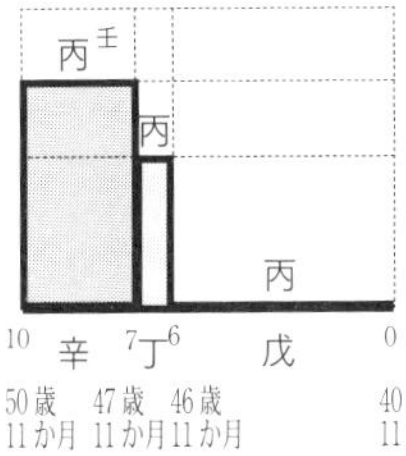

劫財	劫財	劫財
偏財	比肩	傷官

第4運
24. 丁亥

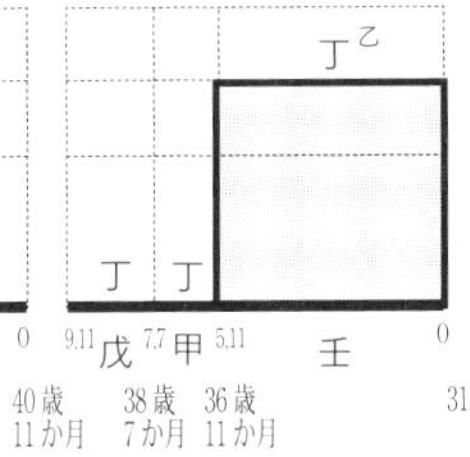

比肩	比肩	比肩
傷官	印綬	正官

第3運
25. 戊子

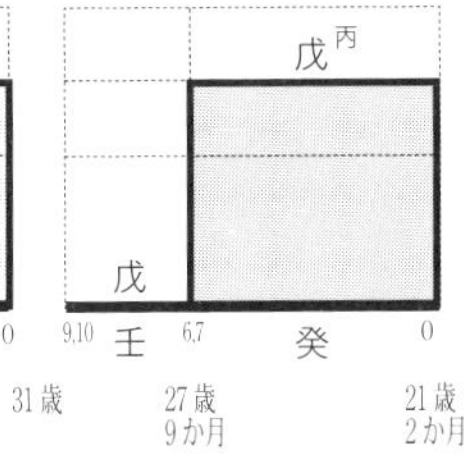

傷官		傷官
正官		偏官

松田聖子さん

日柱	月柱	年柱	
丁	辛	壬	天干
比肩	偏財	正官	変通星
未	卯	寅	地支
	甲		蔵干
	印綬		蔵干変通星

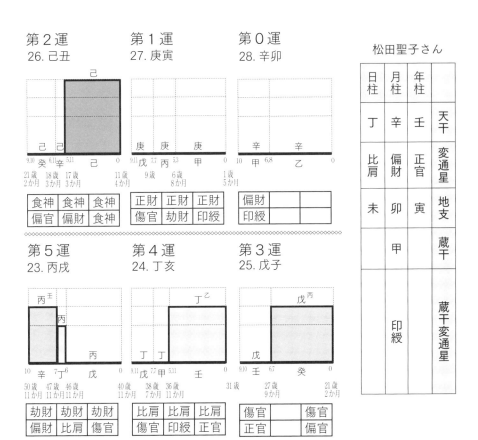

第2章 大運図の解読

1節 大運図の読み方

命式は、自分の一生変わらない先天運《せんてんうん》を表します。後天運《こうてんうん》を調べるには、大運・年運・月運を使用します。

本書では、年運と月運を「行運《こううん》」と呼ぶことにします。「大運」は、「命式」と「行運」を結ぶ鍵になります。

そして、「行運」は「大運」の支配下にあります。

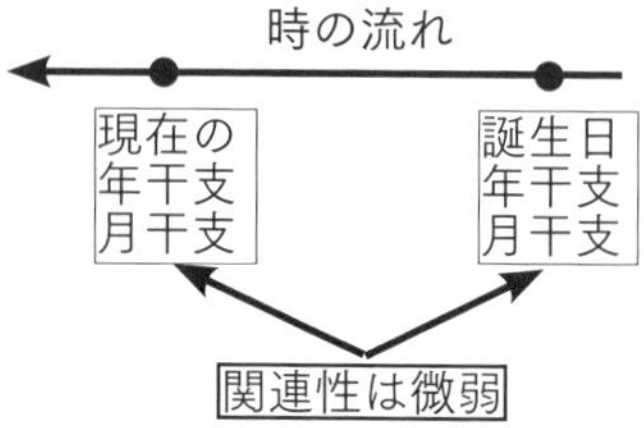

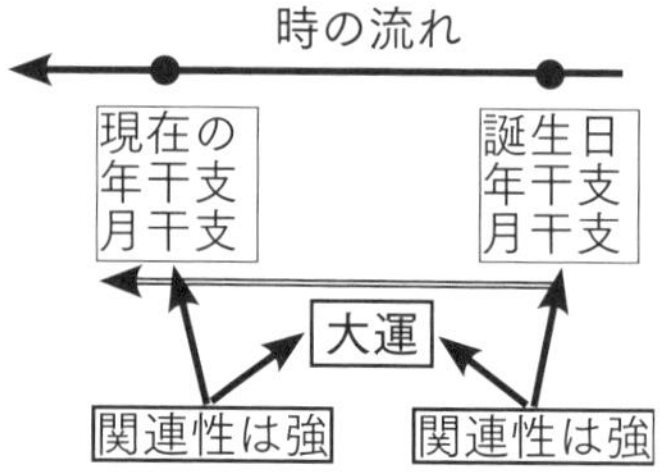

上図の上のように、誕生日の干支と現在の干支は、時の流れの一点を表しているだけで、関連性は微弱です。

この2点を結ぶのが、上図の下の大運です。大運は命式に強く作用し、現在の行運も大運に強く影響されるのです。そして、命式と行運に連動性が発生します。

大運を判断しない限り、行運の吉凶を正しくは判断できません。

第1章で作成した大運図の基本的な作用を解説します。

一般の四柱推命の大運は、「十年大運法」です。各大運は、必ず10年間です。「節間大運法」は各月の節間の長さを用いますので10年間ではありません。たとえば、大運寅は9年と11か月です。これを9,11と記載することにします。

(1)順行と逆行の大運図は、蔵干の流れが逆になります。

たとえば、寅の蔵干は「余気戊・中気丙・正気甲」です。

順行なら「戊・丙・甲」の順に蔵干は作用しますが、逆行なら「甲・丙・戊」の順に作用します。

例として左図に「15戊寅」をあげます。

順行ならこの大運に入ってすぐに図の山になり、「戊」の変通星事象が発生します。

逆行ならこの大運に入って7年7か月過ぎに図の山になり、「戊」の事象が起こります。

この「15戊寅」大運で起こる事象は、順行でも逆行でも変わりませんが、時期が異なります。

順行の場合

15. 戊寅

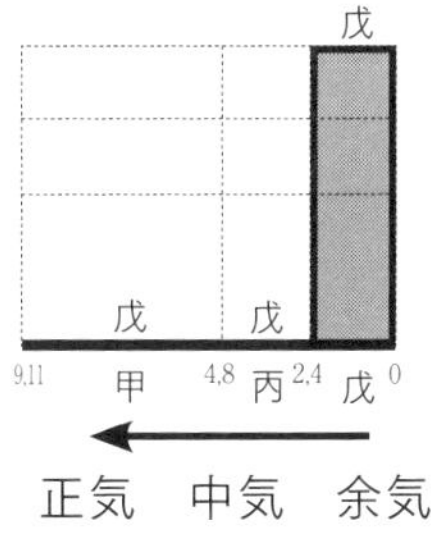

逆行の場合

15. 戊寅

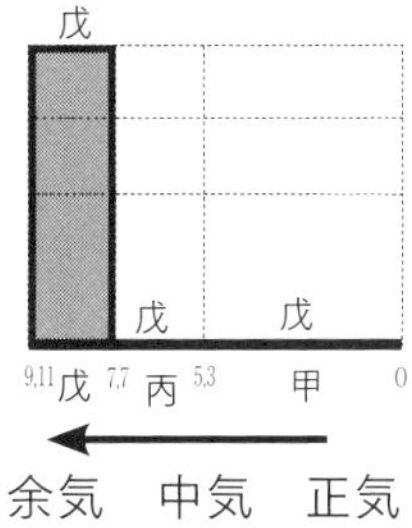

⑵大運図は、左記の4種類に分けられます。

それぞれの各大運は、大運の入口または出口の谷間運か、大運の天干と同じ年運に、変通星の事象が強く起こります。

1. 甲子

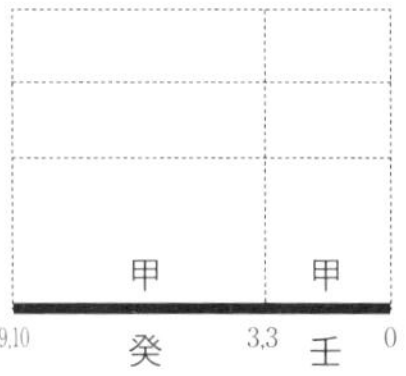

3. 丙寅

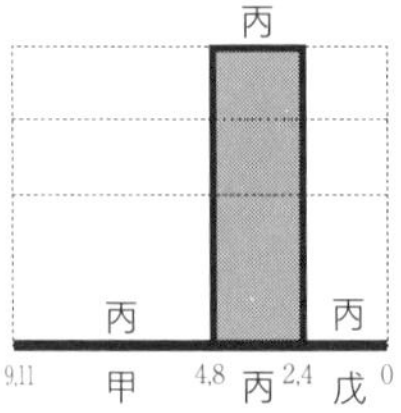

6. 己巳

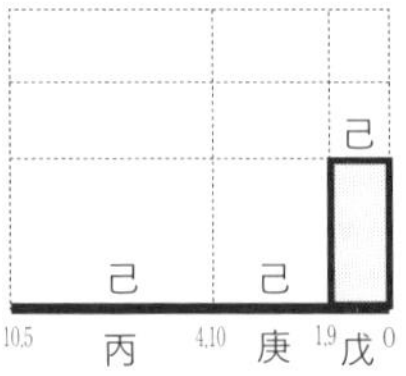

①山がない「平穏大運」

上図天干「甲」の大きな事象は、谷間運か年干甲の年に強く現れます。

右の年齢以外は、強い環境運の事象となりません。生活に大きな影響を受けない平穏大運です。ただし、命式に作用すると自分は動きます。

②山が高い「通干《つうかん》大運」

上図天干「丙」の大きな事象は、山高になるこの大運に入った2年4か月後に起こります。特に、この山の期間に天干丙の年があると強烈な事象です。

「丙」の事象が吉であれば大吉ですが、凶であると大凶になります。

③山が低い「異通干《いつうかん》大運」

上図天干「己」の大きな事象は、この大運に入ったときに低い山があり、強い事象が起こります。

天干は「己《つちのと》」で、蔵干が「戊《つちのえ》」、五行が同じでも陰陽が異なるので「異通干」といいます。矛盾を含んでいる事象が発生しやすい傾向があります。

19. 壬午

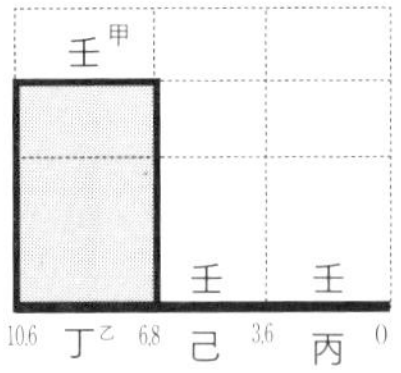

④山が中位の「干合通干《かんごうつうかん》大運」

上図天干「壬」の大きな事象は、この大運に入った6年8か月後に、干合によって強い事象が起こります。

通常は、干合変化後の「甲」の出来事が表面に現れますが、内面に「壬」の事象が隠れています。

正玄流は、「干合《かんごう》」するとその一部を化す五行に変化させます。

干合は、次の5種類で五行が変化します。

「甲己干合化土《こうきかんごうかど》」　甲は干合すると一部が戊に変化します。これを「甲[戊]」と記載します。
己は干合すると一部が己に変化します。これを「己[己]」と記載します。

「乙庚干合化金《おつこうかんごうかきん》」　乙は干合すると一部が辛に変化します。これを「乙[辛]」と記載します。
庚は干合すると一部が庚に変化します。これを「庚[庚]」と記載します。

「丙辛干合化水《へいしんかんごうかすい》」　丙は干合すると一部が壬に変化します。これを「丙[壬]」と記載します。
辛は干合すると一部が癸に変化します。これを「辛[癸]」と記載します。

「丁壬干合化木《ていじんかんごうかぼく》」　丁は干合すると一部が乙に変化します。これを「丁[乙]」と記載します。
壬は干合すると一部が甲に変化します。これを「壬[甲]」と記載します。

「戊癸干合化火《ぼきかんごうかひ》」　戊は干合すると一部が丙に変化します。これを「戊[丙]」と記載します。
癸は干合すると一部が丁に変化します。これを「癸[丁]」と記載します。

十干は10種類ですから、日干から見た変通星も10種類でした。しかし、干合を取ることによって、干合の組み合わせによる変通星は１００種類になります。これを「干合変通星《かんごうへんつうせい》」と呼びます。

⑶グラフの山の継続作用

グラフが山になるのは、蔵干の運命エネルギーが天干に作用し、天干の事象が強く発現するからです。

運命エネルギーが強くなった天干は、グラフの山が終わっても、その後も継続して作用します。

たとえば、会社を設立して社長になれば、その後も社長職です。

宝くじに当たると、そのお金はすぐには使い切りません。その後、長年にわたり裕福な生活ができます。

通干作用の山は30年ほど、その変通星の作用が継続します。

異通干作用の山は20年ほど、干合通干作用の山は25年ほど、その変通星の作用が継続します。

左図であればグラフの山は、４年８か月で終わっていますが、作用が継続して、この後30年ほど丙の変通星の事象が続きます。

この継続作用が、次の山にぶつかると大きな変化が起きます。どの変通星が、どの変通星とぶつかるのかを判断するのが開運への近道になります。この開運方法は、次に解説する変通星の意味で簡単に判断できます。

人の運気は単純ではありません。いろいろな事象が絡み合って、一つの運気を作り上げます。絡み合った変通星の中で、どの変通星を強くする行動を起こせば良いのかがポイントです。

3. 丙寅

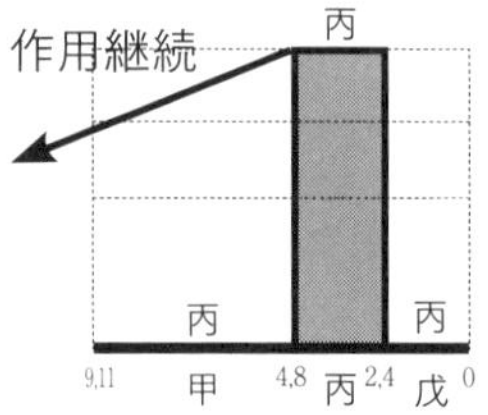

⑷天干と蔵干の違い

「天は軽く澄み、地は重く濁る」と言われることから、現代的に干支を解釈すれば、天干を気体、地支を固体と捉え、蔵干を地支の中に眠る「運命エネルギー」とします。

気体とする天干は、反応性に富み自由に動くことができます。

固体の地支は、不活発で動くのに時間を要します。すぐに作用することはありません。

蔵干は、運命エネルギーなので、天干が掘り起こさない限り作用しません。

蔵干を掘り出す作用が「通干作用」・「異通干作用」・「干合通干作用」なのです。

大運星は環境運です。どのように強い環境運であろうとも、自分の命式が反応しなければ、自分への影響は微弱です。これは、日干の我を中心にした変通星を使っているからです。日干の我は、自分が何をするかを考えるわけですから、いくら良い財運がある、仕事運があるといっても、興味がなければ自分で活動することはないのです。

これに対して、もし「平穏大運」であって山がなくても、命式から大運蔵干の運命エネルギーを掘り出すことがあります。自分が活発に活動するのですが、環境運的には山がなく強くないので、行き詰まりが生じます。

人生で成功を納めるには、強い大運の山が来るチャンスを見逃してはいけないのです。

本書は、大運の環境運を解説していますが、最終的には、命式と大運の相互関係を判断しないといけません。そして、行運を加えることで、今の正しい運気を調べることができます。

2節　変通星の基本な意味

10種類の変通星の特徴は、まず陰陽で大きく異なることです。比肩と陰陽が同じ食神・偏財・偏官・偏印は、自分を中心に考えたり行動しやすい星です。比肩も含めて、この5つの変通星を極端に表現すれば「わがまま星」です。自分一人だけの意志で行動を決めます。したがって、社会性があまりありません。

それに対して、比肩と陰陽が異なる劫財・傷官・正財・正官・印綬は、社会性のある星です。「わがまま星」は強い個性なのですが、個性だけでは社会で成功を収めることはできません。必ず、社会性のある星と組む必要があります。

藤井聡太七冠の月支元命である偏印は、将棋への才能という個性です。しかし、大運第1運で劫財大運星が巡ってきたことで、周囲からの助けがあり彼の強さを表明することができたのです。

大運は、誰にとっても10年間で陰陽が変化します。自分が、現在どの大運星にいるかを知ると同時に、次に巡ってくる大運星の特徴も考えて、人生の計画を立てていきます。

下図の大円の内側に自分を表す比肩があります。食神は、自分が作りだすものですから吉星です。しかし、古代では偏

比肩と陰陽が同じ変通星

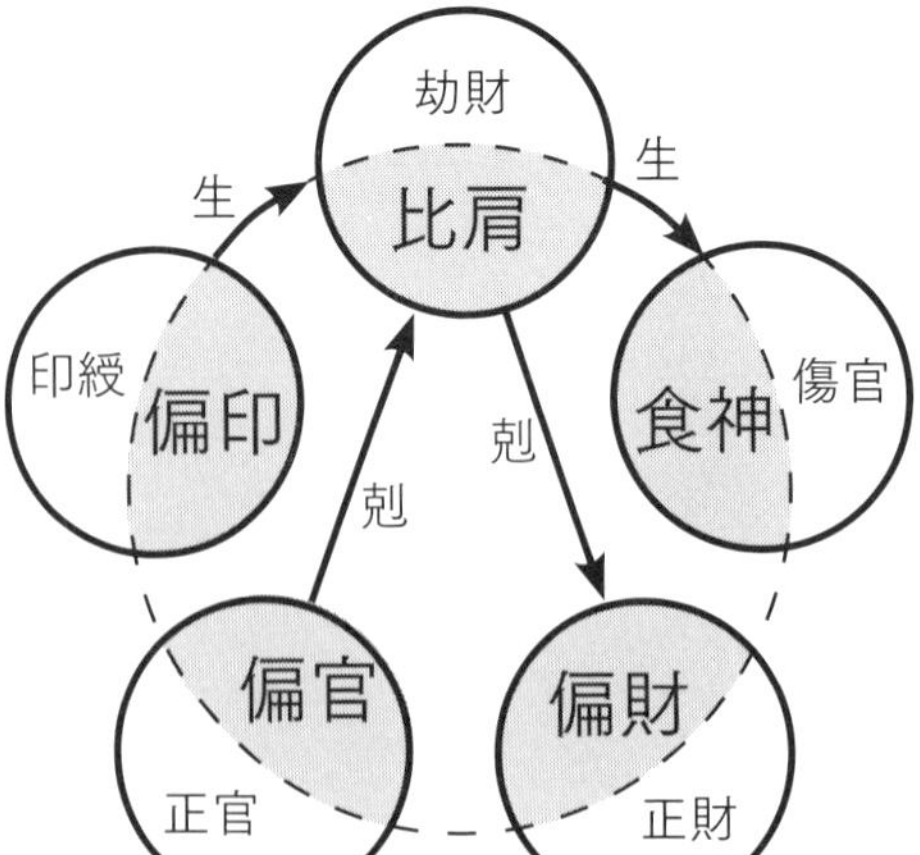

財・偏官・偏印に「偏」の字をつけて凶星扱いにしました。なぜ凶星扱いにしたかを考えると、古代では個人個人が自分勝手な行動をしては、統制が取れずに統治者や役人が困ったからでしょう。

古代は、食神・正財・正官・印綬を吉星としました。

特に、正財と正官と印綬は、出世と栄光を得る最高の組み合わせでした。

しかし、現在の日本は、法律や規則を守れば、個人の考えや行動は自由な時代です。一人ひとりが自分の才能を発揮して生活できる時代なのです。江戸時代のように生まれながらの「士・農・工・商」はありません。各自が自分の才能を十分に発揮できる時代には、10種類の変通星に吉凶はありません。

吉凶が生じるのは、変通星の組み合わせと、そのときの変通星の強弱です。

たとえば、正官も傷官もそれぞれに長所と短所はありますが、吉凶はありません。

しかし、正官と傷官が同時に作用すると、傷官は正官を破りトラブルの凶事象が発生します。このとき、傷官の力量が正官の力量より強いと、正官は完全に倒れ仕事面での失敗が起こります。

正官の力量が、傷官よりも強ければ、逆剋が起こります。トラブルは生じるのですが、規則の徹底や法律などによって、そのトラブルを解決することができます。

二つの変通星が作用すると、必ず吉凶が生じます。そのとき、どちらの変通星を強めるかで、吉を大吉とし、凶を小凶とすることができます。

また、変通星の意味の基本は、あくまでも陰陽五行と相生・相剋・比和により発生します。

同じ「食神」であっても、日干甲木が生じた丙火「食神」と、日干丙火が生じた戊土「食神」は、生産品という同じ意味でも、その性質は異なります。丙火は文明を表しますので、生産品は電気製品のようなイメージです。戊土は山を表しますので、山菜などや土器になるのです。

これは食神を健康の星とすれば、病気になるとき、丙火の食神であれば心臓病となり、戊土であれば胃がんになります。食神が倒れると病気と判断するのですが、食神の陰陽五行によりかかる病気の種類が異なります。

食神大運星が作用する10年間は、衣食住が豊かな幸せな大運です。しかし、強い偏印が作用すると、食神が倒れ病気になります。食神大運星は、通常は日干比肩に生じられて吉なのですが、偏印に剋されると凶事象が発生します。単独の食神には吉凶の意味はありませんが、他の変通星との組み合わせで吉凶が発現するのです。

では、二つの変通星が、どの位置にあるとき、吉凶が強く作用するかというと、一組の干支の天干と蔵干です。

大運天干の大運星は、実際に起こる事象であり環境運です。この天干に一番強く作用するのが、大運の蔵干です。

大運は、60干支の60種類ですが、日干により区別すれば６００種類の大運ができます。

本章で大運星の基本の意味を解説し、次章で日干別の大運星を解説します。読者は、自分の大運星の意味を読み解けるように勉強してください。

大運星は、自分の月柱干支の展開ですから、自分の環境運を表します。このとき環境運の力量が弱いと、実際には何も起きないことに注意してください。吉事象や凶事象が起こるのは、谷間運と環境運となる大運星が強いときです。この作用を大運図の山となる棒グラフが表しています。

10種類の変通星の意味の概略を解説します。正玄流の変通星の解釈は、比肩と劫財を除けば、一般の四柱推命の変通星と同じ意味です。

変通星の意味を、江戸時代の「士農工商」に当てはめれば下図になります。比肩や劫財は、殿様やその身内の支配者になります。食神や傷官は、農業に関係する人や仕事です。傷官は、村祭りのイメージです。偏財や正財は、商業に関係する人や仕事です。偏官や正官は、武士や浪人です。偏印や印綬は、工業に関係する人や仕事です。

比肩に相当する殿様は、一番の権力者です。一般的には、「士」に剋され、「工」に生じられますが、殿様は権力者なので「士」を逆剋し、「工」を逆生します。

変通星を正しく理解するには、「逆生《ぎゃくせい》」と「逆剋《ぎゃくこく》」の理論を取り入れます。

たとえば、金は木を剋します。しかし、木が強く金が弱ければ、カッターで大木を切り倒そうとするようなものです。木に傷がついても、カッターの刃がこぼれます。木逆剋金になります。

強い比肩を大学教授にしましょう。教授に勉強を教えようと印綬の学生が来ても、逆に学生の方が教授に教わります。「逆生」になります。

変通星の意味を表面的な五行の定性論で解釈してはいけません。五行には強弱が必ずあります。通常は、日干である比肩が一番強いので、比肩を中心にして判断します。

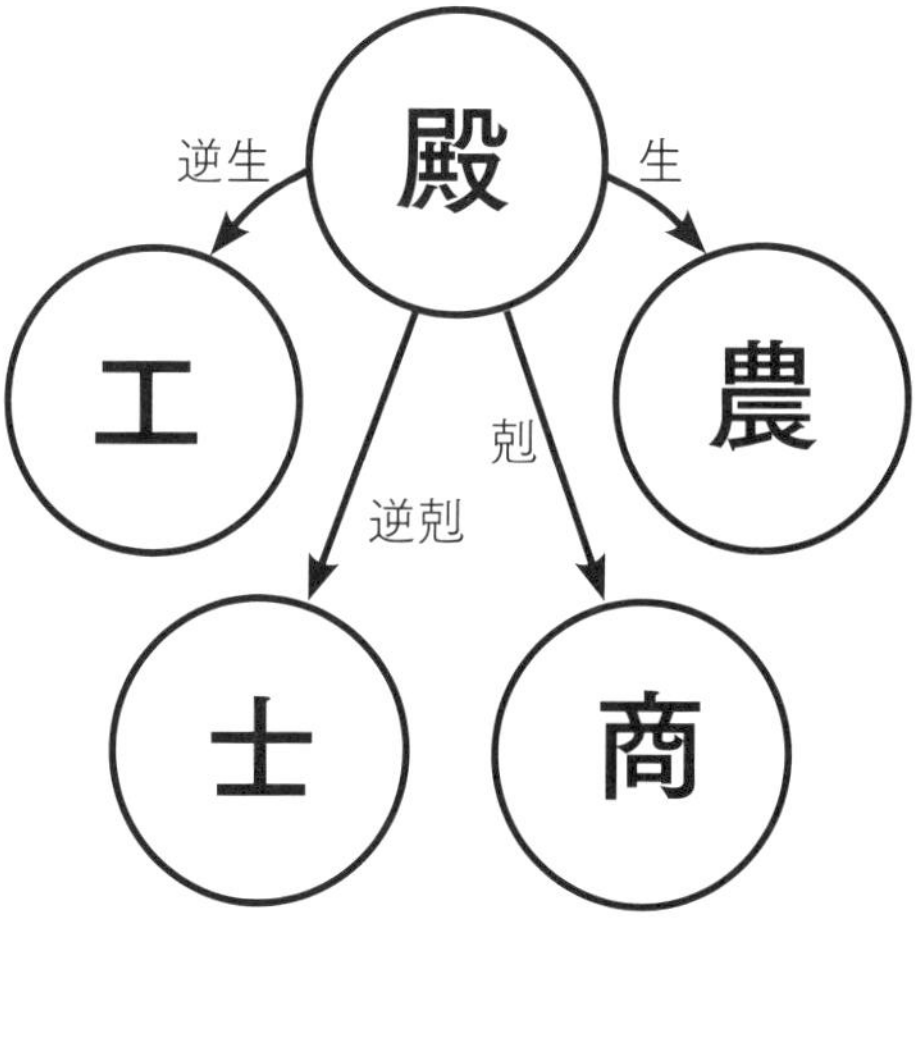

①比肩は「一人で頑張る」変通星です。

一般の四柱推命は、日干と同じ十干が他の位にあると、「比肩《ひけん》」として兄弟姉妹の意味にします。

正玄流は、日干は我を表すわけですから、他の位にある比肩の意味もすべて「我」とします。

日干比肩の我は、自分の性格や意志ですが、他の位の比肩は、自分の考え方や行動になります。自分という意味は変わりませんが、位によって作用が異なるのです。

比肩を「我」とすることで、比肩は10種類の変通星の中心になります。すべての変通星の作用は、比肩を除いたら判断することはできません。古典では、これを「身旺身弱」として吉凶を判断していました。

正玄流の「身旺《みおう》」は、日干に蔵干から通干作用があることとします。蔵干は「運命エネルギー」です。蔵干に比肩・劫財があれば同じ五行で日干を強めます。また、日干が蔵干と干合しても日干を強めます。

比肩は、最終的に寿命を表します。比肩を常に強くすることが、人生全体の開運につながります。

当然、歳をとるにつれ比肩の力量は弱まっていき、大往生となります。大運変通星の作用を調べるには、比肩の力量の変化を見極めることが大切です。50kgしか持ち上げられない人の目の前に、100kgの金塊があっても、持っていくことはできません。

変通星の関係図

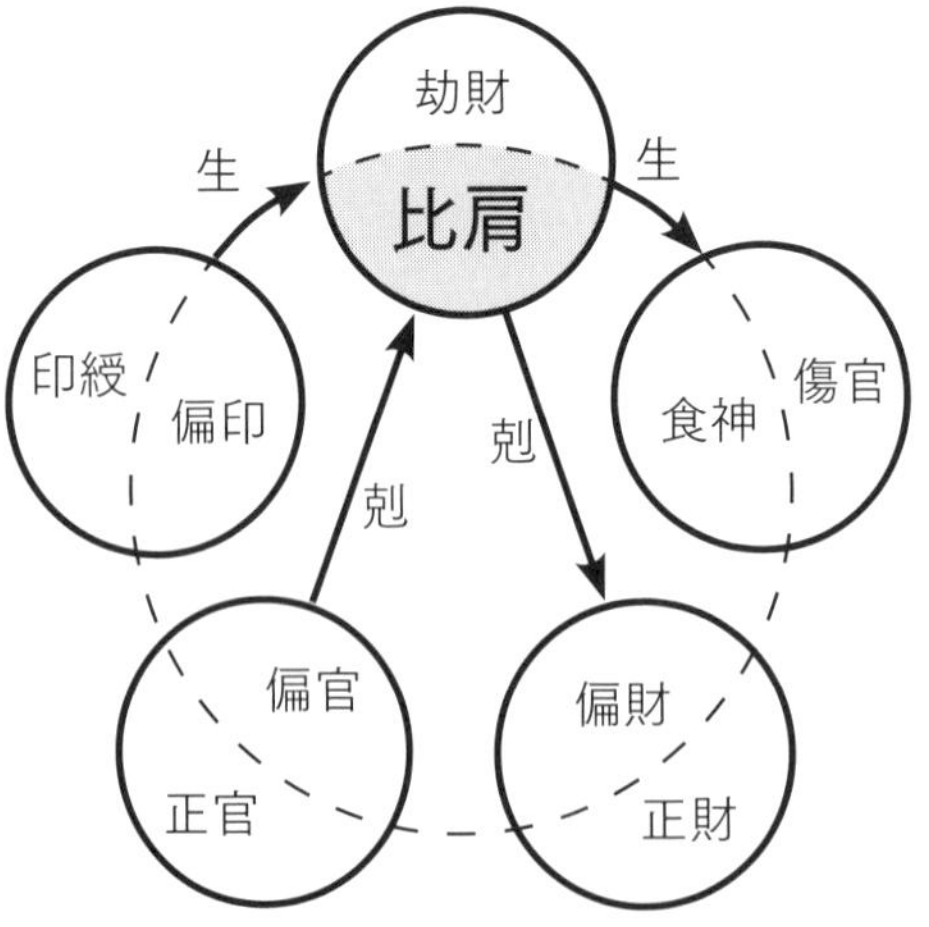

②劫財は「仲間と協力する」変通星です。

「劫財《ごうざい》」の仲間は、身内や友人、同僚です。

比肩と反対の意味になり「一人ではない」、つまり「皆と一緒に」という意味です。

比肩と劫財のバランスは、とても重要です。比肩が強ければ、集団のリーダー的存在ですが、劫財が強いと自分の存在が、仲間の中に埋もれてしまいます。

劫財の「劫」の字は、財を奪うという意味です。一人では1万円しか稼げなくても、10人が協力すれば20万の収入となって、１人当たり倍の２万円の稼ぎができるようなものです。ただ、協力する仲間が悪いと、劫財は強奪の意味になって、法律を破り悪いことをします。

劫財運を上手に使うには、協力し合う相手を選ぶことです。相手が善良であれば、自分も善良になりますが、交流する相手が悪質だと、自分も悪くなってしまいます。

「朱に交わると赤くなる」のが劫財の特徴です。

また、大金を得るには、劫財は一役買ってくれる変通星です。劫財が作用するときは、注意して吉凶を判断し、財運を良くします。さもないと、既婚の男性は妻である正財を剋し、離婚してしまいます。

変通星の関係図

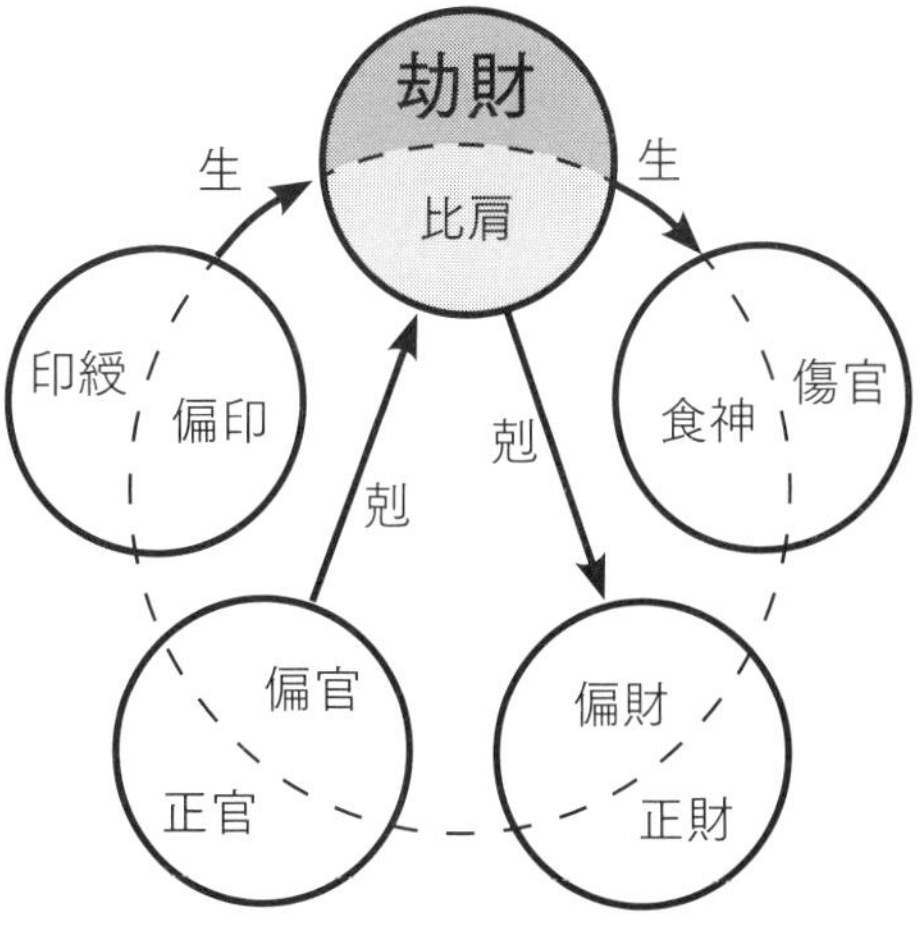

③食神は「日常性に満足する衣食住」を表す変通星です。

「食神《しょくじん》」は、日干比肩が生じる変通星です（下図）。

健全な生活を送ることができ、日常生活に余裕ができる衣食住の星です。食事をしたり、掃除をしたりで平凡ですが、安定した日々になります。

また、食神は子どもを表し、慈善的なことを好みます。農業の星ですから、物を育てたり作るのに良い運気です。

食神は、生活に困りませんので、何事にもゆっくり対応します。お百姓さんが、春に種を蒔いたら、秋に刈入れをするまで、雑草を抜いたり肥料をあげたり、大きな変化もなく、実がなるのを待つようなものです。

変通星の関係図

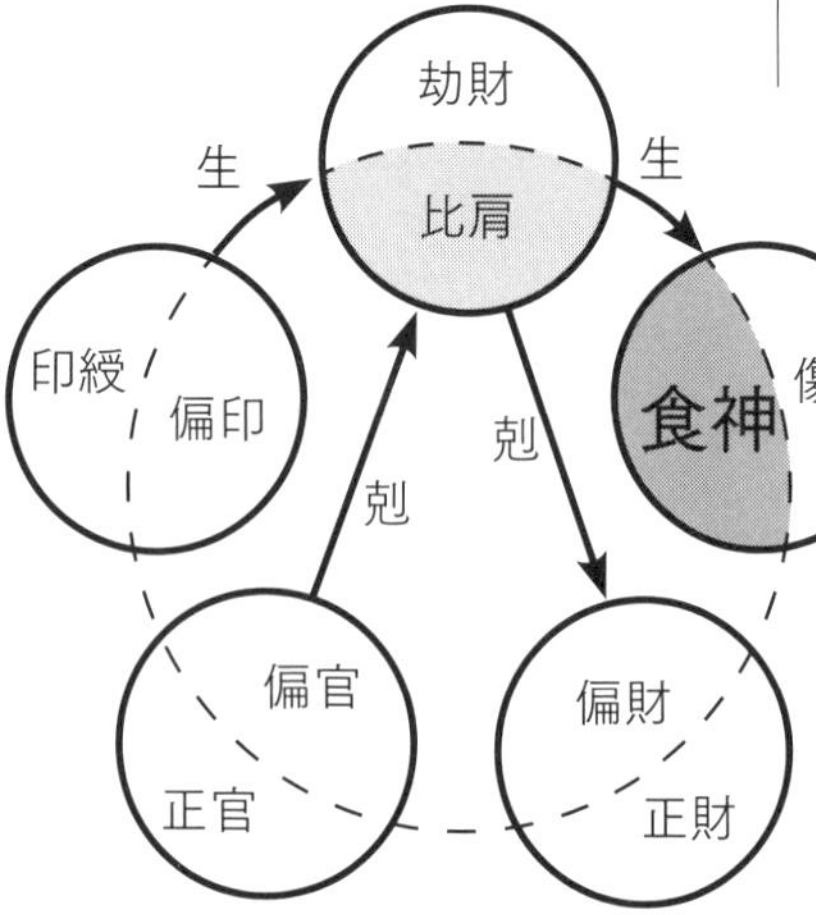

人間関係では、食神は子どもの星なので、食神の運気が強いと子どもを授かります。このとき、強い偏印が作用すると流産したり、不妊症になりやすくなります。子どもを欲する夫婦は、食神が強くなる時期を見定めるとよいでしょう。また、自分の子どもを可愛がるように他人に接します。現代は、ボランティアや慈善の星です。

古典では、食神を寿星としますが、正玄流は食神を健康の星とし、比肩を寿星とします。偏印が食神を見ると、偏印を「倒食《とうしょく》星」と呼びますが、これは強い偏印と弱い食神の組み合わせが起きたときです。食神が強ければ、偏印を逆剋し特殊な才能を発揮します。生活に工夫を加えて、特許を取るようなものです。

④傷官は「非日常性を求める」変通星です。

「傷官《しょうかん》」は、自由を好む芸術的才能に恵まれた星です。人と足並みを揃えないために異端児に見られますが、独特の才能を活かせば大吉星になります。

食神が日常を意味しますので、陰陽が逆の傷官は非日常性を表すのです。

古代は人と足並みを揃えられないと悪でしたが、現代は芸術家や芸能人のように、独自のアイデアや奇抜な才能を発揮する人が成功します。また傷官は、財産と呼べる正財を生み出します。個人で億万長者になるには、傷官は必須の星です。

しかし、比肩と傷官は陰陽が異なるので、簡単には傷官を生み出すことができません。右図のように、陰陽の境界を越えないといけません。陰は極まらないと陽にはなりませんし、陽も極まらないと陰にはなりません。比肩が強烈に強いときに、陰陽の境界を越えられます。

傷官が悪い働きをすると、衣食住が疎《おろそ》かになります。食事は偏り、服装は奇抜、家の中は乱雑になります。傷官の基本は自由奔放、人がやらないことをします。

古典では、「金水傷官は美人」と言われています。これは、日干辛金の女性が年柱や月柱に壬水の傷官があると美人になるという意味です。美人ですから、俳優や歌手などの人気商売に向いています。

変通星の関係図

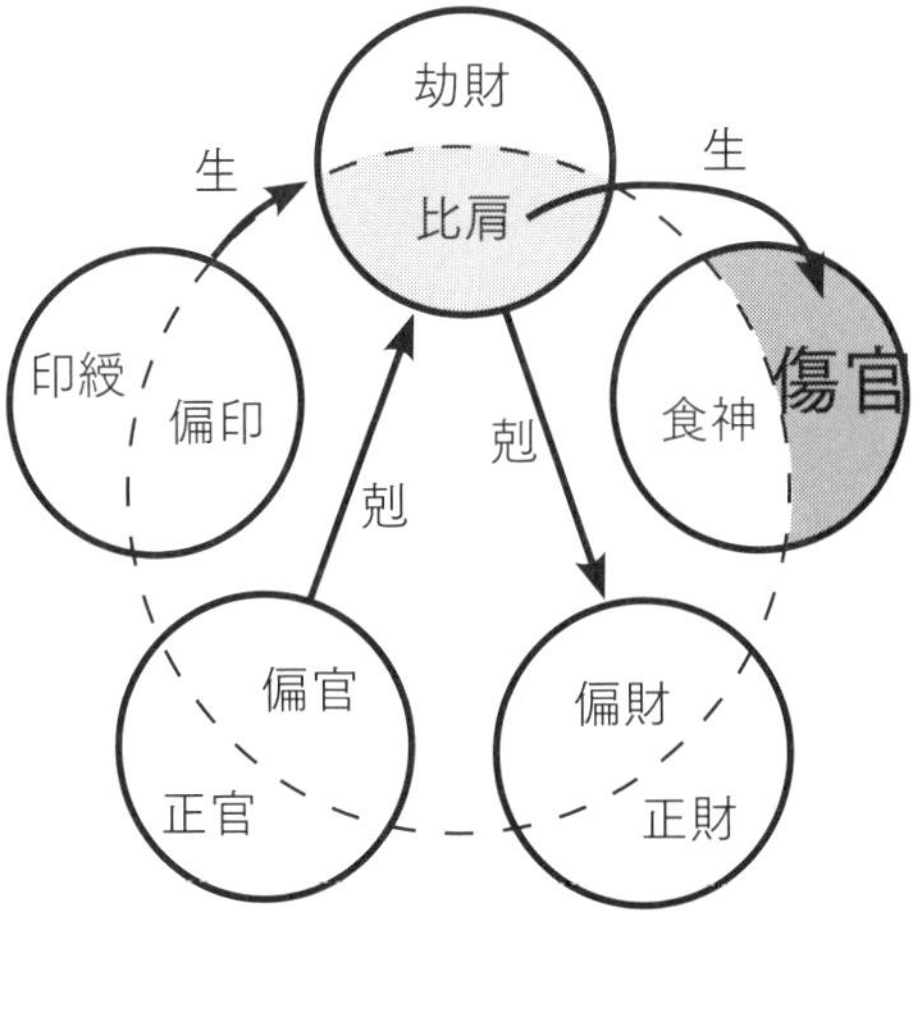

⑤偏財は「社交性を発揮する」変通星です。

「偏財《へんざい》」は、比肩が剋す変通星です（下図）。

行動力に溢れ、人との関係を大切にし、自分の魅力を発揮する星です。人と交流することが好きになり、営業職や販売職などに向いています。

お金の価値が非常に高い現在は、財星の「偏財」と「正財」は吉星に分類されます。しかし、正財は貯蓄や財産管理の意味ですが、偏財は浪費やギャンブルの意味合いが強いのです。

多くの人と関わるので、自分の身なりや持ち物などに関心が向き、ブランド品などの高級品の購入で浪費しやすい傾向があります。また、ギャンブルで一攫千金を求めますが、結果的には赤字です。それでも、人並以上の生活ができることを目標にします。

偏財は男性にとって恋人や愛人を表します。好きな女性と遊びに行くと、カッコ良いところを見せようとして、お金を使います。

偏財は、独身男性にとっては楽しい生活を意味する星ですが、既婚男性にとって、偏財と劫財が同時に作用するときは注意が必要です。劫財は妻を叩く意味になり、偏財は新しい恋人や不倫を意味することになるからです。当然、離婚の問題が発生します。

変通星の関係図

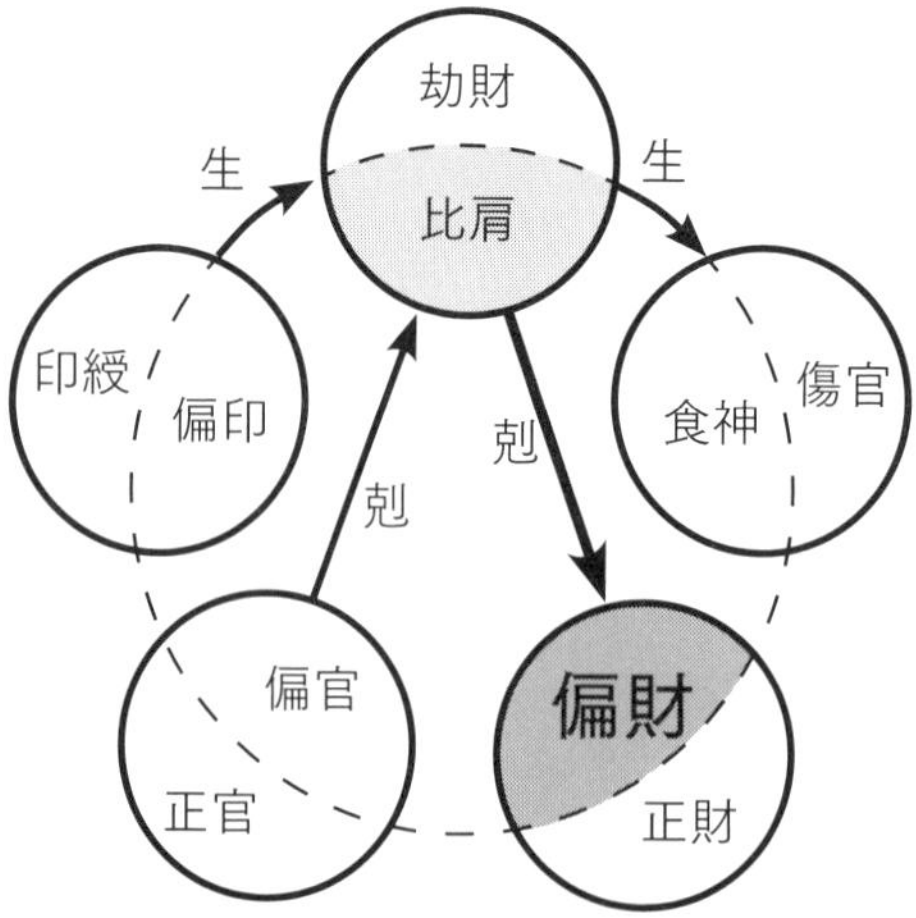

⑥正財は「几帳面に管理する」変通星です。

「正財《せいざい》」は、何事にも几帳面に対応しコツコツと努力をする星です。外で活躍するよりは内を守ります。偏財と逆で質素倹約を旨とします。偏財が営業職なら正財は事務職になります。常に堅実に対応し、物事を進めていきます。信頼と安定を得やすい運です。じっくりと腰を据えて取り組むことが吉運を招きます。

現在の日本では、正財は巨額の富を意味しますので、正財運を強くすることが幸福に結びつきやすい時代です。億万長者になるには、基本的に堅実な生活を送るか、傷官の特殊な才能を発揮すると早いのです。

男性にとっては妻を表す星です。正財は理想の女性であり、内助の功を発揮してくれます。財産を築きたい人は、妻を大切にしないといけません。離婚は、自分の持っている財運を無にしやすい行動です。

我の比肩と正財は、「有情《うじょう》」の関係です。古代より有情は良い関係と解釈されてきました。著者は、有情を自分と一線を画す関係と解釈します。自分勝手にはできない、努力をし規則を守り、礼儀正しくする意味です。それに対して、陰陽が同じになる場合の「無情《むじょう》」を自分勝手にできる関係と解釈します。

正財を求めるよりは、偏財を求めるのが手っ取り早く、正官を求めても偏官になりやすく、印綬よりは偏印の方が楽なのです。

変通星の関係図

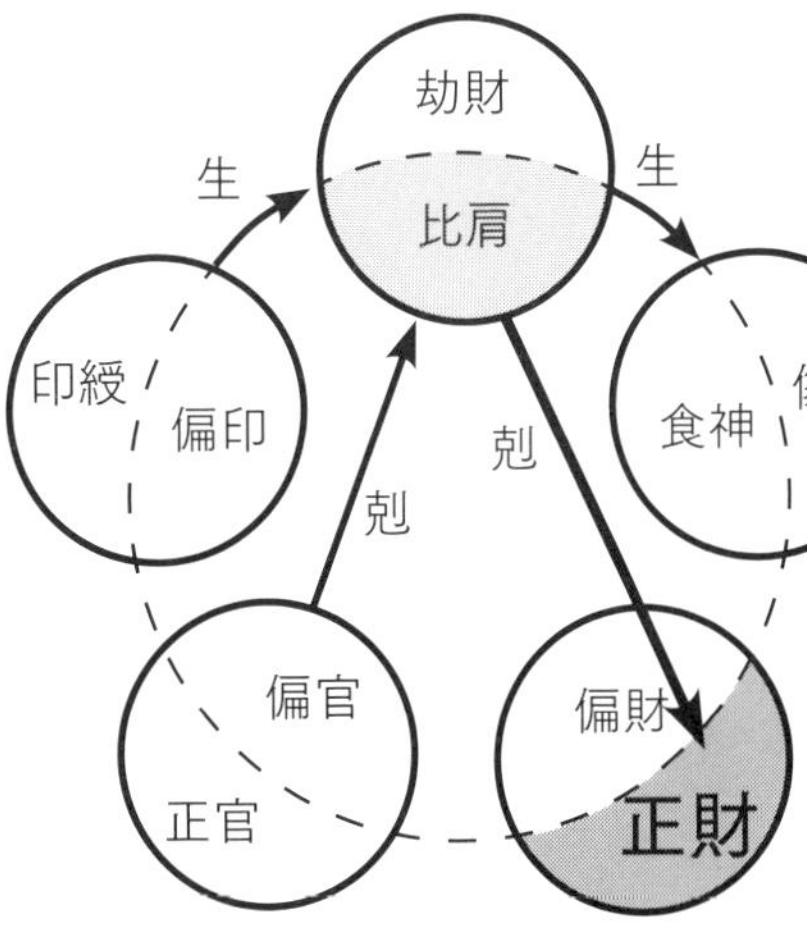

⑦偏官は「何事も恐れずに挑戦する」変通星です。

「偏官《へんかん》」は、日干我である比肩を剋す変通星です（下図）。

我が偏官に剋されると受け身で考えると、誰かにいじめられるという意味になりますが、剋してくるのは自分自身です。日干から見た変通星は、すべて自分自身がする事象です。常に、自分が主語になります。

つまり、比肩が偏官より強ければ、比肩は偏官を「逆剋」して自分が頑張ります。偏官が比肩より強いと、偏官は自分を倒す「殺」ですが、自分が倒れる原因は自分にあります。

自分で自分に鞭を打つのですから、じっとしていられず外出を好みます。勇気があり行動的です。偏官はもともと戦いを意味しますが、現在ならスポーツ愛好者と解釈します。

偏官は、若いときは実行力がある吉星になります。物事を積極的に捉え、勢いよく行動します。格言の「失敗は成功の元」になる変通星です。成功を収めるまで何度でも挑戦することでしょう。

しかし、歳を取ると我である比肩が自然に弱まっていますので、偏官は「殺《さつ》星」に変わります。コントロールされていない偏官に出くわすと、比肩の自分を倒します。怪我や手術、最悪の場合は死亡します。当然、原因は自分にあります。

自分に原因がない交通事故死などは、日干を我とする手法では判断できません。

変通星の関係図

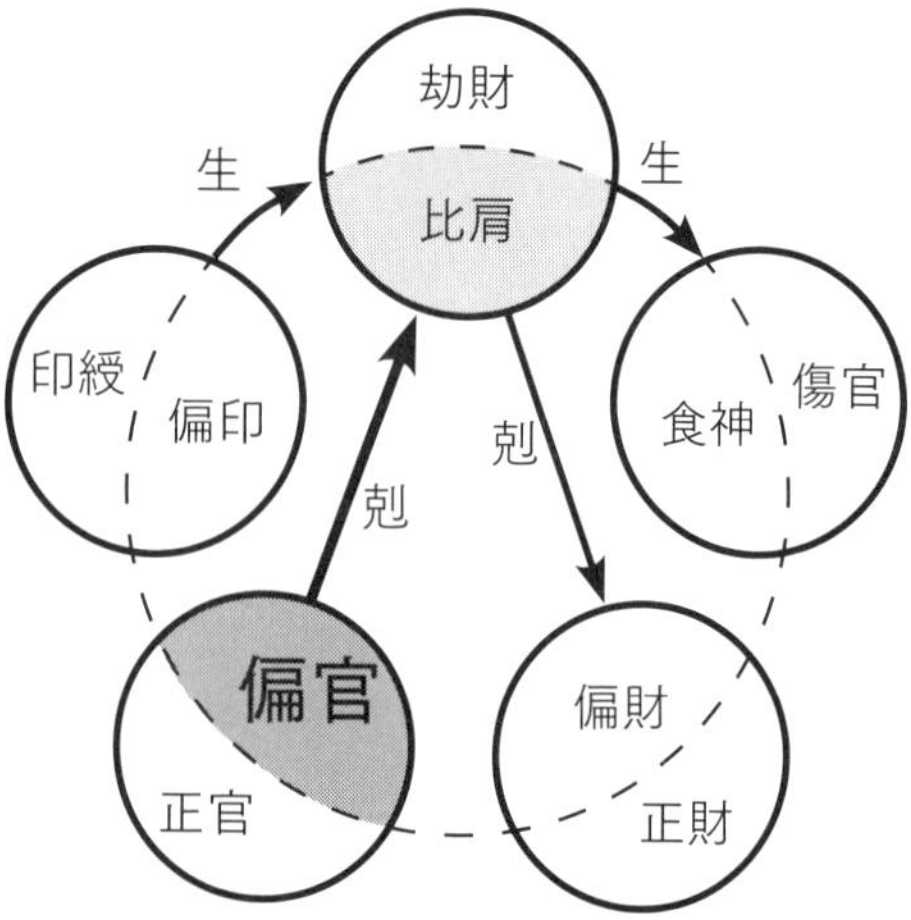

⑧正官は「規律、規則を威厳をもって守る」変通星です。

偏官を武官とすると、「正官《せいかん》」は文官です。自分を正しい道へと律する星です。何事にも正義感をもって真面目に取り組みます。自分自身も規律や規則を遵守し、人に対しても同じことを求めます。

政治家や社長など、組織のトップに立つ人が、命式に正官を持っていると、立派な考えや行動を重んじるので、他人に対してとても公平になり、権威を集めやすくなります。

女性にとっては、正官が夫を表す星なので、理想の男性や良き夫の意味になります。しかし、この解釈は、古代の思想です。現代の女性にとっては、正官を結婚の星と考えるよりは、男性と同じように仕事の星と考えるべきかも知れません。

正官の問題点は、正官を剋す傷官に出会うときです。正官の規則と傷官の自由奔放さは、調和を取るのが難しくなるからです。

気をつけたいのは、正官は正義感ある星なのですが、正義は国や文化によって異なることです。日本で、男女平等は正義であっても、アフガニスタンでは正義とは限りません。他国の人の命式にある正官は、その国における正義なのです。プーチン大統領の命式にも正官があります。この正官は、プーチン大統領の正義であり、ロシア人にとっての法律となる変通星です。

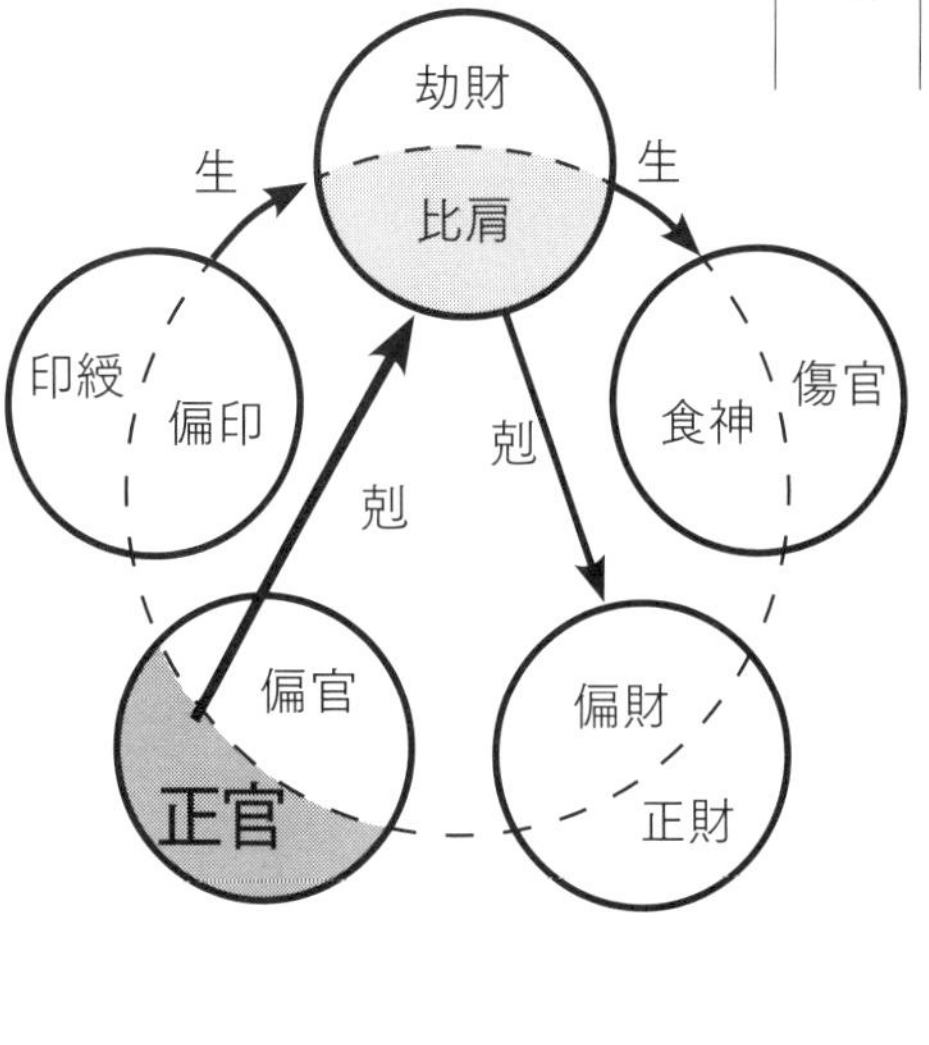

変通星の関係図

⑨偏印は「改革や超常的なことを好む」変通星です。

「偏印《へんいん》」は、自分である比肩を生じやすい変通星です（下図）。

偏印は、改革の星なので独自の技術力に富んでいます。現実や現存するものを変えようとする傾向が強いのです。現在あるものに手を加えて、さらに良いものを生み出そうとします。

この傾向が強くなると、偏印は宗教や超常的なことを好む意味になります。

無から物を作り出す傷官と現在あるものに手を加えて新しいものを研究する偏印とは、似ているのですが作用が大きく異なります。

また偏印は、変人とかオタクと受け取られてしまいますが、集中力があり、研究熱心です。孤高なので周囲との関係は多少不安定です。引きこもりの原因は、比肩の弱さと偏印の強さにあります。

偏印は、古代であれば軍師や僧侶であって、一般生活には向きません。現在の日本は、コンピュータを使う仕事やネットに関する仕事など、偏印星が活躍できる環境が整っています。

偏印は兼業の星のため、同時にいろいろなことに手を出してしまいがちです。まず一つのことに打ち込んで、それが完成したら、次へ進むといった計画性が偏印を活かす方法になります。

変通星の関係図

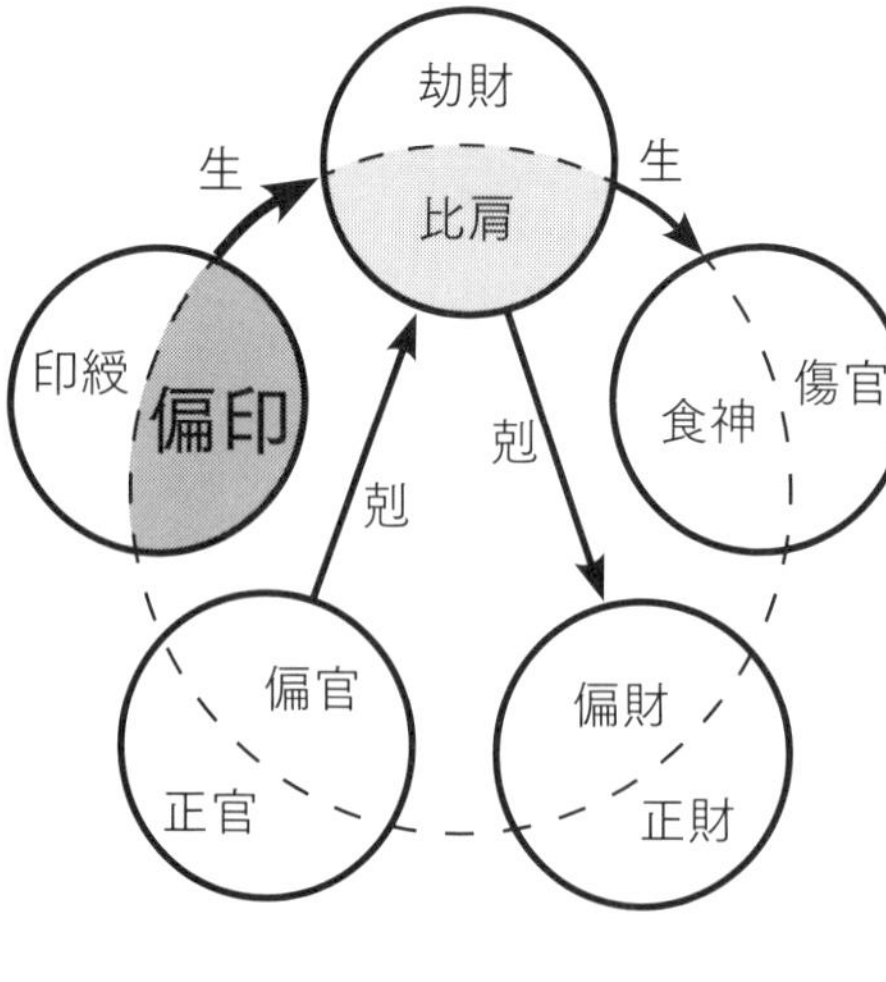

⑩印綬は「伝統を重んじプライドを保つ」変通星です。

「印綬《いんじゅ》」は、記憶力が優れ、伝統と勉学を好む星です。偏印を理解力を重視する理系とすると、印綬は暗記が得意な文系です。歴史や法律など伝統的なことに能力を発揮します。プライドが高く保守的です。名声を得ることに尽力しますので、地位が高くなります。また、人望を得るために威厳を保ちます。何事にも自力で解決できる能力を持ちますので、自分の才能をフルに発揮すれば成功を収めます。

印綬は、比肩を有情で生じる変通星です。勉学や研究を通して知識を身に着け、その知識を武器にして活躍します。記憶力も良いので、どのような環境や場所でも名声を得やすくなります。常識や伝統を尊重する全体の統括者に向いています。

また印綬は、比肩の我を生じるので父母の意味になります。父母となる印綬が比肩の我を生じると一般的には理解されていますが、正玄流は、比肩が印綬に生じられると受け身に解釈しません。あくまでも、印綬は自分を高めるものです。印綬を自分から進んで勉強すると解釈するのは、自分となる比肩が印綬を「逆生」するからです。これは、命式において「身旺《みおう》」でなくては逆生はできません（右図）。

すべての変通星は、比肩を中心に考えるので、比肩を良い意味で強くするのは印綬です。日本人であれば、日本の文化や伝統を守ることが、自分を律するための大きな条件になっています。

変通星の関係図

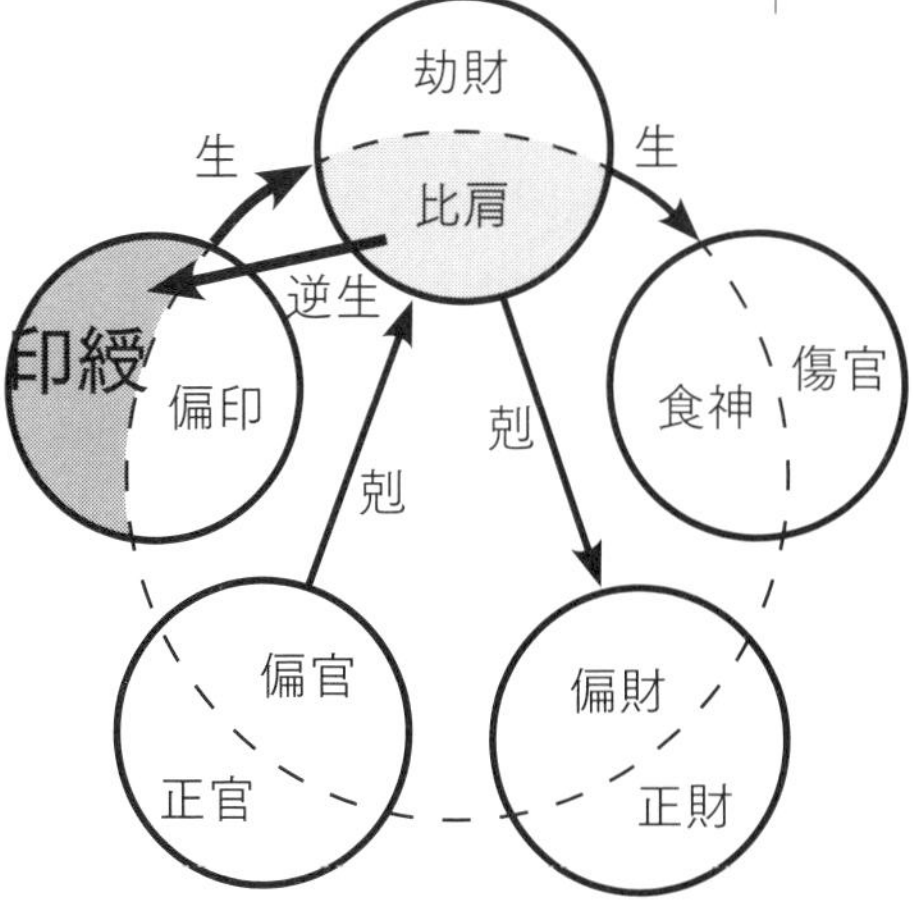

3節　現代社会の財運について

今の日本で成功するとは、ある意味財を手に入れることです。この節では、正玄流の財運の考え方を記載します。

現在、日本で解説されている四柱推命の基本は、中国の宋時代から清時代に書かれた古典です。当然、現代日本と比べて社会体制が異なります。

中国古代の成功とは、官吏となり出世することです。科挙試験が千年以上も続きました。統治者は、農民から税として米を納めさせ、それを扶持として役人に配分して国を維持しました。財を得るとは、役人にな

支配者と変通星の関係

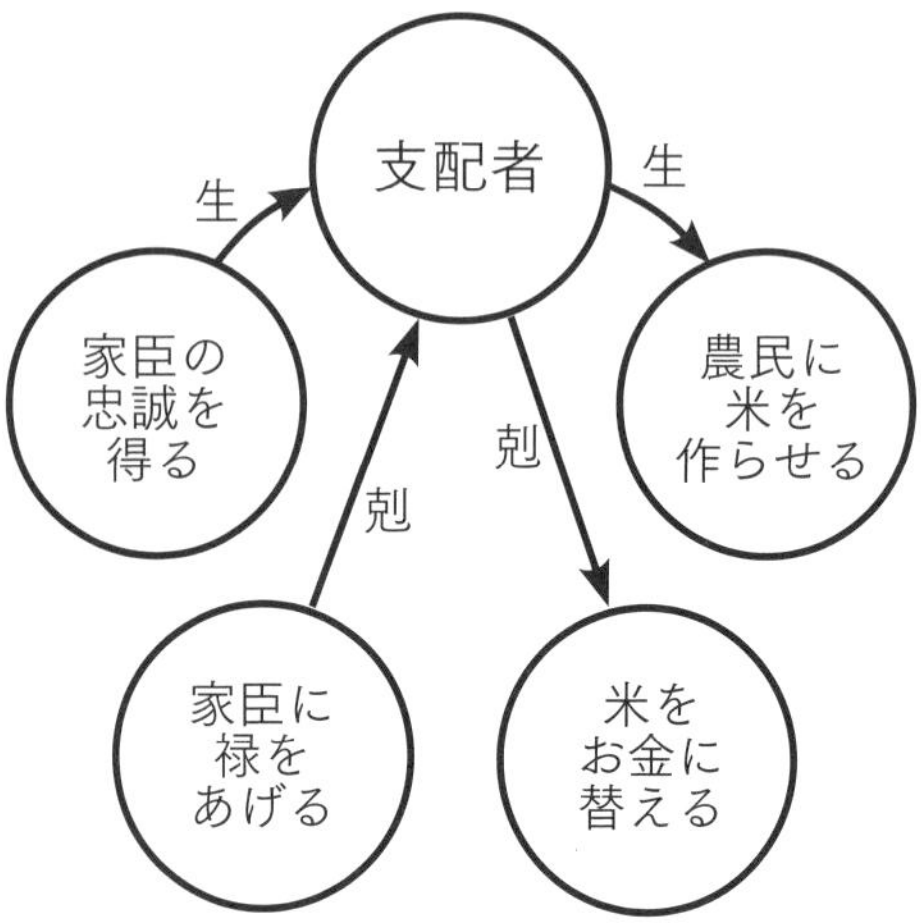

現在の財を生むための関係図

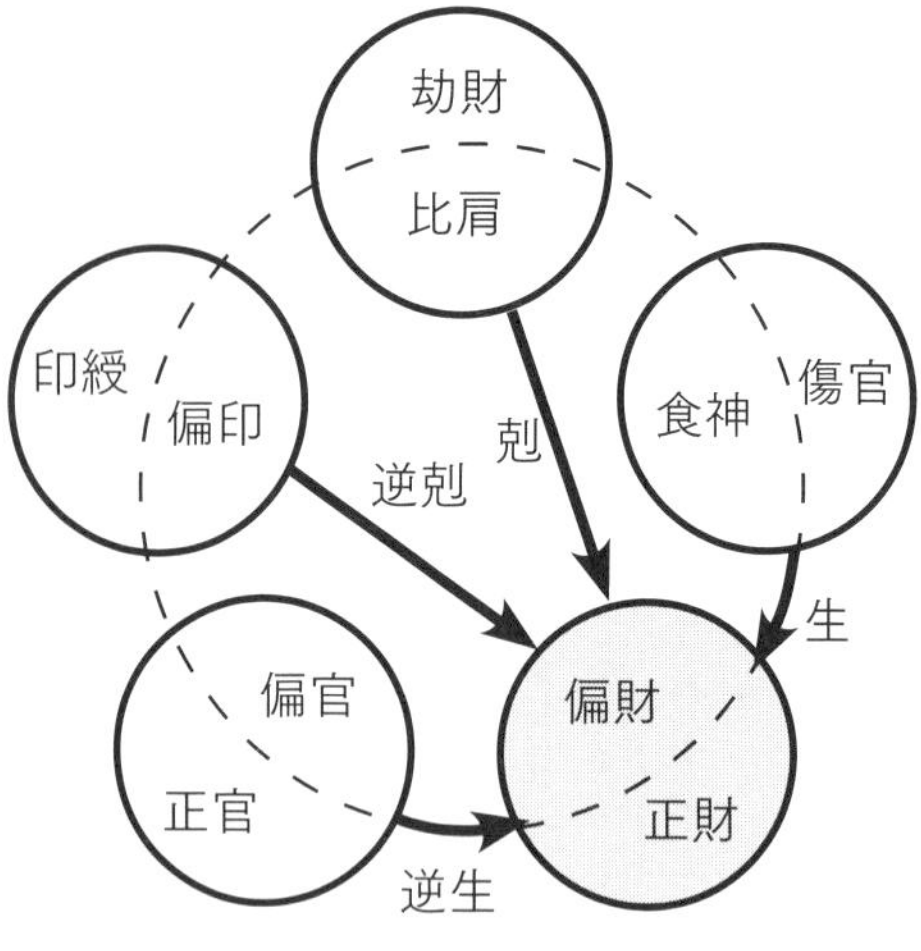

り出世し、自分がその地方の支配者になることでした。しかし、現在の日本は、政治家が国の財を直接握っているわけではありません。

歌手や俳優は、富裕です。歌手や俳優は、変通星で表せば傷官です。

高級食材を生産する農家は、富裕です。農家は、変通星で表せば食神です。

不動産を持っている人は、富裕です。不動産を表す変通星は正財です。

株で財産を作る人は、富裕です。株で儲ける人は、変通星で表せば偏財です。

上級公務員や会社の役員は、富裕です。役員などは、変通星で表せば正官です。

活躍するスポーツ選手は、富裕です。スポーツ選手は、変通星で表せば偏官です。

有名大学の教授は、富裕です。教授は、変通星で表せば印綬です。

技術的な特許を持っている人は、富裕です。技術を持つ人は、変通星で表せば偏印です。

現在日本では、財を表す正財に固執しなくても、自分の才能を活かすことができれば財を手に入れることができます。

食神と傷官は、財星を生じます。偏官と正官は、財星を逆生します。偏印と印綬は、財星を逆剋します。

比肩と劫財は、財星を剋します。

自分の持っている変通星が示す才能を活かすこと、これが現代の財運を高める方法です。そして、自分の才能をどのように活かしていくのかは、大運星を判断すれば、その方法が見つかります。

大運星は、サーフィンをするときの波の状態と同じです。大運星という波の状態を人生を成功させるために判断することが必須となるのです。

4節　順用星と逆用星

一般的に変通星の吉凶は、食神・正財・正官・印綬を吉星、劫財・傷官・偏官・偏印を凶星とします。この分類を発展させたのが、順用星と逆用星の考え方です。

順用星を比肩・食神・正財・正官・印綬とします。生じられると吉、剋されると凶になります。逆用星を劫財・傷官・偏財・偏官・偏印とします。剋されると吉、生じられると凶になります。

一番の凶事象は、順用星が剋されるときです。古代より、比肩が偏官に剋されると、偏官を「殺《さつ》」と呼び、食神が偏印に剋されると、偏印を「倒食《とうしょく》」と呼びました。

順用星と逆用星の基本的な吉凶判断です。

①順用星の「比肩」は、「偏印」に生じられると自分が強くなります。偏印は、技術や特技の星ですから、自分の努力により才能が開花し向上します。比肩が強ければ、逆生して人に教えることになります。

「偏官」に剋されると、自分の活動や行動に制約が付きます。活力を失ったり、時間を束縛されて、自立をそがれます。比肩が強ければ、逆剋して規律や法律を守らせる立場になります。

②逆用星の「劫財」は、「印綬」に生じられると、協調性を失い仲間との分裂が起こります。責任ある仕事を任されます。印綬は伝統や学識を表し、劫財が表す集団の意志が、派閥や論争を呼び統一されなくなり、仲間割れが起こり目的が一致しなくなります。

「正官」に剋されると、ルールや規則を守る集団となり、一致団結し力を発揮します。

③順用星の「食神」は、「比肩」に生じられると、生産力が高まると同時に良い作品を生み出すことがで

きます。比肩の持つ才能を活かせば、一人でも良い製品を作ることができます。ただ、比肩が弱いと怠け者になりますので注意が必要です。

「偏印」に剋されると、病気になります。食神は日常生活の星ですから、倒れると日常生活が送れない状態、病気になり入院します。

④逆用星の「傷官」は、「劫財」に生じられると、仲間一人ひとりが好き勝手なことを始め、規則や法律を破り凶意が発生します。皆がしているから、私もするというように自主性が欠如します。

「印綬」に剋されると、勝手気ままな気分や行動が制御され、才能を発揮することができます。芸能界でオーディションに合格するには、この二つの星の組み合わせの調和が取れていることです。

⑤逆用星の「偏財」は、「食神」に生じられると、贅沢となり浪費がかさみます。偏財には生活を豊かにする良い面もありますが、本来の目的から逸脱する傾向が強いのです。

「比肩」に剋されると、金銭管理がきちんとでき運気が上昇します。偏財にはギャンブルの意味もありますので、強い比肩であれば勝てますが、比肩が弱いときは負けます。

⑥順用星の「正財」は、「傷官」に生じられると一攫千金になります。傷官は芸術や芸能といった才能に溢れる星で、その才能によって収入を増やすことができます。古代であれば、傷官は一か所に留まらない浮浪の星のため、正財を生み出すことができませんでした。現代は、住民票を移すこともできますし、個人で不動産を得ることもできます。

「劫財」に剋されると、財産を失い争いが起こります。身内で遺産相続の訴訟が起こるようなことです。

⑦逆用星の「偏官」は、「偏財」に生じられると、自分の首を締める結果になります。偏財はギャンブル

や浪費の星です。借金がかさみ夜逃げをするような星の組み合わせになります。最悪の場合は、自己破産をします。貧乏になる入口が、この二つの星のバランスです。当然、比肩が強ければ、凶意は下がります。

「食神」に剋されると、偏官の狂暴性がそがれて良い方向に動きます。食神は日常生活を重視する星なので、偏官の無謀な行動が抑えられます。
⑧順用星の「正官」は、「正財」に生じられると、富と地位を得る最高の星の組み合わせになります。このとき比肩が強ければ、社長や重職にある人なので大吉ですが、比肩が弱いとサラリーマンでボーナスが増えるくらいの事象です。
「傷官」に剋されると、規則を嫌い自由奔放な傷官の悪い意味が強く作用します。転職や退職、女性にとっては離婚といった現実問題が起こります。
⑨逆用星の「偏印」は、「偏官」に生じられると大病になります。比肩を強くする開運をします。
「偏財」に剋されると、偏印の技術力が大衆に向けて発揮されます。偏印だけでは単なるオタクの星ですが、偏財によって偏印の技術が活きることになります。
⑩順用星の「印綬」は、「正官」に生じられると、地位と名声の組み合わせになります。名誉を重んじる事象が起きます。
「正財」に剋されると、名声を汚します。「正財」「正官」「印綬」は三大吉星ですが、バランスを取るのが難しい星の組み合わせになります。正官の力量が弱まると、「正財」が「印綬」を倒します。ロッキード事件など、政治家が金銭問題を起こすのは、これらの星のバランスが崩れるからです。

5節　運気の転換点

古代は、30年ごとの大運の曲がり角を運気の転換点とし「接木《つぎき》運」と呼びました。下図のように、大運の十二支が角に来たときです。

たとえば、辰巳の十二支でいえば、順行の人は大運辰の最後が接木運で、逆行の人は大運巳の最後が接木運です。接木運は季節の変わり目で、運気が変わると考えたのです。

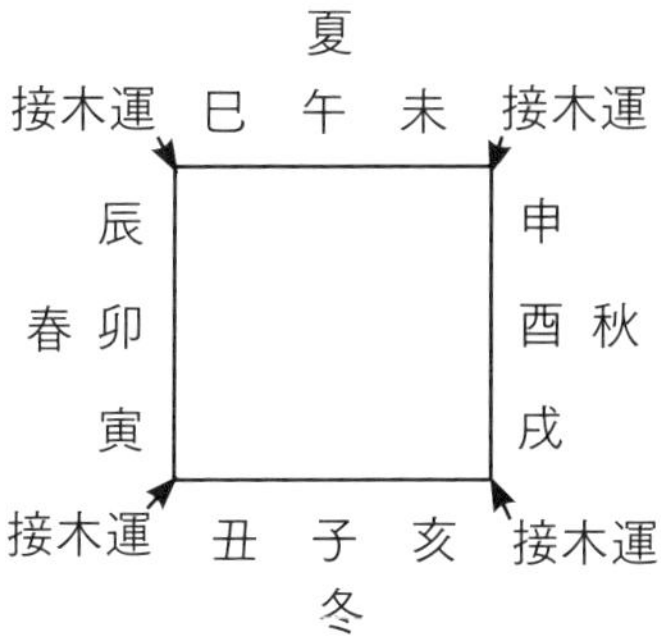

しかし、実際の運気の転換は、10年ごとに起こります。干支が変わると、変通星も変わるので、自分の環境運も変わるのです。

10年ごとの大運の変わり目を「谷間《たにま》運」と呼ぶことにします。

簡単に谷間運を求めるには、立運に10の倍数を加えると求まります。立運が7歳の人は、17歳、27歳、37歳、47歳……の年に、運気の転換が起こる傾向が強いのです。

大運は、約10年間なので、年運の10種類の天干がちょうど一周します。同じ年天干は、一つの大運には原則として一度しか巡ってきません。

大運の天干と年運の天干が同じ十干のとき、事象が強く表れます。運気の転換点にすることができます。

大運はあくまでも自分を取り巻く環境運であって、自分が行動するかどうかは決定できません。自分を表す比肩が強ければ、その環境運を上手に使えますが、比肩が弱いと大運の流れに飲み込まれます。

大運図のグラフの山の入口は、運気の転換点です。その大運の運命エネルギーが強力になる時期です。この強い運気は、グラフの山が終わっても継続します。

藤井聡太七冠の運気の転換点を探してみましょう。

(1)谷間運は、干支が変わるので、不安定な運気です。

第1運の入口の6歳8か月、第2運の入口の17歳1か月、第3運の入口の27歳4か月、第4運の入口の37歳4か月、第5運の入口の47歳3か月などが、谷間運です。

第0運
32. 乙未

第1運
33. 丙申

第2運
34. 丁酉

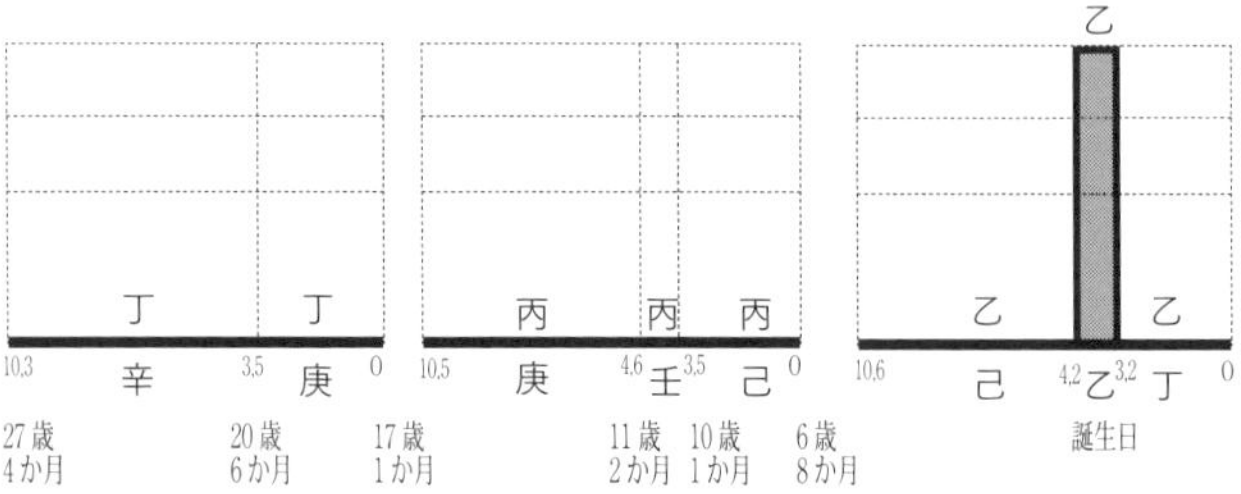

偏印	偏印	
食神	偏印	

劫財	劫財	劫財
正財	正官	食神

比肩		比肩
偏財		正財

各大運の吉凶の基本判断は、大運星が順用星か逆用星かを調べ、蔵干が命式に作用する蔵干変通星との関係を見ます。

順用星は生じられると吉で、逆用星は剋されると吉です。

たとえば、第1運は丙の劫財大運星です。

余気己は、丙火生己土で、逆用星の劫財の力量が弱まり吉です。

中気壬は、壬水剋丙火で、逆用星は剋され吉です。

正気庚は、丙火剋庚金で、劫財に正財が剋されますが、天干丙と蔵干庚では、蔵干の方が力量は強いので、凶運にはなりません。

(2)大運と同じ天干となる年は、大運星が強く作用します。

第1運は丙なので、2016年14歳が年干支「丙申」です。

第2運は丁なので、2027年25歳が年干支「丁酉」です。

第3運は戊なので、2038年36歳が年干支「戊午」です。

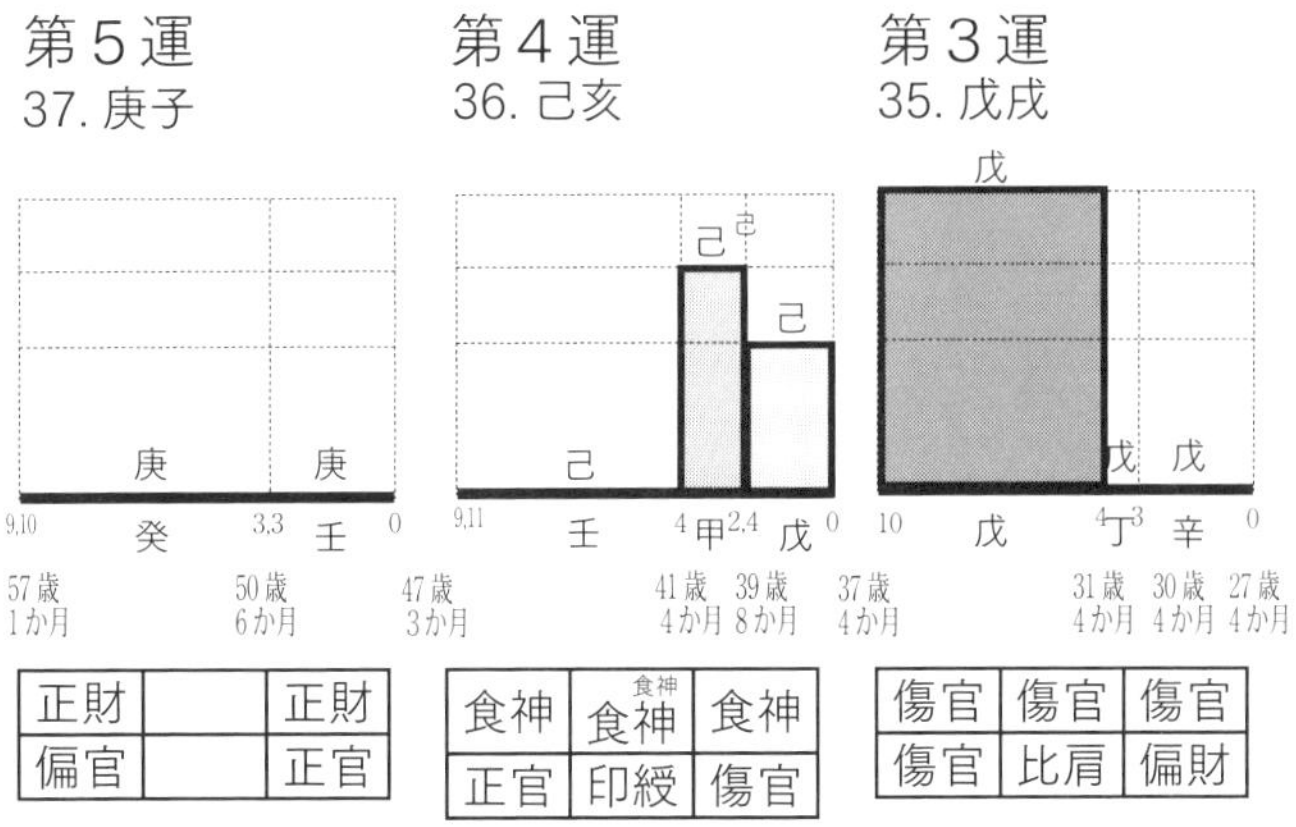

第４運は己なので、２０３９年37歳が年干支「己未」です。

第５運は庚なので、２０５０年48歳が年干支「庚午」です。

以下、大運の天干と同じ年干の年に、事象は強く発現します。

(3)山の入口は、運気が強く作用します。

第１運と第２運の図には、山がないので平穏ですが、第０運の山のときに生まれていますので、第０運の作用が継続しています。

第３運の山は、31歳４か月からです。傷官の芸術的な才能やインスピレーションに恵まれます。

２０２３年現在、藤井聡太七冠は怒涛の進撃を続けていますが、この勢いは、31歳４か月のこの山にぶつかるまで続きます。しかし、生まれ持った才能も30代になると弱まりますので、この強い傷官大運星が藤井聡太七冠に新しい風を吹き込むことになるでしょう。

そして、37歳４か月、第４運に入ると食神に傷官が異通干し、さらなる向上が期待できます。

(4)山の継続作用

藤井聡太七冠の山の継続作用です。

大運図の棒グラフの山は、次の山にぶつかるまで強く作用します。

27歳４か月の第２運と第３運の「谷間運」で多少のスランプに陥ることになります。この運気を契機にしてください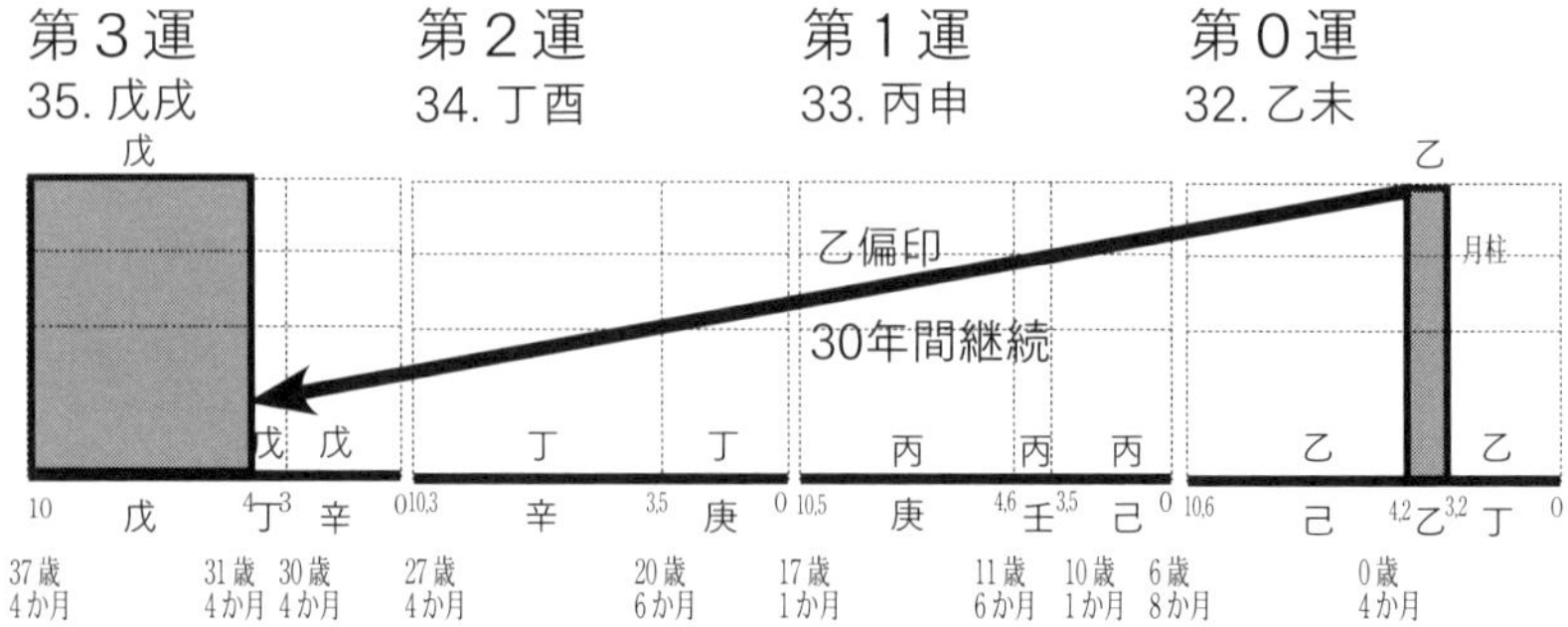

傷官	傷官	傷官	比肩		比肩	劫財	劫財	劫財	偏印	偏印	
傷官	比肩	偏財	偏財		正財	正財	正官	食神	食神	偏印	

て、新しい棋風への挑戦が始まります。それは、傷官運で試行錯誤なのですが、31歳4か月の強い傷官運に入ることで、新しい境地を迎えることになります。

補足

上図では、藤井聡太七冠の乙偏印の作用は、0歳4か月から始まり、30年後には弱まっています。しかし、11歳6か月から20歳6か月まで、蔵干に庚正財が巡り、乙庚干合によって、乙偏印の作用は、30年以上に伸びています。干合作用により継続年数を25年とすると、55歳まで伸びているのです。

また、蔵干の正財が作用すれば、逆剋によって財を手に入れることができます。財を手にしたい読者は、蔵干正財に着目するとよいでしょう。

この正財の財運を手に入れる手法は、大運だけではありません。年運の蔵干や月運の蔵干も使えます。

藤井聡太七冠なら、庚が蔵干にある巳・申年、巳・申・酉月は、財運を向上させる効果を持っています。また、庚は陽金なので、西方位での対局には財運がついてきます。

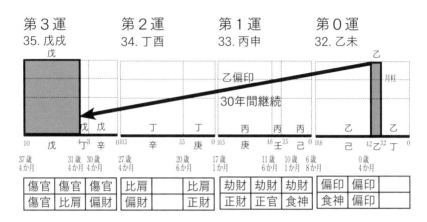

第４運
39. 壬寅

第３運
40. 癸卯

第２運
41. 甲辰

第１運
42. 乙巳

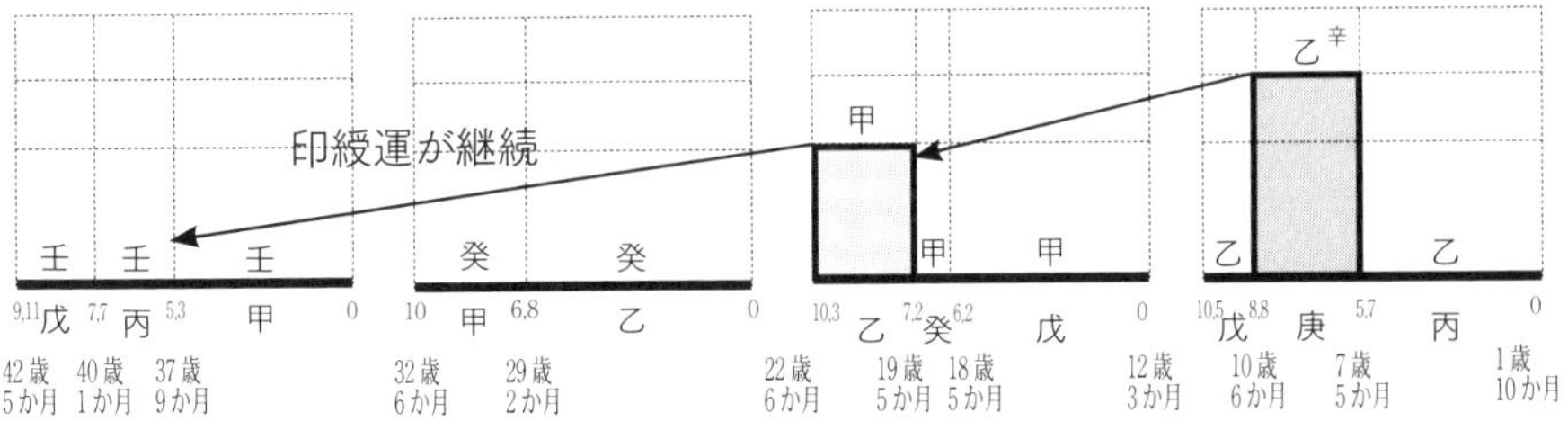

正官	正官	正官
傷官	劫財	印綬

偏官		偏官
印綬		偏印

印綬	印綬	印綬
偏印	偏官	傷官

偏印	偏財 偏印	偏印
傷官	正財	劫財

新垣結衣さんの運気の転換点を探してみましょう。

１９９８年６月11日生まれで、立運は１歳10か月です。

第１運と第２運の境となる谷間運が、運気の転換点になります。12歳３か月です。

この時期に新垣結衣さんに何が起こったかというと、２００１年、女子小中学生向けファッション誌『ニコラ』のモデルオーディションに応募し、グランプリを獲得しました。蔵干傷官です。

第２運と第３運の谷間運が、22歳６か月です。

２０２０年６月、映画『ハナミズキ』で登場する自筆の絵本『The Three Little Pigs』が一般発売されました。蔵干偏印が天干印綬に異通干しています。

第３運と第４運の谷間運が、32歳６か月です。

２０２０年11月から、シンガーソングライターで俳優の星野源さんと結婚を前提とする交際を始めました。

偏官大運星から正官大運星になりました。

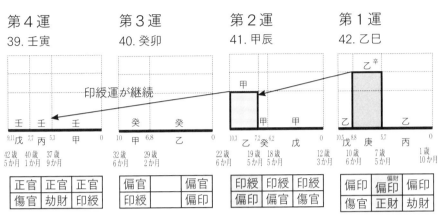

第3章　一生の運気を調べる

1節　大運星

大運星の基本の意味は不変ですが、応用すると時代と共に変わり、陰陽五行により性質が異なります。

たとえば、「食神」はものを作り出す意味です。古代であれば主に食料ですが、現代では日常生活品のすべてを食神が表します。また、日干によって作り出したものの特徴が変わります。

日干甲の人は、丙の火が食神です。火は文明を表し、現在ならデザイナーや電化製品などを意味します。日干丙の人は、戊の土が食神です。戊は山を表すので、野山で採れる山菜や土木建築業者などを意味します。

読者は、自分の日干より、該当箇所の現在の大運星を参照してください。今の自分の運気がどのような情況であるかを確認し、次の10年間の大運星が何かにより、長期計画を立てます。

自分を取り巻く運気の傾向を多少でも把握することができれば、凶を避けることができます。凶を避けることができれば、吉をさらなる吉とする手法を考えることができます。人生で自分の目標を達成するため、大運星を十分に活かしてください。

大運星は、命式の生月干支を展開していますので、自分の目標を達成するための手段になり、年齢ごとの環境運になります。

たとえば、命式の年干変通星が傷官で、芸術家を目指す人を考えます。

命式の月干変通星は、どのような芸術を目標とするかという方針であり手法です。もし、正財であれば、とても繊細な写実的具象絵画を目指します。

そして大運星は、10年ごとに巡って来るので、その大運の変通星によって絵画の手法が変わるのです。このとき、強く作用する大運星は、大運図で山となり、30年は絵画の手法が変わらないことを意味します。

10種類の大運星のうち、「わがまま星」は自分を表す比肩と陰陽が同じなので、作用するのに時間がかかりません。

比肩・食神・偏財・偏官・偏印の大運星は、大運10年間の入口や前半で事象が起こりやすくなります。

逆に、劫財・傷官・正財・正官・印綬の大運星は、社会性が必要なので、10年大運の出口や後半で事象が発現しやすくなります。

人生で成功を勝ち取っていても、順用星が剋される大運の出口と、次の大運で逆用星が生じられる入口が重なるときは、大凶運となりやすいので注意が必要です。

大運星の意味を理解できれば、今何をし、次に何をすると成功するかが見えてきます。

命式の日干は、自分の意志を表します。自分が何をするかを決める主催者です。日干別に、巡ってくる大運星①比肩から⑩印綬までの概略を解説します。

詳細に大運星を判断するには、命式が必要になりますので、第４章も参考にしてください。

山がない大運は(平)として、通干と異通干の大運は(通)(異)として、干合通干の大運は(干)として解説しました。

通干と異通干は、同じ五行が作用して強くなっていますので、同じような事象が起こります。

干合通干は、干合後の変通星が強く作用します。

グラフの山は、強い事象が起こるという意味もありますが、事象が継続する方に重点があります。山のない大運でも、命式や年運、月運との作用により、強く事象が現れます。

1.甲子

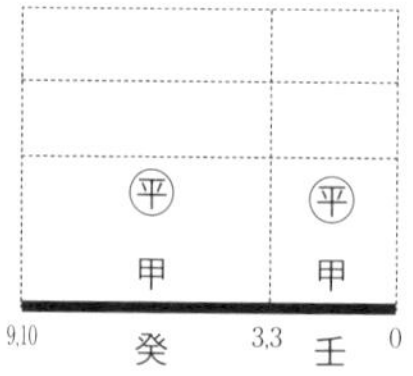

5.戊辰

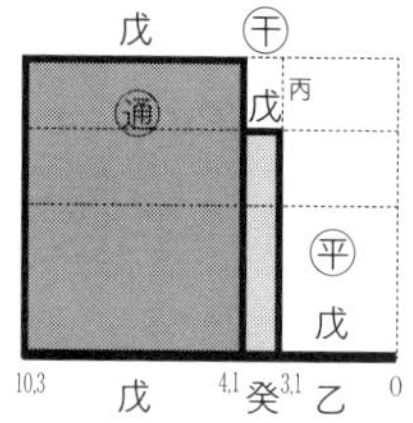

6.己巳

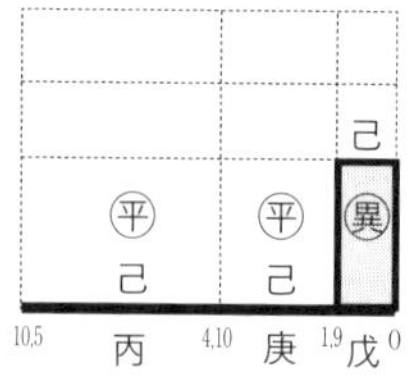

右図の
1甲子大運は、蔵干の余気壬も正気癸も天干に作用していないので、グラフに山がない(平)の解説を見ます。
5戊辰大運は、余気は(平)を、中気は干合通干の(干)を、正気は通干の(通)の解説を参考にします。
6己巳大運は、余気は異通干で(異)を、中気と正気は(平)を参照します。
◎グラフの山は、強く作用する意味と、運気が継続する作用を意味します。山の大運が過ぎても作用が続くのです。
読者は、自分の日干より、現在の大運星の該当箇所をお読みください。

では、大谷翔平選手の大運星を読み解いてみましょう。命式は次のように第１章で求めました。

大谷翔平選手

	天干	変通星	地支	蔵干	蔵干変通星
年柱	甲	食神	戌		
月柱	戊	偏官	午	丁	正財
日柱	壬	比肩	辰		

年柱干支が甲戌は陽で、男性は順行になります。立運は０歳７か月です。

附表４の「大運図・順行」より月柱干支の「55戊午」を探し、次頁のように、第１運の「56己未」の図の下枠に大運星と蔵干変通星をつけます。

第１運と第２運の谷間運となる運勢の転換点は、11歳１か月(A)です。

第１運の正官の山が継続して第２運の偏印運(B)に入ります。１２７頁の日干壬より、⑧正官大運星や⑨偏印大運星の解説を見て起こる事象を判断します。

第２運と第３運の谷間運は、21歳６か月(C)です。１３２頁の⑩印綬大運星の解説を参考にします。

この谷間運前後は、北海道日本ハムファイターズで活躍していました。二刀流にしたのが偏印大運なのも面白いところです。仕事でいえば、偏印は兼業を意味する星だからです。

２０１７年にロサンゼルス・エンゼルスと契約合意したのは、23歳です。印綬大運の異通干がある山の運気です。この第３運は、印綬が通干する山の運気なので、名声を勝ち取ることになります。

本書執筆中の２０２２年は壬寅年の比肩運で28歳です。２０２３年は癸卯年の劫財運で29歳です。年運が

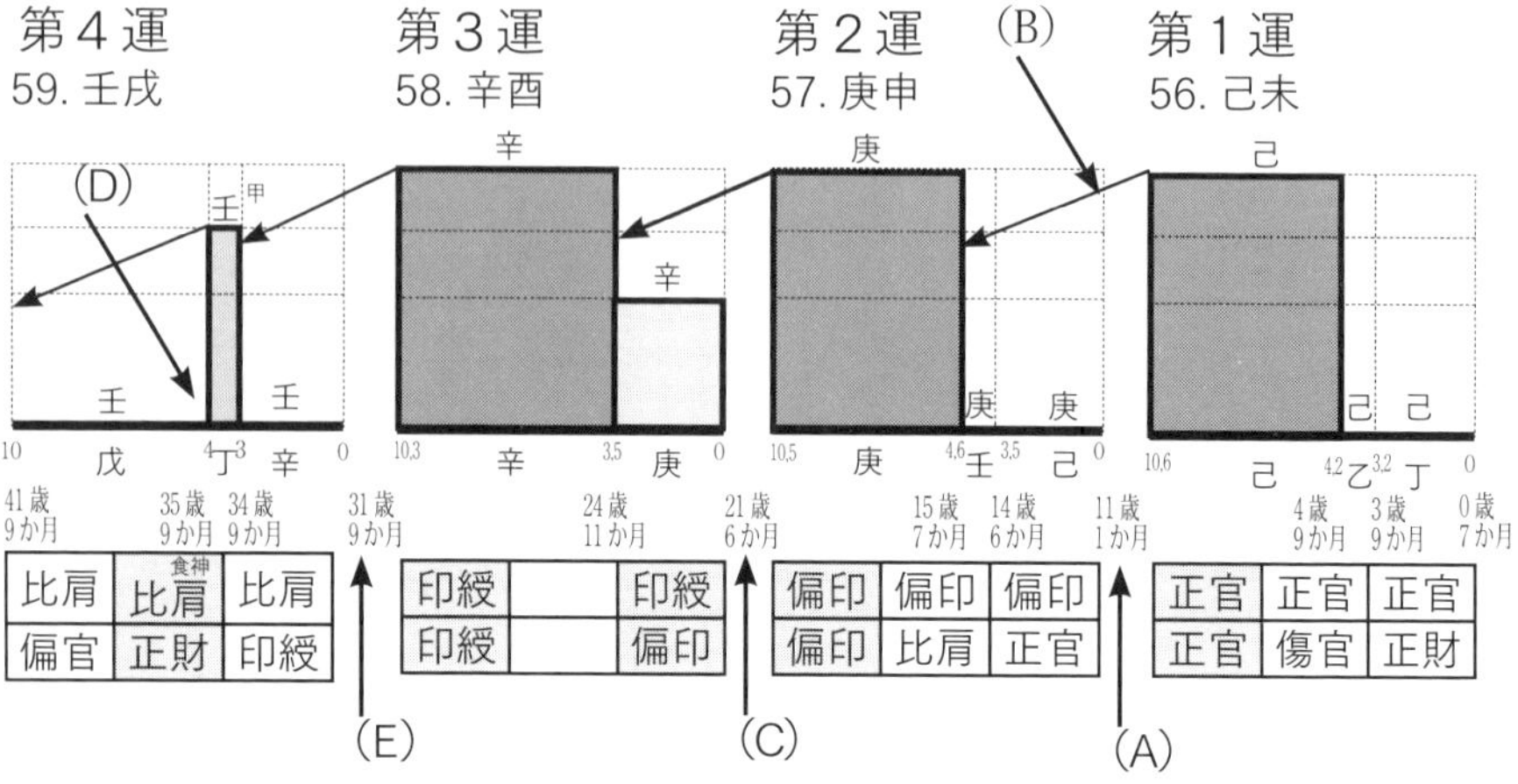

第4運 59. 壬戌			第3運 58. 辛酉			第2運 57. 庚申			第1運 56. 己未		
比肩	比肩	比肩	印綬		印綬	偏印	偏印	偏印	正官	正官	正官
偏官	正財	印綬	印綬		偏印	偏印	比肩	正官	正官	傷官	正財

比肩・劫財と続きますので吉運です。また、印綬大運星の山にいますので、これからも偉業を成し遂げ名声を得ていきます。

結婚は、丙偏財や丁正財が強まるときです。

大運では、丁が34歳(D)まで巡って来ません。

ただ、戊癸干合すると火に変わることを考慮すると２０２３年は、癸卯年で大谷選手は月天干に戊があり干合します。結婚の話が出るかも知れません。

また、単純に年運を追うと、丙が強まる巳年の２０２５年の31歳か、丁が強まる午年の２０２６年32歳に結婚と判断することができます。

第３運と第４運の谷間運は、31歳９か月(E)です。第４運は比肩大運星なのでまだまだ活躍できる運気ですが、比肩は一つを意味する星ですから、二刀流が見られなくなるかもしれません。

日干甲

甲は、陽木で樹木の意味です。

樹木が枝を伸ばし幹を伸ばしていくように、一つのことに集中して、目標をあらゆる手段を使って達成しようとします。深みと厚みのある考え方で、自分を上昇運に乗せます。自分が関与する出来事には、率先して対処していくとよいでしょう。

①比肩大運星・甲

「一人で頑張る」10年間です。人に頼らずに自分が中心になって事に当たる運気です。

(平)一人でコツコツと対処していきます。独立や起業には良い運気なので、目標があれば活発に行動します。しかし、物事に一途なので後先を考えないと、挫折するとなかなか立ち直れません。目先のことだけでなく将来を見据えた計画が功を奏します。「甲」の年は、大きな出来事があります。

(通)(巽)強い独立運であり起業運です。この運気に入る前から準備をしてきたなら、成功を収めやすくなりますが、山の運気になってから慌てて行動すると、無謀な結果になりやすくなります。自分の信念を貫き通してください。

(干)干合すると「戊」の偏財です。大衆相手や商売を始めるには大吉です。小さくまとめるよりは、大風呂敷を広げると得るものは多いです。男性は、女性運が上昇しますので、浮気には注意してください。

②劫財大運星・乙

「仲間と協力する」10年間です。親しい人との交流が活発ですから、時間と金銭面に余裕が必要です。

㊥吉凶混濁運です。伸びる時期は勢いを得ますが、挫折すると復帰するまで大変時間がかかります。交流する相手を最初にきちんと選別しないといけません。身内であっても、出る杭を打とうとする人がいます。準備不足が一番の強敵になります。敵は外にいるのではなく、自分の内にいる運気でもあります。

㊟㊝一気に天井まで伸びることができる運気ですが、逆に谷底に落ちやすい運気でもあります。自分の才能が活きるように、他と協力しながら計画を進めていきます。人を貶めようとすると、最終的に自分が損害を被ります。

㊦干合すると「辛」の正官です。仲間と協力して独立や起業する大きなチャンスです。転職にも良い運気です。何事も計画通りに進んでいきますが、欲をかくと落とし穴に落ちます。

③食神大運星・丙

「ゆとりのある生活が送れる」10年間です。とても落ち着いた家庭的な運気です。

㊥自分の計画を達成しやすい大運です。波風が少ないので、物事は順調に展開します。友人や家族と会食したり、いろいろな行事に参加するのもよいでしょう。生活にもゆとりが出てきますが、油断すると突然の健康問題が発生します。体調不良を放っておくと、すぐに治っても慢性病になりやすいので、きちんとした対処が必要です。

㊟㊝日々の生活が絶好調の時期になりますから、積極的に行動します。慈善やボランティアなど人のために時間を使うのも運気が上昇します。裕福であっても、ケチであってはいけません。

㊦干合作用後は、「壬」の偏印大運星になります。偏印が食神を倒すと健康運が低下します。悩みやすい運気で挫折感に苛まれやすく、健康運が低下します。本業以外に、趣味などで意欲を損なわないようにします。

④傷官大運星・丁

「自由な発想や行動で財を得る」10年間です。自分の才能をフルに発揮できますが、規律を破りやすいので注意が必要です。

㊣成功するまでに時間がかかる運気です。何度も途中で投げ出したくなることがありますが、我慢は二、三回まで、心機一転出直した方がよいでしょう。自分の直感勝負で良し悪いの判断をしても大丈夫です。

㊂㊉物事が焦げつく運気です。辛抱にも程がありますが、まずは一つのことを達成しましょう。手腕や自信がないのに、いろいろなことに挑戦しても成功は難しいものです。

㊀干合すると「乙」の劫財です。一儲けするには絶好の運気です。意外なことに着目して、人の意表がつければ成功への早道。最初は身を切っても、最後は成功運に変わります。

⑤偏財大運星・戊

「交流や交際が活発になる」10年間です。収入も増えますが支出や浪費も増加します。収支決算に気を配る必要があります。人との交流を深め、運気を上昇させます。

㊣頑張りがいのある運気で、社交性が発揮できれば、発揮するほど人気が上昇し財運が良くなります。単発的な儲けよりは、長期的な計画が大きな富をもたらしますので、目先のことに拘らないようにします。

㊂㊉苦労を伴いますが、大きな財を手にすることができます。手を広げることで収益もあがりますが、支出も当然増えます。社会情勢に気配りをしながら、全体を見通す方向性が大切になります。

㊀干合作用後は、「丙」の食神大運星が作用します。生活が贅沢になりやすいのですが、それ以上の財運がありません。人気を得ることに全力を注いでよいでしょう。

⑥正財大運星・己

「堅実な方針で几帳面に対応して財を得る」10年間です。物事は計画通りに進んでいきますが、成長するには時間がかかります。慌てずに腰を据えて対応してください。

㊦種を蒔けば芽が出る運気です。木が成長するのに時間を必要とするように、目標を達成するには時間がかかります。自然と調和を図りながら、自分の意志を尊重して前進します。

㊟㊖砂上の楼閣にならないように、まずは土台をしっかり安定させる運気です。堅実に対応していけば目標の達成は容易ですが、急いで手を広げると根元から崩れてしまいますので要注意です。

㊤干合しても、「己」の正財です。とても大きな財運につながる運気です。石橋を叩いて渡る慎重さは必要ですが、遅れを取ってはいけません。一番にゴールする意気込みが成功を確実にします。

⑦偏官大運星・庚

「遠方や外に向かって、勢いよく飛び出す」10年間です。行動力が功を奏する運気ですが、勢いがある分怪我などの事故には注意が必要です。

㊦目標に向かうために決断が必要な運気です。旅行をするとかスポーツをするなど、体を動かすと運気が上昇します。外に出ることを怖がらずに、思い切った行動をしてみましょう。

㊟㊖身を切られる注意運です。勢いがあるのは良いことですが、ブレーキを踏むタイミングを見失ってはいけません。緩急の調整が物事をうまく進めていきます。

㊤干合しても「庚」の偏官です。一難去ってまた一難となりやすい運気です。問題が生じたときに待機をしてはいけません。行動力を駆使して難局を乗り越えます。

⑧正官大運星・辛

「仕事や規則を遵守する」10年間です。出世や地位の向上には最高の運気です。人と信頼関係を結ぶことが成功への早道です。

㊥順調な運気です。物事は規則的に進展していきます。正攻法で進めれば成功は間違いありません。多少窮屈と感じても、現状を維持するように心がけます。

㊟㊢地位が向上する運気で、何事も発展していきます。一番の敵は準備不足です。用意周到を常に心がけ、遅れを取らないようにすれば、大躍進できます。

㊦干合すると「癸」の印綬です。地位も名声も得ることができる最高運気です。現状に満足せずに高みを目指し努力します。必ず、結果オーライ運になります。

⑨偏印大運星・壬

「技術を磨き革新的なことに挑戦する」10年間です。一言でいえばオタク運です。独自の特殊才能を開花させ活躍します。超常的なことや宗教などにも興味が湧きますが、現実逃避にならないようにします。

㊥物事に没頭し生活に偏りが生じやすくなりますので、健康管理には留意が必要です。独自の技術を持っていれば上昇運となります。日頃から自分を磨く必要があり、そうでないと運気が落ち込みます。

㊟㊢難しい問題に取り組む運気です。自分の能力を常に格上げしていく必要があります。人が思いもつかないようなアイデアが勝負を決めますので、日頃より健全な状態を維持してください。

㊦干合すると「丙」の食神です。ゆとりができて何事も安定する方向に向かいますが、油断をすると無に帰る可能性があります。特に、健康運には注意が必要です。体調に異常を感じたら検診してください。

⑩印綬大運星・癸

「伝統を重んじ名声運が上昇する」10年間です。保守に徹して現状を維持する運気です。名声は悪名にもなりやすいので、規則や規律を重んじた行動を心がけます。

(平)知識があれば威厳を保てる運気で、日々自分を成長させていく努力が必要です。周囲からの名声を得やすいので、いつも注目を集めています。軽はずみな発言や行動には十分に注意を要します。

(通)(異)いつの間にか名声を得られるような、地味ですが堅実な運気です。これまでの積み重ねで花が開きますので、一夜漬けでは大成功を望むのは難しいです。

(干)干合後は、「丁」の傷官です。奇抜な言動にも賛同が得られますが、自分のこれまでの経験を活かした上に成り立っていなくてはいけません。才能が周囲に受け入れられる最高の運気になります。

日干	大運星 干合前	大運星 干合後	干合変通星	吉に傾くとき	凶に傾くとき
甲	甲	甲（戊）	比肩（偏財）	独立運	
	乙	乙（辛）	劫財（正官）	仕事運	損失運
	丙	丙（壬）	食神（偏印）		健康運
	丁	丁（乙）	傷官（劫財）		損失運
	戊	戊（丙）	偏財（食神）	財運	
	己	己（己）	正財（正財）	財運	
	庚	庚（庚）	偏官（偏官）	行動運	事故運
	辛	辛（癸）	正官（印綬）	名声運	
	壬	壬（甲）	偏印（比肩）	技術運	健康運
	癸	癸（丁）	印綬（傷官）	芸術運	

干合変通星は、組み合わせの変通星で、順用星が強いと吉になりますが、逆用星が強いと凶になりやすいです。

日干乙

乙は、陰木で草木の意味です。
草は、踏まれても踏まれても、また元に戻り元気に育ちます。強い風が吹いても頭を垂れて折れることはありません。柔順ですが粘り強い特徴があります。悪いときは、馬耳東風となり、人の話を聞きません。強い信念と、いい加減さを混同しないように注意しながら、自分の人生設計を組み立てます。絶対に、我関せずの態度を慎まないといけません。

①比肩大運星・乙

「一人で頑張る」10年間です。自分一人で何事もやろうとします。独立運ですが、ちょっと弱い運気なので、支えがないといけません。

㊥自分の目標達成だけに意識を奪われ、周囲のことが目に入らなくなります。マイペースであることは長所なのですから、気配りをすることで運気の上昇度が変わります。挫折にもくじけぬ強さがあります。

㊜㊝独立運や起業運です。臨機応変に対応していくことで、問題を回避し、目標に向けて前進できます。高く伸びるよりは、広く伸ばすことがポイントです。

㊦干合後は、「辛」の偏官大運星です。遠くへ行く、急いでするなどの作用が加わります。ストレスはスポーツなどで解消すると運気は上昇します。いつもよりは積極的に行動してください。

②劫財大運星・甲

「仲間と協力する」10年間です。親しい人との交流が活発になります。面倒くさがらずに、積極的に交流します。新しい発見が、次のアイデアに結びつきます。

(平)周囲の環境に埋もれやすい傾向があります。自分の意見をはっきりと発言することで、人の対応が変わります。受け身よりは、攻めの姿勢が功を奏します。

(通)(異)「寄らば大樹の陰」運ですが、信念を強く持っていないと、多額の失財につながります。助けてもらうのは必要なことですが、儲かるという甘言には注意します。

(干)干合後は「辛」の偏官に変わります。行動力に目覚める運気ですが、無茶はいけません。「下手な鉄砲も数撃ちゃ当たる」方針ではなく、やはり的の中心を狙います。

③食神大運星・丁

「ゆとりのある生活が送れる」10年間です。とても落ち着いた運気ですが、しっかりしていないと、流浪しやすいので注意です。

(平)少しロマンチストに傾く運気です。戦いよりは平和を好みますが、いざというときのための備えは必要です。ゆとりがあるときにこそ、次の計画実現のために準備をします。日々の繰り返しが成功への早道になるでしょう。

(通)(異)穏やかな運気だけに、発展性がありません。現状維持で問題が生じなければ、胡坐《あぐら》をかいても良いのですが、現代は栄枯盛衰の移り変わりが早い社会です。チャンスを見逃さない、先見の明が必要です。

(干)干合すると「乙」の比肩です。自分自らが周囲へゆとりを与える運気です。頑張れば成果を得られますので、途中で諦めてはいけません。玉石混合の中から、珍宝を選ぶ心眼を養えば、一気に成功するでしょう。固定観念に囚われないことが大切です。

乙

④傷官大運星・丙

「自由な発想や行動で財を得る」10年間です。自分の才能をフルに発揮できますが、手を広げすぎるのは禁物です。一つずつ完成させていくことで、目標を最終的に達成できます。

㊥全身全霊をかけて挑戦する運気です。時間をかけてぐずぐずすると、不完全燃焼になりやすく、目標達成が遠のきます。一極集中でぶつかってこそ勝利者になります。

㊟㊢やりすぎはいけません。調和を計ることが継続させる原動力になります。気をつけるのは、小さなトラブルをすぐに解決しないと、手がつけられない大問題に発展しやすいことです。火遊び厳禁の運気です。

㊦干合すると「辛」の偏官です。鋭さが加わる運気で、怖いもの知らずになりやすくなります。新しいことに挑戦するのは吉でも、スピードの出しすぎは凶です。交通事故に気をつけます。

⑤偏財大運星・己

「交流や交際が活発になる」10年間です。収入も増えますが支出や浪費も増加します。収支決算に気を配る必要があります。人との交流を深めて運気を上昇させます。

㊥一面が黄金色の穂で、多くの収穫を見込める運気です。特に、商売は発展しやすく大金を得ることができます。その分、支出も多いので、在庫を抱え込まない工夫が必要となります。

㊟㊢多角経営が良い運気です。深く追求するのではなく、いろいろなことに手を広げてみましょう。人との交流も活発になりますので、暗記力が成功へのポイント、暗記が弱い人はメモを取る習慣が功を奏します。

㊦干合しても「己」の偏財です。財を求める気運が強まります。誰と協力するかが、成功と失敗の分かれ道です。幅広く意見を聞き、取り入れる柔軟性が必要です。

⑥正財大運星・戊

「堅実な方針で几帳面に対応して財を得る」10年間です。小さなことは計画通りに進んでいきますが、大きな成功を得るには時間がかかります。収穫は一斉になりますので、事前の計画と手際が必要です。

㊥根を下ろすまでの工夫が大切です。自然に任せてもよいのですが、手入れをしないと雑草だらけになり、価値あるものを失います。几帳面に管理できてこそ成功します。

㊟㊢大金を手にすることができる運気です。不動産の購入もよいでしょう。堅実な運気なのですが、借金も必要になる場合があるので、慎重に判断してください。借金地獄だけは避けましょう。

㊦干合すると「丙」の傷官大運星です。堅実な運気に、突然の爆発があります。結果は、吉凶が大きく分かれますので、臨機応変の判断が重要です。うまく自分のヒラメキを使えば、大成功間違いなしです。

⑦偏官大運星・辛

「遠方や外に向かって、勢いよく飛び出す」10年間です。行動力が功を奏する運気です。健康に気をつけながら、最善を尽くします。自分で自分の首を絞めないように気をつけます。

㊥なぜか自分の情況に関係なく、忙しくなっていく慌ただしい運気です。身を切られるような出来事も起こりますので、日頃からの健康に留意します。疲労で倒れる前に休息を取りましょう。

㊟㊢強い殺運です。大成功か大失敗、結果が両極端になりやすいので、分岐点での選択が重要になります。冬登山をするような運気なので、準備を万端にさえしておけば大事には至りません。

㊦干合すると「癸」の偏印です。健康運に最大の注意を払います。体調不良は大きな病気の現れ、放っておいてはいけません。宗教などは心の支えになっても、治療効果は認められないでしょう。

⑧正官大運星・庚

「仕事や規則を遵守する」10年間です。出世や地位の向上には最高の運気です。人と信頼関係を結ぶことが成功への早道です。

(平)仕事は順調な展開運です。計画通りに進みますが、慢心を起こしてはいけません。遊びに良い運気ではないので、羽目を外すとすぐに脱線します。権力を笠に着る言動には、くれぐれも注意します。

(通)(異)人が変わったように、大変やる気が出る運気です。地位の向上を目指すには打ってつけで、周囲からの賛同も得られます。

(干)干合しても「庚」の正官です。多少窮屈な運気で、自由が利きません。保守に徹すれば良く、改革などをしようとすると痛い目に遭います。

⑨偏印大運星・癸

「技術を磨き革新的なことに挑戦する」10年間です。ヒラメキを大切にし、独自の特殊才能を開花させ行動します。超常的なことや宗教などにも興味が湧きますが、現実逃避にならないようにします。

(平)特殊なことを実行するには、とても良い運気です。臨機応変であれば、多少打算が入っても大丈夫なので、自分に都合が良いように解釈してください。ただ、健康運は低下しやすいので注意です。

(通)(異)物事が腐ってしまう運気ですが、泥中の蓮のように自分を磨きさえすれば上昇運になります。成功と寿命を交換するような出来事には、しっかりした考慮が必要です。

(干)干合すると「丁」の食神です。小さなトラブルに見舞われますが、生活は思っているよりは平穏です。ただ、言い争いを大喧嘩に発展させない注意は必要です。ストレスが病気の原因になります。

⑩印綬大運星・壬

「伝統を重んじ名声運が上昇する」10年間です。保守に徹して現状を維持する運気です。名声は悪名にもなりやすいので、規則や規律を重んじた行動を心がけます。

(平)周囲からの注目を集めやすい運気です。それだけに、これまでの実績が重視されます。まだ、実績を積んでいない人は、知識によって自分を成長させる運気になります。

(通)(異)物事の展開が急に起こる運気です。積極的に行動に移してください。じっとしていては名声を得ることはできません。あらゆる物事は、自分の知識や名声、肩書によって好転していきます。

(干)干合すると「甲」の劫財です。人と協力することによって名声を得る運気です。何事も独占しようとするとうまくいきませんので、公正明大を心がけます。

日干		乙									
大運星	干合前	甲	乙	丙	丁	戊	己	庚	辛	壬	癸
	干合後	甲（戊）	乙（辛）	丙（壬）	丁（乙）	戊（丙）	己（己）	庚（庚）	辛（癸）	壬（甲）	癸（丁）
干合変通星		劫財（正財）	比肩（偏官）	傷官（印綬）	食神（比肩）	正財（傷官）	偏財（偏財）	正官（正官）	偏官（偏印）	印綬（劫財）	偏印（食神）
吉に傾くとき		財運	独立運	芸術運	ゆとり運	財運	財運	仕事運		名声運	
凶に傾くとき		損失運	事故運						健康運	損失運	健康運

干合変通星は、組み合わせの変通星で、順用星が強いと吉になりますが、逆用星が強いと凶になりやすいです。

丙

日干丙

丙は、陽火で太陽のイメージです。

周囲を明るく照らす文明の星。華やかで情熱的なのですが、移り気あるところが盲点です。燃えやすく冷めやすいのです。自分に活力があれば一人で猛進できますが、気力が弱まるとすぐに意気消沈する傾向が強くなります。喜怒哀楽が激しい、とても人情味のある特質があります。

①比肩大運星・丙

「一人で頑張る」10年間です。自分が他人の世話や援助を受けつけない運気です。何でも一人でできると考えますが、人の協力を得るべき場合は、素直に対応するのがよいでしょう。

㊥活発に活動できる運で、意のままに物事が発展していく傾向があります。ただ、火は形がないので、結果を重視する場合は、勢いに任せるのではなく、こまめにチェックして確実に実績を残していきます。燃え尽きる前に燃料を補給する必要があるのです。

㊟㊜自分を十分に表現できる運気です。文化面で頂点に立つ環境が巡っています。華やかな舞台に立つ準備を怠らないようにします。周囲からの注目を浴び、独立、起業するには良い時期になるので、人が差し伸べてくれた支援を無駄にしないようにします。

㊦干合後は、「壬」の偏官大運星です。自分の意志を強く持てれば、さらなる向上が期待できますが、意気消沈すると、再度立ち上がるのに時間を要します。強いストレスに打ち勝つ自信が必要なので、日々の訓練やトレーニングを大切にします。

②劫財大運星・丁

「仲間と協力する」10年間です。親しい人との交流が活発ですから、時間と金銭面に余裕が必要です。

(平)華やかで賑やかな交流運です。目標を同じにするというよりは、その場の雰囲気を楽しむ集まりになりやすいので、自分の目標を相手にしっかりと伝えてから集まらないといけません。一時の気の迷いで話を進めると、後悔します。

(通)(異)瞬発力と持久力に富んだ運気です。長期の計画を達成するのに良く、この時期の目標は、長い目で見て伝統と呼べるものに発展します。

(干)干合後は、「乙」の印綬運に変わります。伝統を重んじ、判断力に鋭さが増す運気です。ただ、喜怒哀楽が激しくなりますので、自分の健康には注意が必要です。

③食神大運星・戊

「ゆとりのある生活が送れる」10年間です。とても落ち着いた運気です。実績を残せますので、全力で立ち向かいます。そして、休むときはゆっくりと休みます。

(平)堅実な運気で、のんびりした日常生活を送ることができます。自分の意志を貫き通すことができ、周囲からの協力も得やすい10年間です。

(通)(異)自分の才能を開花することができます。好きなことに没頭して、生活にゆとりを作ることができます。良い環境が整っているうちに、次の準備をしておくのが得策です。

(干)干合後は「丙」の比肩になります。あらゆることが自分を中心にして動いていく絶好調の運気になります。

④傷官大運星・己

「自由な発想や行動で財を得る」10年間です。自分の才能をフルに発揮できますが、規律を破りやすいので注意が必要です。

(平)ついついやりすぎになり、トラブルが発生しやすい運気です。良かれと思った行動が裏目に出ます。まずは、自分の才能を磨き、相手から求められる立場になれば、財運も急上昇となります。

(通)(異)自由奔放な運気で、斬新さが売りになります。人が考えない発想が功を奏しますので、ちょっとした思いつきでも、行動に移すとよいでしょう。

(干)干合しても「己」の傷官です。才能を多岐にわたって表すことができます。特に、芸術や芸能方面では成功しやすいので、自分の持ち味に磨きをかけてください。一攫千金も夢ではありません。

⑤偏財大運星・庚

「交流や交際が活発になる」10年間です。収入も増えますが支出や浪費も増加します。収支決算に気を配る必要があります。人との交流を深め、運気を上昇させます。人気運も上昇します。

(平)収入もありますが、出費がかさむ運気です。欲しい物を買い、食べたい物が食べられる贅沢な生活になりやすいのですが、気をつけないと手元に何も残りません。将来性をよく考えて判断します。

(通)(異)一攫千金を狙える強い財運があります。個人的より集団としての多くの人と関わると、運気が広がっていきます。商売を始めるのにも最高の時です。

(干)干合しても「庚」の偏財です。多角的な発想に良い運気です。いろいろなことに挑戦してください。それぞれが財を生み出します。既婚男性は、浮気に注意運です。

⑥正財大運星・辛

「堅実な方針で几帳面に対応して財を得る」10年間です。物事は計画通りに進んでいきますが、成長するには時間がかかります。慌てずに腰を据えて対応してください。男性は、結婚運が強くなります。

(平)規律正しく計画的に物事を進めて行けば、必ず成功を勝ち取ることができる運気です。小手先だけの美辞麗句を並べても駄目です。自ら汗を流してこそ、結果を出すことができるでしょう。

(通)(異)堅実であれば、何事も成就する良い運気です。攻めの姿勢と継続性が勝敗の鍵なので、目標を絞ることは大切です。せっかくの強い運気を分散させてしまわないようにします。

(干)干合すると「癸」の正官です。仕事運と財運が上昇します。組織を大きく発展させるには最高の時期です。個人的にも安定した生活を確保できます。

⑦偏官大運星・壬

「遠方や外に向かって、勢いよく飛び出す」10年間です。行動力が功を奏する運気ですが、勢いがある分怪我などの事故には注意が必要です。

(平)火と水が争うような激しい運気です。感情の起伏が起こり、人と言い争いをしやすくなります。親しい人の意見を聞くようにすれば事なきを得、前進することができます。

(通)(異)目標の頂点に上り詰めることができますが、不可抗力による失敗に気をつけないといけません。運気としては時速１００㎞で走っている状態なので、ブレーキを上手に踏んでください。

(干)干合すると「甲」の偏印になります。自分の才能に新しい技術を取り入れ、自分を磨き発展する運気です。技術や技量が急激に向上しますので、社会のニーズをよく考察してください。時代遅れにならないように。

⑧正官大運星・癸

「仕事や規則を遵守する」10年間です。出世や地位の向上には最高の運気です。人と信頼関係を結ぶことが成功への早道です。

㊥順調な仕事運であり、出世成功へつながります。堅実に発展できますので、地味にいくよりは大胆になった方がよいでしょう。女性は、恋愛結婚運になります。

㊟㊜大きく前進できる運気です。規律さえ乱さなければ、多くの援助を得られ、現状を広げ発展させることができます。今後、何十年も続く仕事をするチャンスです。

㊦干合すると「丁」の劫財になります。仲間と協力できる運気ですが、交流相手によっては、儲け話に手を出して後悔します。自分が正しいと信じる道を歩めば問題は発生しません。

⑨偏印大運星・甲

「技術を磨き革新的なことに挑戦する」10年間です。独自の特殊才能を開花させ活躍します。超常的なことや宗教などにも興味が湧きますが、夢ばかり追いかけないようにします。

㊥自分独特の良さを発揮できる運気です。情熱的な状態も維持でき、自分に一層の磨きがかかります。注意点は、暴飲暴食。交流が活発なので健康運に気をつけます。

㊟㊜アイデア運が上昇中です。何事も工夫をすれば、チャンスをものにすることができます。情熱的なのは吉ですが、カッとなるのは凶。イライラがストレスを強めます、問題を持ち越さないようにします。

㊦干合すると「戊」の食神になります。健康運にさえ気をつけていれば、順調な安定した運気です。自分の技量を十分に発揮できますので、閉じこもってくすぶらないようにします。

⑩印綬大運星・乙

「伝統を重んじ名声運が上昇する」10年間です。保守に徹して現状を維持する運気です。名声は悪名にもなりやすいので、規則や規律を重んじた行動を心がけます。

(平)名声運が上昇し、人に褒められ、自分のプライドを保つことができます。形があるものよりは、形がないものが好運を招きます。身内の問題が発生したら、すぐに対応しないといけません。

(通)(異)有名になるチャンスです。研究や学術的なことは、発表すべきです。勉学にも身が入りますので、自分の素養を高める努力を惜しんではいけません。

(干)干合すると「辛」の正財になります。金運が上昇しますが、問題に固執しすぎると名声に傷を残します。天国から地獄に落ちないために、調和を計った選択をしていきます。

日干	大運星 干合前	大運星 干合後	干合変通星	吉に傾くとき	凶に傾くとき
丙	甲	甲（戊）	偏印（食神）		健康運
	乙	乙（辛）	印綬（正財）	名声運	
	丙	丙（壬）	比肩（傷官）	独立運	
	丁	丁（乙）	劫財（印綬）	名声運	損失運
	戊	戊（丙）	食神（比肩）	ゆとり運	
	己	己（己）	傷官（傷官）	芸術運	仕事運
	庚	庚（庚）	偏財（偏財）	財運	
	辛	辛（癸）	正財（正官）	財運	
	壬	壬（甲）	偏官（偏印）		健康運
	癸	癸（丁）	正官（劫財）	仕事運	損失運

干合変通星は、組み合わせの変通星で、順用星が強いと吉になりますが、逆用星が強いと凶になりやすいです。

日干丁

丁は陰火で、月や灯火を表します。

内に情熱を秘め、先見の明に優れますが、新しいものが好きです。人間関係は穏やかで、月が夜道を照らすように、社会のために活躍します。自分の輝きを失わないように、自信が持てる才能を伸ばしていきます。

①比肩大運星・丁

「一人で頑張る」10年間です。自分が他人の世話や援助を受けつけない運気です。地道に努力していくのが良いでしょう。輝くチャンスが得られるので、自信を継続することも大切です。

㊥コツコツと努力し着実に歩む大運になります。危険を冒すことなく、慎重に物事に対処します。独立運なのですが、その決心をするには、大きな助けや強い意志が必要になります。背水の陣を引いて、初めて独立に向けた行動を起こすことができるのです。

㊟㊔慎重に慎重を期して動くと頂上に立つことができます。自分に相当な自信がつきますので、全力で目標を達成するように行動します。この運気での成功は、数十年継続しますので、隠れているチャンスを逃さないようにします。時間がかかっても成功するので、途中で諦めてはいけません。

㊦干合作用後は、「乙」の偏印です。神秘的な方向性を持つ運気です。忍耐強く何事にも対処できますが、健康運には注意が必要になります。

②劫財大運星・丙

「仲間と協力する」10年間です。親しい人との交流が活発になりますので、積極的に行動します。家の中でくすぶっているのが一番の凶です。

㊥人が集まったときに、自分の意見を言わずにおとなしく傍観していると、いつの間にか問題に巻き込まれています。思っている以上に激しい環境運なので、周囲の情況に負けないようにします。自分の長所を表に出しつつ、マイペースを維持します。

㊜㊢人に翻弄されそうな運気なので、今までの流れを継続させながら発展を目指します。自分にできることを一つひとつ片づけていくと運気が上昇します。仲間割れには気をつけてください。

㊦干合後は、「壬」の正官に変わります。仲間と協力して、大きな収穫を期待できる運気です。順調な堅実運ですが、さらなる成功を勝ち取るには、チャンスが到来したときに、一気に勝負に出ます。小出し戦法では、良い発展が望めません。

③食神大運星・己

「ゆとりのある生活が送れる」10年間です。とても落ち着いた家庭的な運気です。自分の善意を相手に与えることで、すべてが円滑に進んでいきます。

㊥とても穏やかな運気です。自分の輝きが周囲に反映され、生活を豊かにすることができます。熱心なのは長所ですが、燃え尽き症候群にならないように、気力と相談して行動との調和を計ります。

㊜㊢生産性が向上する順調運です。全力投球できる環境が整いますが、気力を継続させることが大切です。不用なものにまで気を配ってはいけません。一点に集中することです。

㊦干合しても「己」の食神です。忙しい運気となるので、緩急の調整が重要で、多角的に活動する必要があります。種を蒔けば蒔くほど、収穫が増えますので、頑張りがいのある時期です。

丁

④傷官大運星・戊

「自由な発想や行動で財を得る」10年間です。自分の才能をフルに発揮できますが、燃え尽きないように気をつけます。継続させることを念頭に置きます。

㊥アイデアや表現力に恵まれ、才能が開花する運気です。一人の力では成功するのに時間がかかります。仲間や競争相手がいた方がよいでしょう。自分のヒラメキを信じれば、良い方向に進めます。

㊟㊣努力の結果が認められ、目標を達成できる運気です。周囲を照らす繊細さが大切なので、人の意見を聞いてから、自分の主張を展開します。特に、芸術や芸能方面は大成功します。

㊤干合すると「丙」の劫財です。交流する仲間の選択さえ間違えなければ、大飛躍運です。悪い仲間だと感じたら、深入りしないことが肝心です。

⑤偏財大運星・辛

「交流や交際が活発になる」10年間です。収入も増えますが支出や浪費も増加します。収支決算に気を配る必要があります。人との交流を深め、運気を上昇させます。

㊥社交性が活発になり、人気を得やすい運気です。金融関係の仕事は好調ですが、個人の投資運も上昇します。気をつけたいことは、無駄な浪費が多くならないようにすることです。

㊟㊣金運が上昇しますが、土台をしっかりさせないと、目標達成直前にポキンと折れます。何事も一朝一夕には成就しませんので、鋭い洞察力が必要になり、ポイントを突いてください。

㊤干合すると「癸」の偏官です。財を使って大きな目標に挑戦する運気です。走り回る体力が必要なので、自分の気力が無くならないように、自分を防御しながら飛躍します。

⑥正財大運星・庚

「堅実な方針で几帳面に対応して財を得る」10年間です。物事は計画通りに進んでいきますが、成長するには時間がかかります。慌てずに腰を据えて対応してください。

(平)まじめに取り組める安定した運気です。自分の責任をきちんと果たしていけば財運は好調です。水滴が石をも穿つように、地道に努力を継続し目標を達成します。

(通)(異)とても大きな財運がありますが、自分一人の努力では手に入りません。先見の明を活かし、人と協力し計画的に物事を進めていきます。うまく協力が得られれば、大金を手にする運気です。

(干)干合しても「庚」の正財です。目標達成までの過程を、個々に分けて部分ごとに達成させます。注意することは、重箱の隅を楊枝でほじくってはいけないということです。多少の大胆さが必要な運気です。

⑦偏官大運星・癸

「遠方や外に向かって、勢いよく飛び出す」10年間です。行動力が功を奏する運気なので、不完全燃焼はいけません。小出しにせずに、全力で挑戦します。

(平)心配事が絶えない運気です。じっとしていると運気が低下していきます。積極的に行動して活力を充実させてください。健康運はじわじわと下がっていますので、体調不良は早目の検診がよいでしょう。

(通)(異)防御に徹し、突出しすぎないように注意します。ストレスも溜まりやすいので、スポーツなどで解消してください。守りと攻めの割合を考えながら、立ち廻れば成功を手中にできます。

(干)干合すると「丁」の比肩大運星です。一人でも大活躍できる運気なので、到達すべき目標の設定を一点にして、集中すればうまくいきます。逆境を逆手に取って、自分を成長させます。

⑧正官大運星・壬

「仕事や規則を遵守する」10年間です。出世や地位の向上には最高の運気です。人と信頼関係を結ぶことが成功への早道です。

(平)先見の明や技術力を使って、着実に発展していく運気です。周囲の環境が良い方向に整っていきますので、それを束縛されると勘違いしないようにします。責任があってこそ成功するのです。

(通)(異)大発展運です。大きく手を広げましょう。世界中を照り輝かすくらいの意気込みで前進します。縁の下の力持ちで終わらないように、自分をアピールしシンデレラを目指します。

(干)干合すると「甲」の印綬大運星です。地位と名声が約束された大吉運です。確実に手に入れるには、自分の才能を開花させておく努力が必要です。砂上の楼閣とならないような配慮も必要です。

⑨偏印大運星・乙

「技術を磨き革新的なことに挑戦する」10年間です。独自の特殊才能を開花させ活躍します。超常的なことや宗教などにも興味が湧きますが、現実逃避にならないようにします。

(平)心の拠りどころがない停滞運です。目標に向かっていても、ついフラフラしやすい傾向があります。精神的にも弱くなり、健康運に注意が必要になります。

(通)(異)風当たりが強い運気で、苦境に陥りやすいのですが、起死回生の一手を打つことができます。小さくても上昇運にまず乗れば、空高く飛び上がることができる好調運に変化します。

(干)干合すると「辛」の偏財になります。智慧や策略を使って、財を手に入れることができます。多少の失敗で腐ってしまい、ギャンブルにはまらないように注意します。表と裏の区別をはっきりさせます。

⑩印綬大運星・甲

「伝統を重んじ名声運が上昇する」10年間です。保守に徹して現状を維持する運気です。名声を得るには時間がかかりますが、手に入ります。規則や規律を重んじた行動を心がけます。

(平)学問や研究をするには打ってつけの運気です。伝統を守る側の立場になりやすいので、現状に反発するのはマイナスです。自分の良さを出せる好調運なので、今後の人生の土台を築きます。

(通)(異)知らぬ間に名声運が向上していきます。勉学にも身が入るでしょう。大きな財や汚い財が絡むと、名誉を失います。正しい立場で公正さを重視しなくてはいけません。

(干)干合すると「戊」の傷官です。自分の発想が大成功への原点になります。まともなものより奇抜なものが成功の鍵です。現状を活かすアイデアを大切にしてください。

日干	大運星 干合前	大運星 干合後	干合変通星	吉に傾くとき	凶に傾くとき
丁	甲	甲(戊)	印綬(傷官)	芸術運	仕事卯
	乙	乙(辛)	偏印(偏財)	財運	健康運
	丙	丙(壬)	劫財(正官)	仕事運	損失運
	丁	丁(乙)	比肩(偏印)	独立運	健康運
	戊	戊(丙)	傷官(劫財)		損失運
	己	己(己)	食神(食神)	ゆとり運	
	庚	庚(庚)	正財(正財)	財運	
	辛	辛(癸)	偏財(偏官)	財運	
	壬	壬(甲)	正官(印綬)	名声運	
	癸	癸(丁)	偏官(比肩)	独立運	事故運

干合変通星は、組み合わせの変通星で、順用星が強いと吉になりますが、逆用星が強いと凶になりやすいです。

日干戊

戊は陽土で、山や堤防のイメージです。

どっしりと構えて何事にも動じない安定さがあります。冷静な判断の元に、行動を起こします。信用を重んじ人間関係を大切にしますが、自分が納得しなければテコでも動きません。

やや腰が重いのが欠点になりやすいのです。緊急事態への対応が後手に回りやすくなるので、常に先を見通すことを旨とします。信頼できる助言者が傍にいると、成功への階段を昇りやすくなります。

①比肩大運星・戊

「一人で頑張る」10年間です。自分が他人の世話や援助を受けつけない運気です。ただ、自信過剰になりやすい運気なので、大勝負をする際は慎重に対応しないといけません。

(平)何事も一人で手際よく対処していく運気です。信用するまでに時間がかかりますが、一度信用すればどこまでも交流を深めるでしょう。常に、自分を中心にして物事を進めるのは良いのですが、腐れ縁が悪縁にならない注意が必要です。

(通)(異)とても頑固になりやすく、物事を変化させたくない運気です。現状を維持するために全力投球しますが、引きどころを間違えないようにしなくてはいけません。周囲の情況が安定しているときは吉ですが、不安定と感じたら、気をつけないと凶になります。

(干)干合作用後は「丙」の偏印です。やむを得ず現状に改革の手を加えなくてはいけない運気です。臨機応変に活躍するには、古い考えを捨てなくてはいけません。健康運が低下するので、胃腸や肺の疾患に注意します。

②劫財大運星・己

「仲間と協力する」10年間です。親しい人との交流が活発です。親分肌を発揮できれば、多くの人材を得ることができるでしょう。損して得とれ運なので、太っ腹でいきましょう。

㊥仲間と協力して発展する運気ですが、自分が中心になるように物事を運びます。間違えた人材選択は、折角の高層ビルが砂上の楼閣となって崩れ去ります。常に、金銭面にはゆとりを必要とします。

㊟㊔多くの仲間が集まり協力を得られます。目標とする裾野を広げて、手広く活躍できる運気です。壁にぶつかりそうなときは、すぐに方向転換をします。何をするにも、煩わしいと考えてはいけません。

㊦干合しても「己」の劫財です。多角的な運気で、物事が分裂する可能性もあります。取捨選択を間違えないように、情報収集に力を入れます。小さくても一度波に乗れば、だんだんと発展していきます。

③食神大運星・庚

「ゆとりのある生活が送れる」10年間です。とても落ち着いた家庭的な運気です。基盤を堅固にする運にもなります。自分の使命を忘れずに、日々励むのがよいでしょう。

㊥体力を必要としますが、多くのものを生み出すことができる運気です。やればやるほど良い結果を得ることができ、生活が充実していきます。

㊟㊔一際目立つ成果を上げることができる運気です。小さなことよりも大きなことに取り組むようにしましょう。背伸びをして挑戦すれば、実力以上のものが得られます。

㊦干合しても「庚」の食神です。手を大きく広げ活躍する運気です。兼業を始めても良く、自分の才能をフルに発揮し、多角的に富を手に入れます。

④傷官大運星・辛

「自由な発想や行動で財を得る」10年間です。自分の才能をフルに発揮できますが、規律を破りやすいので注意が必要です。

㊥自由な発想を大切にする運気ですが、なかなか現状を改めることができません。温故知新も大切ですが、さらなる飛躍をするには、型破りな行動も必要です。

㊟㊠頂点に上れる運気ですが、繊細さが要求されます。積み木を積むように、慎重に物事に対処すれば大成功となるでしょう。現状を打破し、古いものに固執しない姿勢が、財運に結びつく突破口となります。

㊦干合すると「癸」の正財になります。自分の才能をフルに活かせば、すばらしい財運に発展します。財に目がくらむと、規則や法律を破り、後悔しますので注意しましょう。

⑤偏財大運星・壬

「交流や交際が活発になる」10年間です。収入も増えますが支出や浪費も増加します。収支決算に気を配る必要があります。人との交流を深め、運気を上昇させます。

㊥毎日が勝負運になります。自分の力量に応じた収入がありますので、周囲の情況を自分に都合が良いように変えていかなくてはいけません。当然、成功しても油断禁物、遊びすぎてはいけません。

㊟㊠背水の陣を引くつもりで挑戦する運気です。流れに飲まれそうになっても、しがみついて努力をすれば成功を得ます。ただ、浪費には気をつけないといけませんので、収支決算を明確にします。

㊦干合すると「甲」の偏官です。忙しいですが、大いに羽ばたく運気です。どこまでも遠くへ進んでいくことができます。海外進出などもよいでしょう。自分が住むところが都になります。

⑥正財大運星・癸

「堅実な方針で几帳面に対応して財を得る」10年間です。物事は計画通りに進んでいきますが、成長するには時間がかかります。慌てずに腰を据えて対応してください。

㊥この大運は、堅実な路線が成功します。改革や奇抜な対応は禁物です。保守に徹して土台を築きます。財運は好調になりますので、この運気に今後の展開のために準備を万全にしておきましょう。

㊟㊠安定した成功運になります。大きな目標を一つよりも、多くの小さな目標を達成していくことで、大きな目標を達成できます。金だけに目がくらむと、落とし穴に落ちますので注意が必要です。

㊦干合すると「丁」の印綬です。伝統を重んじ、現状を維持することで財と名声が手に入ります。財によって名声を傷つけないことが大切になります。

⑦偏官大運星・甲

「遠方や外に向かって、勢いよく飛び出す」10年間です。行動力が功を奏する運気ですが、勢いがある分怪我などの事故には注意が必要です。

㊥勢いよく前進できる運気です。毎日が慌ただしくなります。途中で方向転換をするのは難しいので、最終目標をはっきりさせて行動します。落ち着きを失くすと怪我をしやすいので注意です。

㊟㊠土台を固めて堤防が決壊しないように注意していれば、何にでも挑戦し成功する運気です。勢いをつければ、どんどん加速されていきますので、急な展開にも対処できる方針が必要です。

㊦干合すると「戊」の比肩です。一人で突進しやすいので、情況をしっかり判断しないといけません。気がついたときに四面楚歌になっていないようにします。

⑧正官大運星・乙

「仕事や規則を遵守する」10年間です。出世や地位の向上には最高の運気です。人と信頼関係を結ぶことが成功への早道です。

（平）万事が順調に進む運気ですが、規則や規律は遵守しないといけません。出世運でもあり地位が向上します。一つのことに拘らずに、臨機応変に対応するのが良い方針です。

（通）（異）目の前のチャンスを逃さなければ、大成功運です。一つ目のチャンスを見逃すと、次のチャンスまでに時間がかかります。周囲の流れを的確に把握できるようにします。

（干）干合すると「辛」の傷官です。現状に飽きがきて、新しいことを始めたい運気です。自分一人の力で前進できるのなら前進あるのみです。人の手を借りるのであれば、動く前に考慮が必要です。

⑨偏印大運星・丙

「技術を磨き革新的なことに挑戦する」10年間です。独自の特殊才能を開花させ活躍します。超常的なことや宗教などにも興味が湧きますが、現実逃避にならないようにします。

（平）問題から逃げて、内にこもると多くのものを失います。健康運には気をつけないといけませんが、頑張れば自力で解決できる運気です。周囲から孤立しやすいので、協調性も重視します。

（通）（異）変動が大きい運気です。運気が上昇するのも早いのですが、下降するのも早いです。改革や改善をするのであれば、一気に勝負に出なくてはいけません。

（干）干合すると「壬」の偏財です。副業や趣味で成果を上げることができます。ギャンブルは依存症にならない注意が必要です。対応方法の切り替えを早くするのが肝心で、一つの手法に拘りません。

⑩印綬大運星・丁

「伝統を重んじ名声運が上昇する」10年間です。保守に徹して現状を維持する運気です。名声は悪名にもなりやすいので、規則や規律を重んじた行動を心がけます。

(平)自己研鑽運です。自分を成長させることで、名声運が上昇していきます。名声を得れば、財が手に入りますので、知識を重視する方向で努力をします。

(通)(異)現在の状況に関わらず、名を上げることができます。新しい方法を躊躇することなく取り入れていくとよいでしょう。文明の利器を上手に使用します。

(干)干合すると「乙」の正官になります。地位も名声も向上する最高に良い運気です。トップになることを目指してください。途中でくすぶっても、諦めなければ成功します。

日干	大運星 干合前	大運星 干合後	干合変通星	吉に傾くとき	凶に傾くとき
戊	甲	甲《戊》	偏官《比肩》	独立運	事故運
	乙	乙《辛》	正官《傷官》		損失運
	丙	丙《壬》	偏印《偏財》	技術運	健康運
	丁	丁《乙》	印綬《正官》	名声運	
	戊	戊《丙》	比肩《偏印》	独立運	健康運
	己	己《己》	劫財《劫財》		損失運
	庚	庚《庚》	食神《食神》	ゆとり運	
	辛	辛《癸》	傷官《正財》	財運	
	壬	壬《甲》	偏財《偏官》	行動運	
	癸	癸《丁》	正財《印綬》	財運	

干合変通星は、組み合わせの変通星で、順用星が強いと吉になりますが、逆用星が強いと凶になりやすいです。

日干己

己は陰土で、田園や大地の意味です。

田畑に種を蒔けば、芽を出し成長し実を結ぶように、人や物を育てる気質を持っています。援助を求める人には優しく手を伸ばし助けます。自分を強く前に出すことは滅多にありませんが、自分がぶれることはありません。大変信念が強く、物事を計画通りに進めようとします。

紆余曲折があっても最後はゴールにたどり着けます。途中でくじけそうになったとき、自分一人で修復することは不可能なので、時々自分に肥料を施してくれる人を見つける必要があるでしょう。

①比肩大運星・己

「一人で頑張る」10年間です。自分が他人の世話や援助を受けつけない運気です。何でも自分でできると思う強い運気です。しかし、人と協力して初めて自分が活きてきますので、人との「ギブアンドテイク」は必要になります。

㊥ゆっくりと着実に自分の目標を達成させる運気です。何事も成就させるには時間がかかりますので、焦った行動はいけません。マイペースを守ることが最善の開運法です。

㊟㊠何事も一人で対処しなくてはいけませんが、砂上の楼閣とならない注意が必要です。一つのことに注目するよりは、手を広げていろいろなことに挑戦するのがよいでしょう。

㊦干合しても「己」の比肩大運星です。何事にも出しゃばりやすくなりますので、控え目な態度を固持するのがよいでしょう。背伸びをせずに、自分のペースで物事を進めるのが大事です。

己

②劫財大運星・戊

「仲間と協力する」10年間です。親しい人との交流が活発になりますので連絡を密にします。きめ細かい思いやりを持つことが、成功への原動力になります。

㊥交友関係が広くなりますが、交流が浅くなってしまいます。信頼や協力できる人を確保するのが大切な運気です。自分の実力を正しく判断できれば、人に後れを取ることはありません。

㊟㊢大勢の中に、自分が埋もれてしまう運気です。自分の良さを維持するには、縁の下の力持ちに徹する必要もあります。自分の立ち位置を誤らなければ成功は確実です。

㊦干合すると「丙」の印綬です。仲間と協力することにより、名声運が上昇します。学術的なことや伝統的なことは、一層の効果が出やすい運気なので、保守的な立場に立ちます。

③食神大運星・辛

「ゆとりのある生活が送れる」10年間です。とても落ち着いた家庭的な運気です。自分の特質を最高に発揮できます。

㊥とても穏やかな運気で、生活が充実していきます。家庭的な運気なので、外に向かって挑戦すると苦労が伴います。今後の展開を良い方向に進めるための実力養成に適した時期です。

㊟㊢贅沢な運気で、自分の好き勝手にしても、物事が整います。余裕があるからといって、現状に満足しているだけではいけません。生産性はいつも向上させる努力は必要です。

㊦干合すると「癸」の偏財です。順調運ですが、支出過多にならない注意が必要です。人任せで、自分が管理を怠ると、思わね落とし穴にハマります。

④傷官大運星・庚

「自由な発想や行動で財を得る」10年間です。自分の才能をフルに発揮できますが、規律を破りやすいので注意が必要です。

(平)価値あるものを生み出すことができる運気です。自分の才能を特化させる工夫が大切です。ちょっとしたヒラメキが功を奏しますので、チャレンジ精神を持って頑張ります。

(通)(異)異彩を発揮する運気です。物を破壊したくなる衝動にかられますが、芸術であれば爆発です。人の目につくことが大切で、人と同じことをしていては、うだつが上がりません。

(干)干合しても「庚」の傷官です。多くの才能が同時に開花しますが、常に大義が必要です。調子が良いからといって、むやみに進むと脱線します。

⑤偏財大運星・癸

「交流や交際が活発になる」10年間です。収入も増えますが支出や浪費も増加します。収支決算に気を配る必要があります。人との交流を深め、運気を上昇させます。

(平)地味ですが、社交的に活躍できる運気で、堅実な人間関係を築けます。変化を望むよりは、現状をさらに良いものにしていく方向性が大事になります。

(通)(異)日常的に金運に恵まれる運気です。自分で商売をしている人は大吉です。宣伝に力を入れ、手広くアピールするのがよいでしょう。万人を潤すことができる恵みの運気です。

(干)干合すると「丁」の偏印です。頭脳をフル回転させて財を生み出します。些細な技術力でも多くの人に受け入れられます。ただ、健康面は注意ですから、大病になる前の検診が必要です。

⑥正財大運星・壬

「堅実な方針で几帳面に対応して財を得る」10年間です。物事は計画通りに進んでいきますが、成長するには時間がかかります。慌てずに腰を据えて対応してください。

㊥自分を成長させる運気で、管理を怠らなければ自然に良い方向に環境が整います。何事も堅実に計画通りに進めるのが良く、そうであれば財運も上昇します。

㊟㊢足場を固める運気です。慎重さは大切ですが、石橋を叩いて渡る必要はありません。管理を徹底すれば、すべてが計画通りに運んでいきます。

㊦干合すると「甲」の正官です。財運、仕事面共に順調な運気で、何事もきちんと進展していきます。土台を固めるための骨組みを築き、組織を大きく発展させます。

⑦偏官大運星・乙

「遠方や外に向かって、勢いよく飛び出す」10年間です。行動力が功を奏する運気ですが、勢いがある分怪我などの事故には注意が必要です。

㊥攻めの運気ですが、目標を達成するには守りを固めなくてはいけません。少しの油断で、すべてが吹き飛んでしまいます。順風満帆に感じても、突然の出来事に驚愕します。

㊟㊢健康運や事故には注意を要する運気です。流れに逆らわずに前進し、物事には臨機応変に対応します。いつも通りに対応したり、マンネリ化が進むと、一難去ってまた一難となる最悪の運気になります。

㊦干合すると「辛」の食神です。日々忙しい中に、生活を楽しむ余裕が持てます。旅行や研鑽には良い運気ですが、走り回って疲れたときは、きちんと休憩することが大切です。

⑧正官大運星・甲

「仕事や規則を遵守する」10年間です。出世や地位の向上には最高の運気です。人と信頼関係を結ぶことが成功への早道です。何事も用意周到に徹してください。石橋を叩いて渡るのがよいでしょう。強気すぎると砂上の楼閣になりやすくなります。

(平)何事も規律をもってすれば、予定通りに物事が進んでいきます。出世や成功運にもなりますので、正道を歩み、脱線しないようにします。手抜きが一番の凶です。

(通)(異)自由に身動きできない運気ですが、全体としては成功を収めることができます。着実に成功させていく努力をした人が勝ちとなる運気です。

(干)干合すると「戊」の劫財です。仲間と協力しながら目的を達成します。大きな成長運となりますので、規律を守ることが大切です。財に目が眩んで脱線しないように気をつけます。

⑨偏印大運星・丁

「技術を磨き革新的なことに挑戦する」10年間です。一言でいえばオタク運です。独自の特殊才能を開花させ活躍します。超常的なことや宗教などにも興味が湧きますが、現実逃避にならないようにします。

(平)技術やアイデアで勝負する運気です。改革や改善を主眼に置いて、物事を進めると成功します。ただ、健康運には注意が必要で、徹夜などの無理を重ねないようにします。

(通)(異)創意工夫をモットーにすれば、前途に光明の兆しが現れます。技術力や得意なことを極めて、挑戦するのが成功の近道です。

(干)干合すると「乙」の偏官です。無理がたたって病気になりやすい運気です。慎重に慎重を重ねて、大事にいたらないようにします。思いつきで行動すると、裏目に出やすいので、計画性を維持します。

⑩印綬大運星・丙

「伝統を重んじ名声運が上昇する」10年間です。保守に徹して現状を維持する運気です。名声は悪名にもなりやすいので、規則や規律を重んじた行動を心がけます。

(平)知識を優先することで、名声を得る運気です。日々の研鑽が功を奏しますので、勉学や研究といった地道な努力が大切です。

(通)(異)褒められたり、表彰される運気で、表舞台に立つことができます。肉体労働により財を得るのではなく、知識や知恵で財運をつかみます。

(干)干合すると「壬」の正財です。財運は上昇しますが、名声運を傷つけることがあります。損得が大きい運気なので、公正を期すことが大切です。

日干	大運星 干合前	大運星 干合後	干合変通星	吉に傾くとき	凶に傾くとき
己	甲	甲(戊)	正官(劫財)	仕事運	損失運
	乙	乙(辛)	偏官(食神)	行動運	事故運
	丙	丙(壬)	印綬(正官)	名声運	
	丁	丁(乙)	偏印(傷官)		健康運
	戊	戊(丙)	劫財(印綬)	名声運	損失運
	己	己(己)	比肩(比肩)	独立運	
	庚	庚(庚)	傷官(傷官)	芸術運	仕事運
	辛	辛(癸)	食神(偏財)	財運	
	壬	壬(甲)	正財(正官)	仕事運	
	癸	癸(丁)	偏財(偏印)	技術運	健康運

干合変通星は組み合わせの変通星で、順用星が強いと吉になりますが、逆用星が強いと凶になりやすいです。

日干庚

庚は陽金で、鉄鋼や刀を意味します。

決断力があり、物事の白黒をはっきりさせたい気質を持っています。強い信念があり頑として主張を曲げることはありませんが、義理を重んじるため、弱者に対しては救いの手を差し伸べます。

人と論争や争いを起こしやすい傾向があります。能ある鷹は爪を隠す方針が功を奏するでしょう。自分の目標をまずは一つに絞って集中すれば成功しやすくなります。隣の芝生が青く見えても、気にしてはいけません。

①比肩大運星・庚

「一人で頑張る」10年間です。自分が他人の世話や援助を受けつけない運気です。独立運ですが、自分のためというより、身内のためにといった気持が成功につながります。目標達成のためには、障害を容赦なく切り捨てますので、敵を作らないように注意しなくてはいけません。

㊥思い通りに自分を押し通すことができる運気です。ダンプカーが暴走するような強さで進みますので、周囲に被害を与えない注意が必要です。目標を短期間で達成させる計画が重要です。

(通)(異)自分を中心にして物事が動いていく運気です。軸がぶれないように注意していれば、目標達成まで順調に展開していくます。

(干)干合しても「庚」の比肩です。人の上に立つ強運となります。常に、自分を前に前にと推し進めていきますので、人と衝突もします。損失を生じるような争いは、極力避ける方針で臨むことです。

②劫財大運星・辛

「仲間と協力する」10年間です。親しい人との交流が活発になります。寄ってくる人を拒むことがないので、大きな集団を形成することができます。強力な集団に発展させることを目標にして頑張ると、効果は絶大になります。

㊥強い味方が現れる運気なので、人と協力する方針で前進します。注意点は、えこひいきをしやすいので、不公平となる言動に注意することです。

㊟㊤身内や友人と手を組んで、共に前進していく運気です。結束が成功への鍵となりますが、支出が超過すると、不協和音が発生します。きちんとしたリーダーシップを発揮することが大切です。

㊦干合すると「癸」の傷官になります。一攫千金の運気ですが、徒党を組みやすいので、交流する相手は選別しないといけません。

③食神大運星・壬

「ゆとりのある生活が送れる」10年間です。とても落ち着いた家庭的な運気です。

㊥穏やかな運気なので、目先のことに囚われて、あくせくしても空回りするだけです。一旦、刀を納めてゆとりを持った言動を心がけます。生活は安定しますので、今の目標ではなく、次の目標に重点を置きます。

㊟㊤全体的にゆったりした環境にいますが、運気が急速に展開することがあります。休息しているときも、突然の出来事に対応できる準備はしておきましょう。「本能寺の変」の織田信長にならないようにします。

㊦干合すると「甲」の偏財です。財運が向上し、現状の勢いが増しますので、大きな収穫が得られるように行動します。自分本来の強気で前進して問題ありません。

④傷官大運星・癸

「自由な発想や行動で財を得る」10年間です。自分の才能をフルに発揮できますが、規律を破りやすいので注意が必要です。自分の信念が、他人からみると偏っているように感じられやすいです。

(平)ユニークな発想を現実にすることで、運気をつかむことができます。何事にも自由にのびのびと対処することが大切で、一つのことに固執せずに、度量が大きいことを前面にアピールします。

(通)(異)型破りな運気です。運気が上下しますので、サーフィンをするような感覚で、臨機応変に対応していきます。中途半端な態度や行動は、敵を作り非難を受けやすいので、思い切った英断が功を奏します。

(干)干合すると「丁」の正官です。自由な発想により、仕事運が好調になります。しかし、自由奔放すぎると現在の仕事が嫌になります。規則を守る慎重さは大切です。

⑤偏財大運星・甲

「交流や交際が活発になる」10年間です。収入も増えますが支出や浪費も増加します。収支決算に気を配る必要があります。人との交流を深め、運気を上昇させます。

(平)人との交流や交際を重視すべき運気です。ＳＮＳなどを使って発信するのもよいでしょう。大衆を相手にして財を増やすことができますが、浪費には気をつけないといけません。

(通)(異)得るものがとても多い運気で、猫の手も借りたくなります。準備する器の大きさは、大きければ大きいほどよいでしょう。準備を怠ると、地団駄を踏みます。

(干)干合すると「戊」の偏印です。計画や準備をしっかりし、技術を磨けば大きな財を手にすることができます。直球で勝負するより、変化球を投げると、事はうまく進展します。

⑥正財大運星・乙

「堅実な方針で几帳面に対応して財を得る」10年間です。物事は計画通りに進んでいきますが、成長するには時間がかかります。慌てずに腰を据えて対応してください。

㊜安定している運気で、物事は計画通りに進んでいきます。それだけに綿密な調査や準備が必要なので、無鉄砲な行動を慎まないといけません。

㊟㊫財運が向上し、運気が上昇していきます。ただ、チャンスの期間は短いので、的確な対応が重要になります。ザルで水をすくうことがないように気をつけてください。

㊦干合すると「辛」の劫財です。仲間が集まって来て、財を手に入れようとします。争いごとも起きやすいので注意が必要です。人より一歩先に進むには、ポイントを絞ることです。一点集中がよいでしょう。

⑦偏官大運星・丙

「遠方や外に向かって、勢いよく飛び出す」10年間です。行動力が功を奏する運気ですが、勢いがある分怪我などの事故には注意が必要です。

㊜忙しく立ち回る運気で、気力と体力が勝負になります。攻めを重視してよいのですが、流れ弾に当たらないように気をつけます。周囲の状況変化を見誤ってはいけません。

㊟㊫とても強い圧迫運です。体力があれば遠征するのに適しています。勢いを保持して、目標を達成するようにします。弱気は、怪我を招くので注意です。

㊦干合すると「壬」の食神です。緩急を上手に使うことで、利を得ることができます。自分の体調を省みずに前へ進むと健康運が悪化します。

⑧正官大運星・丁

「仕事や規則を遵守する」10年間です。出世や地位の向上には最高の運気です。人と信頼関係を結ぶことが成功への早道です。

㊥保守に徹すれば順調に物事が展開する運気です。自分が規則を守るのは良いのですが、つい人にも厳しく接しやすいので注意します。パワハラと言われないように気をつけてください。

㊟㊢出世、地位向上運です。この時期に頑張ると長期にわたった安定を手に入れることができます。組織も拡大できますので、大きい野望を抱いて頑張ります。

㊦干合すると「癸」の傷官です。規律を破って、自由に飛び立ちたい運気です。転職や兼業は、先をよく考えてから着手します。収入が増える、儲かるという甘言には気をつけます。

⑨偏印大運星・戊

「技術を磨き革新的なことに挑戦する」10年間です。一言でいえばオタク運です。独自の特殊才能を開花させ活躍します。超常的なことや宗教などにも興味が湧きますが、現実逃避にならないようにします。

㊥技術力を活かす運気です。自分の環境を改善する行動を開始します。強気で進んでかまいませんが、無理は禁物です。健康運は、定期的な健康診断で向上させます。

㊟㊢特殊な方向に大きく舵を切る運気です。自分勝手では周囲の賛同が得られません。孤立しないように助言は受け入れましょう。独自の技術を持てば、数十年は安定を維持できます。

㊦干合すると「丙」の偏官です。技術や才能を外に向かって活用できますが、健康運は、最悪となりやすいので、常に注意を払ってください。

庚

⑩印綬大運星・己

「伝統を重んじ名声運が上昇する」10年間です。保守に徹して現状を維持する運気です。名声は悪名にもなりやすいので、規則や規律を重んじた行動を心がけます。

(平)保守に徹する運気になります。伝統を重視し知識を深め、発言力を高めて行動します。自分が学ぶにも、人に教えるにも良い時期です。名声が上昇していきます。

(通)(異)大きな名誉を得られます。これまでの努力が報われる運気なので、地道な研鑽を積み上げてください。日々努力してこそ、自分を高みに登らせることができます。

(干)干合しても「己」の印綬です。多くの名声を得られる運気です。知識欲も強くなり、物事に集中できます。伝統を重視しながら、事を進めていけば間違いはありません。

日干	大運星 干合前	大運星 干合後	干合変通星	吉に傾くとき	凶に傾くとき
庚	甲	甲(戊)	偏財(偏印)	財運	健康運
	乙	乙(辛)	正財(劫財)	財運	損失運
	丙	丙(壬)	偏官(食神)	行動運	事故運
	丁	丁(乙)	正官(正財)	仕事運	
	戊	戊(丙)	偏印(偏官)	行動運	健康運
	己	己(己)	印綬(印綬)	名声運	
	庚	庚(庚)	比肩(比肩)	独立運	
	辛	辛(癸)	劫財(傷官)		損失運
	壬	壬(甲)	食神(偏財)	財運	
	癸	癸(丁)	傷官(正官)		仕事運

干合変通星は、組み合わせの変通星で、順用星が強いと吉になりますが、逆用星が強いと凶になりやすいです。

日干辛

辛は陰金で、珠玉や鏡のイメージです。

繊細さが武器となり、物事の真髄を一瞬にして見抜く素質があります。デリケートな体質だけに、交遊する相手の選択には注意が必要でしょう。

玉も磨かざれば、単なる石ころです。日々の努力を怠ってはいけません。人生、自分を磨き続けてこそ成功を手に入れることができるでしょう。自信が素質を培うバネになります。すぐに折れてしまわない柔軟性を養います。強さを養いすぎると折れやすくなりますので注意します。

①比肩大運星・辛

「一人で頑張る」10年間です。無理をしてでも自分一人で頑張ろうとします。心の休息場所を作っておくと、うまくいきます。人を激しく攻撃すると、そのあとに自分が折れる運気になりやすいので、心の平静を保つように心がけてください。

㊥美を追求しながら自立を試みる運気です。自分の輝きを増していく努力をしながら、計画を推進していきます。大運は10年間続きますので、慌てすぎず、着実に歩を進めていきます。

㊟㊢輝きを増すには絶好の機会となります。自分の内面、外面共に高まるように、毎日の生活を工夫します。自分一人で頑張る傾向が強まり、ふと寂しさを覚えることもありますが、気力で走り続けます。

㊦干合作用後は、「癸」の食神大運星になります。一人でゆっくりとした生活を楽しむゆとりができます。コツコツと努力する運気です。慈善事業などに興味を持って、生活の一部とするとよいでしょう。

辛

②劫財大運星・庚

「仲間と協力する」10年間です。人との交流が活発になりますが、広く浅くよりは、友人が一人でも深く関わる方がよいでしょう。

(平)仲間と協力して商売をするには良い運気です。強気で臨むと財を手に入れることができます。弱気になって、相手の言いなりになると損失を出します。

(通)(異)身内から心配されたり、干渉される運気です。何事も、出会いやきっかけを大切にします。チャンスを一つつかむことができれば、より良い展開をすることができます。

(干)干合しても「庚」の劫財です。とても激しい運気になります。人と争うことがないように配慮をすれば、順調になっていくでしょう。売られた喧嘩を買わないように気をつけます。

③食神大運星・癸

「ゆとりのある生活が送れる」10年間です。とても落ち着いた環境運なので、のんびりできるのですが、このような安定運にこそ、自分を成長させる努力をします。その努力の方向は、次の大運星で決まります。

(平)落ち着いた運気で、物事は順調になる傾向があります。日常生活や家庭を大切にして、自分の英気を養う時期です。急いでも目標を達成しにくいので、腰を据えて取り組みます。

(通)(異)自分の良さを周囲が認めてくれて発展できる運気になります。生活性も向上し、多くのものを生み出すことができます。入れ物は、なるべく大きいものを用意します。

(干)干合すると「丁」の偏官です。突然非常ベルが鳴るような運気です。油断大敵になりますので、常日頃から緊急事態に備える姿勢が必要です。

辛

④傷官大運星・壬

「自由な発想や行動で財を得る」10年間です。自分の才能をフルに発揮できますが、規律を破りやすいので注意が必要です。

㊥自分独自の価値を周囲に発信する運気です。組織で活躍するよりは、自由業に適しています。気をつけるのは、規律は破らないことです。手っ取り早いからと、悪いことに手を出してはいけません。

㊤㊢勤め人だと転職したくなります。規定の枠を壊して、新しい風を取り入れたい気分が強くなります。周囲の甘言に惑わされずに、真の自分を発揮できれば、財運を大変上昇させます。

㊦干合すると「甲」の正財です。自分の長所を上手に使って財運に結びつけます。小さな目標より、大きな目標を達成させるために努力を継続すべきでしょう。

⑤偏財大運星・乙

「交流や交際が活発になる」10年間です。収入も増えますが支出や浪費も増加します。収支決算に気を配る必要があります。人との交流を深め、運気を上昇させます。

㊥SNSなどを使い、人との交流が活発になる運気です。発信できる素材を見つける工夫を、常日頃から心がけます。宣伝力が大きな発展につながります。最小の支出で、多くの財を手に入れられます。

㊤㊢目標を達成するには、勢いをつけてポイントを押さえるのが早いようです。どんなに労力を使っても、的がはずれていたら得るものはありません。電気、電波など見えないものを上手に取り込むことが鍵です。

㊦干合すると「辛」の比肩です。支出や浪費が多くなりますが、大勢の中の先頭を進みます。商売運は好調なので、人と交流するチャンスをつかむことが大切になります。

辛

⑥正財大運星・甲

「堅実な方針で几帳面に対応して財を得る」10年間です。物事は計画通りに進んでいきますが、成長するには時間がかかります。慌てずに腰を据えて対応してください。

(平)財運好調期です。何事もしっかりと管理できれば、万事順調に展開します。基盤を固める運気なので、新しいことに挑戦すると、財を損ないやすいので注意が必要です。

(通)(異)大金を手に入れることができる運気です。大変な労力を必要とするので、一苦労程度では無に帰します。繰り返し挑戦して初めて目標達成のメドがつくでしょう。諦めなければ、カッターでも大木を切り倒せます。

(干)干合すると「戊」の印綬です。財運も安定し名声運も上昇します。自分に真の実力がなかったり、軽はずみな言動は、名声を傷つけてしまいます。初心を忘れずに進むことが大切です。

⑦偏官大運星・丁

「遠方や外に向かって、勢いよく飛び出す」10年間です。行動力が功を奏する運気ですが、勢いがある分怪我などの事故には注意が必要です。

(平)ジワジワと圧力がかかってくる運気ですが、外に向かって挑戦を続けます。目標を達成するには、法律や規則で防御することが重要な鍵になります。タイミングを見誤らなければ成功を勝ち取ります。

(通)(異)無謀な行動は控えないといけません。ポイントを突いているつもりでも、だんだんと的外れとなり、前に進めなくなります。自分の力量範囲で収めることが肝心です。

(干)干合すると「乙」の偏財です。海外との交易など、遠くにいる人との交流が活発になる運気です。収益はとても大きいのですが、コツコツ貯めた分を一気に失う可能性を秘めています。

⑧正官大運星・丙

「仕事や規則を遵守する」10年間です。出世や地位の向上には最高の運気です。人と信頼関係を結ぶことが成功への早道です。

(平)規律を正しくすることで、安定を保つことができる運気です。いろいろな計画があっても、きちんと取捨選択することが大切で、一時の思いつきで行動してはいけません。

(通)(異)勢いがつく順調な運気ですが、油断は大敵です。ちょっとしたミスから、トラブルが発生します。予想外のことを未然に防ぐのは難しいのですが、こまめに臨機応変に対応して乗り切り、成功運へと変えます。

(干)干合すると「壬」の傷官です。転職を希望するなど、現状に不満を持ちやすい運気です。隣の芝が青く見えるだけかも知れません。現状と自分の実力を、よく分析して行動します。

⑨偏印大運星・己

「技術を磨き革新的なことに挑戦する」10年間です。独自の特殊才能を開花させ活躍します。超常的なことや宗教などにも興味が湧きますが、現実逃避にならないようにします。

(平)特殊な技能によって運気を開く時期ですが、物事に固執しすぎると周囲から孤立します。人間関係を築くのが難しい運気なので、自分の専門性を高めると円滑にいきます。

(通)(異)物事を成し遂げた後は、再度点検しないといけない運気です。細かいところまで目が届けば、順調に展開します。ただ、健康運には気をつけないといけません。

(干)干合しても「己」の偏印です。兼業や副業に適している運気で、それによって財を手にすることができます。人と同じことをしても意気が揚がらないので、自分独自の手法を探します。

⑩印綬大運星・戊

「伝統を重んじ名声運が上昇する」10年間です。保守に徹して現状を維持する運気です。名声は悪名にもなりやすいので、規則や規律を重んじた行動を心がけます。

(平)名声運が上昇します。勉学や研究に成果を出すことができます。伝統や現状を維持する保守運なので、急な改革には、手を出さない方がよいでしょう。

(通)(異)光り輝く運気です。自分の才能が認められ羽ばたく時期です。大きな名声も得られますので、研鑽に励み自分を磨くのを忘れないようにします。

(干)干合すると「丙」の正官です。地位が向上し、名誉を得ます。社会で活躍できる運気なので、発展性に富んでいます。自分の芯がしっかりしていれば、途中で折れることはありません。

日干	大運星 干合前	大運星 干合後	干合変通星	吉に傾くとき	凶に傾くとき
辛	甲	甲 戊	正財 印綬	財運	
	乙	乙 辛	偏財 比肩	財運	
	丙	丙 壬	正官 傷官		仕事運
	丁	丁 乙	偏官 偏財	仕事運	事故運
	戊	戊 丙	印綬 正官	名声運	
	己	己 己	偏印 偏印		健康運
	庚	庚 庚	劫財 劫財		損失運
	辛	辛 癸	比肩 食神	ゆとり運	
	壬	壬 甲	傷官 正財	芸術運	
	癸	癸 丁	食神 偏官	仕事運	健康運

干合変通星は、組み合わせの変通星で、順用星が強いと吉になりますが、逆用星が強いと凶になりやすいです。

日干壬

壬は陽水で、大河や大雨の意味です。

悠々自適で、周囲からの影響に左右されることがありません。いつもマイペースで、自然な流れに身を任せます。変化をあまり求めないために、なかなか大発展につながりません。どちらかというと縁の下の力持ちです。自分の持ち場を固守する保守派です。人生で大きな成功を収めるには、水の流れを強くするような仲間を得ることです。目的を同じにする友を得れば、成功への階段を大きく一歩踏み出すことでしょう。

①比肩大運星・壬

「一人で頑張る」10年間です。自分が他人の世話や援助を受けつけない運気です。

㊣計画さえ堅実であれば、目標達成までに途中で問題が生じても、たやすく乗り越えていくことができます。周囲からの援助を受けても、周囲と同調したり、周囲に左右されることはありません。いつも自分の考えを貫こうとします。

㊂㊀着実に目標を達成できる運気です。ただ、同時にいくつものことに手を出すと、運気の流れが弱くなります。まずは、一つに絞って成功を目指します。運気の流れは速く、目先の問題が次から次へと展開していきますので、飲み込まれない注意は必要です。

㊦干合作用後は、「甲」の食神大運星に変化します。今まで以上に、自分の器が大きくなり、懐が広くなります。混濁合わせ飲む技量がありますので、自分の考え通りに進めていきます。ゆとりを求める行動が強く表面化します。

壬

②劫財大運星・癸

「仲間と協力する」10年間です。親しい人との交流が活発になります。自分の肌に合わない人を遠のけずに受け入れる気持ちがあれば吉になります。

㊥仲間を家族のように思う、思いやりがある運気ですが、一度動き出すと自分の状態を顧みずに走っていきます。ストップと声をかけてくれる人が重要な存在になります。

㊟㊒自分の流れを止めないような行動をするため、仲間との軋轢が強くなります。人と協力しなくてはいけない運気なので、人の意見に耳を貸す態度が大切になります。

㊏干合すると「丁」の正財です。金銭問題が発生しやすく、人と財を争うことになります。目先の問題よりは、太極を見てより多くの財を得るように協力関係を築くことが開運のポイントです。

③食神大運星・甲

「ゆとりのある生活が送れる」10年間です。とても落ち着いた家庭的な運気です。つい、日常に満足してしまい発展性に欠けます。常に、自分を向上させる気持ちが大切な大運です。

㊥ゆったりとした運気で、生活は安定していきます。何事もマイペースで進めていくことができるでしょう。ボランティア活動や寄付など、人を助ける行動が、運気を上昇させます。

㊟㊒大収穫のある運気で、多くのものを生み出し、生活が豊かになります。贅沢に慣れてしまうことなく、余裕があれば人に分け与えることで人間性を高めてください。陰徳こそが最善の開運です。

㊏干合すると「丙」の偏財です。生産性が向上し、財運が良くなります。注意することは、金運ばかり追い求めると、しだいに心が貧しくなっていきます。

壬

④傷官大運星・乙

「自由な発想や行動で財を得る」10年間です。自分の才能をフルに発揮できますが、規律を破りやすいので注意が必要です。

(平)腰が据わらない運気で、フラフラしやすくなります。自由気ままなのは良いのですが、何か一点に集中して自分の才能を上昇させます。知識を活かせるなら転職もよいでしょう。

(通)(異)さざ波が立ちやすい運気で、生活が不安定になりやすいです。周囲の環境に影響されることなく、自分の才能を開花させることだけに力を注ぎます。

(干)干合すると「辛」の印綬です。自分の芸術的才能が人に認められやすい運気です。新しい息吹を取り入れることで、さらなる運気上昇となります。

⑤偏財大運星・丙

「交流や交際が活発になる」10年間です。収入も増えますが支出や浪費も増加します。収支決算に気を配る必要があります。人との交流を深め、運気を上昇させます。

(平)激しい競争がありますが、金運は上昇します。商売などをして大衆の財を集めるのがよいでしょう。苛立ちが強まると、ギャンブル依存症になりやすいので注意が必要です。

(通)(異)かなり強い意志と行動力がないと、財運に振り回されてしまいます。烈火のごとく強い環境運なので、何事も一歩下がって、直接対応しない方がよいでしょう。投資なども損得の波が大きい運気です。

(干)干合すると「壬」の比肩です。大勢を相手に一人で頑張る運気です。努力を継続することにより、他人も味方となり一層の財運をつかみ取ることができます。ギャンブル運も好調なときが多くなります。

⑥正財大運星・丁

「堅実な方針で几帳面に対応して財を得る」10年間です。物事は計画通りに進んでいきますが、成長するには時間がかかります。慌てずに腰を据えて対応してください。

㊥堅実な運気で着実に歩を進めていくことができます。雨降って地固まりますので、何事にも負けずに自分の良さをアピールすることで財運も上昇します。

㊟㊢手がつけられなくなる前に、物事には早目に対処します。一つひとつの問題を解決していくことで財を手に入れることができます。ちりも積もれば山となるよう頑張りましょう。

㊦干合すると「乙」の傷官です。一攫千金の運気で、思いがけないことにより財を手にしやすくなります。物事を慎重に対処していく中でも、意外な方法を常に考えているとよいでしょう。

⑦偏官大運星・戊

「遠方や外に向かって、勢いよく飛び出す」10年間です。行動力が功を奏する運気ですが、勢いがある分怪我などの事故には注意が必要です。

㊥忙しく立ち回らなくてはいけない運気です。何事にも挑戦してみるのが良いので、行動力を養ってください。遠方へ行けば行くほど運気は上昇します。

㊟㊢自分の勢いにブレーキをかけないと、やりすぎとなり勢い余って脱線します。調和を知れば万事うまく収まるので、スピードの出しすぎは禁物になります。

㊦干合すると「丙」の偏財です。財を追求できる運気ですが、財運を上昇させるためにアクセルを全開してはいけません。自分のペースを守れば自然に財は手に入ります。

壬

⑧正官大運星・己

「仕事や規則を遵守する」10年間です。出世や地位の向上には最高の運気です。人と信頼関係を結ぶことが成功への早道です。

㊊自然と周囲の状況が整っていき、仕事運が向上します。規律や規則を徹底するのが良く、道をはずしてはいけません。計画通りに歩を進めるべきで、無計画では結果もありません。

㊋㊌多くの収穫を得て、多方面で活躍できる運気です。マイペースで努力をしていれば結果がでます。つい、余計なこともしたくなりますが、控え目にしておくのがよいでしょう。

㊏干合しても「己」の正官です。順調に展開していく運気ですが、やや不安定な面があるので、物事が崩れる前に手を加えて修理をします。規則や手順を誤ってはいけません。

⑨偏印大運星・庚

「技術を磨き革新的なことに挑戦する」10年間です。一言でいえばオタク運です。独自の特殊才能を開花させ活躍します。超常的なことや宗教などにも興味が湧きますが、現実逃避にならないようにします。

㊊改革を前面に押し出して進めていきます。本来の方向性や流れは変えずに、効率を良くする方法を模索するとよいでしょう。自分の技術を高めることも大事です。

㊋㊌大改革の時期です。補修程度では良い結果を得られません。根本からの見直しをすることが大切です。ただ、緊張が緩むと病気になりやすいので気をつけます。

㊏干合しても「庚」の偏印です。多彩な研究が良い結果を生み出す運気です。目標を達成するには細かい軌道修正が必要です。自分の技量の範囲で進めないと健康運を害します。

⑩印綬大運星・辛

「伝統を重んじ名声運が上昇する」10年間です。保守に徹して現状を維持する運気です。名声は悪名にもなりやすいので、規則や規律を重んじた行動を心がけます。

(平)名声が向上する運気で、知識欲も高まります。伝統を重んじることが大切で、保守を尊重します。新しいことに挑戦するなら、下準備を完全にしてから進めます。

(通)(異)最前線を走って行く運気です。美しさと鋭さが鍵となりますので、自分を磨くことを忘れてはいけません。努力さえ怠らなければ、自然と名誉が得られるでしょう。

(干)干合すると「癸」の劫財です。仲間があなたの知識を求めて集まってきます。主張することが理路整然としているなら、順調に事は運びます。

日干	大運星 干合前	大運星 干合後	干合変通星	吉に傾くとき	凶に傾くとき
壬	甲	甲[戊]	食神[偏官]	行動運	健康
	乙	乙[辛]	傷官[印綬]	芸術運	仕事運
	丙	丙[壬]	偏財[比肩]	財運	
	丁	丁[乙]	正財[傷官]	財運	
	戊	戊[丙]	偏官[偏財]	財運	事故運
	己	己[己]	正官[正官]	仕事運	
	庚	庚[庚]	偏印[偏印]		健康運
	辛	辛[癸]	印綬[劫財]	名声運	損失運
	壬	壬[甲]	比肩[食神]	ゆとり運	
	癸	癸[丁]	劫財[正財]		損失運

干合変通星は、組み合わせの変通星で、順用星が強いと吉になりますが、逆用星が強いと凶になりやすいです。

日干癸

癸は陰水で、湖沼や霧のイメージです。

いつも慌てず騒がずマイペース。変化や争いを好まず、現状を維持しようとする気持ちが強いです。問題を解決するのにも、さほど積極的ではありませんが、自分の信念には固執して頑張ります。物事に口を挟まないことによって、自分の保全に努めます。人生で成功する方針の一つは、自分独自の才能を開花させることです。その方法は、人目につかずにこっそりと花が開くまで、地道に努力します。

①比肩大運星・癸

「一人で頑張る」10年間です。自分が他人の世話や援助を受けつけない運気です。

(平)コツコツと一人で努力する運気ですが、なかなか独立運になりません。目標を達成するには時間が必要なので、マイペースで進めるしかありません。繊細さは重要な長所ですが、時には大胆になってもよいでしょう。自分に自信が持てるかどうかが成功への鍵になります。

(通)(異)自分の目的をはっきりさせることが大切で、中途半端にしなければ大成功を見ます。また、物事を決定するときに躊躇が伴ったり、優柔不断に陥りやすいので、信念を持つことが大切です。清水の舞台から飛び降りる覚悟で事に望みましょう。

(干)干合作用後は、「丁」の偏財になります。財運が向上しますが、ギャンブルにハマらない注意が必要です。また、自分の才能を一般大衆に向けて発信することがポイントです。大勢の賛同を得ることが、自立への近道になります。

②**劫財大運星・壬**

「仲間と協力する」10年間です。親しい人との交流が活発ですから、時間と金銭面に余裕が必要です。

㊥協力運なのですが、仲間の意見に流されやすい傾向があります。強い信念がないと、目標を達成するのは難しくなります。小さい殻の中に閉じこもらないように注意してください。自分の良さを積極的にアピールすることが成功への近道です。

㊟㊢大勢の仲間が集まり賑やかなのですが、清流に進むか濁流に呑まれるかの分岐点です。人と交流する前に、その人の善悪を判断しないといけません。烏合の衆とならないように、大きな目標を前提にして前進するとよいでしょう。

㊦干合すると「甲」の食神です。人が集まり生産性が向上します。欲が強い人ばかりだと、あなたは損をみますので注意します。自分の領分をわきまえて、人に左右されないことです。

③**食神大運星・乙**

「ゆとりのある生活が送れる」10年間です。とても落ち着いた家庭的な運気です。

㊥物事は、ゆっくりと流れて行く運気です。慌てずに歩を進めれば、生活は充実していきます。ただ、現状に満足してしまうと、少しずつ問題が発生しますので、できることはすぐに実行に移します。

㊟㊢大きな問題を解決できれば、生活が一気に向上します。逆風が吹くこともありますが、冷静沈着に行動できれば問題は収まります。問題を逆手に取って、発展させる手段に切り替えます。

㊦干合すると「辛」の偏印です。現状に改革や改善を加えたくなりますが、よく考えないと途中で挫折します。臨機応変に対応して、最初の目標を達成し生活を向上させます。

癸

④傷官大運星・甲

「自由な発想や行動で財を得る」10年間です。自分の才能をフルに発揮できますが、規律を破りやすいので注意が必要です。

㊥芸術的な発想が大切で、自分の才能を開花させて発展します。規律や規則に縛られたくない運気なので、考えもなく行動し、脱線しないようにします。

㊟㊜ヒラメキや発想が、成功に結びつく原動力になります。表現力を高めることが大切で、一般社会に認められるよう努力をします。チャンスは何度もないので、見逃さない注意が必要です。

㊦干合すると「戊」の正官です。均衡を取るのが難しい運気で、表向きは規律を守っていても、裏では逆のことをしやすくなります。才能を上手に使うことができれば、成功を勝ち取ることができます。

⑤偏財大運星・丁

「交流や交際が活発になる」10年間です。収入も増えますが支出や浪費も増加します。収支決算に気を配る必要があります。人との交流を深め、運気を上昇させます。

㊥財運が向上する運ですが、堅実性を欠いてはいけません。収支をきちんとすることで、増益に結びつけることができます。不用な物を購入しないように気をつけましょう。

㊟㊜チャンスをつかみ、強い財運を手に入れます。何事も的確に判断することが大切で、手順を間違えてはいけません。取り残しがないように注意します。

㊦干合すると「乙」の食神です。生産性の向上と共に財を得ることができます。日々の努力を忘れてしまうと、浪費ばかりが増えていきます。

癸

⑥正財大運星・丙

「堅実な方針で几帳面に対応して財を得る」10年間です。物事は計画通りに進んでいきますが、成長するには時間がかかります。慌てずに腰を据えて対応してください。

㊥几帳面に対応することで運気を上昇させます。痒いところに手が届くのは良いのですが、重箱の隅を楊枝でほじくるのはいけません。堅実性がある運気ですから、攻めも必要です。

㊰㊱誠意を込めて対応しても、対応しきれないかも知れませんが、気にする必要はありません。確実に財運は向上していきます。管理を徹底するのが良く、鍵のかけ忘れでは大損失を生みます。

㊤干合すると「壬」の劫財です。金運が大向上しますが、欲をかかないように気をつけます。大金を手に入れたときに、自分の取り分が少なくならない注意が必要です。

⑦偏官大運星・己

「遠方や外に向かって、勢いよく飛び出す」10年間です。行動力が功を奏する運気ですが、勢いがある分怪我などの事故には注意が必要です。

㊥気をつけないと自分の進路を妨害されます。勢いよく飛び立つときは、エネルギーの補給方法を、計画的に準備してください。思いもかけないワナに落ちないようにすれば、目標達成は目の前にあります。

㊰㊱問題が起きると悪化する傾向にあります。とても危険な状況になるまで放置してはいけません。手段や方法が一つしかないと行き詰まりますので、多種多様の方法を検討しておきます。

㊤干合しても「己」の偏官です。とても危険な地位になりやすい運気です。極力冒険や挑戦は控えた方がよいでしょう。一つのことに集中するよりは、目標を分散させて、個々に対応します。

⑧正官大運星・戊
「仕事や規則を遵守する」10年間です。出世や地位の向上には最高の運気です。人と信頼関係を結ぶことが成功への早道です。

㊥正道を進める運気です。真っ直ぐに目標に向かうべきで、寄り道をすると逆戻りになります。自分が規則を守るのは大切ですが、人に強要すると前進を阻むきっかけになりやすいです。

㊟㊠大きく成長できる運気です。不動の地位を確保して進むことができます。正攻法こそ成功への近道ですから、小手先の小細工は必要ありません。

㊦干合すると「丙」の正財です。財運、仕事運共に絶好調になります。堅実性を第一にして、目標達成を目指します。

⑨偏印大運星・辛
「技術を磨き革新的なことに挑戦する」10年間です。一言でいえばオタク運です。独自の特殊才能を開花させ活躍します。超常的なことや宗教などにも興味が湧きますが、現実逃避にならないようにします。

㊥超常的なことや宗教に興味が向く運気です。沈思黙考して自分の才能を発揮します。無理をして自分の運気を下げると、健康運が低下します。

㊟㊠インスピレーションが冴えます。そのヒラメキを形にするには技術が必要なので、専門知識に一層の磨きをかける努力を継続します。

㊦干合すると「癸」の比肩です。一人で技術開発に取り組みます。失敗は成功の元であることを肝に銘じますが、疲れすぎて体調不良にならないように気をつけます。

⑩印綬大運星・庚

「伝統を重んじ名声運が上昇する」10年間です。保守に徹して現状を維持する運気です。名声は悪名にもなりやすいので、規則や規律を重んじた行動を心がけます。

(平)安定した名声運です。鐘が鳴り響くように、遠くまで名声が知れ渡るでしょう。伝統を重んじ、道を踏み外さないように頑張ります。

(通)(異)重ね重ね名声運が高まります。知識を吸収するのにも良く、勉学、研究に身が入ります。この大運図の山にぶつかる人は、山に入ってからではなく、数年前から研鑽に励むと、すぐに成果を得ることができます。

(干)干合しても「庚」の印綬です。同時にいくつもの名声を得るチャンスがあります。自分が欲する名声を得るのが遅れても、必ず得ることができます。

日干		癸									
大運星	干合前	甲	乙	丙	丁	戊	己	庚	辛	壬	癸
	干合後	甲（戊）	乙（辛）	丙（壬）	丁（乙）	戊（丙）	己（己）	庚（庚）	辛（癸）	壬（甲）	癸（丁）
干合変通星		傷官（正官）	食神（偏印）	正財（劫財）	偏財（食神）	正官（正財）	偏官（偏官）	印綬（印綬）	偏印（比肩）	劫財（傷官）	比肩（偏財）
吉に傾くとき				財運	仕事運	仕事運	行動運	名声運	技術運	芸術運	財運
凶に傾くとき		仕事運	健康運	損失運			事故運		健康運	損失運	

干合変通星は、組み合わせの変通星で、順用星が強いと吉になりますが、逆用星が強いと凶になりやすいです。

2節　財運上昇

四柱推命で財を表す偏財と正財の解釈は、古代でも現代でも変わりません。不動産や給料など堅実な金銭を手にすることは正財で、株やギャンブルといった財は偏財が表します。

しかし、財運を表す正財や偏財の意味は変わらなくても、時代の変遷と共に、財を手に入れる方法は変わっていきます。古代の人であれば、正財を生み出すのは食神や傷官で、生産物を売ったり、貴重な物を売ったりして手に入れました。しかし、現在の日本では種々な方法で財を手に入れることができます。それは左図のように、自分の大運星に合った方法で手に入れるのです。

財運の関係図

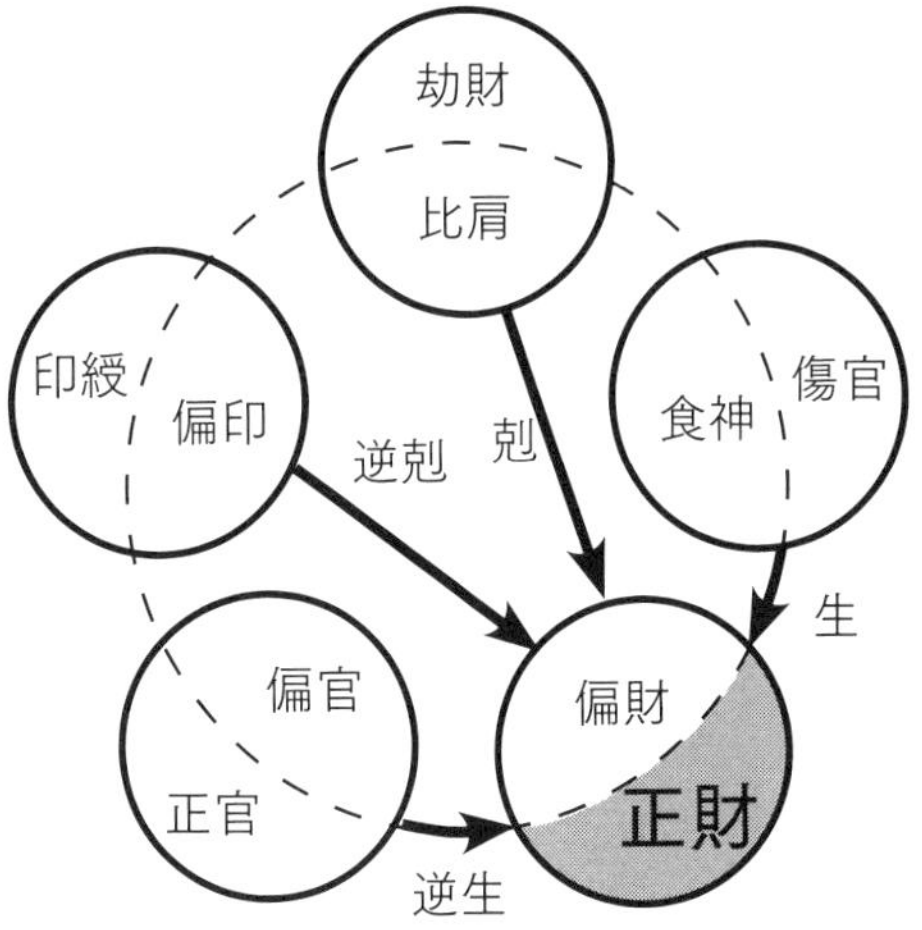

比肩運や劫財運であれば、独立することです。比肩であれば一人で、劫財であれば仲間と共に起業します。大運の環境運に沿った行動を自分が取れば、運気と矛盾することなく、順調に展開しやすいのです。

食神運や傷官運であれば、物を作り、それを使って財を手に入れます。食神であれば農業や飲食業がよいでしょう。傷官であれば芸術や芸能方面で才能を伸ばします。

偏財運や正財運であれば、財は自然に手に入ります。自分の周囲の運気が財運なのですから、チャンスを見落とさなければ、財が手に入るわけです。正財は管理の星ですから、財を増やす方向に動きますが、偏財は浪費の星にもなりますので損失を出さないように気をつけます。

偏官運や正官運であれば、財星を逆生します。自分が直接財を手に入れるのではなく、一般的には給料や報酬で手に入れることになります。偏官であればスポーツなどで体を資本にします。正官であれば上級公務員や会社の役員で高給取りになります。

偏印運や印綬運であれば、財を逆剋します。自分の技術や才能で間接的に財を手にします。

当然、大運図に山があればチャンスになります。自分に多少実力が不足していても、強い環境運に乗っかれば良いわけです。強い環境運にいる間に実力もつきますが、山の期間が短い運気は下降が早いので、実力養成が必要なときは注意も必要です。

大運が10種類いずれの運気にしろ財を手に入れることができるのですが、自分が行動するかどうかは別の問題です。財運があっても、その財を手に入れるために、自分が行動に移せるかどうかは、命式にある変通星で読み解かなくてはいけません。

そこで、開運が必要になります。開運しても、何もないところからは、何も生まれません。自分の財星が示す十干を日々強めます。著者が40年間実践して、効果があると思われるのは、「方位を取る」「名前を変える」「ラッキーカラーを使う」などです。

たとえば、自分の日干が木であれば、財星は土なので黄色を衣服やアクセサリーの色に使うと効果があります。「西に黄色い物を置く」という、素晴らしい財運の開運用語がありますが、日干が木の人は特に強い作用があるわけです。ただ、五行の金を強くすると殺になります。

３節　仕事運上昇

財運と仕事運は、普通に行動していては、なかなか手に入れることはできません。それは、比肩を表す五行と相剋の関係になっているからです。自分が何かを学んだり作り出すことは、比肩と相生関係なので、さほど苦労をせずともよいのです。

仕事運や地位向上を表す変通星は正官です。正官を得るためには左図のように、自分の大運星に合わせた方法で開運向上させます。これは財運を得る判断方法と同じです。正財から一つ円が左にずれ正官になっただけです。

仕事運の関係図

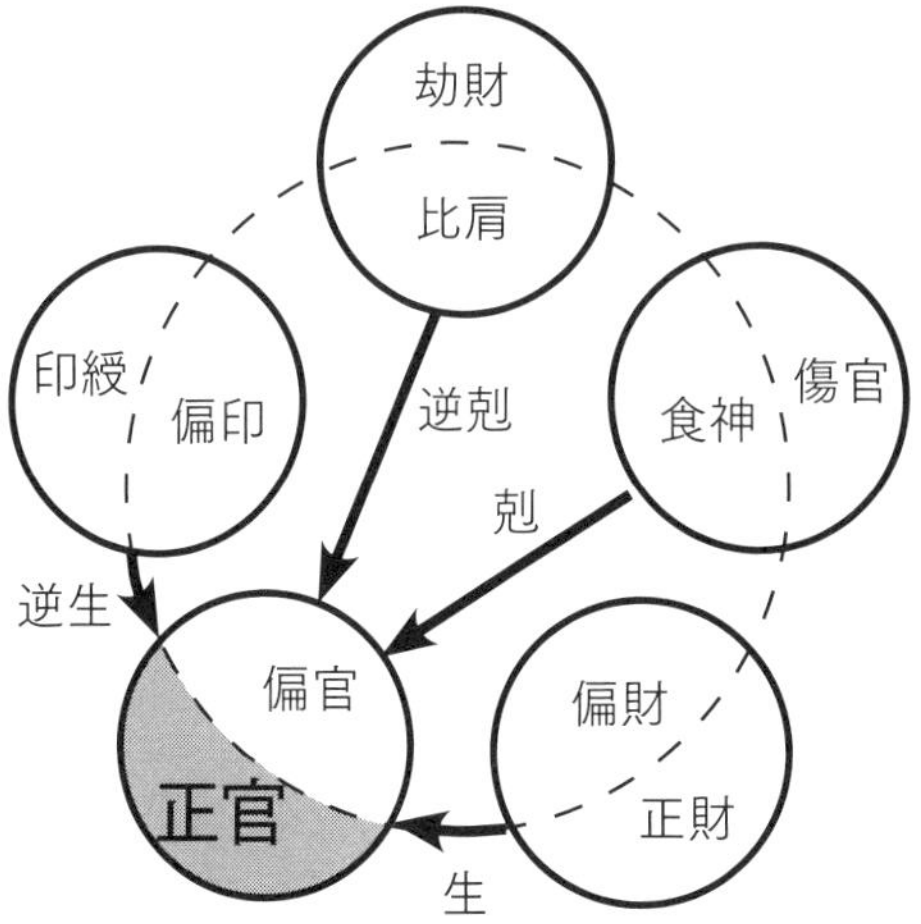

一番のポイントは、比肩である私が出世するのですから、正官を逆剋しなくてはいけませんし、陰陽も変わらないといけません。まずは強い比肩である必要があります。

強い比肩は、自分の力を社会に示そうとしますから、自然に地位も向上します。しかし、強い比肩を持っている人は、そう多くはありません。通常は、正官を逆剋しにいっても剋しきれずに比肩が弱まります。

逆剋は剋よりもエネルギーが必要です。

そこで、正官を逆剋するために劫財を使います。劫財は、正官と陰陽が同じなので、逆剋しやすいのです。

劫財は、身内や仲間です。親の跡を継いで息子が社長に就任するのは、劫財が正官を逆剋してくれているから、息子は正官を手に入れやすいのです。

つまり、自分が社長に就任するには、最初に仲間を集め協力体制を作ります。一人の力では正官を逆剋できなくても、仲間が揃えば逆剋できます。

正官は、順用星なので比肩や劫財に逆剋されても問題は起こりませんが、食神や傷官に剋されると問題が起こります。

食神が正官を強く剋すと、仕事よりは家庭優先になります。自分の楽しみを追求するために仕事をしているようなものです。正官はきちんと作用せずに出世は望めません。傷官が強く正官を剋すと、仕事が嫌になり退職や転職をしたくなります。仕事に打ち込むことができません。大運星が傷官のときに、起業するのは凶で、時期を延ばした方がよいでしょう。

正財は大金を表す財星ですから、元手があればすぐに起業できます。また、正財は几帳面で細かいところまで目が届くのですから、会社員であれば自然に出世します。

偏財が正官を生じるときは、偏財の大衆が味方になる仕事に良いです。正官は地位のある職業ですから議員です。議員は選挙によって選ばれるのですから、偏財が強ければ当選します。

印綬は知識です。印綬は正官を逆生しやすいので、大学教授は正官の地位も得られています。偏印は技術です。偏印が正官を逆生するには、特殊な技術が必要です。自分に特殊技術があるなら、起業してもよいでしょう。正官が強い大運に入れば、設立した会社はすぐに発展します。

仕事運を吉にするには、大運星が正官でなくても自分がどの大運星にいるかを確認すればよいのです。

4節　健康運注意

健康運に注意しなくてはいけない変通星は、「偏官」と「偏印」です。

偏官が、比肩を倒すと寿命の終わりです。比肩は我で自分を表し、偏官は殺星になります。

偏印が、食神を倒すと病気です。食神は健康を表し、偏印は倒食《とうしょく》星になります。

比肩は、生まれてから自分の成長と共に強くなり、老後歳を重ねると、だんだん弱くなっていきます。比肩が弱まったときに寿命が尽きます。

したがって、若いときの偏官は殺星にはなりにくく、歳を重ねたときの偏官は殺星になりやすいのです。

大運図で60歳以降に偏官大運星が巡る時は気をつけないといけません。

寿命を風船にたとえると、寿命が終わるパターンに3種類があります。

①は自然に空気が抜けて風船がしぼみます。天寿を全うする大往生です。

②偏官が殺星の針となり、風船を破裂させます。交通事故や自殺、予期しない病気で突然亡くなります。

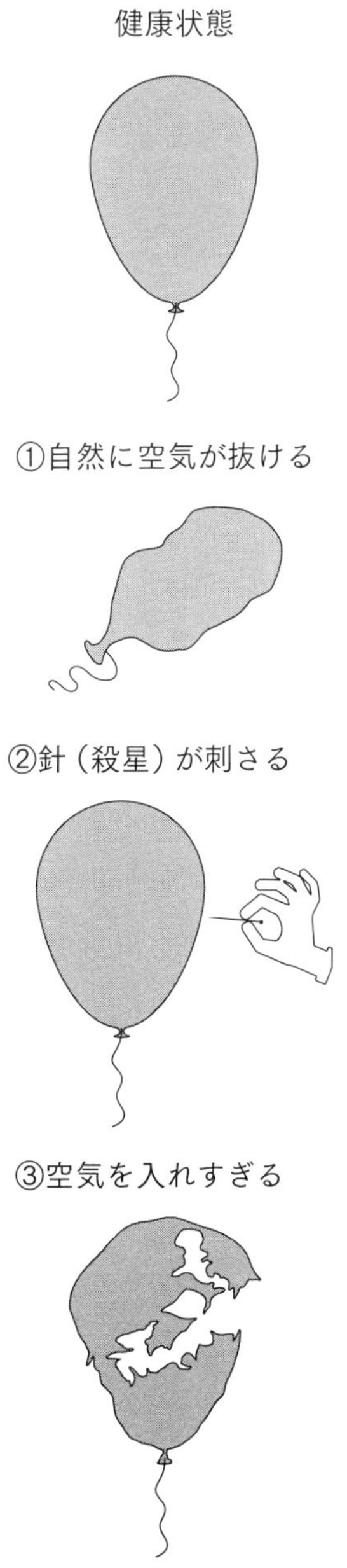

③風船に空気を入れすぎ破裂します。若いときは風船にも弾力があり、空気を入れすぎても簡単に破裂しませんが、歳を取ると破裂しやすくなります。強すぎる比肩大運星や劫財大運星が巡るときは注意が必要です。

偏官も偏印も逆用星です。剋すと凶意が少なくなります。

偏官を剋すのは食神です。

偏官は、自分で自分に鞭を打つ星で、体力仕事やスポーツを好みます。食神は規則正しい食生活です。アスリートが一番大切にしている健康管理は、食事と栄養メニューです。

偏官は、勢いがある星なので無理をしやすいのです。自分は元気だと、思い違いをしやすいこともあります。食神の適度な休息と食事が偏官の凶意を静めます。ストレスも美味しいものを食べれば減ります。

偏印は、特殊技術の星で、古代は僧侶の星です。山にこもり一人で修行します。食生活が不規則になったり偏ります。健康を表す食神は、偏印に自然に剋され病気になります。

偏印を剋すのは偏財です。

偏財は大衆の星です。偏印の自分の殻にこもっている状態を打破してくれます。しかし、現在の偏財はネットに偏っています。外に出なくても、家に居て情報を手にすることができます。

昨今の引きこもりの人を治すには、カルチャーセンターで興味のある講座を受講させます。実際に人と接することで治ります。当然、カルチャーセンターに通わせる運気は、偏財が強くなる時期でないといけません。引きこもりの人が偏印大運星にいるなら、引きこもりを治すのは難しいでしょう。

偏官と偏印が同時に作用する大運が、一番注意を要します。まずは、強い比肩を作る開運に心がけてください。比肩が強ければ食神を生み出し、自分も倒れませんし病気にもなりません。

５節　女性のための異性運上昇

女性にとって、異性を表す変通星は、正官と偏官です。

正官は夫で、偏官は恋人になります。既婚者であれば、偏官は不倫の相手です。

大運や年運に、正官や偏官が現れると、自分から異性に接近しますので、異性運は上昇します。また、財星が強くなっても異性運は上昇します。

左図のように、正官は傷官に剋されると凶ですが、偏官は食神に剋されると吉です。

既婚者は、傷官大運星は離婚に気をつけないといけませんし、蔵干に偏官があると不倫に注意です。

傷官剋正官は凶の図

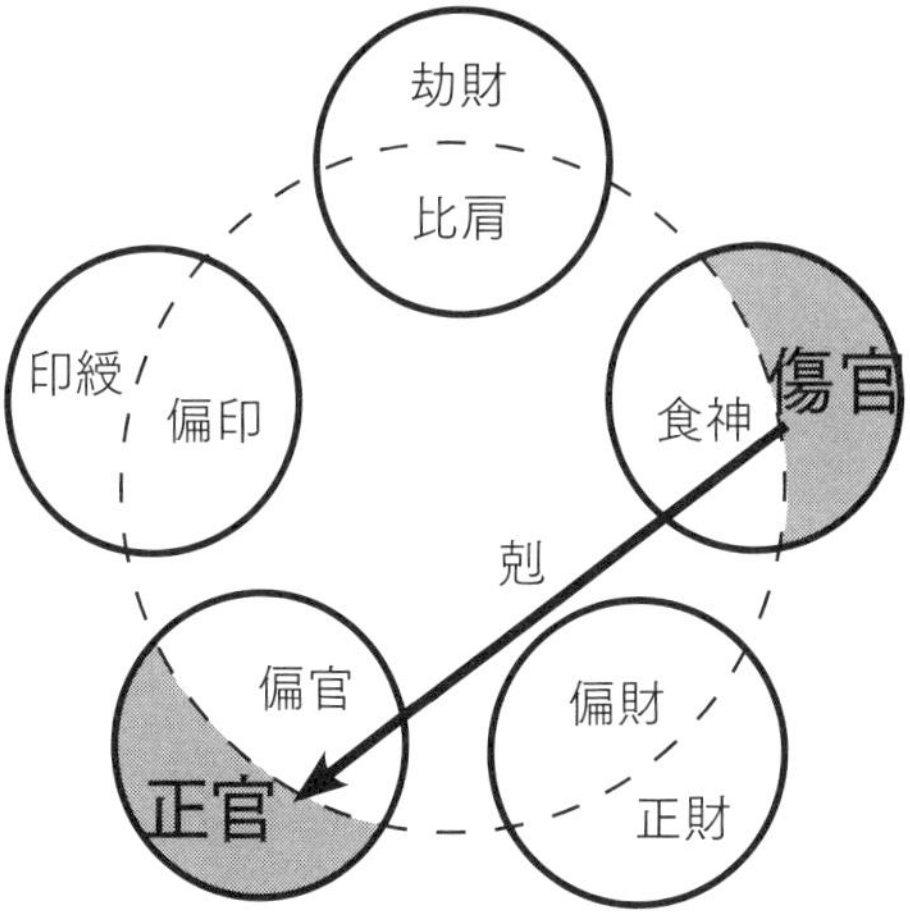

食神剋偏官は吉の図

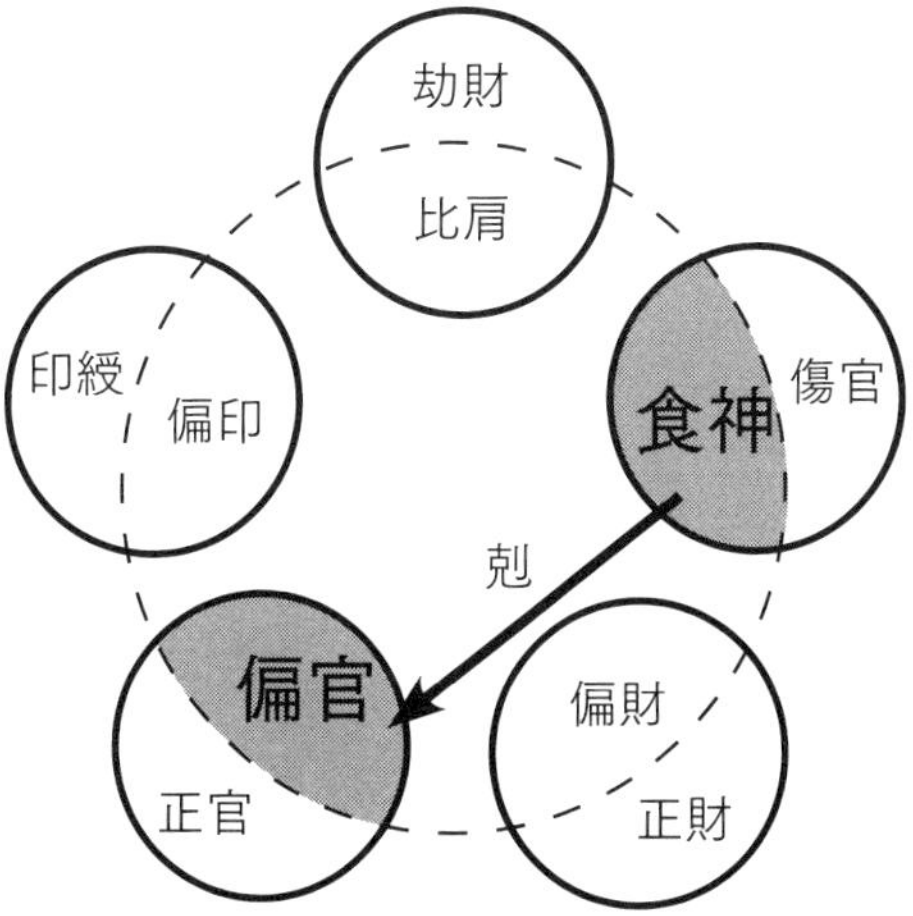

一年を通して、いつ異性運が上昇するのかを検討します。異性運が上昇しているときの出会いを大切にしてみてください。

◎日干甲乙の木の人は、異性運は金が強くなるときと、金を強める土のときです。

金は、秋の申月の8月と酉月の9月に最も強くなり、土用の丑月の1月、辰月の4月、未月の7月、戌月の10月にも強くなります。逆に、火が強くなる巳月の5月と午月の6月は別れないように気をつけます。

◎日干丙丁の火の人は、異性運は水が強くなるときと、水を強める金のときです。

水は、冬の11月と12月に最も強くなり、秋の8月と9月にも強くなります。逆に、土が強くなる土用は別れないように気をつけます。

◎日干戊己の土の人は、異性運は木が強くなるときと、木を強める水のときです。

木は、春の2月と3月に最も強くなり、水の11月と12月にも強くなります。逆に、金が強くなる8月と9月は別れないように気をつけます。

◎日干庚辛の金の人は、異性運は火が強くなるときと、火を強める木のときです。

火は、夏の5月と6月に最も強くなり、木の2月と3月にも強くなります。逆に、水が強くなる11月と12月は別れないように気をつけます。

◎日干壬癸の水の人は、異性運は土が強くなるときと、土を強める火のときです。

土は、土用に最も強くなり、火の5月と6月にも強くなります。逆に、木が強くなる2月と3月は別れないように気をつけます。

６節　男性のための異性運上昇

男性にとって、異性を表す変通星は、正財と偏財です。正財は妻で、偏財は恋人になります。既婚者であれば、偏財は不倫の相手です。大運や年運に、正財や偏財が現れると、自分から異性に接近しますので、異性運は上昇します。また、食神や傷官が強くなっても異性運は上昇します。

左図のように、正財は劫財に剋されると凶ですが、偏財は比肩に剋されると吉です。既婚者は、劫財大運星は離婚に気をつけないといけませんし、偏財が蔵干にあると不倫に注意です。

劫財剋正財は凶の図

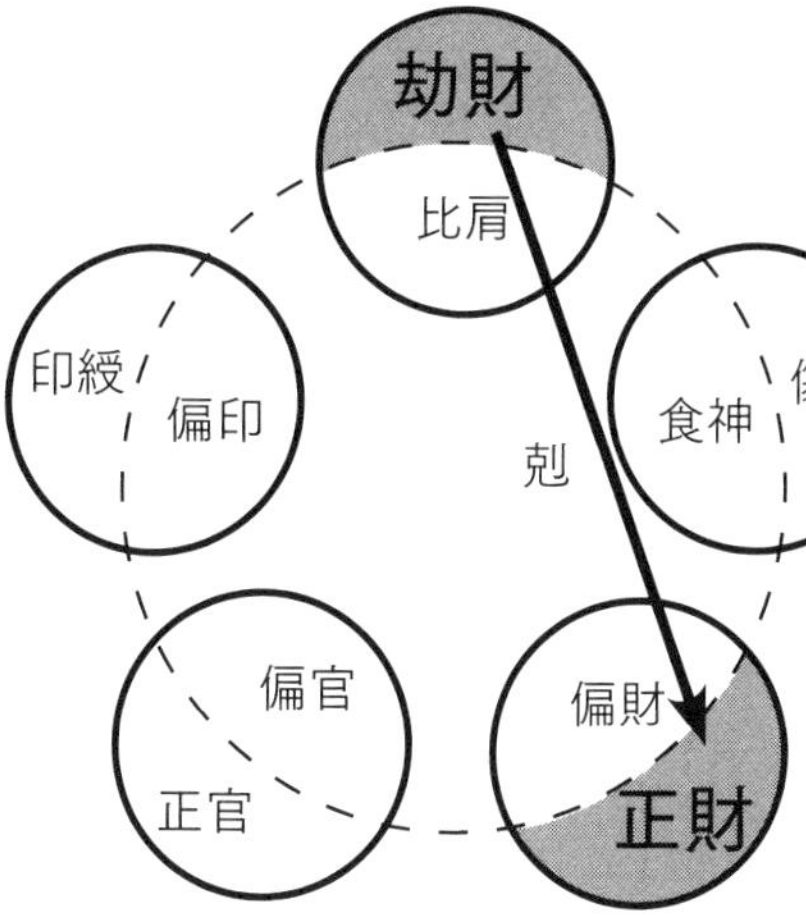

比肩剋偏財は吉の図

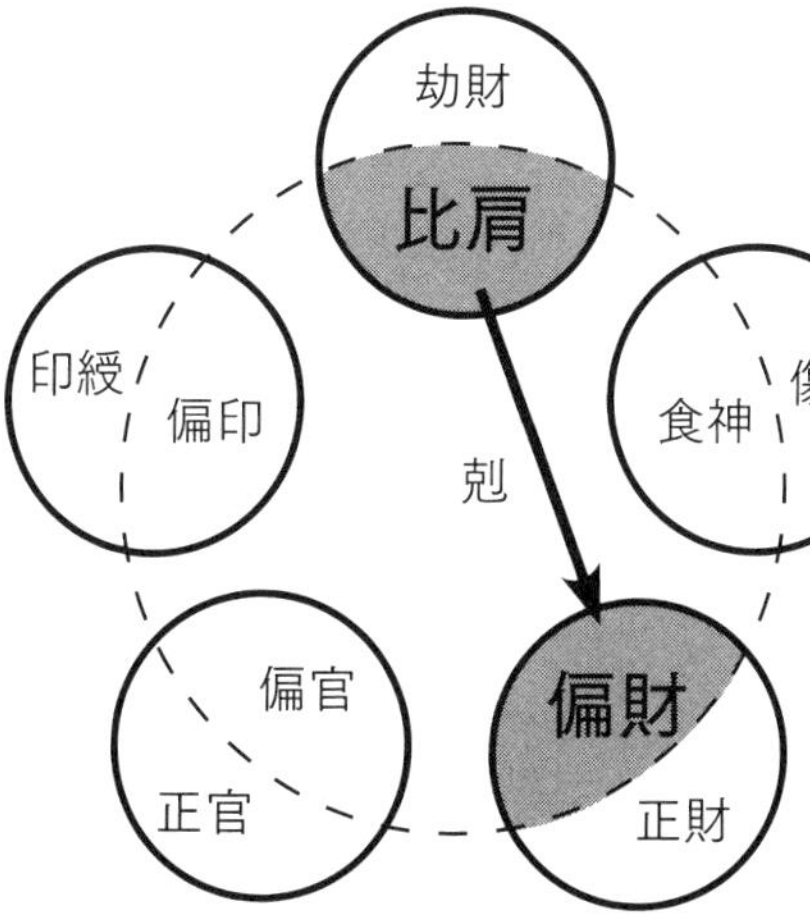

一年を通して、いつ異性運が上昇するのかを検討します。異性運が上昇しているときの出会いを大切にしてみてください。

◎日干甲乙の木の人は、異性運は土が強くなるときと、土を強める火のときです。

土は、土用の丑月の1月、辰月の4月、未月の7月、戌月の10月に最も強くなり、火が強くなる巳月の5月と午月の6月にも強くなります。逆に、木が強くなる寅月の2月と卯月の3月は別れないように気をつけます。

◎日干丙丁の火の人は、異性運は金が強くなるときと、金を強める土のときです。

金は、秋の8月と9月に最も強くなり、土用の1月、4月、7月、10月にも強くなります。逆に、火が強くなる5月と6月は別れないように気をつけます。

◎日干戊己の土の人は、異性運は水が強くなるときと、水を強める金のときです。

水は、冬の11月と12月に最も強くなり、金の8月と9月にも強くなります。逆に、土が強くなる土用の1月、4月、7月、10月月は別れないように気をつけます。

◎日干庚辛の金の人は、異性運は木が強くなるときと、木を強める水のときです。

木は、春の5月と6月に最も強くなり、水の11月と12月にも強くなります。逆に、金が強くなる8月と9月は別れないように気をつけます。

◎日干壬癸の水の人は、異性運は火が強くなるときと、火を強める木のときです。

火は、夏の5月と6月に最も強くなり、木の2月と3月にも強くなります。逆に、水が強くなる11月と12月は別れないように気をつけます。

『手取り解説』ラッキーカラー

五行は、下表のように五色に分かれます。

純色は陽で、雑色は陰です。

たとえば、青色は甲ですが、緑色は乙です。

五行	木	火	土	金	水
カラー	青色	赤色	黄色	白色	黒色

緑色を分解するとCMYKで、C（シアン）82、M（マゼンタ）0、Y（イエロー）80、K（ブラック）0です。シアンとイエローが混ざっているのですが、シアンがやや多いので青系統雑色の乙にします。

また、ベージュ色は、C（シアン）0、M（マゼンタ）10、Y（イエロー）30、K（ブラック）10です。イエローが強い雑色なので陰の土の己にします。

色を測定する方法のRGBを使わないのは、三原色を混ぜると白色になるからです。三原色を混ぜると黒色になるCMYKを使います。

日干甲の人がギャンブルをするとき、財運は偏財の戊です。戊は陽の土なので、黄色の物を身に着けて出かけます。日干が乙の人は、偏財は己の陰の土になりますので、ベージュ色を身に着けて出かけます。

仕事運を良くする場合は、正官を強めます。日干甲の人の正官は辛の陰金です。グレーはC（シアン）0、M（マゼンタ）0、Y（イエロー）0、K（ブラック）65で陽金に近くなります。スチールグレーであれば、C（シアン）3、M（マゼンタ）10、Y（イエロー）0、K（ブラック）68で陰金の辛になります。

グレーの背広を購入するとき、外見は同じグレーですが、色をよく見て判断します。

第4章 応用

1節 生時干支と蔵干

大運を求めるとき、生時干支を参照することはありません。しかし、最終的に自分の運気の吉凶を判断するためには、命式に生時干支が必要になります。

大運は自分の環境運で、対応する年齢ごとに影響するのですが、実際に自分がどのように、その大運星の環境運に対応し行動するかまでは判断できません。自分がその環境運に対してどのような対処をするかは命式で判断し、生時の干支も必要です。

時柱を求めるには、次の十二支の時間配分表で生時地支を最初に決めます。

※時干支を求めるには、時差と均時差の修正が必要です。

前日の干支に直す

生時	時支
0時～1時	子
1時～3時	丑

当日の干支にする

生時	時支
3時～5時	寅
5時～7時	卯
7時～9時	辰
9時～11時	巳
11時～13時	午
13時～15時	未
15時～17時	申
17時～19時	酉
19時～21時	戌
21時～23時	亥
23時～24時	子

正玄流は、1日の始まりを寅刻の午前3時にします。0時から3時までに生まれた人は、前日の干支に直します。

生時天干を求めるには、通常は生時天干早見表（参考五子元遁法）を使います。正玄流は、時干を求める早見表に左記の「黄帝遁法」早見表を使います。

黄帝遁法表

	甲己日	乙庚日	丙辛日	丁壬日	戊癸日
寅	甲	丙	戊	庚	壬
卯	乙	丁	己	辛	癸
辰	丙	戊	庚	壬	甲
巳	丁	己	辛	癸	乙
午	戊	庚	壬	甲	丙
未	己	辛	癸	乙	丁
申	庚	壬	甲	丙	戊
酉	辛	癸	乙	丁	己
戌	壬	甲	丙	戊	庚
亥	癸	乙	丁	己	辛
子	甲	丙	戊	庚	壬
丑	乙	丁	己	辛	癸

大谷翔平選手の場合は、21時6分生まれで生時地支は「亥」になります。日干「壬」より黄帝遁法表を使うと生時天干は「己」になります。一般の四柱推命では、生時干支は「辛亥」です。

大谷翔平選手命式

	年柱	月柱	日柱	時柱
天干	甲	戊	壬	己
地支	戌	午	辰	亥

参考：一般命式

	年柱	月柱	日柱	時柱
天干	甲	庚	壬	辛
地支	戌	午	辰	亥

※月干と時干が2つずれています。

藤井聡太七冠の場合は、午前2時21分生まれで生時地支は「丑」になります。日干は前日の天干に直した「丁」より黄帝遁法表を使うと、生時天干は「辛」になります。

藤井聡太七冠命式

	年柱	月柱	日柱	時柱
天干	壬	乙	丁	辛
地支	午	未	亥	丑

参考：一般命式

	年柱	月柱	日柱	時柱
天干	壬	丁	戊	癸
地支	午	未	子	丑

※日干支もずれています。

生時不明の場合は、正玄流は正確に判断できません。正確に判断するには、生時を予測する必要があります。時干は、その人の考え方を表すので、その人をよく知っていれば予測できます。

参考　五子元遁法表

日本の占い界では、1日の始まりは午前0時です。最上段の子は0時から1時、最下段の子は23時から24時を表します。1日の中に2種類の子があるのはおかしいので、中国では1日の始まりを23時にします。

参考　五子元遁法表

	甲己日	乙庚日	丙辛日	丁壬日	戊癸日
子	甲	丙	戊	庚	壬
丑	乙	丁	己	辛	癸
寅	丙	戊	庚	壬	甲
卯	丁	己	辛	癸	乙
辰	戊	庚	壬	甲	丙
巳	己	辛	癸	乙	丁
午	庚	壬	甲	丙	戊
未	辛	癸	乙	丁	己
申	壬	甲	丙	戊	庚
酉	癸	乙	丁	己	辛
戌	甲	丙	戊	庚	壬
亥	乙	丁	己	辛	癸
子	丙	戊	庚	壬	甲

蔵干は、地支に含まれる十干のことです。12種類の地支に、規則的に余気・中気・正気として蔵干が含まれます。中国の古典では、蔵干と月律分野蔵干は別々に記載されています。月律分野には、各蔵干の割合が記載されており、誕生日によって節入り後の割合で蔵干が一つに決まり、四柱推命で占うときの重要な判断箇所になります。附表1の月干支を求める表には、月律分野蔵干を計算して記載してあります。

※安倍泰山先生は、年柱、日柱、時柱の蔵干を月律分野蔵干から一律に求めます。

※武田考玄先生は、年柱、日柱、時柱の蔵干を各柱ごとの深浅で求めます。

※蔵干に正気しか使わない流派もあります。

正玄流は、年干支と日干支は、実際の時の流れを表していないと捉え、地支に含まれる蔵干はすべて使用します。地支別の蔵干表を記載します。

たとえば、寅年生まれの人の命式なら、年蔵干は「戊・丙・甲」すべてが作用すると考えます。

年支日支蔵干表

寅	余気	戊
	中気	丙
	正気	甲
卯		
	正気	乙
辰	余気	乙
	中気	癸
	正気	戊
巳	余気	戊
	中気	庚
	正気	丙
午		
	中気	己
	正気	丁
未	余気	丁
	中気	乙
	正気	己
申	余気	己
	中気	壬
	正気	庚
酉		
	正気	辛
戌	余気	辛
	中気	丁
	正気	戊
亥	余気	戊
	中気	甲
	正気	壬
子		
	正気	癸
丑	余気	癸
	中気	辛
	正気	己

日支に対して時支は、地球の自転を表し、時の流れを表しています。

時支の蔵干は、月支の月律分野蔵干と同じように、一つだけに決定しなければいけません。これを「時律《じりつ》分野《ぶんや》蔵干《ぞうかん》」と呼ぶことにします。

時律分野蔵干の表は、古典に記載がないので、月律分野蔵干の割合を使って計算すると、次の表のようになります。古代中国で時律分野蔵干が考えられなかったのは、古代は四柱推命ではなく三柱推命だったからです。時柱を加えて四柱にしたのは、宋時代の徐子平先生です。

時律分野蔵干

時支	蔵干	時間
寅	戊	3:00 ～ 3:28
	丙	3:29 ～ 3:56
	甲	3:57 ～ 4:59
卯	甲	5:00 ～ 5:40
	乙	5:41 ～ 6:59
辰	乙	7:00 ～ 7:36
	癸	7:37 ～ 7:48
	戊	7:49 ～ 8:59
巳	戊	9:00 ～ 9:20
	庚	9:21 ～ 9:56
	丙	9:57 ～ 10:59
午	丙	11:00 ～ 11:40
	己	11:41 ～ 12:16
	丁	12:17 ～ 12:59
未	丁	13:00 ～ 13:36
	乙	13:37 ～ 13:48
	己	13:49 ～ 14:59
申	己	15:00 ～ 15:40
	壬	15:41 ～ 15:52
	庚	15:53 ～ 16:59
酉	庚	17:00 ～ 17:40
	辛	17:41 ～ 18:59
戌	辛	19:00 ～ 19:36
	丁	19:37 ～ 19:48
	戊	19:49 ～ 20:59
亥	戊	21:00 ～ 21:28
	甲	21:29 ～ 21:48
	壬	21:49 ～ 22:59
子	壬	23:00 ～ 23:40
	癸	23:41 ～ 0:59
丑	癸	1:00 ～ 1:36
	辛	1:37 ～ 1:48
	己	1:49 ～ 2:59

藤井聡太七冠の蔵干を求めてみます。

月律分野蔵干は、第1章で求めたように中気「乙」です。年支午の蔵干は「己・丁」です。日支亥の蔵干は「戊・甲・壬」です。修正した後の時支は、午前2時23分生まれなので、地支丑の蔵干「己」になります。

藤井聡太七冠命式

	年柱	月柱	日柱	時柱
天干	壬	乙	丁	辛
地支	午	未	亥	丑
蔵干	・己・丁	乙	戊・甲・壬	己
		↑ 蔵干は1つだけ		↑ 蔵干は1つだけ

２節　正玄流命式の解釈法

藤井聡太七冠の命式に変通星を加えると、次のようになります。
年柱の地支は午なので、蔵干に中気己と正気丁を取りました。日柱の地支は亥なので、余気戊と中気甲と正気壬を取りました。時柱の地支は、時律分野表より丑の正気己のみを取りました。

藤井聡太七冠

	天干	変通星	地支	蔵干	月支元命・変通星
年柱	壬	正官	午	・己・丁	・食神・比肩
月柱	乙	偏印	未	乙	偏印
日柱	丁	比肩	亥	戊・甲・壬	傷官・印綬・正官
時柱	辛	偏財	丑	己	食神

次に、十干の干合を取ります。
天干と天干の干合は、元の十干の作用が強く残ります。
天干と蔵干の干合は、変化後の十干の作用の方が強くなります。

藤井聡太七冠

	天干	変通星	地支	蔵干	月支元命・変通星
年柱	壬[甲]	正官[印綬]	午	・己・丁[乙]	・食神・比肩[偏印]
月柱	乙	偏印	未	乙	偏印
日柱	丁[乙]	比肩[偏印]	亥	戊・甲・壬[甲]	傷官・印綬・正官[印綬]
時柱	辛	偏財	丑	己	食神

蔵干と蔵干の干合は起こりにくく、支合などの地支の関係に左右されます。

藤井聡太七冠の命式には、丁壬干合化木がありますので、壬には甲をつけ壬《甲》とし、丁には乙をつけ丁《乙》とします。これを正官《印綬》と比肩《偏印》と記載し、「干合変通星《かんごうへんつうせい》」と呼びます。

古代より四柱は、左表のように年柱を祖先、月柱を父母、日柱を自分、時柱を子孫として判断してきました。しかし、現代は、結婚しない人、子どもができない夫婦も多いわけですから子孫を占う意味はありません。まして先祖といっても五代も遡ると62人にもなります。誰を指しているのでしょうか？

年柱	祖先
月柱	父母
日柱	自分
時柱	子ども

　四柱の構成を考えると、各柱の干支が独立して巡るのではなく、年干支と月干支の組と日干支と時干支の組に分かれます。
①年柱干支と月柱干支は、地球が太陽の周りを公転する関係
　1年は、地球が太陽の周りを1周することにより決まります。四柱推命では、そのスタート地点を立春にします。このとき公道を12等分して月柱干支を配当します。干支は60種類あるわけですから5年で元のサイクルに戻ります。月柱干支は、年柱干支に従属することになります。

　地球は、地軸が傾いて楕円軌道を描いているために、北半球では太陽より遠く離れたときが夏で、太陽に近いときが冬です。そして、節入りの間隔は夏の方が冬よりも長くなります。
②日柱干支と時柱干支は、地球の自転による関係
　1日は、地球が1回転自転することです。このとき1日を12等分したのが時柱干支です。5日ごとに同じサイクルになり、時柱干支は日柱干支に従属することになります。

干支は、十干と十二支の組み合わせです。四柱推命は、十干と十二支を天干、地支と呼びます。天は軽く澄み上に昇り、地は重く濁り下に沈む意味を含んでいます。

著者は、現代的に天干を気体、地支を固体と捉えました。そして、蔵干は地面の下にある埋蔵物です。地支は濁っているのですから、種々な蔵干が含まれることになります。寅の蔵干として（戊・丙・甲）があるようなものです。天干は気体ですからよく動き反応性に富みますが、地支は重いのでなかなか動きません。実際の作用は天干が早いのです。そして、蔵干は埋蔵物ですから石油やシェールガスのように掘り出せばエネルギーになります。

以上二つの理論をまとめると、「四宮《しぐう》鑑定法」になります。四宮は次の図のように分類します。

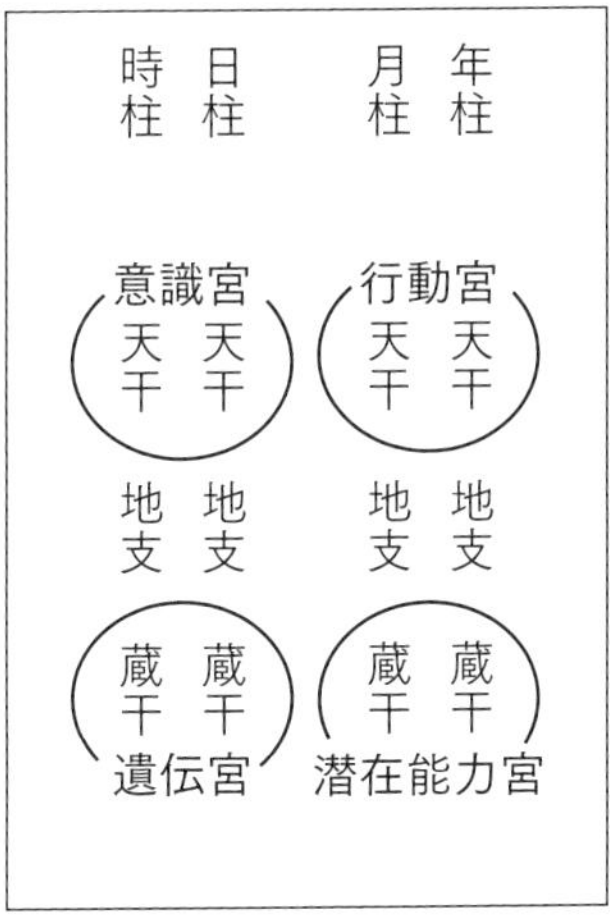

①行動宮

その人が実際に行動する際のパターンです。大人であれば社会性と考えます。

年干変通星が主で月干変通星は従です。年干変通星が現実にしている仕事の方向性で、月干変通星はその手段です。

②意識宮

その人の意識や考え方のパターンを表します。

日干変通星は必ず比肩ですから、私の決断力や特質を表しています。そのとき、時干変通星は考え方の方針になります。

③潜在能力宮

その人が持っている潜在能力です。心理学で言われるように、人生で成功するための99％の可能性を秘めている力です。

一番重要なのは月支蔵干から透干した月支元命です。この変通星が追い求める夢であり、人生の目標になります。人生で必ず開花するわけではありません。ですから開運は、この変通星を動かすことにあります。

年支蔵干は、天から授かった力といえます。天干に通干作用が起こると自然と力が湧き上がってきます。

いずれにしろ、潜在能力宮の変通星は、天干に通干作用を起こさないかぎり、ずっと留まったままで何の役にも立ちません。一種の運命エネルギーであって、現実的な作用ではないのです。

誰でも潜在能力宮には、少ないと2種類、多いと5種類の変通星があります。通干すると環境に影響されずに自分の力で人生を切り開くことができます。

④遺伝宮

その人の親からの遺伝や家系を表します。前世があるならば前世で得た因縁といえます。

心理学的には、深層心理にあたります。

3節　友人を占う（1）

私の家族のような友人に大阪「舞昆のこうはら」の社長がいます。

鴻原森蔵《こうはらもりぞう》社長は、１９６５年１月21日10時15分、大阪生まれです。

鴻原森蔵社長

年柱	月柱	日柱	時柱
甲	乙	乙	己
劫財	比肩	比肩	偏財
辰	丑	亥	巳
乙・癸・戊	己	戊・甲・壬	丙
比肩・偏印・正財	偏財	正財・劫財・印綬	傷官

年干の「劫財」は、身内や社員を大切にする星。

月干の「比肩」は、何でも自分が中心になって事を進める星。

この月干「比肩」と年干「劫財」を合わせて「自分が頑張って仲間の面倒を見る行いをする」と判断します。

鴻原社長が自分で切り開く才能は何か？

年柱と月柱の蔵干を「潜在能力宮」とします。特に、月柱蔵干を「月支元命《げっしげんめい》」と呼び、自分の人生における使命を表します。鴻原社長の才能は、年蔵干の変通星「比肩」・「偏印」・「正財」で、社長の使命は、月支元命の「偏財」になります。

「比肩」は、自分一人で何でも頑張る星。常に、自分一人で行動を始めます。独立心が旺盛なわけです。

「偏印」は、改革の星。現状を良い方向に変える努力を惜しみません。研究熱心で新しい製品開発に没頭します。

「正財」は、几帳面な星。管理能力に優れています。大事なことには大金を使いますが、日々節約に勤しみます。

使命の「偏財」は大衆性の星。多くの人と関わることを重視します。鴻原社長にとっては、お客様が一番大切ということです。

変通星の基本の解釈を、干合変通星にして、より精密に判断します。

鴻原森蔵社長

時柱	日柱	月柱	年柱
己 (己)	乙	乙	甲 (戊)
偏財 (偏財)	比肩	比肩	劫財 (正財)
巳	亥	丑	辰
丙	戊・甲 (戊)・壬	己	乙・癸・戊
傷官	正財・劫財・印綬	偏財	比肩・偏印・正財

命式の年干甲は、時干の己と月支元命の己と干合します。

甲木は、一部戊土に変化し、己土は、一部己土に変化します。己土は変化した己土と同じ十干なので、作用が重複し強化されます。

また、年干甲は日蔵干甲が通干して行動運が強まり、時干己は月支元命が通干し思考力が強まります。

月干と日干の乙木は、庚が命式にありませんので干合しません。干合しない天干は純粋で一途な作用を持っています。

この二つの天干乙には、年蔵干乙が通干し強めています。特に、日干は我の意志を表しますので、とても強い意志の持ち主になります。

年干と月干を行動宮とし、日干と時干を意識宮とします。この二つの宮に同じ五行があると合一作用が起きます。合一作用は、考えたことをすぐに実行に移す、真の実行力を意味します。

鴻原社長は、甲己干合により、年干に戊、時干に己があり、合一作用が起きています。

干合する場所で作用を見たら、干合変通星で実際の特徴を理解します。

命式の天干変通星を解釈するには、左記の①から④の順番に判断します。

年柱	劫財《正財》	④～を実行します。
月柱	比肩	③～を準備し、
日柱	比肩	①私は、
時柱	偏財《偏財》	②～を考え、

日干変通星の①「比肩」は、誰でも「私は」です。乙は干合していませんので、鴻原社長は裏表があまりない方です。

時干変通星の②「偏財《偏財》」は、大衆性の星で、社長にとっては、お客さんです。この偏財が干合して、さらに偏財になるわけですから、お客さんのことを一番に考えます。また、偏財は商売の星です。どのような商品がお客さんに喜ばれるか、常に頭から離れません。

月干変通星の③「比肩」は、行動を起こすための準備であり、行動の方針です。「比肩」は、準備を一人で進めます。日干「比肩」から月干「比肩」への合一作用は、自分が思いついたりしたことを、まずは自分で体験し準備します。そして、すぐに行いグズグズすることはありません。

年干変通星の④「劫財《正財》」は、身内や仲間を優先する星です。一般の四柱推命のように、「劫財《正財》」の組み合わせを、劫財が正財を剋し凶とは判断しません。正財の几帳面さと、劫財の大胆さが組み合わさっていると捉えます。


正財は大金で、劫財は財を得る意味ですから、財運がとても良いのです。

実際に起こる出来事の運気は、後天運の大運で判断します。

鴻原社長の立運は、4歳8か月です。これを4,8と表します。

鴻原社長は、男性で年干支甲辰の陽、順行です。地支の蔵干も順に取ります。

第0運は、命式の月干支と同じです。一般の四柱推命は、立運までは本人の大運は作用せずに、親の庇護下にあるとしますが、正玄流は第0運も環境運として、本人に作用すると考えます。

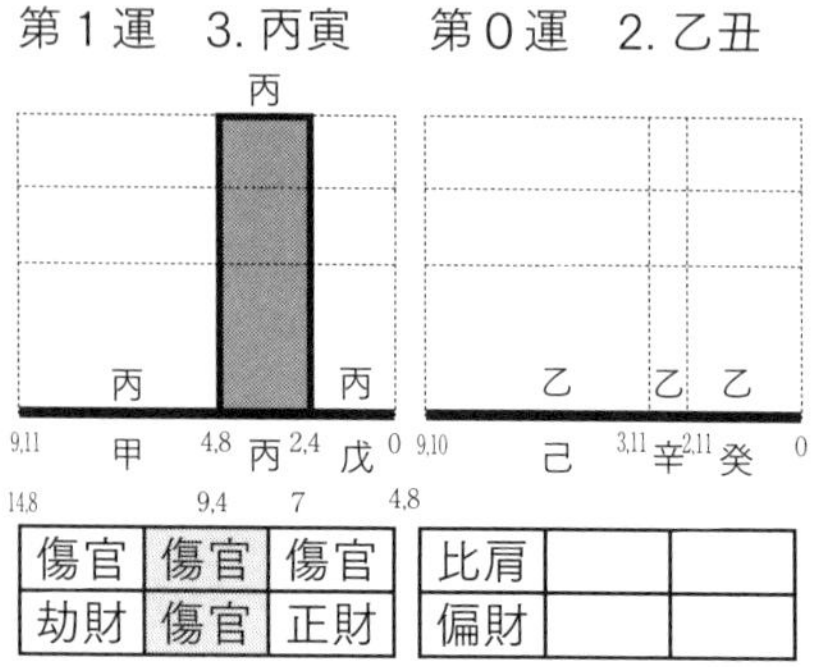

第1運の干支は「3丙寅」で、上図のようになります。
小学生時代は「傷官大運星」です。中気の7歳からは傷官が通干し自由奔放性が強くなります。自由にのびのび育ちますが、やんちゃで行動が読めない子どもです。
「傷官大運星」が通干し山（棒グラフ丙）になると、その作用は30年間継続します。現在も社長はアイデアマンですが、その基礎は小さいころに築かれたのです。

山は、4歳8か月で終わりますので、34歳8か月までヒラメキに恵まれます。

第2運の干支は「4丁卯」で、左図のようになります。卯には、中気がありません。

高校時代・大学時代は「食神大運星」です。山がありませんが、第1運の「傷官」が強く働きます。

食神大運星は、衣食住の星で日常生活を大切にする堅実さがあります。そこに、傷官大運星のインスピレーションやヒラメキの星が作用します。

高校時代に実家の支店でアルバイトをしているとき、万年最下位の花園店が10日で売上トップになりました。また、大学時代は椎茸菌床のバイオ栽培を福岡大学で研究していました。椎茸も食品ですから、食神の意味になります。

第2運　4. 丁卯

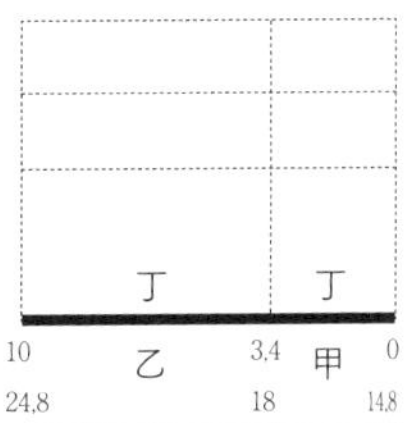

食神		食神
比肩		劫財

第3運　5. 戊辰

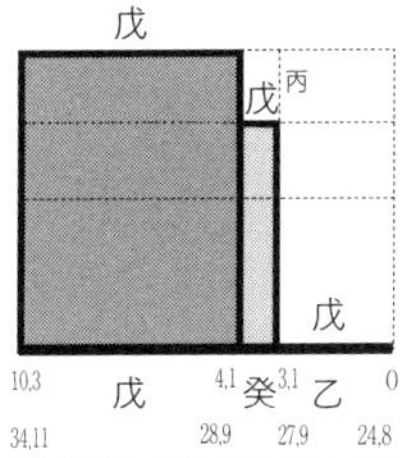

正財	正財《傷官》	正財
正財	偏印	比肩

蔵干余気の甲劫財と正気の乙比肩は、命式の日干比肩に必ず作用します。自分に自信が持て、やる気が出る運気になります。当然、蔵干比肩のときは、自分一人の力で運命を切り開いていきます。この方向性が、大運星食神の衣食住に関わることになるわけです。

第3運の干支は「5戊辰」で、上図のようになります。

蔵干中気癸は、戊癸干合して干合通干となって戊《丙》の正財《傷官》に変わります。

蔵干正気戊は、天干戊に通干して正財の作用を強めます。

傷官大運星の後に巡る正財大運星は、自分の才能や研究、ヒラメキを活かせば財運につながっていくのです。

大学を卒業した24歳、船場店主となり、塩昆布を開発して、大阪府知事賞・水産庁長官賞を受賞します。

そして、6年後には、農林水産大臣賞を受賞します。その後、代表取締役専務に就任し、「舞昆のこうはらの若旦那」として大活躍を始めます。

正財大運星や偏財大運星が、強く作用するときは、傷官を研究や開発に使用すると、特許などが取れて大金をつかむことができるのです。

人生で開運するには、自分がどの大運星を巡っているかを知ることが大切です。

第4運の干支は「6己巳」で、左図のようになります。

蔵干余気戊は、天干己に異通干して己の偏財を強めます。第3運の強い正財大運星は30年作用しますので、第4運の偏財とダブルで財を生み出します。

そして、39歳のとき、蔵干正気丙傷官は、第1運の継続している傷官大運星を強め、発酵健康食品「舞昆」を研究発売します。これが大ヒットへとつながり、売り上げ全体の50％である8億円を稼ぎ出す看板商品になったのです。

その後、「柚子入りちりめん」が農林水産大臣賞、「明太子舞昆」が大阪府知事賞を受賞するなど、卓越した企画力でヒット商品を次々と生み出しています。

50歳を過ぎた今でも、「舞昆のこうはらの若旦那」として、日々研究開発に取り組み、美味しい食品を家庭に届けるべく努力をしています。

第4運　6. 己巳

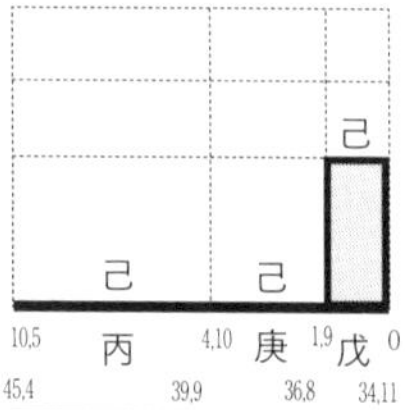

偏財	偏財	偏財
傷官	正官	正財

４節　友人を占う（２）

尾本勝昭氏は、著者が世田谷で四柱推命講座を開いていたときの第２期生です。

１９５１年４月30日20時30分、広島市生まれです。現在は、「一般社団法人グローカル人財ネットワーク」の代表理事をしています。

尾本勝昭理事

年柱	月柱	日柱	時柱
辛	庚	庚	甲
劫財	比肩	比肩	偏財
卯	辰	子	戌
・・乙	戊	・・癸	戊
・・正財	偏印	・・傷官	偏印

命式の日干庚は、年蔵干乙と干合し、干合通干作用により身旺です。

また、日干は、年干劫財と月干比肩と五行が同じで、自分の考えをすぐに行動に移すバイタリティを持っています。合一作用です。

命式は先天運を表すので、自分の性格や行動の特徴を調べることはできますが、自分の人生がどのような傾向を持っているかという後天運を調べることはできません。後天運を調べるには、大運が必要で、大運を判断するポイントが大運星になります。彼は、立運８歳３か月の逆行です。

２０２２年９月に10年ぶりに再会しましたが、とても元気でした。大運の判断文を彼に読んでもらい感想を聞きました。

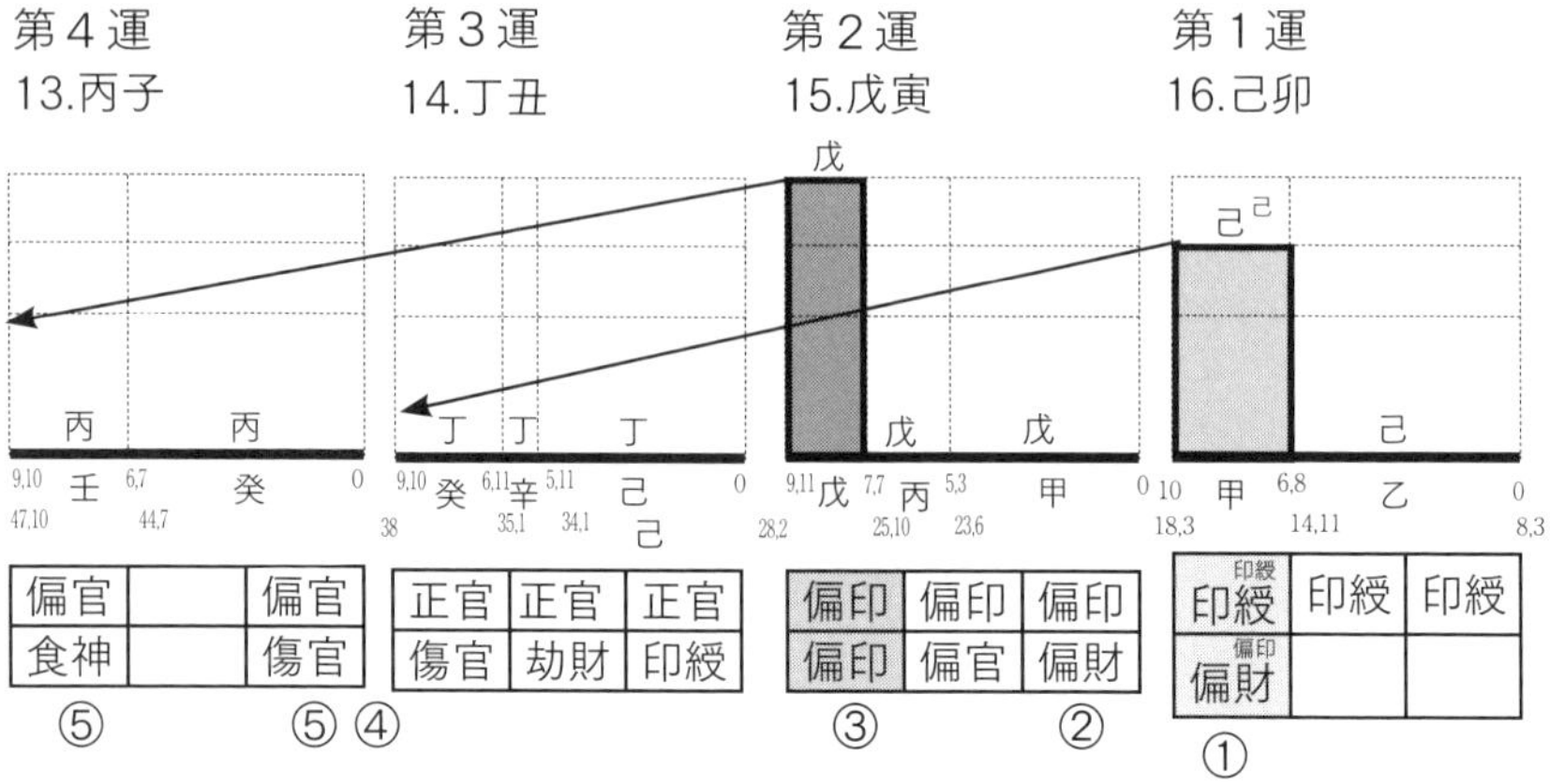

第1運の天干己は、印綬大運星になります。印綬は勉学の星ですから、学生時代に巡ってくるとラッキーです。特に、通干作用①が成立していますので真摯に勉むことになります。

この時期に蔵干の強い偏財《偏印》運気が作用しています。偏財は大衆性の星であり経済分野に興味を持ちます。偏印も同時に作用するので理系にも強く総合的に良い成績を収めます。

第2運の大学卒業の時期②も、第1運の山の運気が作用します。経済関係の技術家や専門家に向いています。また、偏財甲が強く作用するときに、意中の彼女に出会います。

しかし、26歳前後③に強い偏印運気の山が来ます。印綬の正統性に対して偏印は偏りがある意味なので、兼業をしたり神秘的なことに興味を持ちます。宗教を信じるようになるのも、このような偏印運が強い時期です。

第3運は、正官運です。仕事の能率もよく、順風満帆の運気です。気をつけるのは、35歳から38歳までに蔵干が、正官を倒す傷官であることです。この時期は、仕事上のトラブルに気をつけます。

38歳の谷間運④は、正官大運から偏官大運に変わります。仕事が忙しくなるか移動があります。

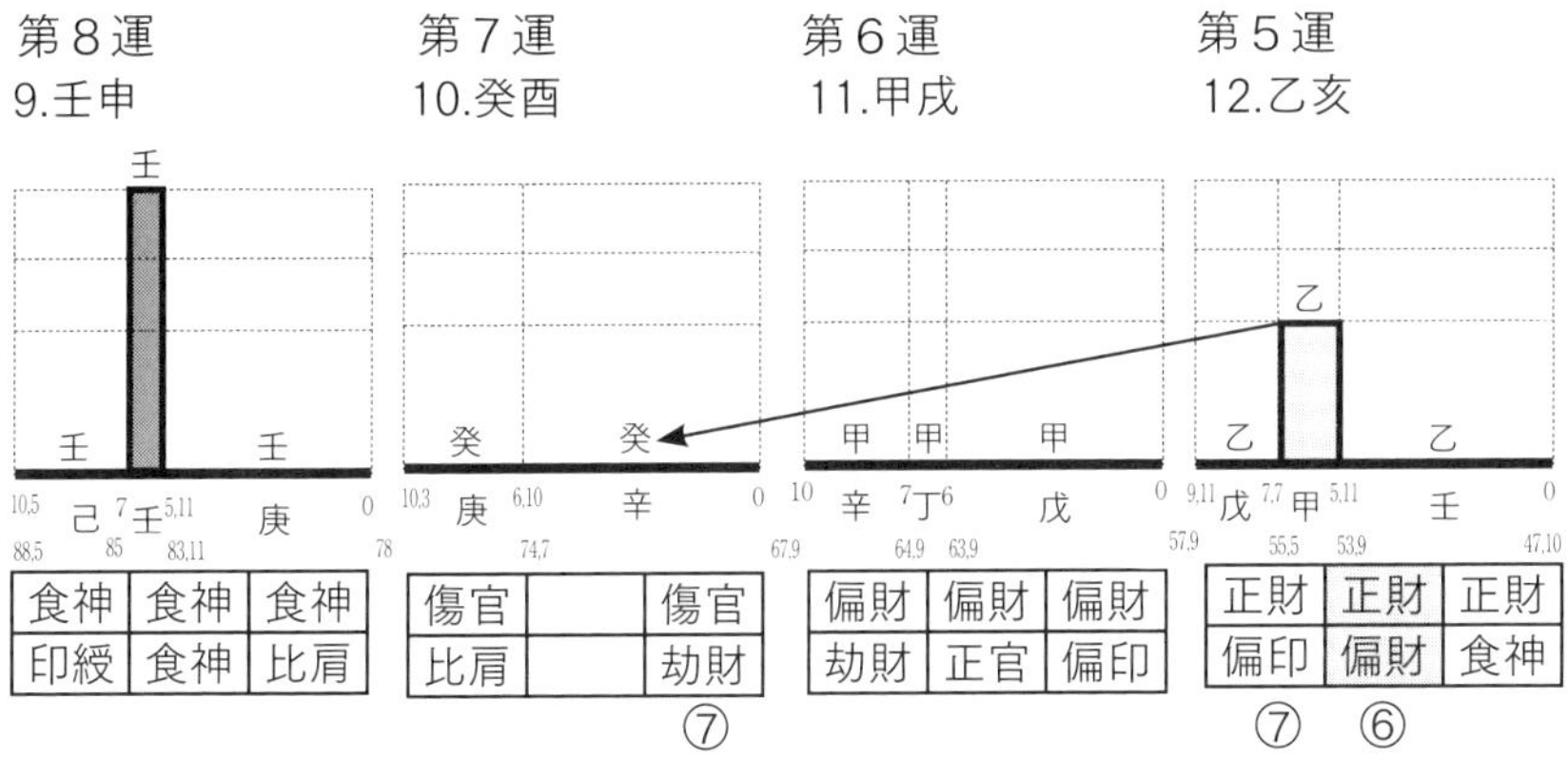

第4運は、偏官大運星で第2運の偏印も作用しています。偏印と偏官が同時に作用すると健康問題が発生しますが、蔵干が偏官丙を剋す傷官癸と食神壬⑤なので、大きな問題にはなりません。

第5運は、正財大運です。金運はとても良いのですが、管理運となり不動産や妻の問題に気をつけます。特に、蔵干甲偏財が異通干⑥するときは、運気の転換になります。次の蔵干戊偏印⑦は、月支元命と同じ十干なので、人生における使命を達成するには良い運気になっています。55歳から74歳まで継続しています。このとき58歳前後が谷間運となり飛躍を目指すならチャンス到来です。

第6運は、偏財大運星の大衆の星です。生時天干が甲偏財なので、一般人に向けての事業を考え実行します。偏財は株などの投資の意味もありますが、男性にとっては異性運が上昇する運気です。

第7運の傷官大運星に現在（71歳）はいます⑦。傷官は、芸術の星ですが、退職や仕事をさぼって遊ぶ星でもあります。10年ぶりに再会したのも横浜にコンサートを見に来たからでした。今、日本中を旅行している様子で、中年の傷官は凶星になりやすいのですが、晩年の傷官は自由に生活できる吉星です。

第8運も食神でゆとりの星、偏印の年に気をつければ長生きできます。

「感想」

尾本　勝昭

私と占いの縁は1997年1月17日の阪神大震災がきっかけです。

当時、東京の商社に勤務していたのですが、大阪の財務部に異動となり神戸市長田区に家族3人で暮らしていました。以前から株式売買を西洋占星術で占うことに興味を持っており、大阪北浜の証券マンが主催していた未来予測株式研究会のメンバーとしてアストロジーによる金融売買に興味を持っていたことが始まりです。震災前日は満月で妙に月が近かったことを、今も鮮明に覚えています。

地震予知などの未来予測は科学的にも予測不可能な時代で、占いの世界の話でした。占いで自分の未来や神羅万象が予測できるのであれば、「社会として、そして仕事としても必要とされるのではないか」と、今では荒唐無稽な滑稽な笑い話ですが真剣に考えて、神戸の四柱推命の学校に通ったことが始まりです。その後、2000年に東京に転勤となり趣味として占いを続けるかどうか迷っていたところ、池本先生の世田谷区の四柱推命講座に参加しました。

池本先生は東京理科大の数学科の卒業で、これまでの易者まがいの占い師とは異質で、占い（暦）を科学的に調査分析して、独自の理論を実践的に研究されていました。その理論の真髄が「黄帝復古暦」を活用した正玄流四柱推命です。正玄流は四柱の年・月・日・時の干支に関して、月と時の干支を2つ前にずらすだけです。それぞれの変通星の理解と大運（人生の大きな流れ）と行運（歳運・月運）の関係を理解するだけで、細かな十二支との分析は必要としていません。正玄流四柱推命は数学者としての池本先生が長年の研究から導いた四柱推命の奥義です。

この奥義（仮説）の検証、証明は数多くの占いの実践（事例研究）から被占者自らが、自分の過去を振り返り、正玄流の正当性を自らの経験から証明することで四柱推命の確かな（新たな）モデルが確立するものです。しかしながら、これまでの彼の著作では芸能人等の事例を掲載するのみで、実証的に占いの確かさを証明するには至っていません。

以下では、自分の過去70年間を詳細に振り返り、記載された大運の判断文を中心に推命の妥当性を分析してみます。

先天運の命式は、日干庚と「身旺」のイメージから「自分の考えをすぐに行動に移すバイタリティ」があり、「身旺」の特性通りで、体は丈夫で病気知らずに過ごしてきました。あえて補足すれば「自己中心的」で「落ち着きのない性格」だとよく言われます。

以下、後天運としての大運の感想を述べます。結論的には90％が当たっていると思います。私の人生を振り返りますと、３つの人生の転機があります。私の場合は「大学院受験」、「再婚相手との出会い」、「Ｕターン帰省による転職」の３つです。どれも型破りの出来事でユニークですが、大器晩成型としての自分の基盤が、今につながっていると思うと不思議です。このことは、正玄流大運で、第１運、第２運、第５運の３つのエネルギーがピークとしてグラフ化されています。

第１運のピークは高３時代です。この時期の印綬は勉学の星ですが、強いて言うなら「真摯に勉学」に励んだ時期ではなく、当時の世相（フォークソング、学生運動、深夜放送）に惑わされていた時期でもありました。偏財という大衆性の星に影響された時期ともいえます。ご指摘の理系への興味は当時は全くありません。

しかし、第2運の大学卒業の時期②が第一運の山の運気が作用しているとの指摘には本当に驚きました。なぜなら、大学卒業時に大学院の受験準備に注力し、経営学を専門とする横浜の大学院に進学したからです。コメントの「経済関係の専門家に向いている」との指摘に驚いています。また、偏財甲が強く作用して「女性との出会い」も当たっていると思います。

第2運の26歳前後は強い偏印が「兼業や神秘的なことに興味を持つ」との指摘は解釈が難しいですが、兼業の意味するところを大学院卒業後、専門家をあきらめ、一般企業に就職したために未練があると理解すれば納得いきます。

また、その後、50代の後半から外国人のキャリア支援としての「専門家」となるべく目標が継続し、そして実現したと理解するのであれば、55歳の第3のピーク時、故郷の大学院に社会人入学し、その後、50代後半から外国人留学生のキャリア支援の専門家（キャリアコンサルタント）になったことで証明できると思います。

第3運の正官運は28歳から38歳の10年間です。この時期はサラリーマン時代、最も仕事をした時期で、代表者の重要な仕事を任されました。しかし、35歳から38歳までの間の蔵干の傷官が正官を倒す時期は、仕事に行き詰まり異動を経験しました。この指摘は「ピッタリ」と当たっています。

第4運の38歳から47歳の時期は、東京と大阪で財務部や機械営業を担当した時期です。また、１９９５年に阪神大震災を経験し、人生観が大きく変化した時期です。

注目すべきは第5運の⑥で指摘されている運気の転換点（蔵干甲偏財の異通干）です。転換の内容としては、不動産（住居）の売却、離婚を決意した時期でもあります。年齢的には54歳で30年近く勤めていた会社を早期退職し、故郷広島にUターン帰省し、その後、離婚、再婚をした時期と重なります。この転換点を境にして、現在まで充実した外国人材のキャリア支援の仕事を継続しています。恵まれた人生だと喜んでいます。

グラフでは山の高さが第一や第二の山と比較して最も低く書かれていますが、私の人生の最大エポックは⑥です。しかも、ご指摘の通り、人生の使命（ミッション）を達成する良い運気と重なっています。

また、第5運の58歳前後の谷間運では、外国人留学生のキャリア支援から学術的な研究目的として、再度、大学院に進学し、実践的な研究課題とした時期と重なります。外国人留学生の支援事業と実践的な研究は、その後、第6運の68歳まで継続し、現在は起業した「一般社団法人グローカル人財ネットワーク」の代表として、地域の多文化共生事業の推進に貢献しています。このことは偏財大運星として「一般人に向けての事業を考え実行します」とコメントされています。また、この運気は、上記の外国人材の支援事業会社（２０２０・２・１）の会社設立（起業）につながり、第6の大運まで継続していることを証明しています。この運気の転換点は間違いなく⑥⑦を起点としています。

現在、第7運は傷官の大運星にいますが、引き続き、外国人材のキャリア支援の実践的研究を継続するか、あるいは20歳前後にやり残した音楽関連の趣味（傷官）にチャレンジするか迷っているところです。

最後に、正玄流四柱推命が単なる占いとしてではなく、人生の羅針盤として、また、私の感想が実践事例として活用、検証の一助となれば幸いと思います。

5節　友人を占う（3）

石井和雄氏は、私の高校時代の親友です。

本書を手にした方は、多少なりとも運命があることを信じていると思います。「四柱推命《しちゅうすいめい》」は、自分の誕生日から運命を導き出す占いです。自分が生まれた年月日時の4組の干支を「命式《めいしき》」と呼び、先天運を判断します。「大運《だいうん》」は、生月の干支から求める10年ごとの後天運です。「大運星《だいうんせい》」は、10年ごとの自分の環境運を表し、全部で10種類あります。この10種類の中で気をつけなくてはいけない10年間が、偏官《へんかん》が殺星になるときと偏印が倒食となるときです。

彼が、もうすぐ68歳になる9月、私と彼は健康向上のために高尾山に登りました。私より少し背が低く太っている彼ですが、とても健脚です。しかし、この日は起伏の激しい6号路ではなく舗装された1号路で、いつも私より元気な彼が、なぜか息苦しそう。

下山も歩く予定をケーブルカーにして、満員でしたが乗りました。すると座っていた若い男性が席を譲ってくれるのです。お互い若いつもりでいるので、二人で顔を見合わせて「お前だよ」とお互いにサインを出したのですが、若い男性は彼に席を譲ったのでした。

次の月、二人で大井町の行きつけの店で飲み始めると、彼は咳を時々します。「どこか悪い？」と聞くと、近くの病院で風邪だと言われ薬を飲んでいるとの返答。まあ、風邪ならお大事にということで解散。

そして忘年会、彼は未だに咳をしており、それもかなり酷い様子。「町医者ではわからないから、大きな病院に行けば」と言うと、彼も3か月も風邪が治らないのはおかしいと思ったのでしょう。年が明けたら大病院で検査をすることにしました。

彼の父親が96歳の長命、自分も長生きだと思っていたのに、検査結果は肺がんのステージ4、2年後に亡くなりました。私は、占い師ですから依頼があれば占います。しかし、自分から友だちの運命を占うことはしませんでした。彼の大運は、ちょうど「偏印」大運星の入口でした。もし、高尾山に登ったときに、彼の大運星を調べていたのなら、ステージ4になる前に対処できたかも知れません。占い師としては失格の悔やんでも悔やみきれない話です。

皆さんは、自分や大切な人の大運星を見て、恐ろしい殺星である「偏官」や「偏印」が、人生のいつ巡ってくるのかを調べてください。事前に巡る時期がわかれば、防ぐ手段はいくらでもあります。

石井和雄氏

時柱	日柱	月柱	年柱
丁	庚	辛	壬
正官	比肩	劫財	食神
卯	申	卯	辰
乙	己・壬・庚	甲	乙・癸・戊
正財	印綬・食神・比肩	偏財	正財・傷官・偏印

第7運
35. 戊戌

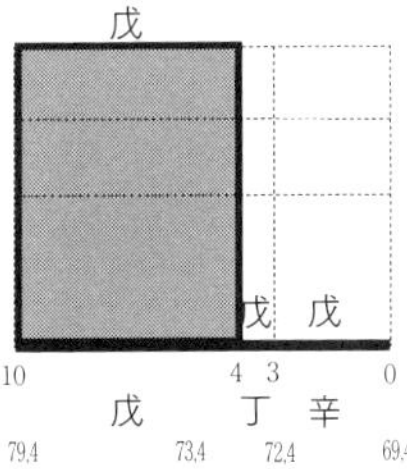

偏印	偏印	偏印
偏印	正官	劫財

では、彼の大運星戊「偏印」がなぜ怖いのか？

それは命式の年干にある食神を倒し、年蔵干にある癸と干合するからです。戊癸干合は火に化すので、戊は丙になります。日干庚から見る丙は「偏官」なのです。

6節　前澤友作社長

前澤友作社長は、1975年11月22日、千葉県鎌ケ谷市生まれです。

生憎、生時不明なので、命式は午前3時前と3時後の2種類の日干支で作成し検討しないといけません。

前澤友作社長

午前3時前
命式A

年柱	月柱	日柱
乙	乙	辛
偏財	偏財	比肩
卯	亥	未
・・乙	壬	丁・乙・己
・・偏財	傷官	偏官・偏財・偏印

午前3時後
命式B

年柱	月柱	日柱
乙	乙	壬
傷官	傷官	比肩
卯	亥	申
・・乙	壬	己・壬・庚
・・傷官	比肩	正官・比肩・偏印

午前3時前に生まれていましたら命式Aです。

日干辛の陰金です。月支元命は、壬の傷官になります。偏財が3つある財運が強い命式です。

午前3時後に生まれていましたら命式Bです。

日干壬の陽水です。月支元命は、壬の比肩になります。傷官が3つある奇抜性が強い命式です。

命式Aは、偏財が多くとても財運が良いように見えますが、日干が身旺になっていません。どんなに多くの財星があっても、身旺でないとその財を持つことはできません。

命式Bは、月支元命が比肩で身旺になります。傷官は財の源流なので、財を十分に生じてくれますし、音楽に興味を持つのは傷官です。しかし、生時不明では、どちらが正しい命式かはわかりません。AもBも大変財運が良いと判断できます。最終的には、二つの命式より大運を作成し判断します。

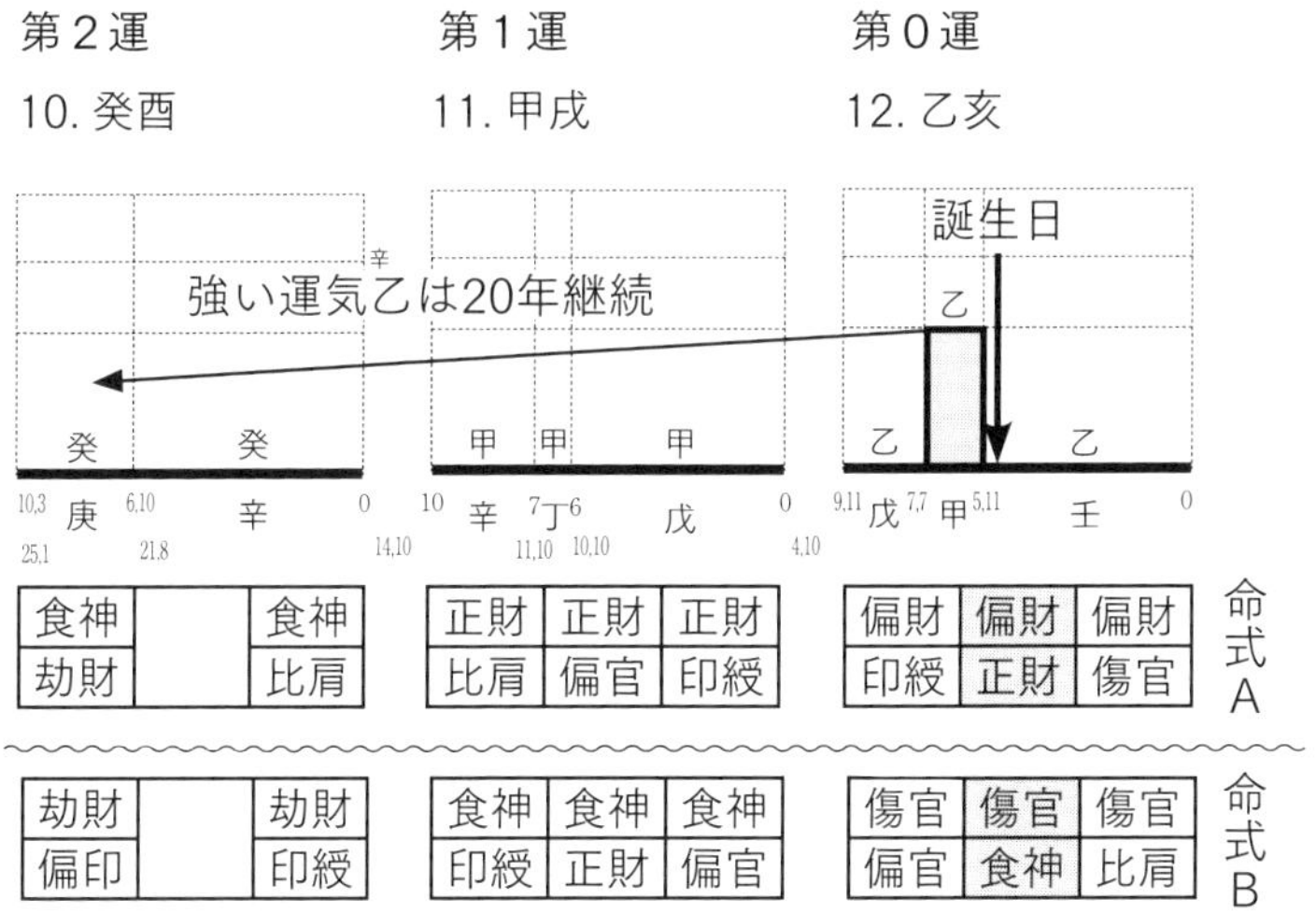

大運図は、月干支より求めるので命式AもB同じです。ただ、日干が異なるので大運星が変わります。上図表の上段はAの大運星で、下段はBの大運星です。

第0運は、命式の月干支です。環境運ではなく先天運を表しています。先天的に財運が良いのは、命式Aです。

第1運は、A正財大運星。B食神大運星で、共に安定な運気を示しています。

第2運は、経歴によると、早稲田実業学校高等部に進学しましたが、アメリカへの旅費などを稼ぐために、学校を欠席しアルバイトをしていたそうです。

Aは、大運星食神でゆったり運です。Bは、大運星劫財で金銭を稼ぐ運です。20歳前後、バンド活動の傍らで始めた、輸入レコードカタログなどの販売で月500万円くらい稼いだというのですから、大運はBに決まり、午前3時以降の生まれになります。

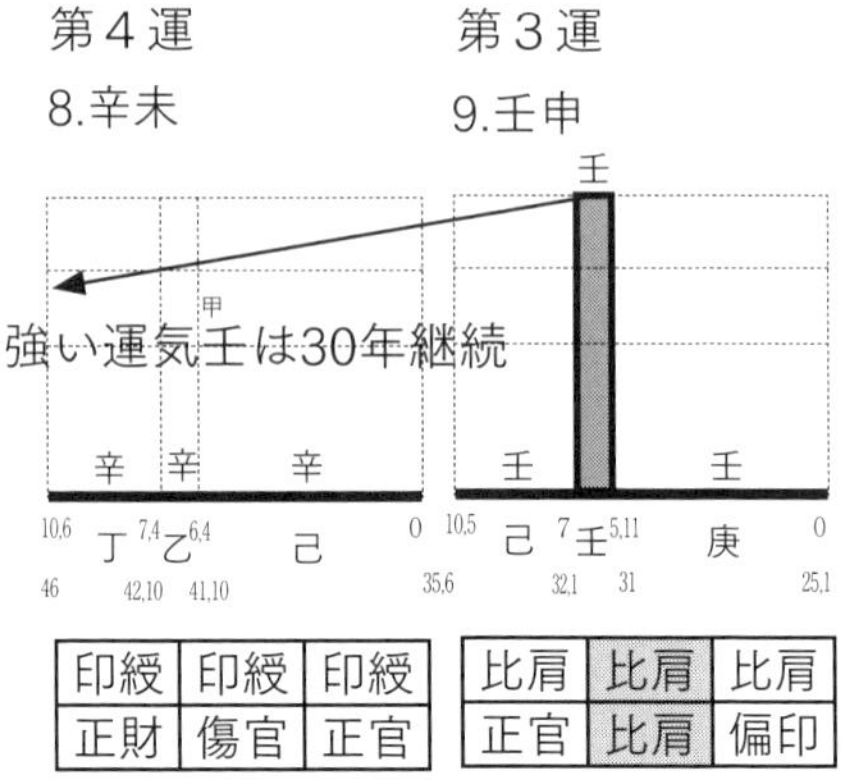

命式B

第４運の42歳、ＺＯＺＯの株をヤフーに２４００億円ほどで売却したといわれます。財を手にしたのですが、大運には財星がありません。これは、正財も偏財も、自分が直接働いて手に入れる財運だからです。前澤社長は、自分の才覚でＺＯＺＯを大きくしました。２００４年29歳に「ZOZOTOWN」を新たに開設したことが大成功への発端とすれば、ちょうど第３運の比肩が通干する山になります。

命式には３つの傷官があるのですから、強い比肩大運星は傷官を生じて財運の源泉となります。このときの大運の蔵干が正官の会社の発展運であることも重要です。

そして、第４運の印綬名声運のときの蔵干中気傷官が、命式の傷官を強くしたときに株を売って大金を手にしました。

現在のようにネットを仲介にして金銭を稼ぐのは、正財や偏財が金運ではありません。仲介業を悪い表現にすれば「物を右から左へ動かしている」だけです。つまり変通星は「傷官」です。

傷官を芸術の星であり奇妙な行動の星とすれば、現代アートの収集や高級車のコレクターであることも当然ですが、１００人にそれぞれ１００万円ずつのお年玉をプレゼントするといった行動も傷官なのです。

封建的な時代に傷官は、官吏の星である正官を倒す大凶星であっても、現代のように個人の才覚でネットを利用して稼ぐ仕組みがあれば、傷官は大吉星なのです。傷官は、元手がなくても財を生み出してくれます。食神の地道に努力して財を築く星とは、真反対の性質を持ちます。

7節　村上春樹氏

村上春樹氏は、１９４９年1月12日12時ごろ、京都市生まれです。
命式は、次のようになります。若干、昼頃生まれの干支に疑問が残りますが、この命式で占います。

村上春樹氏

年柱	月柱	日柱	時柱
戊《丙》	癸《丁》	壬	甲《戊》
偏官《偏財》	劫財《正財》	比肩	食神《偏官》
子	丑	寅	午
・・癸《丁》	癸《丁》	戊《丙》・丙・甲《戊》	己《己》
・・劫財《正財》	劫財《正財》	偏官《偏財》・偏財・食神《偏官》	正官《正官》

実社会における行動の特徴は、月支元命の癸劫財が月干癸劫財に通干し、年干戊偏官と戊癸干合によって劫財が正財に変わることです。劫財は、身内や友人の仲間を大切にする星で、それが正財の物事に几帳面に対応する星に変化します。豪胆さと緻密さを兼ね備えた行動をします。通常の四柱推命のように、劫財が正財を破るとは判断しません。正財は几帳面に物事に接する星ですから、長編小説家には絶対に必要な星です。

また行動自体を表す年干の戊偏官は、干合によって丙偏財に変わり戊《丙》になってます。偏官は、勢いをもって社会で活動する星で、偏財は大衆性を表します。日支蔵干に戊《丙》がありますので生まれ持った才能が、彼の執筆の原動力になっています。

月干の作用と年干の作用を組み合わせると「大胆さと緻密さを兼ね備えて、勢いをもって大衆にアピールする」星なのです。

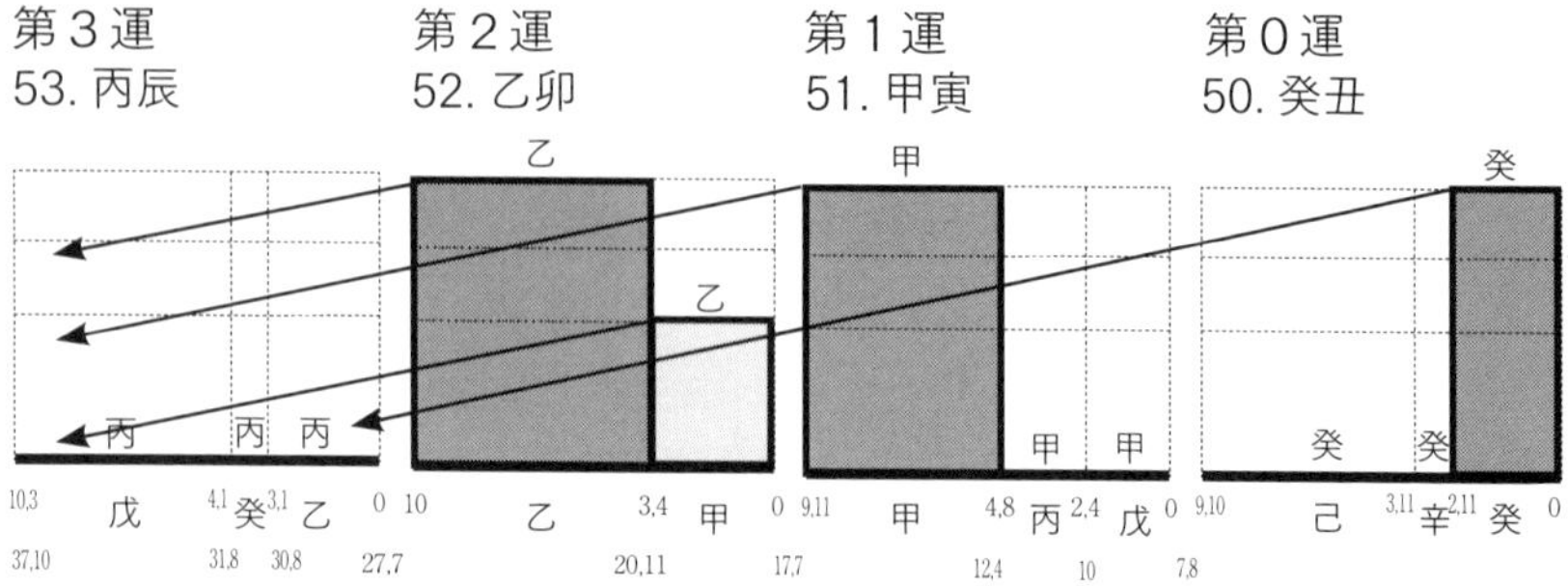

偏財	偏財	偏財
偏官	劫財	傷官

傷官		傷官
傷官		食神

食神	食神	食神
食神	偏財	偏官

劫財	劫財	劫財
正財	印綬	劫財

第０運は、命式の月干支です。癸劫財は通干し山になり40歳過ぎまで、その運気は継続します。劫財は、友だちと協力しあう星です。**第1運**は、甲食神大運星です。食神は、のんびり生活したい星ですが山となって生活力が旺盛になります。40歳まで作用します。

彼は、大学時代に千駄ヶ谷にジャズ喫茶を開きます。**第２運**の傷官大運星です。傷官は、芸術の星ですから音楽や絵画を意味します。自由な発想に恵まれインスピレーションが冴えます。

この傷官に第０運の劫財と第1運の食神も作用を起こします。音楽と仲間と食べ物、読者もジャズ喫茶がイメージできないでしょうか？

転機は、29歳の１９７８年４月１日に、プロ野球開幕戦で芝生に寝そべり、ビールを飲んでいるときに小説を書くことを思い立ったことです。大運は**第３運**の丙偏財に入りました。偏財は、大衆の星です。上図のように、この時期は４本の矢印が作用しています。

１９７８年は、戊午年、４月は癸卯月、１日は癸巳日です。彼の月支蔵干である使命となる癸劫財が、通干し干合もするラッキーな日なのです。

30歳の１９７９年、『風の歌を聴け』で群像新人文学賞を受賞しデビューします。大運蔵干が癸劫財で、彼の使命の星癸です。

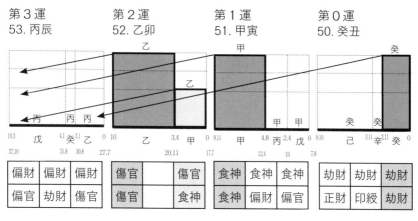

第7運　57. 庚申　｜　第6運　56. 己未　｜　第5運　55. 戊午　｜　第4運　54. 丁巳

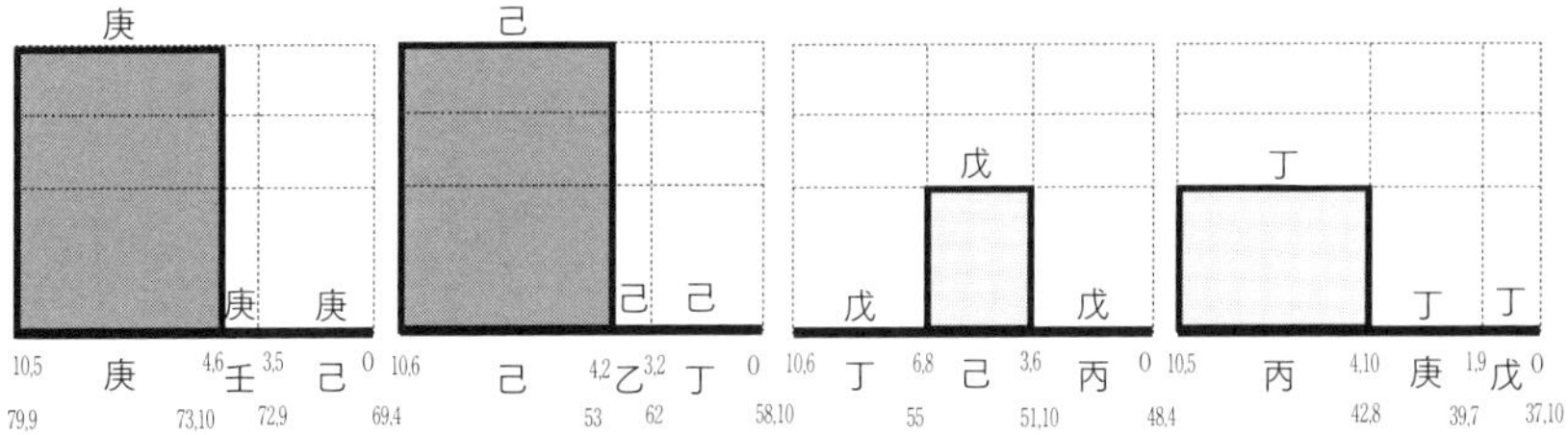

第7運

偏印	偏印	偏印
偏印	比肩	正官

第6運

正官	正官	正官
正官	傷官	正財

第5運

偏官	偏官	偏官
正財	正官	偏財

第4運

正財	正財	正財
偏財	偏印	偏官

第4運は、丁正財大運星です。大運天干丁は、命式の日干壬と干合して、丁《乙》の正財《傷官》に変化します。傷官のヒラメキ芸術の星が正財の大金を生じます。

38歳の1987年発表の『ノルウェイの森』がベストセラーとなり、村上春樹ブームが起きます。

この天干丁に蔵干丙が異通干した山は、70歳まで継続します。大金を手に入れる一つの運気は、傷官と正財の力量を強く作用させることです。

第5運は、戊偏官大運も命式の癸劫財と干合し戊《丙》の偏官《偏財》となって、偏官の忙しさは偏財の大衆図に向きます。

53歳の2002年9月、図の山で初めて少年を主人公にした長編『海辺のカフカ』を発表します。

57歳の2006年にノーベル賞の有力候補として話題になりましたが、印綬の名誉の星の力量が不足しています。

第6運は正官の山があります。第7運は偏印の山があります。今後も、ますます活躍してくれるでしょうが、2023年に偏印の山に入るときは、健康に注意が必要になります。特に、第7運の出口となる2030年庚戌年は入院しないように気をつけないといけません。

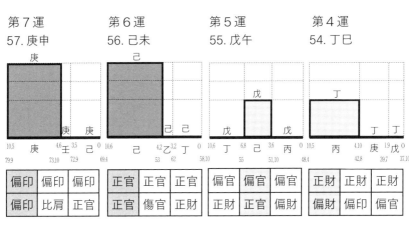

8節　安倍晋三元首相

安倍前首相は、1954年9月21日午前2時35分、東京生まれです。時差と均時差を修正するとちょうど3時になり日干は「庚辰」になりますが、10秒早く生まれていましたら、次の命式のように前日の干支「己卯」になります。

安倍晋三元首相
午前3時前生

年柱	月柱	日柱	時柱
甲	辛	己	乙
正官	食神	比肩	偏官
午	酉	卯	丑
・己・丁	辛	・・乙	己
・比肩・偏印	食神	・・偏官	比肩

日干を前日の干支「己卯」にする理由は数多くありますが、いくつかあげておきます。

(1)安倍元首相が亡くなられたあと、昭恵夫人が「ベッドまで運んでくれる人はいなくなっちゃった」とぽつりと言ったという発言があります。
日干支「己卯」は優しい星で、月支元命辛は日干より見て「食神」になります。食神は、家族思いの日常生活を大切にする星です。

(2)日干は、持病など自分が欠点とする病気を表します。安倍元首相は日干「己」で胃を表す十干です。第1次内閣を解散した理由が、胃腸機能の異常でした。

(3)年干甲は、日干より見て「正官」となって、官吏などの地位を求める星です。

(4)日干を「己」とすると、蔵干に二つの己があり、強い身旺になります。

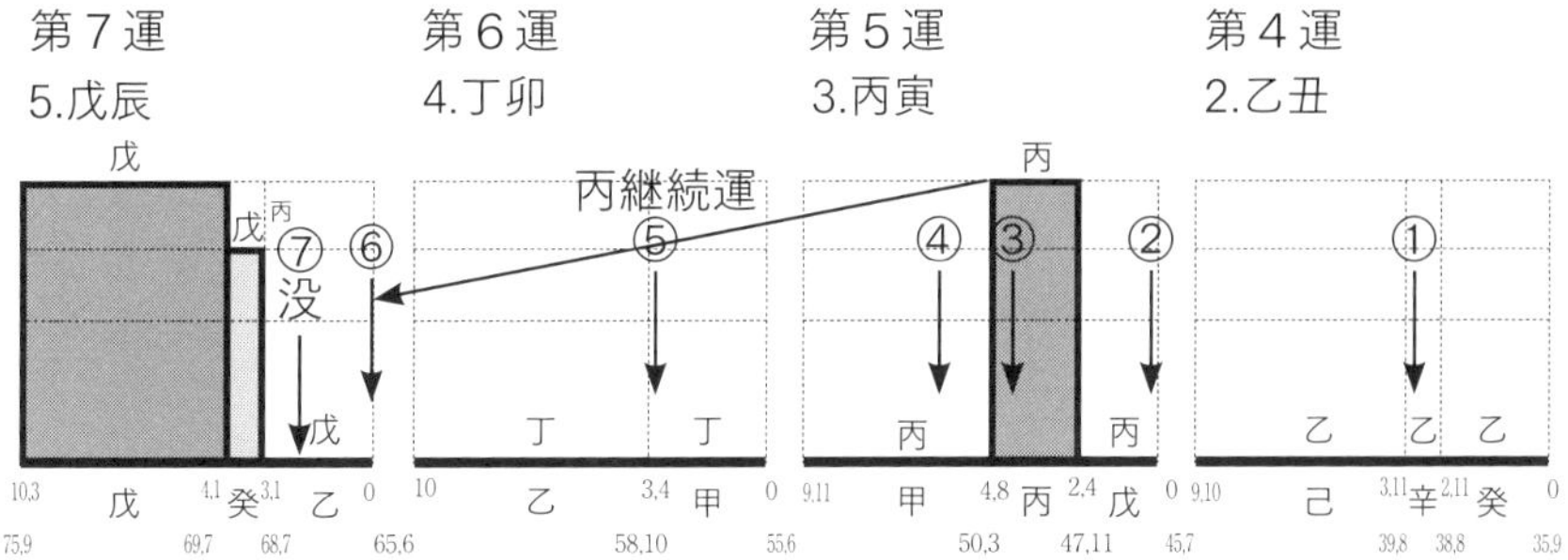

劫財	印綬 劫財	劫財
劫財	偏財	偏官

偏印		偏印
偏官		正官

印綬	印綬	印綬
正官	印綬	劫財

偏官	偏官	偏官
比肩	食神	偏財

日干を「己」として大運星を検証してみます。

第４運は「乙」偏官大運星です。偏官は、戦いの星です。ストレスも溜まりますが、躍進できる運気です。

①１９９３年39歳、父晋太郎氏の地盤を引き継ぎ、山口１区から出馬し初当選しました。

第５運は「丙」印綬運です。印綬は名声や名誉の星です。伝統を重んじ保守に徹します。蔵干正気の甲正官は、命式年干の甲に作用します。自分自身が正官の地位を得るための行動を強く起こします。

②２０００年46歳、第２次森内閣で内閣官房副長官に就任しました。

③２００３年49歳、自由民主党幹事長に就任しました。

④２００６年52歳、第１次安倍内閣の発足です。

２００６年は「丙戌」年で、「丙」大運のときは「丙」年に印綬の事象が強く作用します。

第６運は「丁」偏印運です。偏印は改革の星ですが、グラフに山がないために、第５運の印綬が強く作用しています。通干作用は30年ほど続き、80歳まで印綬の名声運があります。

自民党は保守党ですが、第６運に入った２０１１年57歳、維新の会党代表の橋下徹氏などが大阪市で当選すると、安倍元首相は維新

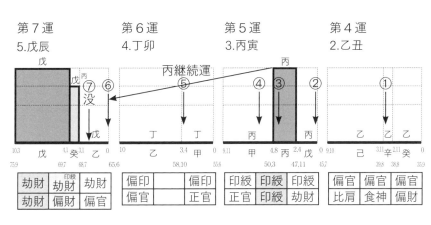

幹部と頻繁に接触します。偏印大運に強い印綬が作用して、保守と革新のバランスを取っています。

⑤2012年58歳、第2次安倍内閣が発足しました。

2013年59歳、「アベノミクス」が新語・流行語大賞のトップテンに入賞し、安倍元首相が受賞しました。「アベノミクス」という新語が作られたのは、偏印の作用です。当然、印綬の名声運が強くなければ受賞はできません。

⑥2020年65歳、内閣総理大臣の職を「持病の潰瘍性大腸炎が再発し」辞しました。

偏印は改革の星ですが、健康運には凶意があります。ちょうど第6運と第7運の「谷間運」です。

第7運は、劫財大運星です。劫財は仲間と協力する変通星ですが、甚だ強い身旺の安倍元首相にとっては、自分の運気である比肩を分散させます。このとき蔵干余気の乙偏官が作用すると比肩が倒れます。

⑦2022年67歳、街頭演説中、山上徹也被告の自作の銃で撃たれ失血多量で亡くなりました。

寿命について正玄流四柱推命で検証すると、次の3つの場合に分かれます。わかりやすいように寿命を風船としてみましょう。安倍元首相の場合は、(B)と(C)が重なった場合です（143頁参照）。

(A)風船は時間と共に中の空気が抜けていきます。自然に中の空気が抜けて風船がしぼんだときが寿命です。

比肩の力量が0になりました。

(B)風船を針で突くと破裂します。偏官が作用し比肩が倒れました。

(C)風船に空気をどんどん吹き込むと破裂します。比肩が強くなりすぎました。

もし十数秒分娩室の時計が進んでいたらという前提で解説しましたが、日干支を「己卯」にする理由の一つに夫人の昭恵さんの日干支が「己卯」だからです。そうでなければおしどり夫婦になりません。

9節　神田沙也加さん

２０２１年12月18日、神田沙也加さんが自殺をしました。親族や友人の方々は、もし自殺を止めることができたのなら、どのようなことでもしたと思います。

四柱推命は占いですが、古代中国三千年来の東洋の科学です。西洋科学は物質の研究が中心ですが、東洋科学は精神の研究が中心なのです。

神田沙也加さんは、１９８６年10月1日4時39分、東京生まれです。

神田沙也加さん

時柱	日柱	月柱	年柱
癸（丁）	戊（丙）	乙	丙（壬）
正財（印綬）	比肩（偏印）	正官	偏印（偏財）
卯	寅	酉	寅
甲	戊・丙・甲	辛（癸）	戊・丙・甲
比肩	比肩・偏印・偏官	食神（正財）	比肩・偏印・偏官

日干戊の比肩は「我」です。自分がという主語になります。日干戊は、時干癸と干合し戊（丙）となり、偏印が自分の特徴になります。偏印は技術の星ですが、小さい頃はオタクになりやすいのです。沙也加さんが、子どものころからアニメやゲームが好きというのは、この偏印の作用です。

時干の癸正財は、几帳面に物事を考える星で、丁印綬が加わり頭脳も明晰です。正財の几帳面さが極端になると印綬の常識判断を阻害します。癸水剋丁火の事象に気をつけます。

日干と時干を精神面を表す「意識宮」とします。

年干丙《壬》の偏印《偏財》は、技術の星ですが、月支元命の辛食神と干合して丙の偏印となります。偏財は大衆性の星で、自分の特殊才能を幅広く公開する作用を持っています。

月干の正官は、自分が行動する際の指針です。何事も規律正しい行動を旨とします。月干乙は、干合する庚が命式にないので干合せず、正官に純粋なイメージが入ります。

女性にとって正官は夫を表す星です。沙也加さんにとって、結婚相手の男性に純粋さを見出すことが特徴です。正玄流は、通常空亡を使用しませんが、「戊寅」日生まれの方にとって「申酉」が空亡になります。空亡は空回りの意味ですが、酉金は金属で中が空亡になると鐘を意味します。鐘は響き渡るので、声がきれいです。

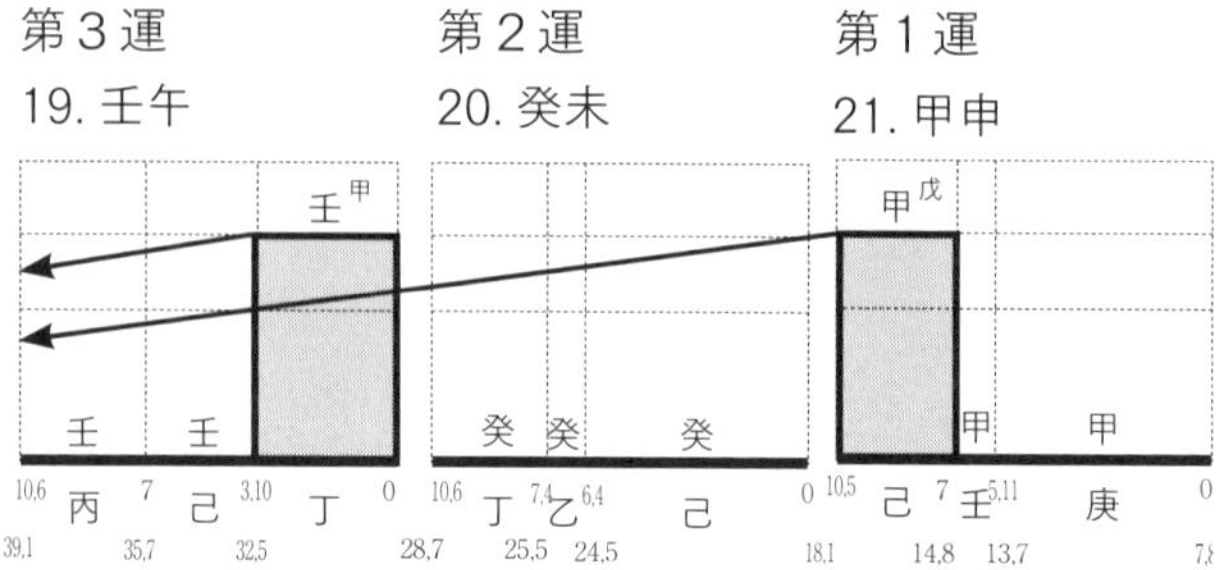

偏官《比肩》	偏官	偏官
劫財	偏財	食神

正財	正財	正財
印綬	正官	劫財

偏財	偏財	偏財《偏官》
偏印	劫財	印綬

立運は、7歳8か月の逆行です。

第1運は、偏官大運星です。偏官は闘争の星であり、故郷を去る星。13歳直前の1999年、ロサンゼルスでオーディションを受け、短編映画『ビーン・ケーキ』にヒロインの小学生役で出演。その後偏官《比肩》が山となり、一人で頑張る運気です。

第2運は、正財大運星で山もなく、落ち着いた運気ですが、第1運の偏官《比肩》の作用が継続しています。大きな転機は、第1運と第2運の谷間運となる18歳の2004年です。、約20倍のオーディションに勝ち残り、初舞台となる『INTO THE WOODS』で赤ずきん役を演じます。

第3運は「壬午」の偏財大運星ですが、正気丁と干合して偏財《偏官》となり、偏官の殺星が強く作用します。このとき、第1運の偏官も重なり、自分の力量である比肩を著しく消耗しています。

しかし、これだけでは自殺する要因が不足です。

正玄流の奥義の一つに「外神」判断法があります。

奥義といっても、徐子平先生が日干を我にする以前には、使われていた手法です。

正玄流の大運には、「内神《ないしん》大運」と「外神《がいしん》大運」があります。自分から環境運を見る判断方法が内神大運で、外部から環境運を見ると外神判断方法です。中国占術で「主客法《しゅきゃくほう》」とか「賓主法《ひんしゅほう》」と呼ばれる手法です。

たとえば、大運に現れる凶事象として交通事故があります。

自分がスピードを出しすぎて事故を起こすのは、日干の我から判断できます。急いでいたり、イライラしていてスピードを出せば偏官事象です。ブレーキとアクセルを間違えて踏んでしまうのは傷官事象です。

しかし、自分は安全運転をしていても対向車が衝突してくることもあります。自分には落ち度がないのですから、日干比肩からは判断できません。

自分ではなく、相手から影響を受ける運気を判断するのが外神です。内神を日干に取り、外神を年干に取ります。

第3運
19.壬午

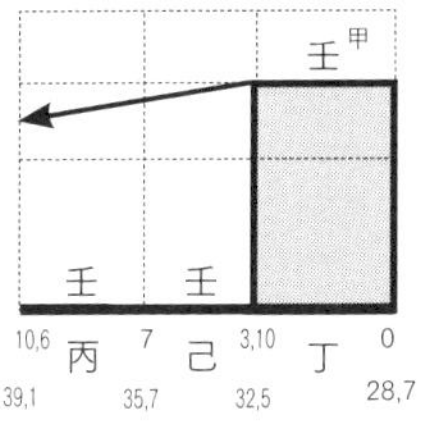

内神変通星

偏財	偏財	偏財（偏官）
偏印	劫財	印綬

共振

外神変通星

偏官	偏官	偏官（偏印）
比肩	傷官	劫財

年干丙から見て、第3運の「壬午」は偏官大運星で、干合すると偏官《偏印》になっています。外部からの強いストレスを受けています。

内神と外神に同じ変通星があると「共振事象」と

呼びます。沙也加さんにとっては、偏官が共振事象を起こしたわけです。

開運には、いろいろな手法があります。姓名判断・風水・家相・方位などです。しかし、そう簡単には家の配置を変えたり、名前を変えたりはできません。一番簡単な開運方法はラッキーカラーを使うことです。

水は、木を生じます。「水生木《すいしょうもく》」といいます。木の気は強くなりますが、水の気は弱まります。水の色は黒で、木の色は青です。黒色の服を着ると水の気が強まり、青色の服を着ると木の気が強まります。水は金に生じられます。「金生水《きんしょうすい》」といいます。金の色は白です。白い服を着ると、金と水が強まります。

神田沙也加さんの運気として、壬《みずのえ》の水気を弱める対応を取れば開運できます。しかし、札幌公演のマイフェアレディ、彼女は白色のドレスに黒色の帽子だったと思います。また、12月は「子《ね》月」で、亡くなった18日も「子《ね》日」で水が強く、札幌は東京の「北」で水気を強めています。

沙也加さんは、母の松田聖子さんが大好きでした。沙也加さんの生日支寅と生時支卯が、そのまま聖子さんの年支寅と月支卯です。ただ、一緒にいると聖子さんの年干壬水が、沙也加さんの年干丙を剋しますので、いつも一緒にいない方が吉なのです。

大運星を見る限り、将来大活躍する方を亡くしました。ご冥福をお祈りいたします。

松田聖子さん

時柱	日柱	月柱	年柱
丙	丁	辛	壬
申	未	卯	寅

神田沙也加さん

時柱	日柱	月柱	年柱
癸	戊	乙	丙
卯	寅	酉	寅

10節　新型コロナウイルス感染病

歳を取り免疫力が低下していると、コロナで死亡する確率は高いのでしょうが、まだ若いのに亡くなるのは、やはり偏官大運星の殺星が関与しています。

２０２０年５月13日、新型コロナウイルス感染症による多臓器不全のため、高田川部屋に所属していた大相撲力士の勝武士《しょうぶし》幹士《かんじ》さんが死去しました。まだ、28歳です。

生日干支は「戊寅」の立運８歳10か月です。逆行になります。

亡くなったのは、大運の**第２運**「21甲申《きのえさる》」偏官大運星の山であり出口です。

第１運
22.乙酉

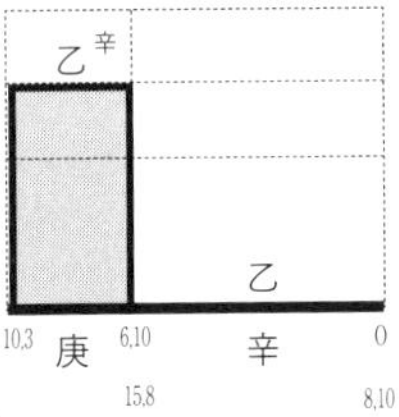

正官		正官
食神		傷官

第２運
21.甲申

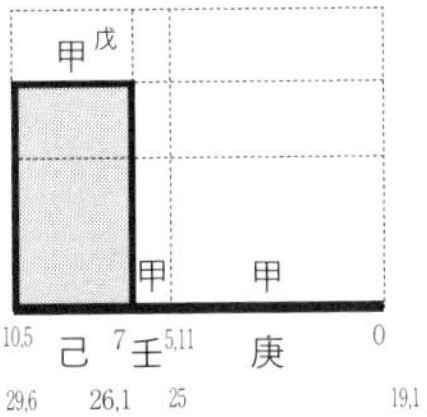

比肩 偏官	偏官	偏官
劫財	偏財	食神

大運星は、10年間続きますが、10年間ずっと作用するわけではありません。大運の入口の年齢と出口の年齢前後、そしてその大運星を強める年です。

偏官が殺星となるとき、たとえば、「甲」を陽木と呼び、東や青色を表します。甲を弱めるには、東西の移動を少なくすることや、身の回りに青色の物を置かないことです。一番良いのは、木は燃えて火になりますので、火の赤色の物を身の回りに置くと、甲木殺星の作用が燃えて弱まります。

日本の風水の「西に黄色のものを置く」と一緒で、方位やカラーは開運力に富んでいる作用を持っています。

２０２０年４月23日に岡江久美子さんが亡くなったのには、著者として唖然とするほかありませんでした。

岡江久美子さんは、１９５６年８月23日生まれの東京都世田谷区出身で、まだ63歳でした。

生日干支は「壬戌《みずのえいぬ》」、立運５歳３か月で逆行です。

大運の**第６運**干支は「戊寅《つちのえとら》」、大運星は偏官の殺星です。

大運の山となる直前で、運命的に亡くなる年齢ではありませんでした。

著者が若いころは、大和田獏さんのファンでした。愛妻を先に失くす悲しみは、いかばかりかと思う次第です。

大運星は、全部で10種類です。財星などの吉星の作用を上手に使って、成功を収め幸せに導くのが大運星の意義なのですが、成功する前に大きな失敗をしてはいけません。一番凶となりやすい大運星が、偏官の殺星です。吉を手にする前に、まず凶を避けます。

常に、日干を強くする開運を志してください。一番の開運であり、寿命を延ばす方法は、陰徳を積むことです。自分なりの陰徳を探して実践します。仏壇に手を合わせる、お墓参りをするのもよいでしょう。

せっかく陰徳を積んでも、人を罵ったり、人を恨んでは、陰徳の効果がマイナスになります。

第５運

16.己卯

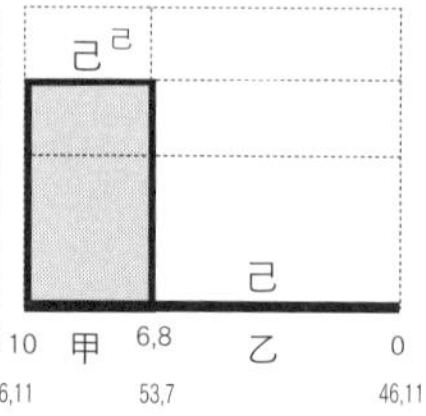

正官 正官		正官
食神		傷官

第６運

15.戊寅

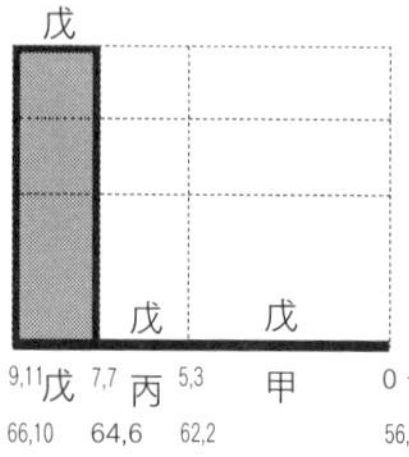

偏官	偏官	偏官
偏官	偏財	食神

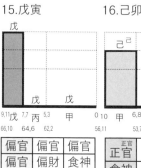

『手取り解説』四柱推命と他の干支システムの占術

【時空】
壬寅　壬子　己酉　丁卯
【課】
人元：　乙　木死
貴神：壬申　金旺　用爻
将神：乙亥　水相
地分：　丑　土休
【行運】
２０２３年　癸卯
２０２４年　甲辰
……

【時空】
壬寅　壬子　己酉　丁卯
【式盤】

玄武 休門己 天芮辛	九地 生門丁 天柱乙	九天 傷門癸 天心己
白虎 開門乙 天英庚		直符 杜門戊 天蓬丁
六合 驚門辛 天輔丙	太陰 死門庚 天冲戊	騰蛇 景門丙 天任癸

【行運】
7時～9時　戊辰
9時～11時　己巳
……

四柱推命は、他の干支を使った占術と比べると特殊です。たとえば、命理と卜占の違いがありますが、「六壬神課金口訣《りくじんしんかきんくけつ》」で、２０２２年12月22日6時に占うと式は上のようになります。

【時空】が占った日時の干支
【課】と呼ぶ吉凶判断の干支
【行運】と呼ぶ将来の干支

の3か所がポイントです。時空干支は、課の干支を求めるための土台です。時空だけで占うことはありません。

「奇門遁甲《きもんとんこう》」であれば、式盤は上のようになります。

時空干支は、あくまでも式盤を作成するための基礎でしかありません。

しかし四柱推命は【時空】自体が【命式】なのです。

【時空＝命式】
壬寅　壬子　己酉　丁卯
【大運・第１運】順行
癸丑
【行運】
２０２８年　戊申
２０２９年　己酉
……

【時空】
壬寅　壬子　己酉　丁卯
【命式】
壬寅　壬子　己酉　丁卯
【行運】
２０２３年　癸卯
２０２４年　甲辰
……

時空である誕生日の干支を使って占うのですから、時空の干支の中に吉凶を求めています。

吉凶判断をするための課や式盤がないのです。

上の時空の時間に生まれた赤ちゃんがいれば、時空が命式になっています。

時空と命式が同じ干支で、正しい吉凶判断ができるのでしょうか？

著者は、難しいと考えます。

命式は時空なのですから、あくまでも命式は先天運を示しているのです。言い換えれば、その人の特質や気質、行動などの傾向が見えるだけです。

では、四柱推命に課や式盤に相当するものがあるのかと言いますと、それが【大運】だと考えます。

上のように【大運・第1運】であれば「癸丑」が【時空＝命式】の干支から影響を受け、【行運】の干支に作用します。吉凶判断は、大運と行運でするわけです。このように、3か所のポイントを使って初めて正しい結果を得ることができます。

正玄流の命式は特殊ですから、四柱推命を知っている読者は、各自の流派で占っても問題ありません。

しかし、大運を使用する際は、必ず大運天干を2つ前にずらしてみてください。大運を吉凶判断に取り入れれば、開運をする方法が見つかります。

占い師であれば、相談者が満足して帰ることも大切ですが、凶を避け吉を呼び込むアドバイスをしたいものです。

最後に、四柱推命は宋時代から研究された占術ですが、六壬神課金口訣は孫臏が作ったというのを信じれば、紀元前の戦国時代で、四柱推命より千年以上古い占術です。

中国では、四柱推命は金口訣を参考にしたという話があります。したがって、金口訣の吉凶判断方法が四柱推命に取り入れられています。確かに、格局を用いる、十二支の相互関係を用いる、神殺星を用いる、納音を用いるなど、その判断方法は類似しています。

これらは金口訣では、絶対的な判断方法なのですが、著者が四柱推命で実践した限り疑問点しか残りませんでした。

正玄流四柱推命は、黄帝復古暦をスタート地点として、明や清時代の吉凶手法のほとんどを排斥し、変通星だけを用いる新しく築き上げた占術です。

本書の一部に「外神」法を記載しましたが、「外神」法はまだ研究段階の判断手法です。読者の中に、正玄流に賛同される方がいれば是非とも研究していただきたいと思います。

あとがき

２０２１年12月、神田沙也加さんが亡くなりました。あまりにも運命の残酷さに怒りを覚え「大運」の本を出版したいと思いつきました。

YouTuberのＨＩＫＡＫＩＮさんや、ベートーベンなどの音楽家も取り上げようとしたのですが、生時が不明で命式を解析できませんでした。機会が得られれば、取り上げてみたいと思います。本書では、有名人の生時を調べるのに、２ちゃんねるを使わせてもらいましたので、西村博之氏にお礼申し上げます。

古代、「四柱推命」は「六壬神《りくじんしん》課《か》金《きん》口訣《くけつ》」を基にして作られたと言われています。

【時空】

年	月	日	時
壬寅	辛亥	庚午	癸未
空亡	戌亥・水		

【課】

人元	辛	金休	
貴神	壬午	火死	
将神	丙子	水旺	用爻
地分	巳	火死	

２０２２年11月、本書の第３章を書き始めたときに、いつ出版が決まるかを金口訣で占った課があります。予定では、４月ごろに書き終わりたいと思いながら。

金口訣での判断の一部を記載します。

◎判断の中心となる「用爻《ようこう》」が決まります。将神《しょうしん》の子水《ねすい》です。

◎子《ね》は旺で強いのですが「空亡《くうぼう》」です。午巳丙《うまみへい》の３火に囲まれ、水が蒸発しますが、空亡で水はありません。また、亥《い》月で用爻子《ね》は強くなっています。

◎「時空《じくう》」と「課《か》」で、壬癸辛《じんきしん》の「三奇《さんき》」が成立しています。知り合いの助けを得られます。
◎「丙辛干合《へいしんかんごう》」は、用爻丙《へい》から外部辛《しん》へ連絡を取ります。
◎貴神の午《うま》と将神の子《ね》は「冲《ちゅう》」です。出版に向けて動き出します。
◎子《ね》と巳《み》は「絶《ぜつ》」なのですが、亥《い》月の「駅馬《えきば》」は巳《み》です。地分《ちぶん》の巳《み》はスタートを意味し出版は早くなります。

以上の判断より、用爻の空亡が解けそうな子月の12月に、出版社に原稿を送れば、最高の結果を得られるとしました。

結果は、12月に太玄社の今井社長より、良い返事をいただきました。

この判断文章に記載した「空亡」「冲」などの用語は、金口訣では重要な判断要素です。そして、四柱推命にもそのままの用語が使われます。

しかし、四柱推命でこれらの判断要素を使っても、著者は当たらないと考えています。それは、四柱推命が金口訣の「時空部分」のみを取り出して「命式《めいしき》」にしたからです。

四柱推命を正しく判断するには、「大運」を見なくてはいけません。大運を見ないで、命式だけで判断するのは、片翼のない鳥のようなものです。

読者も、自分の大運図を作成してみてください。何歳のときが谷間運であり、山ができるかを知るだけでも、人生設計を築くことができます。大きな事業を始める時期を谷間運にすると、変動が激しく困難に陥りやすくなります。谷間運が来る前に準備を終わらせておくべきです。

そして、もう一つ大切なことは、偏官大運星の殺運と偏印大運星の倒食運を知ることです。凶運は、知っていれば避けることが可能です。

偏官大運星は、無理な行動や突出した行動を取りやすくなります。慎重に対処していけば無事に乗り切ることでしょう。日常生活に偏りを作らず、早寝早起きではありませんが、規則正しい生活をして凶意をはね返します。

本書で使わせていただいた亡くなられた方は、読者に偏官大運星の怖さを知ってもらいたかったからです。亡くなられたご親族には、不愉快な部分があるかも知れませんので、お詫び申し上げます。

さて、開運の第一歩は、日干の我を運気的に強くすることです。

一番簡単な我を強くする方法は、ラッキーカラーを身に着けることでしょう。

日干が甲・乙は青色、丙・丁は赤色、戊・己は黄色、庚・辛は白色、壬・癸は黒色です。

日干を強くするのですから、上着の色ではなく下着の色です。鞄の色ではなく財布の色です。他人から見えない場所にあるものに使います。

せっかく仕事の大成功運が巡って来ても、日干が弱くてはつかめません。せっかくの大財運が巡って来ても、日干が弱くては得られません。

まずは、日干を強くしてから、求める変通星の十干を強くするのです。

ただ、ラッキーカラーで寿命を延ばすのは難しいです。もし、寿命を延ばしたければ、陰徳を積んでください。大運図の偏官殺運の倒れる時期を乗り越えている方々は、確かに多くの陰徳を積んでいました。

方位や風水を使って開運するのは難しいです。特に方位学は、行く方位が吉方位でも、帰りは凶方位になりやすいのです。平安時代の貴族が好んで使っていた「方違《かたたが》え」を使用しないといけません。

また、風水も良いのですが、中国には吉凶理論が矛盾する流派がたくさんあります。その点、「西に黄色いものを置く」という日本流風水には好感が持てます。

読者が、平穏な人生を送るのではなく、主人公として大成功する人生を送ることを祈っています。

最後に、太玄社の今井博揮社長と編集者の初鹿野剛さんにお礼を申し上げます。

また、元同僚の川口純子先生に校正をお願いしました。

似顔絵は、Ｎaoさんに描いてもらいました。

ありがとうございました。


２０２３年（令和５年）癸卯年、壬寅月、吉日

追記
もし読者の中に、占い師で中国占術を使いたい方がいらっしゃるなら、命理と卜占は必須でしょう。卜占は江戸時代より易が盛んですが、著者の体験では、周易や断易よりも金口訣《きんくけつ》が的中率は高いです。中国の米鴻賓《ミイホンビン》先生は、中国式のナンバーズを予測し的中させることができます。本書と同時期に「六壬神課金口訣心髄《しんずい》指要《しよう》」の訳本が太玄社より出版されますので、興味のある方はお読みください。二千年前の中国占術の真髄を垣間見ることができます。
また、正玄流の大運図を印刷するソフト（有料）を自作中です。著者サイト「干支八卦研」をご覧ください。

附録

附表1　年干支・月干支表（時差・均時差を修正しません）
附表2　日干支表（時差・均時差を修正します）
附表3　命式・大運記入表（切り取り可）
附表4　大運図・順行（切り取り可）
附表5　大運図・逆行（切り取り可）

※節入り時刻は、国立天文台暦要項に基づいて作成しています。

1950年　庚寅年　蔵干（戊・丙・甲）　立春2月4日18：21

1月	2 乙丑	余	癸	6日 06:39～	5月	6 己巳	余	戊	6日 11:25～	9月	10 癸酉	余	庚	8日 14:34～
		中	辛	15日 02:57～			中	庚	11日 16:14～					
		正	己	18日 01:43～			正	丙	21日 00:45～			正	辛	18日 20:03～
2月	3 丙寅	余	戊	4日 18:21～	6月	7 庚午	余	丙	6日 15:51～	10月	11 甲戌	余	辛	9日 05:52～
		中	丙	11日 16:55～			中	己	17日 03:43～			中	丁	18日 06:43～
		正	甲	18日 15:30～			正	丁	26日 14:01～			正	戊	21日 07:00～
3月	4 丁卯	余	甲	6日 12:36～	7月	8 辛未	余	丁	8日 02:14～	11月	12 乙亥	余	戊	8日 08:44～
		中					中	乙	17日 12:20～			中	甲	15日 09:00～
		正	乙	16日 14:42～			正	己	20日 15:42～			正	壬	20日 05:47～
4月	5 戊辰	余	乙	5日 17:45～	8月	9 壬申	余	己	8日 11:56～	12月	13 丙子	余	壬	8日 01:22～
		中	癸	14日 23:03～			中	壬	18日 20:00～					
		正	戊	18日 00:49～			正	庚	22日 10:42～			正	癸	17日 21:27～

1951年　辛卯年　蔵干（　・　・乙）　立春2月5日00：14

1月	14 丁丑	余	癸	6日 12:31～	5月	18 辛巳	余	戊	6日 17:10～	9月	22 乙酉	余	庚	8日 20:19～
		中	辛	15日 08:49～			中	庚	11日 21:58～					
		正	己	18日 07:36～			正	丙	21日 06:29～			正	辛	19日 01:48～
2月	15 戊寅	余	戊	5日 00:14～	6月	19 壬午	余	丙	6日 21:33～	10月	23 丙戌	余	辛	9日 11:37～
		中	丙	11日 22:48～			中	己	17日 09:24～			中	丁	18日 12:28～
		正	甲	18日 21:22～			正	丁	26日 19:42～			正	戊	21日 12:45～
3月	16 己卯	余	甲	6日 18:27～	7月	20 癸未	余	丁	8日 07:54～	11月	24 丁亥	余	戊	8日 14:27～
		中					中	乙	17日 18:01～			中	甲	15日 14:42～
		正	乙	16日 20:32～			正	己	20日 21:23～			正	壬	20日 11:29～
4月	17 庚辰	余	乙	5日 23:33～	8月	21 甲申	余	己	8日 17:38～	12月	25 戊子	余	壬	8日 07:03～
		中	癸	15日 04:50～			中	壬	19日 01:43～					
		正	戊	18日 06:35～			正	庚	22日 16:26～			正	癸	18日 03:08～

1952年　壬辰年　蔵干（乙・癸・戊）　立春2月5日05：54

1月	26 己丑	余	癸	6日 18:10～	5月	30 癸巳	余	戊	5日 22:54～	9月	34 丁酉	余	庚	8日 02:14～
		中	辛	15日 14:29～			中	庚	11日 03:43～					
		正	己	18日 13:15～			正	丙	20日 12:15～			正	辛	18日 07:44～
2月	27 庚寅	余	戊	5日 05:54～	6月	31 甲午	余	丙	6日 03:21～	10月	35 戊戌	余	辛	8日 17:33～
		中	丙	12日 04:28～			中	己	16日 15:13～			中	丁	17日 18:23～
		正	甲	19日 03:03～			正	丁	26日 01:32～			正	戊	20日 18:40～
3月	28 辛卯	余	甲	6日 00:08～	7月	32 乙未	余	丁	7日 13:45～	11月	36 己亥	余	戊	7日 20:22～
		中					中	乙	16日 15:13～			中	甲	14日 20:37～
		正	乙	16日 02:14～			正	己	20日 03:15～			正	壬	19日 17:23～
4月	29 壬辰	余	乙	5日 05:16～	8月	33 丙申	余	己	7日 23:32～	12月	37 庚子	余	壬	7日 12:56～
		中	癸	14日 10:33～			中	壬	18日 07:37～					
		正	戊	17日 12:19～			正	庚	21日 22:20～			正	癸	17日 09:01～

1953年　癸巳年　蔵干（戊・庚・丙）　立春2月4日11：47

1月	38 辛丑	余	癸	6日 00:03～	5月	42 乙巳	余	戊	6日 04:53～	9月	46 己酉	余	庚	8日 08:10～
		中	辛	14日 20:22～			中	庚	11日 09:41～					
		正	己	17日 19:08～			正	丙	20日 18:13～			正	辛	18日 13:34～
2月	39 壬寅	余	戊	4日 11:47～	6月	43 丙午	余	丙	6日 09:17～	10月	47 庚戌	余	辛	8日 23:11～
		中	丙	11日 10:22～			中	己	16日 21:07～			中	丁	18日 00:02～
		正	甲	18日 08:57～			正	丁	26日 07:24～			正	戊	21日 00:19～
3月	40 癸卯	余	甲	6日 06:03～	7月	44 丁未	余	丁	7日 19:35～	11月	48 辛亥	余	戊	8日 02:02～
		中					中	乙	17日 05:41～			中	甲	15日 02:17～
		正	乙	16日 08:09～			正	己	20日 09:03～			正	壬	19日 23:04～
4月	41 甲辰	余	乙	5日 11:13～	8月	45 戊申	余	己	8日 05:15～	12月	49 壬子	余	壬	7日 18:38～
		中	癸	14日 16:31～			中	壬	18日 13:19～					
		正	戊	17日 18:17～			正	庚	22日 04:01～			正	癸	17日 14:43～

1954年　甲午年　蔵干（　・己・丁）　立春2月4日17：31

1月	50癸丑	余	癸	6日 05:46～	5月	54丁巳	余	戊	6日 10:39～	9月	58辛酉	余	庚	8日 13:38～
		中	辛	15日 02:05～			中	庚	11日 15:27～					
		正	己	18日 00:52～			正	丙	20日 23:58～			正	辛	18日 19:08～
2月	51甲寅	余	戊	4日 17:31～	6月	55戊午	余	丙	6日 15:01～	10月	59壬戌	余	辛	9日 04:58～
		中	丙	11日 16:06～			中	己	17日 02:51～			中	丁	18日 05:49～
		正	甲	18日 14:42～			正	丁	26日 13:09～			正	戊	21日 06:07～
3月	52乙卯	余	甲	6日 11:49～	7月	56己未	余	丁	8日 01:20～	11月	60癸亥	余	戊	8日 07:51～
		中					中	乙	17日 11:26～			中	甲	15日 08:07～
		正	乙	16日 13:56～			正	己	20日 14:48～			正	壬	20日 04:54～
4月	53丙辰	余	乙	5日 17:00～	8月	57庚申	余	己	8日 11:00～	12月	1甲子	余	壬	8日 00:29～
		中	癸	14日 22:17～			中	壬	18日 19:04～					
		正	戊	18日 00:03～			正	庚	22日 09:46～			正	癸	17日 20:34～

1955年　乙未年　蔵干（丁・乙・己）　立春2月4日23：18

1月	2乙丑	余	癸	6日 11:37～	5月	6己巳	余	戊	6日 16:18～	9月	10癸酉	余	庚	8日 19:32～
		中	辛	15日 07:55～			中	庚	11日 21:07～					
		正	己	18日 06:41～			正	丙	21日 05:38～			正	辛	19日 01:02～
2月	3丙寅	余	戊	4日 23:18～	6月	7庚午	余	丙	6日 20:44～	10月	11甲戌	余	辛	9日 10:53～
		中	丙	11日 21:52～			中	己	17日 08:35～			中	丁	18日 11:44～
		正	甲	18日 20:27～			正	丁	26日 18:54～			正	戊	21日 12:02～
3月	4丁卯	余	甲	6日 17:32～	7月	8辛未	余	丁	8日 07:06～	11月	12乙亥	余	戊	8日 13:46～
		中					中	乙	17日 17:13～			中	甲	15日 14:02～
		正	乙	16日 19:37～			正	己	20日 20:36～			正	壬	20日 10:49～
4月	5戊辰	余	乙	5日 22:39～	8月	9壬申	余	己	8日 16:51～	12月	13丙子	余	壬	8日 06:24～
		中	癸	15日 03:56～			中	壬	19日 00:56～					
		正	戊	18日 05:42～			正	庚	22日 15:39～			正	癸	18日 02:29～

1956年　丙申年　蔵干（己・壬・庚）　立春2月5日05：13

1月	14丁丑	余	癸	6日 17:31～	5月	18辛巳	余	戊	5日 22:10～	9月	22乙酉	余	庚	8日 01:20～
		中	辛	15日 13:49～			中	庚	11日 02:59～					
		正	己	18日 12:35～			正	丙	20日 11:30～			正	辛	18日 06:49～
2月	15戊寅	余	戊	5日 05:13～	6月	19壬午	余	丙	6日 02:36～	10月	23丙戌	余	辛	8日 16:37～
		中	丙	12日 03:47～			中	己	16日 14:28～			中	丁	17日 17:28～
		正	甲	19日 02:21～			正	丁	26日 00:46～			正	戊	20日 17:45～
3月	16己卯	余	甲	5日 23:25～	7月	20癸未	余	丁	7日 12:59～	11月	24丁亥	余	戊	7日 19:27～
		中					中	乙	16日 23:05～			中	甲	14日 19:42～
		正	乙	16日 01:30～			正	己	20日 02:27～			正	壬	19日 16:29～
4月	17庚辰	余	乙	5日 04:32～	8月	21甲申	余	己	7日 22:41～	12月	25戊子	余	壬	7日 12:03～
		中	癸	14日 09:49～			中	壬	18日 06:45～					
		正	戊	17日 11:35～			正	庚	21日 21:28～			正	癸	17日 08:08～

1957年　丁酉年　蔵干（　・　・辛）　立春2月4日10：55

1月	26己丑	余	癸	5日 23:11～	5月	30癸巳	余	戊	6日 03:59～	9月	34丁酉	余	庚	8日 07:13～
		中	辛	14日 19:30～			中	庚	11日 08:48～					
		正	己	17日 18:16～			正	丙	20日 17:19～			正	辛	18日 12:42～
2月	27庚寅	余	戊	4日 10:55～	6月	31甲午	余	丙	6日 08:25～	10月	35戊戌	余	辛	8日 22:31～
		中	丙	11日 09:30～			中	己	16日 20:17～			中	丁	17日 23:22～
		正	甲	18日 08:05～			正	丁	26日 06:36～			正	戊	20日 23:39～
3月	28辛卯	余	甲	6日 05:11～	7月	32乙未	余	丁	7日 18:49～	11月	36己亥	余	戊	8日 01:21～
		中					中	乙	17日 04:56～			中	甲	15日 01:36～
		正	乙	16日 07:17～			正	己	20日 08:18～			正	壬	19日 22:23～
4月	29壬辰	余	乙	5日 10:19～	8月	33丙申	余	己	8日 04:33～	12月	37庚子	余	壬	7日 17:57～
		中	癸	14日 15:37～			中	壬	18日 12:38～					
		正	戊	17日 17:23～			正	庚	22日 03:20～			正	癸	17日 14:02～

1958年　戊戌年　蔵干(辛・丁・戊)　立春2月4日16：50

月	干支		蔵干	日時	月	干支		蔵干	日時	月	干支		蔵干	日時
1月	38辛丑	余	癸	6日 05:05～	5月	42乙巳	余	戊	6日 09:50～	9月	46己酉	余	庚	8日 13:00～
		中	辛	15日 01:24～			中	庚	11日 14:38～					
		正	己	18日 00:11～			正	丙	20日 23:09～			正	辛	18日 18:30～
2月	39壬寅	余	戊	4日 16:50～	6月	43丙午	余	丙	6日 14:13～	10月	47庚戌	余	辛	9日 04:20～
		中	丙	11日 15:25～			中	己	17日 02:04～			中	丁	18日 05:11～
		正	甲	18日 14:00～			正	丁	26日 12:22～			正	戊	21日 05:29～
3月	40癸卯	余	甲	6日 11:06～	7月	44丁未	余	丁	8日 00:34～	11月	48辛亥	余	戊	8日 07:13～
		中					中	乙	17日 10:41～			中	甲	15日 07:29～
		正	乙	16日 13:11～			正	己	20日 14:03～			正	壬	20日 04:15～
4月	41甲辰	余	乙	5日 16:13～	8月	45戊申	余	己	8日 10:18～	12月	49壬子	余	壬	7日 23:50～
		中	癸	14日 21:30～			中	壬	18日 18:23～					
		正	戊	17日 23:15～			正	庚	22日 09:06～			正	癸	17日 19:55～

1959年　己亥年　蔵干(戊・甲・壬)　立春2月4日22：43

月	干支		蔵干	日時	月	干支		蔵干	日時	月	干支		蔵干	日時
1月	50癸丑	余	癸	6日 10:59～	5月	54丁巳	余	戊	6日 15:39～	9月	58辛酉	余	庚	8日 18:49～
		中	辛	15日 07:18～			中	庚	11日 20:27～					
		正	己	18日 06:04～			正	丙	21日 04:58～			正	辛	19日 00:20～
2月	51甲寅	余	戊	4日 22:43～	6月	55戊午	余	丙	6日 20:01～	10月	59壬戌	余	辛	9日 10:11～
		中	丙	11日 21:17～			中	己	17日 07:51～			中	丁	18日 11:02～
		正	甲	18日 19:52～			正	丁	26日 18:09～			正	戊	21日 11:10～
3月	52乙卯	余	甲	6日 16:57～	7月	56己未	余	丁	8日 06:20～	11月	60癸亥	余	戊	8日 13:03～
		中					中	乙	17日 16:27～			中	甲	15日 13:18～
		正	乙	16日 19:02～			正	己	20日 19:50～			正	壬	20日 10:05～
4月	53丙辰	余	乙	5日 22:04～	8月	57庚申	余	己	8日 16:05～	12月	1甲子	余	壬	8日 05:38～
		中	癸	15日 03:20～			中	壬	19日 00:11～					
		正	戊	18日 05:06～			正	庚	22日 14:54～			正	癸	18日 01:42～

1960年　庚子年　蔵干(　・　・癸)　立春2月5日04：23

月	干支		蔵干	日時	月	干支		蔵干	日時	月	干支		蔵干	日時
1月	2乙丑	余	癸	6日 16:43～	5月	6己巳	余	戊	5日 21:23～	9月	10癸酉	余	庚	8日 00:46～
		中	辛	15日 13:01～			中	庚	11日 02:12～					
		正	己	18日 11:47～			正	丙	20日 10:43～			正	辛	18日 06:17～
2月	3丙寅	余	戊	5日 04:23～	6月	7庚午	余	丙	6日 01:48～	10月	11甲戌	余	辛	8日 16:09～
		中	丙	12日 02:57～			中	己	16日 13:40～			中	丁	17日 17:00～
		正	甲	19日 01:31～			正	丁	26日 00:00～			正	戊	20日 17:18～
3月	4丁卯	余	甲	5日 22:36～	7月	8辛未	余	丁	7日 12:13～	11月	12乙亥	余	戊	7日 19:02～
		中					中	乙	16日 22:21～			中	甲	14日 19:17～
		正	乙	16日 00:42～			正	己	20日 01:43～			正	壬	19日 16:04～
4月	5戊辰	余	乙	5日 03:44～	8月	9壬申	余	己	7日 22:00～	12月	13丙子	余	壬	7日 11:38～
		中	癸	14日 09:01～			中	壬	18日 06:07～					
		正	戊	17日 10:47～			正	庚	21日 20:50～			正	癸	17日 07:42～

1961年　辛丑年　蔵干(癸・辛・己)　立春2月4日10：23

月	干支		蔵干	日時	月	干支		蔵干	日時	月	干支		蔵干	日時
1月	14丁丑	余	癸	5日 22:43～	5月	18辛巳	余	戊	6日 03:21～	9月	22乙酉	余	庚	8日 06:29～
		中	辛	14日 19:01～			中	庚	11日 08:10～					
		正	己	17日 17:47～			正	丙	20日 16:41～			正	辛	18日 12:00～
2月	15戊寅	余	戊	4日 10:23～	6月	19壬午	余	丙	6日 07:46～	10月	23丙戌	余	辛	8日 21:51～
		中	丙	11日 08:57～			中	己	16日 19:37～			中	丁	17日 22:43～
		正	甲	18日 07:31～			正	丁	26日 05:55～			正	戊	20日 23:01～
3月	16己卯	余	甲	6日 04:35～	7月	20癸未	余	丁	7日 18:07～	11月	24丁亥	余	戊	8日 00:46～
		中					中	乙	17日 04:13～			中	甲	15日 01:02～
		正	乙	16日 06:40～			正	己	20日 07:35～			正	壬	19日 21:50～
4月	17庚辰	余	乙	5日 09:42～	8月	21甲申	余	己	8日 03:48～	12月	25戊子	余	壬	7日 17:26～
		中	癸	14日 14:59～			中	壬	18日 11:53～					
		正	戊	17日 16:45～			正	庚	22日 02:36～			正	癸	17日 13:31～

1962 年　壬寅年　蔵干（戊・丙・甲）　立春 2 月 4 日 16：18

1月	26己丑	余	癸	6日 04:35～	5月	30癸巳	余	戊	6日 09:09～	9月	34丁酉	余	庚	8日 12:16～
		中	辛	15日 00:53～			中	庚	11日 13:57～					
		正	己	17日 23:40～			正	丙	20日 22:28～			正	辛	18日 17:47～
2月	27庚寅	余	戊	4日 16:18～	6月	31甲午	余	丙	6日 13:31～	10月	35戊戌	余	辛	9日 03:38～
		中	丙	11日 14:52～			中	己	17日 01:22～			中	丁	18日 04:31～
		正	甲	18日 13:26～			正	丁	26日 11:40～			正	戊	21日 04:48～
3月	28辛卯	余	甲	6日 10:30～	7月	32乙未	余	丁	7日 23:51～	11月	36己亥	余	戊	8日 06:35～
		中					中	乙	17日 09:57～			中	甲	15日 06:52～
		正	乙	16日 12:34～			正	己	20日 13:20～			正	壬	20日 03:39～
4月	29壬辰	余	乙	5日 15:34～	8月	33丙申	余	己	8日 09:34～	12月	37庚子	余	壬	7日 23:17～
		中	癸	14日 20:50～			中	壬	18日 17:39～					
		正	戊	17日 22:36～			正	庚	22日 08:22～			正	癸	17日 19:23～

1963 年　癸卯年　蔵干（　・　・乙）　立春 2 月 4 日 22：08

1月	38辛丑	余	癸	6日 10:27～	5月	42乙巳	余	戊	6日 14:52～	9月	46己酉	余	庚	8日 18:12～
		中	辛	15日 06:45～			中	庚	11日 19:40～					
		正	己	18日 05:31～			正	丙	21日 04:11～			正	辛	18日 23:43～
2月	39壬寅	余	戊	4日 22:08～	6月	43丙午	余	丙	6日 19:14～	10月	47庚戌	余	辛	9日 09:36～
		中	丙	11日 20:41～			中	己	17日 07:06～			中	丁	18日 10:29～
		正	甲	18日 19:14～			正	丁	26日 17:25～			正	戊	21日 10:46～
3月	40癸卯	余	甲	6日 16:17～	7月	44丁未	余	丁	8日 05:38～	11月	48辛亥	余	戊	8日 12:33～
		中					中	乙	17日 15:46～			中	甲	15日 12:49～
		正	乙	16日 18:21～			正	己	20日 19:09～			正	壬	20日 09:37～
4月	41甲辰	余	乙	5日 21:19～	8月	45戊申	余	己	8日 15:26～	12月	49壬子	余	壬	8日 05:13～
		中	癸	15日 02:34～			中	壬	18日 23:33～					
		正	戊	18日 04:20～			正	庚	22日 14:16～			正	癸	18日 01:19～

1964 年　甲辰年　蔵干（乙・癸・戊）　立春 2 月 5 日 04：05

1月	50癸丑	余	癸	6日 16:23～	5月	54丁巳	余	戊	5日 20:51～	9月	58辛酉	余	庚	7日 24:00～
		中	辛	15日 12:41～			中	庚	11日 01:39～					
		正	己	18日 11:27～			正	丙	20日 10:09～			正	辛	18日 05:30～
2月	51甲寅	余	戊	5日 04:05～	6月	55戊午	余	丙	6日 01:12～	10月	59壬戌	余	辛	8日 15:22～
		中	丙	12日 02:38～			中	己	16日 13:03～			中	丁	17日 16:13～
		正	甲	19日 01:12～			正	丁	25日 23:21～			正	戊	20日 16:31～
3月	52乙卯	余	甲	5日 22:16～	7月	56己未	余	丁	7日 11:32～	11月	60癸亥	余	戊	7日 18:15～
		中					中	乙	16日 21:39～			中	甲	14日 18:31～
		正	乙	16日 00:20～			正	己	20日 01:01～			正	壬	19日 15:18～
4月	53丙辰	余	乙	5日 03:18～	8月	57庚申	余	己	7日 21:16～	12月	1甲子	余	壬	7日 10:53～
		中	癸	14日 08:33～			中	壬	18日 05:22～					
		正	戊	17日 10:19～			正	庚	21日 20:05～			正	癸	17日 06:58～

1965 年　乙巳年　蔵干（戊・庚・丙）　立春 2 月 4 日 09：46

1月	2乙丑	余	癸	5日 22:02～	5月	6己巳	余	戊	6日 02:42～	9月	10癸酉	余	庚	8日 05:48～
		中	辛	14日 18:21～			中	庚	11日 07:30～					
		正	己	17日 17:07～			正	丙	20日 16:00～			正	辛	18日 11:19～
2月	3丙寅	余	戊	4日 09:46～	6月	7庚午	余	丙	6日 07:02～	10月	11甲戌	余	辛	8日 21:11～
		中	丙	11日 08:20～			中	己	16日 18:52～			中	丁	17日 22:03～
		正	甲	18日 06:55～			正	丁	26日 05:10～			正	戊	20日 22:21～
3月	4丁卯	余	甲	6日 04:01～	7月	8辛未	余	丁	7日 17:21～	11月	12乙亥	余	戊	8日 00:07～
		中					中	乙	17日 03:28～			中	甲	15日 00:23～
		正	乙	16日 06:06～			正	己	20日 06:50～			正	壬	19日 21:10～
4月	5戊辰	余	乙	5日 09:07～	8月	9壬申	余	己	8日 03:05～	12月	13丙子	余	壬	7日 16:46～
		中	癸	14日 14:23～			中	壬	18日 11:11～					
		正	戊	17日 16:09～			正	庚	22日 01:54～			正	癸	17日 12:51～

1966年　丙午年　蔵干(　・己・丁)　立春2月4日15：38

1月	14 丁丑	余	癸	6日 03:55〜	5月	18 辛巳	余	戊	6日 08:30〜	9月	22 乙酉	余	庚	8日 11:32〜
		中	辛	15日 00:13〜			中	庚	11日 13:18〜					
		正	己	17日 23:00〜			正	丙	20日 21:48〜			正	辛	18日 17:04〜
2月	15 戊寅	余	戊	4日 15:38〜	6月	19 壬午	余	丙	6日 12:50〜	10月	23 丙戌	余	辛	9日 02:57〜
		中	丙	11日 14:12〜			中	己	17日 00:40〜			中	丁	18日 03:50〜
		正	甲	18日 12:47〜			正	丁	26日 10:57〜			正	戊	21日 04:08〜
3月	16 己卯	余	甲	6日 09:52〜	7月	20 癸未	余	丁	7日 23:07〜	11月	24 丁亥	余	戊	8日 05:56〜
		中					中	乙	17日 09:13〜			中	甲	15日 06:13〜
		正	乙	16日 11:57〜			正	己	20日 12:35〜			正	壬	20日 03:00〜
4月	17 庚辰	余	乙	5日 14:57〜	8月	21 甲申	余	己	8日 08:49〜	12月	25 戊子	余	壬	7日 22:38〜
		中	癸	14日 20:12〜			中	壬	18日 16:55〜					
		正	戊	17日 21:58〜			正	庚	22日 07:38〜			正	癸	17日 18:44〜

1967年　丁未年　蔵干(丁・乙・己)　立春2月4日21：31

1月	26 己丑	余	癸	6日 09:49〜	5月	30 癸巳	余	戊	6日 14:17〜	9月	34 丁酉	余	庚	8日 17:18〜
		中	辛	15日 06:07〜			中	庚	11日 19:05〜					
		正	己	18日 04:53〜			正	丙	21日 03:34〜			正	辛	18日 22:49〜
2月	27 庚寅	余	戊	4日 21:31〜	6月	31 甲午	余	丙	6日 18:36〜	10月	35 戊戌	余	辛	9日 08:41〜
		中	丙	11日 20:04〜			中	己	17日 06:26〜			中	丁	18日 09:34〜
		正	甲	18日 18:38〜			正	丁	26日 16:43〜			正	戊	21日 09:51〜
3月	28 辛卯	余	甲	6日 15:42〜	7月	32 乙未	余	丁	8日 04:53〜	11月	36 己亥	余	戊	8日 11:38〜
		中					中	乙	17日 14:59〜			中	甲	15日 11:54〜
		正	乙	16日 17:46〜			正	己	20日 18:21〜			正	壬	20日 08:42〜
4月	29 壬辰	余	乙	5日 20:45〜	8月	33 丙申	余	己	8日 14:35〜	12月	37 庚子	余	壬	8日 04:18〜
		中	癸	15日 02:00〜			中	壬	18日 22:41〜					
		正	戊	18日 03:45〜			正	庚	22日 13:24〜			正	癸	18日 00:23〜

1968年　戊申年　蔵干(己・壬・庚)　立春2月5日03：08

1月	38 辛丑	余	癸	6日 15:27〜	5月	42 乙巳	余	戊	5日 19:56〜	9月	46 己酉	余	庚	7日 23:12〜
		中	辛	15日 11:45〜			中	庚	11日 00:44〜					
		正	己	18日 10:31〜			正	丙	20日 09:15〜			正	辛	18日 04:43〜
2月	39 壬寅	余	戊	5日 03:08〜	6月	43 丙午	余	丙	6日 00:19〜	10月	47 庚戌	余	辛	8日 14:35〜
		中	丙	12日 01:41〜			中	己	16日 12:11〜			中	丁	17日 15:27〜
		正	甲	19日 00:15〜			正	丁	25日 22:29〜			正	戊	20日 15:45〜
3月	40 癸卯	余	甲	5日 21:18〜	7月	44 丁未	余	丁	7日 10:42〜	11月	48 辛亥	余	戊	7日 17:30〜
		中					中	乙	16日 20:49〜			中	甲	14日 17:46〜
		正	乙	15日 23:22〜			正	己	20日 00:12〜			正	壬	19日 14:33〜
4月	41 甲辰	余	乙	5日 02:21〜	8月	45 戊申	余	己	7日 20:27〜	12月	49 壬子	余	壬	7日 10:09〜
		中	癸	14日 07:37〜			中	壬	18日 04:33〜					
		正	戊	17日 09:23〜			正	庚	21日 19:16〜			正	癸	17日 06:14〜

1969年　己酉年　蔵干(　・　・辛)　立春2月4日08：59

1月	50 癸丑	余	癸	5日 21:17〜	5月	54 丁巳	余	戊	6日 01:50〜	9月	58 辛酉	余	庚	8日 04:56〜
		中	辛	14日 17:35〜			中	庚	11日 06:38〜					
		正	己	17日 16:21〜			正	丙	20日 15:08〜			正	辛	18日 10:26〜
2月	51 甲寅	余	戊	4日 08:59〜	6月	55 戊午	余	丙	6日 06:11〜	10月	59 壬戌	余	辛	8日 20:17〜
		中	丙	11日 07:33〜			中	己	16日 18:02〜			中	丁	17日 21:09〜
		正	甲	18日 06:07〜			正	丁	26日 04:20〜			正	戊	20日 21:27〜
3月	52 乙卯	余	甲	6日 03:11〜	7月	56 己未	余	丁	7日 16:32〜	11月	60 癸亥	余	戊	7日 23:12〜
		中					中	乙	17日 02:38〜			中	甲	14日 23:28〜
		正	乙	16日 05:15〜			正	己	20日 06:00〜			正	壬	19日 20:16〜
4月	53 丙辰	余	乙	5日 08:15〜	8月	57 庚申	余	己	8日 02:14〜	12月	1 甲子	余	壬	7日 15:52〜
		中	癸	14日 13:31〜			中	壬	18日 10:19〜					
		正	戊	17日 15:17〜			正	庚	22日 01:02〜			正	癸	17日 11:58〜

1970年　庚戌年　蔵干（辛・丁・戌）　立春2月4日14：46

1月	2乙丑	余	癸	6日 03:02～	5月	6己巳	余	戊	6日 07:34～	9月	10癸酉	余	庚	8日 10:38～
		中	辛	14日 23:21～			中	庚	11日 12:21～					
		正	己	17日 22:07～			正	丙	20日 20:51～			正	辛	18日 16:09～
2月	3丙寅	余	戊	4日 14:46～	6月	7庚午	余	丙	6日 11:52～	10月	11甲戌	余	辛	9日 02:02～
		中	丙	11日 13:20～			中	己	16日 23:42～			中	丁	18日 02:54～
		正	甲	18日 11:54～			正	丁	26日 10:00～			正	戊	21日 03:12～
3月	4丁卯	余	甲	6日 08:59～	7月	8辛未	余	丁	7日 22:11～	11月	12乙亥	余	戊	8日 04:58～
		中					中	乙	17日 08:17～			中	甲	15日 05:14～
		正	乙	16日 11:03～			正	己	20日 11:40～			正	壬	20日 02:02～
4月	5戊辰	余	乙	5日 14:02～	8月	9壬申	余	己	8日 07:54～	12月	13丙子	余	壬	7日 21:38～
		中	癸	14日 19:17～			中	壬	18日 16:00～					
		正	戊	17日 21:02～			正	庚	22日 06:43～			正	癸	17日 17:43～

1971年　辛亥年　蔵干（戊・甲・壬）　立春2月4日20：26

1月	14丁丑	余	癸	6日 08:45～	5月	18辛巳	余	戊	6日 13:08～	9月	22乙酉	余	庚	8日 16:30～
		中	辛	15日 05:03～			中	庚	11日 17:56～					
		正	己	18日 03:49～			正	丙	21日 02:26～			正	辛	18日 22:03～
2月	15戊寅	余	戊	4日 20:26～	6月	19壬午	余	丙	6日 17:29～	10月	23丙戌	余	辛	9日 07:59～
		中	丙	11日 18:59～			中	己	17日 05:20～			中	丁	18日 08:52～
		正	甲	18日 17:32～			正	丁	26日 15:39～			正	戊	21日 09:10～
3月	16己卯	余	甲	6日 14:35～	7月	20癸未	余	丁	8日 03:51～	11月	24丁亥	余	戊	8日 10:57～
		中					中	乙	17日 13:59～			中	甲	15日 11:13～
		正	乙	16日 16:38～			正	己	20日 17:22～			正	壬	20日 08:00～
4月	17庚辰	余	乙	5日 19:36～	8月	21甲申	余	己	8日 13:40～	12月	25戊子	余	壬	8日 03:36～
		中	癸	15日 00:51～			中	壬	18日 21:48～					
		正	戊	18日 02:36～			正	庚	22日 12:32～			正	癸	17日 23:40～

1972年　壬子年　蔵干（　・　・癸）　立春2月5日02：20

1月	26己丑	余	癸	6日 14:42～	5月	30癸巳	余	戊	5日 19:01～	9月	34丁酉	余	庚	7日 22:15～
		中	辛	15日 10:59～			中	庚	10日 23:49～					
		正	己	18日 09:45～			正	丙	20日 08:19～			正	辛	18日 03:47～
2月	27庚寅	余	戊	5日 02:20～	6月	31甲午	余	丙	5日 23:22～	10月	35戊戌	余	辛	8日 13:42～
		中	丙	12日 00:53～			中	己	16日 11:13～			中	丁	17日 14:35～
		正	甲	18日 23:26～			正	丁	25日 21:31～			正	戊	20日 14:5～
3月	28辛卯	余	甲	5日 20:28～	7月	32乙未	余	丁	7日 09:43～	11月	36己亥	余	戊	7日 16:40～
		中					中	乙	16日 19:50～			中	甲	14日 16:56～
		正	乙	15日 22:31～			正	己	19日 23:13～			正	壬	19日 13:43～
4月	29壬辰	余	乙	5日 01:29～	8月	33丙申	余	己	7日 19:29～	12月	37庚子	余	壬	7日 09:19～
		中	癸	14日 06:44～			中	壬	18日 03:36～					
		正	戊	17日 08:29～			正	庚	21日 18:19～			正	癸	17日 05:24～

1973年　癸丑年　蔵干（癸・辛・己）　立春2月4日08：04

1月	38辛丑	余	癸	5日 20:26～	5月	42乙巳	余	戊	6日 00:46～	9月	46己酉	余	庚	8日 04:00～
		中	辛	14日 16:43～			中	庚	11日 05:34～					
		正	己	17日 15:29～			正	丙	20日 14:04～			正	辛	18日 09:33～
2月	39壬寅	余	戊	4日 08:04～	6月	43丙午	余	丙	6日 05:07～	10月	47庚戌	余	辛	8日 19:28～
		中	丙	11日 06:37～			中	己	16日 16:58～			中	丁	17日 20:22～
		正	甲	18日 05:10～			正	丁	26日 03:16～			正	戊	20日 20:40～
3月	40癸卯	余	甲	6日 02:13～	7月	44丁未	余	丁	7日 15:27～	11月	48辛亥	余	戊	7日 22:28～
		中					中	乙	17日 01:34～			中	甲	14日 22:45～
		正	乙	16日 04:16～			正	己	20日 04:57～			正	壬	19日 19:33～
4月	41甲辰	余	乙	5日 07:14～	8月	45戊申	余	己	8日 01:13～	12月	49壬子	余	壬	7日 15:11～
		中	癸	14日 12:29～			中	壬	18日 09:20～					
		正	戊	17日 14:14～			正	庚	22日 00:03～			正	癸	17日 11:16～

1974年　甲寅年　蔵干(戊・丙・甲)　立春2月4日14：00

月	月干支		蔵干	日時
1月	50 癸丑	余	癸	6日 02:20～
		中	辛	14日 22:38～
		正	己	17日 21:24～
2月	51 甲寅	余	戊	4日 14:00～
		中	丙	11日 12:33～
		正	甲	18日 11:06～
3月	52 乙卯	余	甲	6日 08:07～
		中		
		正	乙	16日 10:09～
4月	53 丙辰	余	乙	5日 13:05～
		中	癸	14日 18:19～
		正	戊	17日 20:04～
5月	54 丁巳	余	戊	6日 06:34～
		中	庚	11日 11:21～
		正	丙	20日 19:51～
6月	55 戊午	余	丙	6日 10:52～
		中	己	16日 22:42～
		正	丁	26日 09:00～
7月	56 己未	余	丁	7日 21:11～
		中	乙	17日 07:18～
		正	己	20日 10:41～
8月	57 庚申	余	己	8日 06:57～
		中	壬	18日 15:04～
		正	庚	22日 05:48～
9月	58 辛酉	余	庚	8日 09:45～
		正	辛	18日 15:18～
10月	59 壬戌	余	辛	9日 01:15～
		中	丁	18日 02:09～
		正	戊	21日 02:28～
11月	60 癸亥	余	戊	8日 04:18～
		中	甲	15日 04:36～
		正	壬	20日 01:24～
12月	1 甲子	余	壬	7日 21:05～
		正	癸	17日 17:12～

1975年　乙卯年　蔵干(　・　・乙)　立春2月4日19：59

月	月干支		蔵干	日時
1月	2 乙丑	余	癸	6日 08:18～
		中	辛	15日 04:36～
		正	己	18日 03:22～
2月	3 丙寅	余	戊	4日 19:59～
		中	丙	11日 18:32～
		正	甲	18日 17:05～
3月	4 丁卯	余	甲	6日 14:06～
		中		
		正	乙	17日 08:09～
4月	5 戊辰	余	乙	5日 19:02～
		中	癸	15日 00:15～
		正	戊	18日 02:00～
5月	6 己巳	余	戊	6日 12:27～
		中	庚	11日 17:14～
		正	丙	21日 01:42～
6月	7 庚午	余	丙	6日 16:42～
		中	己	17日 04:32～
		正	丁	26日 14:49～
7月	8 辛未	余	丁	8日 02:59～
		中	乙	17日 13:06～
		正	己	20日 16:29～
8月	9 壬申	余	己	8日 12:45～
		中	壬	18日 20:52～
		正	庚	22日 11:36～
9月	10 癸酉	余	庚	8日 15:33～
		正	辛	18日 21:06～
10月	11 甲戌	余	辛	9日 07:02～
		中	丁	18日 07:56～
		正	戊	21日 08:14～
11月	12 乙亥	余	戊	8日 10:03～
		中	甲	15日 10:20～
		正	壬	20日 07:08～
12月	13 丙子	余	壬	8日 02:47～
		正	癸	17日 22:53～

1976年　丙辰年　蔵干(乙・癸・戊)　立春2月5日01：40

月	月干支		蔵干	日時
1月	14 丁丑	余	癸	6日 13:58～
		中	辛	15日 10:16～
		正	己	18日 09:02～
2月	15 戊寅	余	戊	5日 01:40～
		中	丙	12日 00:13～
		正	甲	18日 22:46～
3月	16 己卯	余	甲	5日 19:48～
		中		
		正	乙	15日 21:51～
4月	17 庚辰	余	乙	5日 00:47～
		中	癸	14日 06:01～
		正	戊	17日 07:45～
5月	18 辛巳	余	戊	5日 18:14～
		中	庚	10日 23:01～
		正	丙	20日 07:30～
6月	19 壬午	余	丙	5日 22:31～
		中	己	16日 10:22～
		正	丁	25日 20:40～
7月	20 癸未	余	丁	7日 08:51～
		中	乙	16日 18:59～
		正	己	19日 22:22～
8月	21 甲申	余	己	7日 18:39～
		中	壬	18日 02:47～
		正	庚	21日 17:30～
9月	22 乙酉	余	庚	7日 21:28～
		正	辛	18日 03:01～
10月	23 丙戌	余	辛	8日 12:58～
		中	丁	17日 13:52～
		正	戊	20日 14:10～
11月	24 丁亥	余	戊	7日 15:59～
		中	甲	14日 20:32～
		正	壬	19日 20:18～
12月	25 戊子	余	壬	7日 08:41～
		正	癸	17日 04:47～

1977年　丁巳年　蔵干(戊・庚・丙)　立春2月4日07：34

月	月干支		蔵干	日時
1月	26 己丑	余	癸	5日 19:51～
		中	辛	14日 16:09～
		正	己	17日 14:56～
2月	27 庚寅	余	戊	4日 07:34～
		中	丙	11日 06:07～
		正	甲	18日 04:41～
3月	28 辛卯	余	甲	6日 01:44～
		中		
		正	乙	16日 03:48～
4月	29 壬辰	余	乙	5日 06:46～
		中	癸	14日 12:01～
		正	戊	17日 13:46～
5月	30 癸巳	余	戊	6日 00:16～
		中	庚	11日 05:03～
		正	丙	20日 13:32～
6月	31 甲午	余	丙	6日 04:32～
		中	己	16日 16:21～
		正	丁	26日 02:38～
7月	32 乙未	余	丁	7日 14:48～
		中	乙	17日 00:54～
		正	己	20日 04:16～
8月	33 丙申	余	己	8日 00:30～
		中	壬	18日 08:37～
		正	庚	21日 23:20～
9月	34 丁酉	余	庚	8日 03:16～
		正	辛	18日 08:49～
10月	35 戊戌	余	辛	8日 18:44～
		中	丁	17日 19:38～
		正	戊	20日 19:56～
11月	36 己亥	余	戊	7日 21:46～
		中	甲	14日 22:04～
		正	壬	19日 18:52～
12月	37 庚子	余	壬	7日 14:31～
		正	癸	17日 10:38～

1978年　戊午年　蔵干(　・己・丁)　立春2月4日13：27

1月	38 辛丑	余	癸	6日 01:44～
		中	辛	14日 22:02～
		正	己	17日 20:49～
2月	39 壬寅	余	戊	4日 13:27～
		中	丙	11日 12:00～
		正	甲	18日 10:34～
3月	40 癸卯	余	甲	6日 07:38～
		中		
		正	乙	16日 09:41～
4月	41 甲辰	余	乙	5日 12:39～
		中	癸	14日 17:54～
		正	戊	17日 19:39～
5月	42 乙巳	余	戊	6日 06:09～
		中	庚	11日 10:56～
		正	丙	20日 19:24～
6月	43 丙午	余	丙	6日 10:23～
		中	己	16日 22:12～
		正	丁	26日 08:28～
7月	44 丁未	余	丁	7日 20:37～
		中	乙	17日 06:43～
		正	己	20日 10:05～
8月	45 戊申	余	己	8日 06:18～
		中	壬	18日 14:24～
		正	庚	22日 05:07～
9月	46 己酉	余	庚	8日 09:03～
		正	辛	18日 14:36～
10月	47 庚戌	余	辛	9日 00:31～
		中	丁	18日 01:25～
		正	戊	21日 01:44～
11月	48 辛亥	余	戊	8日 03:34～
		中	甲	15日 03:52～
		正	壬	20日 00:40～
12月	49 壬子	余	壬	7日 20:20～
		正	癸	17日 16:26～

1979年　己未年　蔵干(丁・乙・己)　立春2月4日19：13

1月	50 癸丑	余	癸	6日 07:32～
		中	辛	15日 03:50～
		正	己	18日 02:36～
2月	51 甲寅	余	戊	4日 19:13～
		中	丙	11日 17:46～
		正	甲	18日 16:19～
3月	52 乙卯	余	甲	6日 13:20～
		中		
		正	乙	16日 15:22～
4月	53 丙辰	余	乙	5日 18:18～
		中	癸	14日 23:32～
		正	戊	18日 01:17～
5月	54 丁巳	余	戊	6日 11:47～
		中	庚	11日 16:34～
		正	丙	21日 01:04～
6月	55 戊午	余	丙	6日 16:05～
		中	己	17日 03:56～
		正	丁	26日 14:14～
7月	56 己未	余	丁	8日 02:25～
		中	乙	17日 12:32～
		正	己	20日 15:55～
8月	57 庚申	余	己	8日 12:11～
		中	壬	18日 20:19～
		正	庚	22日 11:02～
9月	58 辛酉	余	庚	8日 15:00～
		正	辛	18日 20:33～
10月	59 壬戌	余	辛	9日 06:30～
		中	丁	18日 07:24～
		正	戊	21日 07:43～
11月	60 癸亥	余	戊	8日 09:33～
		中	甲	15日 09:51～
		正	壬	20日 06:39～
12月	1 甲子	余	壬	8日 02:18～
		正	癸	17日 22:24～

1980年　庚申年　蔵干(己・壬・庚)　立春2月5日01：10

1月	2 乙丑	余	癸	6日 13:29～
		中	辛	15日 09:47～
		正	己	18日 08:33～
2月	3 丙寅	余	戊	5日 01:10～
		中	丙	11日 23:43～
		正	甲	18日 22:16～
3月	4 丁卯	余	甲	5日 19:17～
		中		
		正	乙	15日 21:19～
4月	5 戊辰	余	乙	5日 00:15～
		中	癸	14日 05:30～
		正	戊	17日 07:15～
5月	6 己巳	余	戊	5日 17:45～
		中	庚	10日 22:33～
		正	丙	20日 07:02～
6月	7 庚午	余	丙	5日 22:04～
		中	己	16日 09:55～
		正	丁	25日 20:13～
7月	8 辛未	余	丁	7日 08:24～
		中	乙	16日 18:31～
		正	己	19日 21:54～
8月	9 壬申	余	己	7日 18:09～
		中	壬	18日 02:15～
		正	庚	21日 16:58～
9月	10 癸酉	余	庚	7日20:54～
		正	辛	18日02:26～
10月	11 甲戌	余	辛	8日12:20～
		中	丁	17日13:13～
		正	戊	20日13:31～
11月	12 乙亥	余	戊	7日15:19～
		中	甲	14日15:36～
		正	壬	19日12:24～
12月	13 丙子	余	壬	7日08:02～
		正	癸	17日04:08～

1981年　辛酉年　蔵干(　・　・辛)　立春2月4日06：56

1月	14 丁丑	余	癸	5日 19:13～
		中	辛	14日 15:31～
		正	己	17日 14:18～
2月	15 戊寅	余	戊	4日 06:56～
		中	丙	11日 05:29～
		正	甲	18日 04:02～
3月	16 己卯	余	甲	6日 01:05～
		中		
		正	乙	16日 03:08～
4月	17 庚辰	余	乙	5日 06:05～
		中	癸	14日 11:20～
		正	戊	17日 13:05～
5月	18 辛巳	余	戊	5日 23:35～
		中	庚	11日 04:22～
		正	丙	20日 12:52～
6月	19 壬午	余	丙	6日 03:53～
		中	己	16日 15:43～
		正	丁	26日 02:01～
7月	20 癸未	余	丁	7日 14:12～
		中	乙	17日 00:19～
		正	己	20日 03:42～
8月	21 甲申	余	己	7日 23:57～
		中	壬	18日 08:04～
		正	庚	21日 22:47～
9月	22 乙酉	余	庚	8日 02:43～
		正	辛	18日 08:15～
10月	23 丙戌	余	辛	8日 18:10～
		中	丁	17日 19:03～
		正	戊	20日 19:21～
11月	24 丁亥	余	戊	7日 21:09～
		中	甲	14日 21:26～
		正	壬	19日 18:14～
12月	25 戊子	余	壬	7日 13:52～
		正	癸	17日 09:58～

1982年　壬戌年　蔵干（辛・丁・戊）　立春2月4日12：46

月	干支				月	干支				月	干支			
1月	26己丑	余	癸	6日 01:03～	5月	30癸巳	余	戊	6日 05:20～	9月	34丁酉	余	庚	8日 08:32～
		中	辛	14日 21:21～			中	庚	11日 10:07～					
		正	己	17日 20:08～			正	丙	20日 18:36～			正	辛	18日 14:05～
2月	27庚寅	余	戊	4日 12:46～	6月	31甲午	余	丙	6日 09:36～	10月	35戊戌	余	辛	9日 00:02～
		中	丙	11日 11:19～			中	己	16日 21:26～			中	丁	18日 00:56～
		正	甲	18日 09:52～			正	丁	26日 07:44～			正	戊	21日 01:14～
3月	28辛卯	余	甲	6日 06:55～	7月	32乙未	余	丁	7日 19:55～	11月	36己亥	余	戊	8日 03:04～
		中					中	乙	17日 06:03～			中	甲	15日 03:21～
		正	乙	16日 08:57～			正	己	20日 09:25～			正	壬	20日 00:09～
4月	29壬辰	余	乙	5日 11:53～	8月	33丙申	余	己	8日 05:42～	12月	37庚子	余	壬	7日 19:48～
		中	癸	14日 17:07～			中	壬	18日 13:50～					
		正	戊	17日 18:51～			正	庚	22日 04:34～			正	癸	17日 15:54～

1983年　癸亥年　蔵干（戊・甲・壬）　立春2月4日18：40

月	干支				月	干支				月	干支			
1月	38辛丑	余	癸	6日 06:59～	5月	42乙巳	余	戊	6日 11:11～	9月	46己酉	余	庚	8日 14:20～
		中	辛	15日 03:17～			中	庚	11日 15:58～					
		正	己	18日 02:03～			正	丙	21日 00:26～			正	辛	18日 19:54～
2月	39壬寅	余	戊	4日 18:40～	6月	43丙午	余	丙	6日 15:26～	10月	47庚戌	余	辛	9日 05:51～
		中	丙	11日 17:13～			中	己	17日 03:16～			中	丁	18日 06:45～
		正	甲	18日 15:46～			正	丁	26日 13:33～			正	戊	21日 07:03～
3月	40癸卯	余	甲	6日 12:47～	7月	44丁未	余	丁	8日 01:43～	11月	48辛亥	余	戊	8日 08:53～
		中					中	乙	17日 11:51～			中	甲	15日 09:10～
		正	乙	16日 14:49～			正	己	20日 15:13～			正	壬	20日 05:57～
4月	41甲辰	余	乙	5日 17:44～	8月	45戊申	余	己	8日 11:30～	12月	49壬子	余	壬	8日 01:34～
		中	癸	14日 22:58～			中	壬	18日 19:38～					
		正	戊	18日 00:42～			正	庚	22日 10:22～			正	癸	17日 21:39～

1984年　甲子年　蔵干（　・　・癸）　立春2月5日00：19

月	干支				月	干支				月	干支			
1月	50癸丑	余	癸	6日 12:41～	5月	54丁巳	余	戊	5日 16:51～	9月	58辛酉	余	庚	7日 20:10～
		中	辛	15日 08:58～			中	庚	10日 21:38～					
		正	己	18日 07:44～			正	丙	20日 06:08～			正	辛	18日 01:44～
2月	51甲寅	余	戊	5日 00:19～	6月	55戊午	余	丙	5日 21:09～	10月	59壬戌	余	辛	8日 11:43～
		中	丙	11日 22:51～			中	己	16日 09:00～			中	丁	17日 12:37～
		正	甲	18日 21:24～			正	丁	25日 19:18～			正	戊	20日 12:56～
3月	52乙卯	余	甲	5日 18:25～	7月	56己未	余	丁	7日 07:29～	11月	60癸亥	余	戊	7日 14:46～
		中					中	乙	16日 17:37～			中	甲	14日 15:03～
		正	乙	15日 20:27～			正	己	19日 21:00～			正	壬	19日 11:50～
4月	53丙辰	余	乙	4日 23:22～	8月	57庚申	余	己	7日 17:18～	12月	1甲子	余	壬	7日 07:28～
		中	癸	14日 04:36～			中	壬	18日 01:27～					
		正	戊	17日 06:21～			正	庚	21日 16:11～			正	癸	17日 03:33～

1985年　乙丑年　蔵干（癸・辛・己）　立春2月4日06：12

月	干支				月	干支				月	干支			
1月	2乙丑	余	癸	5日 18:35～	5月	6己巳	余	戊	5日 22:43～	9月	10癸酉	余	庚	8日 01:53～
		中	辛	14日 14:52～			中	庚	11日 03:30～					
		正	己	17日 13:37～			正	丙	20日 11:59～			正	辛	18日 07:27～
2月	3丙寅	余	戊	4日 06:12～	6月	7庚午	余	丙	6日 03:00～	10月	11甲戌	余	辛	8日 17:25～
		中	丙	11日 04:44～			中	己	16日 14:50～			中	丁	17日 18:20～
		正	甲	18日 03:16～			正	丁	26日 01:08～			正	戊	20日 18:38～
3月	4丁卯	余	甲	6日 00:16～	7月	8辛未	余	丁	7日 13:19～	11月	12乙亥	余	戊	7日 20:29～
		中					中	乙	16日 23:26～			中	甲	14日 20:47～
		正	乙	16日 02:18～			正	己	20日 02:49～			正	壬	19日 17:35～
4月	5戊辰	余	乙	5日 05:14～	8月	9壬申	余	己	7日 23:04～	12月	13丙子	余	壬	7日 13:16～
		中	癸	14日 10:28～			中	壬	18日 07:12～					
		正	戊	17日 12:13～			正	庚	21日 21:55～			正	癸	17日 09:22～

1986年　丙寅年　蔵干(戊・丙・甲)　立春2月4日12：08

1月	14丁丑	余	癸	6日 00:28～	5月	18辛巳	余	戊	6日 04:31～	9月	22乙酉	余	庚	8日 07:35～
		中	辛	14日 20:46～			中	庚	11日 09:18～					
		正	己	17日 19:32～			正	丙	20日 17:45～			正	辛	18日 13:09～
2月	15戊寅	余	戊	4日 12:08～	6月	19壬午	余	丙	6日 08:44～	10月	23丙戌	余	辛	8日 23:07～
		中	丙	11日 10:40～			中	己	16日 20:34～			中	丁	18日 00:02～
		正	甲	18日 09:12～			正	丁	26日 06:51～			正	戊	21日 00:21～
3月	16己卯	余	甲	6日 06:12～	7月	20癸未	余	丁	7日 19:01～	11月	24丁亥	余	戊	8日 02:13～
		中					中	乙	17日 05:08～			中	甲	15日 02:31～
		正	乙	16日 08:13～			正	己	20日 08:31～			正	壬	19日 23:20～
4月	17庚辰	余	乙	5日 11:06～	8月	21甲申	余	己	8日 04:46～	12月	25戊子	余	壬	7日 19:01～
		中	癸	14日 16:19～			中	壬	18日 12:54～					
		正	戊	17日 18:04～			正	庚	22日 03:37～			正	癸	17日 15:07～

1987年　丁卯年　蔵干(　・　・乙)　立春2月4日17：52

1月	26己丑	余	癸	6日 06:13～	5月	30癸巳	余	戊	6日 10:06～	9月	34丁酉	余	庚	8日 13:24～
		中	辛	15日 02:30～			中	庚	11日 14:53～					
		正	己	18日 01:16～			正	丙	20日 23:20～			正	辛	18日 18:59～
2月	27庚寅	余	戊	4日 17:52～	6月	31甲午	余	丙	6日 14:19～	10月	35戊戌	余	辛	9日 05:00～
		中	丙	11日 16:23～			中	己	17日 02:10～			中	丁	18日 05:55～
		正	甲	18日 14:55～			正	丁	26日 12:28～			正	戊	21日 06:14～
3月	28辛卯	余	甲	6日 11:54～	7月	32乙未	余	丁	8日 00:39～	11月	36己亥	余	戊	8日 08:06～
		中					中	乙	17日 10:48～			中	甲	15日 08:24～
		正	乙	16日 13:54～			正	己	20日 14:11～			正	壬	20日 05:12～
4月	29壬辰	余	乙	5日 16:44～	8月	33丙申	余	己	8日 10:29～	12月	37庚子	余	壬	8日 00:52～
		中	癸	14日 21:56～			中	壬	18日 18:39～					
		正	戊	17日 23:40～			正	庚	22日 09:23～			正	癸	17日 20:58～

1988年　戊辰年　蔵干(乙・癸・戊)　立春2月4日23：43

1月	38辛丑	余	癸	6日 12:04～	5月	42乙巳	余	戊	5日 16:02～	9月	46己酉	余	庚	7日 19:12～
		中	辛	15日 08:21～			中	庚	10日 20:49～					
		正	己	18日 07:07～			正	丙	20日 05:16～			正	辛	18日 00:46～
2月	39壬寅	余	戊	4日 23:43～	6月	43丙午	余	丙	5日 20:15～	10月	47庚戌	余	辛	8日 10:45～
		中	丙	11日 22:15～			中	己	16日 08:05～			中	丁	17日 11:40～
		正	甲	18日 20:47～			正	丁	25日 18:22～			正	戊	20日 11:58～
3月	40癸卯	余	甲	5日 17:47～	7月	44丁未	余	丁	7日 06:33～	11月	48辛亥	余	戊	7日 13:49～
		中					中	乙	16日 16:41～			中	甲	14日 14:07～
		正	乙	15日 19:47～			正	己	19日 20:03～			正	壬	19日 10:55～
4月	41甲辰	余	乙	4日 22:39～	8月	45戊申	余	己	7日 16:20～	12月	49壬子	余	壬	7日 06:34～
		中	癸	14日 03:51～			中	壬	18日 00:29～					
		正	戊	17日 05:36～			正	庚	21日 15:13～			正	癸	17日 02:40～

1989年　己巳年　蔵干(戊・庚・丙)　立春2月4日05：27

1月	50癸丑	余	癸	5日 17:46～	5月	54丁巳	余	戊	5日 21:54～	9月	58辛酉	余	庚	8日 00:54～
		中	辛	14日 14:04～			中	庚	11日 02:40～					
		正	己	17日 12:50～			正	丙	20日 11:07～			正	辛	18日 06:28～
2月	51甲寅	余	戊	4日 05:27～	6月	55戊午	余	丙	6日 02:05～	10月	59壬戌	余	辛	8日 16:27～
		中	丙	11日 04:00～			中	己	16日 13:54～			中	丁	17日 17:23～
		正	甲	18日 02:33～			正	丁	26日 00:10～			正	戊	20日 17:41～
3月	52乙卯	余	甲	5日 23:34～	7月	56己未	余	丁	7日 12:19～	11月	60癸亥	余	戊	7日 19:34～
		中					中	乙	16日 22:26～			中	甲	14日 19:52～
		正	乙	16日 01:36～			正	己	20日 01:49～			正	壬	19日 16:40～
4月	53丙辰	余	乙	5日 04:30～	8月	57庚申	余	己	7日 22:04～	12月	1甲子	余	壬	7日 12:21～
		中	癸	14日 09:43～			中	壬	18日 06:12～					
		正	戊	17日 11:27～			正	庚	21日 20:56～			正	癸	17日 08:27～

1990年　庚午年　蔵干（　・己・丁）　立春2月4日11：14

月	月干支		蔵干	節入	月	月干支		蔵干	節入	月	月干支		蔵干	節入
1月	2 乙丑	余	癸	5日 23:33～	5月	6 己巳	余	戊	6日 03:35～	9月	10 癸酉	余	庚	8日 06:37～
		中	辛	14日 19:51～			中	庚	11日 08:21～					
		正	己	17日 18:37～			正	丙	20日 16:48～			正	辛	18日 12:13～
2月	3 丙寅	余	戊	4日 11:14～	6月	7 庚午	余	丙	6日 07:46～	10月	11 甲戌	余	辛	8日 22:14～
		中	丙	11日 09:46～			中	己	16日 19:35～			中	丁	17日 23:10～
		正	甲	18日 08:19～			正	丁	26日 05:51～			正	戊	20日 23:29～
3月	4 丁卯	余	甲	6日 05:19～	7月	8 辛未	余	丁	7日 18:00～	11月	12 乙亥	余	戊	8日 01:23～
		中					中	乙	17日 04:07～			中	甲	15日 01:42～
		正	乙	16日 07:20～			正	己	20日 07:30～			正	壬	19日 22:31～
4月	5 戊辰	余	乙	5日 10:13～	8月	9 壬申	余	己	8日 03:46～	12月	13 丙子	余	壬	7日 18:14～
		中	癸	14日 15:25～			中	壬	18日 11:54～					
		正	戊	17日 17:09～			正	庚	22日 02:38～			正	癸	17日 14:21～

1991年　辛未年　蔵干（丁・乙・己）　立春2月4日17：08

月	月干支		蔵干	節入	月	月干支		蔵干	節入	月	月干支		蔵干	節入
1月	14 丁丑	余	癸	6日 05:28～	5月	18 辛巳	余	戊	6日 09:27～	9月	22 乙酉	余	庚	8日 12:27～
		中	辛	15日 01:46～			中	庚	11日 14:13～					
		正	己	18日 00:32～			正	丙	20日 22:40～			正	辛	18日 18:02～
2月	15 戊寅	余	戊	4日 17:08～	6月	19 壬午	余	丙	6日 13:38～	10月	23 丙戌	余	辛	9日 04:01～
		中	丙	11日 15:40～			中	己	17日 01:27～			中	丁	18日 04:57～
		正	甲	18日 14:12～			正	丁	26日 11:43～			正	戊	21日 05:15～
3月	16 己卯	余	甲	6日 11:12～	7月	20 癸未	余	丁	7日 23:53～	11月	24 丁亥	余	戊	8日 07:08～
		中					中	乙	17日 10:00～			中	甲	15日 07:26～
		正	乙	16日 13:13～			正	己	20日 13:22～			正	壬	20日 04:15～
4月	17 庚辰	余	乙	5日 16:05～	8月	21 甲申	余	己	8日 09:37～	12月	25 戊子	余	壬	7日 23:56～
		中	癸	14日 21:17～			中	壬	18日 17:45～					
		正	戊	17日 23:01～			正	庚	22日 08:29～			正	癸	17日 20:03～

1992年　壬申年　蔵干（己・壬・庚）　立春2月4日22：48

月	月干支		蔵干	節入	月	月干支		蔵干	節入	月	月干支		蔵干	節入
1月	26 己丑	余	癸	6日 11:09～	5月	30 癸巳	余	戊	5日 15:09～	9月	34 丁酉	余	庚	7日 18:18～
		中	辛	15日 07:26～			中	庚	10日 19:56～					
		正	己	18日 06:12～			正	丙	20日 04:23～			正	辛	17日 23:52～
2月	27 庚寅	余	戊	4日 22:48～	6月	31 甲午	余	丙	5日 19:22～	10月	35 戊戌	余	辛	8日 09:51～
		中	丙	12日 02:56～			中	己	16日 07:12～			中	丁	17日 10:46～
		正	甲	19日 07:04～			正	丁	25日 17:29～			正	戊	20日 11:05～
3月	28 辛卯	余	甲	5日 16:52～	7月	32 乙未	余	丁	7日 05:40～	11月	36 己亥	余	戊	7日 12:57～
		中					中	乙	16日 15:48～			中	甲	14日 13:15～
		正	乙	15日 18:53～			正	己	19日 19:10～			正	壬	19日 10:03～
4月	29 壬辰	余	乙	4日 21:45～	8月	33 丙申	余	己	7日 15:27～	12月	37 庚子	余	壬	7日 05:44～
		中	癸	14日 10:10～			中	壬	17日 23:35～					
		正	戊	17日 14:18～			正	庚	21日 14:19～			正	癸	17日 01:51～

1993年　癸酉年　蔵干（　・　・辛）　立春2月4日04：37

月	月干支		蔵干	節入	月	月干支		蔵干	節入	月	月干支		蔵干	節入
1月	38 辛丑	余	癸	5日 16:57～	5月	42 乙巳	余	戊	5日 21:02～	9月	46 己酉	余	庚	8日 00:08～
		中	辛	14日 13:15～			中	庚	11日 01:49～					
		正	己	17日 12:01～			正	丙	20日 10:16～			正	辛	18日 05:42～
2月	39 壬寅	余	戊	4日 04:37～	6月	43 丙午	余	丙	6日 01:15～	10月	47 庚戌	余	辛	8日 15:40～
		中	丙	11日 03:09～			中	己	16日 13:05～			中	丁	17日 16:35～
		正	甲	18日 01:42～			正	丁	25日 23:22～			正	戊	20日 16:54～
3月	40 癸卯	余	甲	5日 22:43～	7月	44 丁未	余	丁	7日 11:32～	11月	48 辛亥	余	戊	7日 18:46～
		中					中	乙	16日 21:39～			中	甲	14日 19:04～
		正	乙	16日 00:44～			正	己	20日 01:02～			正	壬	19日 15:53～
4月	41 甲辰	余	乙	5日 03:37～	8月	45 戊申	余	己	7日 21:18～	12月	49 壬子	余	壬	7日 11:34～
		中	癸	14日 08:50～			中	壬	18日 05:26～					
		正	戊	17日 10:35～			正	庚	21日 20:10～			正	癸	17日 07:41～

1994年　甲戌年　蔵干（辛・丁・戊）　立春2月4日10：31

1月	50癸丑	余	癸	5日 22:48〜	5月	54丁巳	余	戊	6日 02:54〜	9月	58辛酉	余	庚	8日 05:55〜
		中	辛	14日 19:06〜			中	庚	11日 07:40〜					
		正	己	17日 17:53〜			正	丙	20日 16:07〜			正	辛	18日 11:30〜
2月	51甲寅	余	戊	4日 10:31〜	6月	55戊午	余	丙	6日 07:05〜	10月	59壬戌	余	辛	8日 21:29〜
		中	丙	11日 09:04〜			中	己	16日 18:54〜			中	丁	17日 22:25〜
		正	甲	18日 07:37〜			正	丁	26日 05:10〜			正	戊	20日 22:43〜
3月	52乙卯	余	甲	6日 04:38〜	7月	56己未	余	丁	7日 17:19〜	11月	60癸亥	余	戊	8日 00:36〜
		中					中	乙	17日 03:26〜			中	甲	15日 00:54〜
		正	乙	16日 06:39〜			正	己	20日 06:49〜			正	壬	19日 21:42〜
4月	53丙辰	余	乙	5日 09:32〜	8月	57庚申	余	己	8日 03:04〜	12月	1甲子	余	壬	7日 17:23〜
		中	癸	14日 14:44〜			中	壬	18日 11:12〜					
		正	戊	17日 16:28〜			正	庚	22日 01:56〜			正	癸	17日 13:29〜

1995年　乙亥年　蔵干（戊・甲・壬）　立春2月4日16：13

1月	2乙丑	余	癸	6日 04:34〜	5月	6己巳	余	戊	6日 08:30〜	9月	10癸酉	余	庚	8日 11:49〜
		中	辛	15日 00:51〜			中	庚	11日 13:16〜					
		正	己	17日 23:37〜			正	丙	20日 21:44〜			正	辛	18日 17:25〜
2月	3丙寅	余	戊	4日 16:13〜	6月	7庚午	余	丙	6日 12:42〜	10月	11甲戌	余	辛	9日 03:27〜
		中	丙	11日 14:45〜			中	己	17日 00:32〜			中	丁	18日 04:23〜
		正	甲	18日 13:17〜			正	丁	26日 10:50〜			正	戊	21日 04:42〜
3月	4丁卯	余	甲	6日 10:16〜	7月	8辛未	余	丁	7日 23:01〜	11月	12乙亥	余	戊	8日 06:36〜
		中					中	乙	17日 09:10〜			中	甲	15日 06:54〜
		正	乙	16日 12:16〜			正	己	20日 12:33〜			正	壬	20日 03:42〜
4月	5戊辰	余	乙	5日 15:08〜	8月	9壬申	余	己	8日 08:52〜	12月	13丙子	余	壬	7日 23:22〜
		中	癸	14日 20:20〜			中	壬	18日 17:02〜					
		正	戊	17日 22:04〜			正	庚	22日 07:47〜			正	癸	17日 19:27〜

1996年　丙子年　蔵干（　・　・癸）　立春2月4日22：08

1月	14丁丑	余	癸	6日 10:31〜	5月	18辛巳	余	戊	5日 14:26〜	9月	22乙酉	余	庚	7日 17:42〜
		中	辛	15日 06:48〜			中	庚	10日 19:13〜					
		正	己	18日 05:33〜			正	丙	20日 03:41〜			正	辛	17日 23:18〜
2月	15戊寅	余	戊	4日 22:08〜	6月	19壬午	余	丙	5日 18:41〜	10月	23丙戌	余	辛	8日 09:19〜
		中	丙	11日 20:39〜			中	己	16日 06:31〜			中	丁	17日 10:15〜
		正	甲	18日 19:11〜			正	丁	25日 16:49〜			正	戊	20日 10:34〜
3月	16己卯	余	甲	5日 16:10〜	7月	20癸未	余	丁	7日 05:00〜	11月	24丁亥	余	戊	7日 12:27〜
		中					中	乙	16日 15:08〜			中	甲	14日 12:45〜
		正	乙	15日 18:10〜			正	己	19日 18:31〜			正	壬	19日 09:33〜
4月	17庚辰	余	乙	4日 21:02〜	8月	21甲申	余	己	7日 14:49〜	12月	25戊子	余	壬	7日 05:14〜
		中	癸	14日 02:15〜			中	壬	17日 22:58〜					
		正	戊	17日 03:59〜			正	庚	21日 13:42〜			正	癸	17日 01:20〜

1997年　丁丑年　蔵干（癸・辛・己）　立春2月4日04：02

1月	26己丑	余	癸	5日 16:24〜	5月	30癸巳	余	戊	5日 20:19〜	9月	34丁酉	余	庚	7日 23:29〜
		中	辛	14日 12:41〜			中	庚	11日 01:06〜					
		正	己	17日 11:27〜			正	丙	20日 09:34〜			正	辛	18日 05:04〜
2月	27庚寅	余	戊	4日 04:02〜	6月	31甲午	余	丙	6日 00:33〜	10月	35戊戌	余	辛	8日 15:05〜
		中	丙	11日 02:33〜			中	己	16日 12:22〜			中	丁	17日 16:02〜
		正	甲	18日 01:05〜			正	丁	25日 22:39〜			正	戊	20日 16:21〜
3月	28辛卯	余	甲	5日 22:04〜	7月	32乙未	余	丁	7日 10:49〜	11月	36己亥	余	戊	7日 18:15〜
		中					中	乙	16日 20:57〜			中	甲	14日 18:34〜
		正	乙	16日 00:04〜			正	己	20日 00:19〜			正	壬	19日 15:23〜
4月	29壬辰	余	乙	5日 02:56〜	8月	33丙申	余	己	7日 20:36〜	12月	37庚子	余	壬	7日 11:05〜
		中	癸	14日 08:08〜			中	壬	18日 04:45〜					
		正	戊	17日 09:53〜			正	庚	21日 19:29〜			正	癸	17日 07:12〜

1998年　戊寅年　蔵干（戊・丙・甲）　立春2月4日 09：57

1月	38 辛丑	余	癸	5日 22:18～	5月	42 乙巳	余	戊	6日 02:03～	9月	46 己酉	余	庚	8日 05:16～
		中	辛	14日 18:35～			中	庚	11日 06:49～					
		正	己	17日 17:21～			正	丙	20日 15:16～			正	辛	18日 10:53～
2月	39 壬寅	余	戊	4日 09:57～	6月	43 丙午	余	丙	6日 06:13～	10月	47 庚戌	余	辛	8日 20:56～
		中	丙	11日 08:28～			中	己	16日 18:03～			中	丁	17日 21:53～
		正	甲	18日 06:59～			正	丁	26日 04:20～			正	戊	20日 22:12～
3月	40 癸卯	余	甲	6日 03:57～	7月	44 丁未	余	丁	7日 6:30～	11月	48 辛亥	余	戊	8日 00:08～
		中					中	乙	17日 02:39～			中	甲	15日 00:28～
		正	乙	16日 05:56～			正	己	20日 06:02～			正	壬	19日 21:17～
4月	41 甲辰	余	乙	5日 08:45～	8月	45 戊申	余	己	8日 02:20～	12月	49 壬子	余	壬	7日 17:02～
		中	癸	14日 13:56～			中	壬	18日 10:30～					
		正	戊	17日 15:40～			正	庚	22日 01:14～			正	癸	17日 13:09～

1999年　己卯年　蔵干（　・　・乙）　立春2月4日 15：57

1月	50 癸丑	余	癸	6日 04:17～	5月	54 丁巳	余	戊	6日 08:01～	9月	58 辛酉	余	庚	8日 11:10～
		中	辛	15日 00:35～			中	庚	11日 12:47～					
		正	己	17日 23:21～			正	丙	20日 21:13～			正	辛	18日 16:46～
2月	51 甲寅	余	戊	4日 15:57～	6月	55 戊午	余	丙	6日 12:09～	10月	59 壬戌	余	辛	9日 02:48～
		中	丙	11日 14:28～			中	己	16日 23:58～			中	丁	18日 03:45～
		正	甲	18日 13:00～			正	丁	26日 10:15～			正	戊	21日 04:04～
3月	52 乙卯	余	甲	6日 09:58～	7月	56 己未	余	丁	7日 22:25～	11月	60 癸亥	余	戊	8日 05:58～
		中					中	乙	17日 08:33～			中	甲	15日 06:17～
		正	乙	16日 11:57～			正	己	20日 11:56～			正	壬	20日 03:05～
4月	53 丙辰	余	乙	5日 14:45～	8月	57 庚申	余	己	8日 08:14～	12月	1 甲子	余	壬	7日 22:47～
		中	癸	14日 19:55～			中	壬	18日 16:24～					
		正	戊	17日 21:39～			正	庚	22日 07:08～			正	癸	17日 18:54～

2000年　庚辰年　蔵干（乙・癸・戊）　立春2月4日 21：40

1月	2 乙丑	余	癸	6日 10:01～	5月	6 己巳	余	戊	5日 13:50～	9月	10 癸酉	余	庚	7日 16:59～
		中	辛	15日 06:18～			中	庚	10日 18:36～					
		正	己	18日 05:04～			正	丙	20日 03:03～			正	辛	17日 22:35～
2月	3 丙寅	余	戊	4日 21:40～	6月	7 庚午	余	丙	5日 17:59～	10月	11 甲戌	余	辛	8日 08:38～
		中	丙	11日 20:12～			中	己	16日 05:48～			中	丁	17日 09:35～
		正	甲	18日 18:44～			正	丁	25日 16:04～			正	戊	20日 09:54～
3月	4 丁卯	余	甲	5日 15:43～	7月	8 辛未	余	丁	7日 04:14～	11月	12 乙亥	余	戊	7日 11:48～
		中					中	乙	16日 14:22～			中	甲	14日 12:07～
		正	乙	15日 17:42～			正	己	19日 17:45～			正	壬	19日 08:55～
4月	5 戊辰	余	乙	4日 20:32～	8月	9 壬申	余	己	7日 14:03～	12月	13 丙子	余	壬	7日 04:37～
		中	癸	14日 01:43～			中	壬	17日 22:13～					
		正	戊	17日 03:27～			正	庚	21日 12:57～			正	癸	17日 00:43～

2001年　辛巳年　蔵干（戊・庚・丙）　立春2月4日 03：29

1月	14 丁丑	余	癸	5日 15:49～	5月	18 辛巳	余	戊	5日 19:45～	9月	22 乙酉	余	庚	7日 22:46～
		中	辛	14日 12:07～			中	庚	11日 00:31～					
		正	己	17日 10:53～			正	丙	20日 08:58～			正	辛	18日 04:22～
2月	15 戊寅	余	戊	4日 03:29～	6月	19 壬午	余	丙	5日 23:54～	10月	23 丙戌	余	辛	8日 14:25～
		中	丙	11日 02:01～			中	己	16日 11:42～			中	丁	17日 15:22～
		正	甲	18日 00:33～			正	丁	25日 21:58～			正	戊	20日 15:41～
3月	16 己卯	余	甲	5日 21:32～	7月	20 癸未	余	丁	7日 10:07～	11月	24 丁亥	余	戊	7日 17:37～
		中					中	乙	16日 20:14～			中	甲	14日 17:56～
		正	乙	15日 23:32～			正	己	19日 23:37～			正	壬	19日 14:45～
4月	17 庚辰	余	乙	5日 02:24～	8月	21 甲申	余	己	7日 19:52～	12月	25 戊子	余	壬	7日 10:29～
		中	癸	14日 07:36～			中	壬	18日 04:01～					
		正	戊	17日 09:20～			正	庚	21日 18:46～			正	癸	17日 06:36～

2002 年　壬午年　蔵干（　・己・丁）　立春2月4日09：24

1月	26己丑	余	癸	5日 21:43〜	5月	30癸巳	余	戊	6日 01:37〜	9月	34丁酉	余	庚	8日 04:31〜
		中	辛	14日 18:01〜			中	庚	11日 06:23〜					
		正	己	17日 16:47〜			正	丙	20日 14:49〜			正	辛	18日 10:07〜
2月	27庚寅	余	戊	4日 09:24〜	6月	31甲午	余	丙	6日 05:45〜	10月	35戊戌	余	辛	8日 20:09〜
		中	丙	11日 07:56〜			中	己	16日 17:33〜			中	丁	17日 21:06〜
		正	甲	18日 06:28〜			正	丁	26日 03:48〜			正	戊	20日 21:26〜
3月	28辛卯	余	甲	6日 03:28〜	7月	32乙未	余	丁	7日 15:56〜	11月	36己亥	余	戊	7日 23:22〜
		中					中	乙	17日 02:02〜			中	甲	14日 23:41〜
		正	乙	16日 05:28〜			正	己	20日 05:25〜			正	壬	19日 20:30〜
4月	29壬辰	余	乙	5日 08:18〜	8月	33丙申	余	己	8日 01:39〜	12月	37庚子	余	壬	7日 16:14〜
		中	癸	14日 13:29〜			中	壬	18日 09:48〜					
		正	戊	17日 15:13〜			正	庚	22日 00:32〜			正	癸	17日 12:21〜

2003 年　癸未年　蔵干（丁・乙・己）　立春2月4日15：05

1月	38辛丑	余	癸	6日 03:28〜	5月	42乙巳	余	戊	6日 07:10〜	9月	46己酉	余	庚	8日 10:20〜
		中	辛	14日 23:45〜			中	庚	11日 11:56〜					
		正	己	17日 22:30〜			正	丙	20日 20:23〜			正	辛	18日 15:57〜
2月	39壬寅	余	戊	4日 15:05〜	6月	43丙午	余	丙	6日 11:20〜	10月	47庚戌	余	辛	9日 02:01〜
		中	丙	11日 13:36〜			中	己	16日 23:09〜			中	丁	18日 02:57〜
		正	甲	18日 12:07〜			正	丁	26日 09:26〜			正	戊	21日 03:17〜
3月	40癸卯	余	甲	6日 09:05〜	7月	44丁未	余	丁	7日 21:36〜	11月	48辛亥	余	戊	8日 05:13〜
		中					中	乙	17日 07:44〜			中	甲	15日 05:32〜
		正	乙	16日 11:04〜			正	己	20日 11:07〜			正	壬	20日 02:21〜
4月	41甲辰	余	乙	5日 13:52〜	8月	45戊申	余	己	8日 07:24〜	12月	49壬子	余	壬	7日 22:05〜
		中	癸	14日 19:03〜			中	壬	18日 15:34〜					
		正	戊	17日 20:47〜			正	庚	22日 06:18〜			正	癸	17日 18:12〜

2004 年　甲申年　蔵干（己・壬・庚）　立春2月4日20：56

1月	50癸丑	余	癸	6日 09:19〜	5月	54丁巳	余	戊	5日 13:02〜	9月	58辛酉	余	庚	7日 16:13〜
		中	辛	15日 05:35〜			中	庚	10日 17:48〜					
		正	己	18日 04:21〜			正	丙	20日 02:16〜			正	辛	17日 21:48〜
2月	51甲寅	余	戊	4日 20:56〜	6月	55戊午	余	丙	5日 17:14〜	10月	59壬戌	余	辛	8日 07:49〜
		中	丙	11日 19:27〜			中	己	16日 05:04〜			中	丁	17日 08:45〜
		正	甲	18日 17:58〜			正	丁	25日 15:21〜			正	戊	20日 09:04〜
3月	52乙卯	余	甲	5日 14:56〜	7月	56己未	余	丁	7日 03:31〜	11月	60癸亥	余	戊	7日 10:59〜
		中					中	乙	16日 13:39〜			中	甲	14日 11:17〜
		正	乙	15日 16:55〜			正	己	19日 17:02〜			正	壬	19日 08:06〜
4月	53丙辰	余	乙	4日 19:43〜	8月	57庚申	余	己	7日 13:20〜	12月	1甲子	余	壬	7日 03:49〜
		中	癸	14日 00:54〜			中	壬	17日 21:29〜					
		正	戊	17日 02:38〜			正	庚	21日 12:13〜			正	癸	16日 23:56〜

2005 年　乙酉年　蔵干（　・　・辛）　立春2月4日02：43

1月	2乙丑	余	癸	5日 15:03〜	5月	6己巳	余	戊	5日 18:53〜	9月	10癸酉	余	庚	7日 21:57〜
		中	辛	14日 11:21〜			中	庚	10日 23:39〜					
		正	己	17日 10:07〜			正	丙	20日 08:06〜			正	辛	18日 03:32〜
2月	3丙寅	余	戊	4日 02:43〜	6月	7庚午	余	丙	5日 23:02〜	10月	11甲戌	余	辛	8日 13:33〜
		中	丙	11日 01:14〜			中	己	16日 10:51〜			中	丁	17日 11:29〜
		正	甲	17日 23:46〜			正	丁	25日 21:07〜			正	戊	20日 10:48〜
3月	4丁卯	余	甲	5日 20:45〜	7月	8辛未	余	丁	7日 09:17〜	11月	12乙亥	余	戊	7日 16:42〜
		中					中	乙	16日 19:24〜			中	甲	14日 17:01〜
		正	乙	15日 22:44〜			正	己	19日 22:46〜			正	壬	19日 13:50〜
4月	5戊辰	余	乙	5日 01:34〜	8月	9壬申	余	己	7日 19:03〜	12月	13丙子	余	壬	7日 09:33〜
		中	癸	14日 06:45〜			中	壬	18日 03:12〜					
		正	戊	17日 08:29〜			正	庚	21日 17:57〜			正	癸	17日 05:40〜

2006年　丙戌年　蔵干（辛・丁・戊）　立春2月4日08：27

1月	14丁丑	余	癸	5日 20:47～	5月	18辛巳	余	戊	6日 00:31～	9月	22乙酉	余	庚	8日 03:39～
		中	辛	14日 17:05～			中	庚	11日 05:16～					
		正	己	17日 15:51～			正	丙	20日 13:42～			正	辛	18日 09:16～
2月	15戊寅	余	戊	4日 08:27～	6月	19壬午	余	丙	6日 04:37～	10月	23丙戌	余	辛	8日 19:21～
		中	丙	11日 06:58～			中	己	16日 16:26～			中	丁	17日 20:19～
		正	甲	18日 05:30～			正	丁	26日 02:42～			正	戊	20日 20:38～
3月	16己卯	余	甲	6日 02:29～	7月	20癸未	余	丁	7日 14:51～	11月	24丁亥	余	戊	7日 22:35～
		中					中	乙	17日 01:00～			中	甲	14日 22:54～
		正	乙	16日 04:27～			正	己	20日 04:23～			正	壬	19日 19:43～
4月	17庚辰	余	乙	5日 07:15～	8月	21甲申	余	己	8日 00:41～	12月	25戊子	余	壬	7日 15:27～
		中	癸	14日 12:25～			中	壬	18日 08:52～					
		正	戊	17日 14:09～			正	庚	21日 23:36～			正	癸	17日 11:34～

2007年　丁亥年　蔵干（戊・甲・壬）　立春2月4日14：18

1月	26己丑	余	癸	6日 02:40～	5月	30癸巳	余	戊	6日 06:20～	9月	34丁酉	余	庚	8日 09:29～
		中	辛	14日 22:57～			中	庚	11日 11:06～					
		正	己	17日 21:43～			正	丙	20日 19:32～			正	辛	18日 15:06～
2月	27庚寅	余	戊	4日 14:18～	6月	31甲午	余	丙	6日 10:27～	10月	35戊戌	余	辛	9日 01:12～
		中	丙	11日 12:49～			中	己	16日 22:16～			中	丁	18日 02:08～
		正	甲	18日 11:20～			正	丁	26日 08:32～			正	戊	21日 02:28～
3月	28辛卯	余	甲	6日 08:18～	7月	32乙未	余	丁	7日 20:42～	11月	36己亥	余	戊	8日 04:24～
		中					中	乙	17日 06:50～			中	甲	15日 04:43～
		正	乙	16日 10:17～			正	己	20日 10:13～			正	壬	20日 01:32～
4月	29壬辰	余	乙	5日 13:05～	8月	33丙申	余	己	8日 06:31～	12月	37庚子	余	壬	7日 21:14～
		中	癸	14日 18:15～			中	壬	18日 14:42～					
		正	戊	17日 19:59～			正	庚	22日 05:26～			正	癸	17日 17:20～

2008年　戊子年　蔵干（　・　・癸）　立春2月4日20：00

1月	38辛丑	余	癸	6日 08:25～	5月	42乙巳	余	戊	5日 12:03～	9月	46己酉	余	庚	7日 15:14～
		中	辛	15日 04:41～			中	庚	10日 16:49～					
		正	己	18日 03:27～			正	丙	20日 01:16～			正	辛	17日 20:52～
2月	39壬寅	余	戊	4日 20:00～	6月	43丙午	余	丙	5日 16:12～	10月	47庚戌	余	辛	8日 06:57～
		中	丙	11日 18:31～			中	己	16日 04:01～			中	丁	17日 07:54～
		正	甲	18日 17:02～			正	丁	25日 07:24～			正	戊	20日 08:14～
3月	40癸卯	余	甲	5日 13:59～	7月	44丁未	余	丁	7日 19:35～	11月	48辛亥	余	戊	7日 10:11～
		中					中	乙	17日 05:41～			中	甲	14日 10:29～
		正	乙	15日 15:58～			正	己	20日 14:17～			正	壬	19日 07:18～
4月	41甲辰	余	乙	4日 18:46～	8月	45戊申	余	己	7日 12:16～	12月	49壬子	余	壬	7日 03:02～
		中	癸	13日 23:57～			中	壬	17日 20:27～					
		正	戊	17日 01:40～			正	庚	21日 11:11～			正	癸	16日 23:08～

2009年　己丑年　蔵干（癸・辛・己）　立春2月4日01：50

1月	50癸丑	余	癸	5日 14:14～	5月	54丁巳	余	戊	5日 17:51～	9月	58辛酉	余	庚	7日 20:58～
		中	辛	14日 10:30～			中	庚	10日 22:37～					
		正	己	17日 09:16～			正	丙	20日 07:03～			正	辛	18日 02:35～
2月	51甲寅	余	戊	4日 01:50～	6月	55戊午	余	丙	5日 21:59～	10月	59壬戌	余	辛	8日 12:40～
		中	丙	11日 00:20～			中	己	16日 09:48～			中	丁	17日 13:38～
		正	甲	17日 22:51～			正	丁	25日 20:04～			正	戊	20日 13:58～
3月	52乙卯	余	甲	5日 19:48～	7月	56己未	余	丁	7日 08:13～	11月	60癸亥	余	戊	7日 15:56～
		中					中	乙	16日 18:21～			中	甲	14日 16:16～
		正	乙	15日 21:46～			正	己	19日 21:44～			正	壬	19日 13:06～
4月	53丙辰	余	乙	5日 00:34～	8月	57庚申	余	己	7日 18:01～	12月	1甲子	余	壬	7日 08:52～
		中	癸	14日 05:45～			中	壬	18日 02:11～					
		正	戊	17日 07:28～			正	庚	21日 16:55～			正	癸	17日 05:00～

2010年　庚寅年　蔵干（戊・丙・甲）　立春2月4日07：48

1月	2乙丑	余	癸	5日 20:09～	5月	6己巳	余	戊	5日 23:44～	9月	10癸酉	余	庚	8日 02:45～
		中	辛	14日 16:26～			中	庚	11日 04:29～					
		正	己	17日 15:12～			正	丙	20日 12:55～			正	辛	18日 08:22～
2月	3丙寅	余	戊	4日 07:48～	6月	7庚午	余	丙	6日 03:49～	10月	11甲戌	余	辛	8日 18:26～
		中	丙	11日 06:18～			中	己	16日 15:37～			中	丁	17日 19:24～
		正	甲	18日 04:49～			正	丁	26日 01:53～			正	戊	20日 19:44～
3月	4丁卯	余	甲	6日 01:46～	7月	8辛未	余	丁	7日 14:02～	11月	12乙亥	余	戊	7日 21:42～
		中					中	乙	17日 00:10～			中	甲	14日 22:02～
		正	乙	16日 03:44～			正	己	20日 03:32～			正	壬	19日 18:52～
4月	5戊辰	余	乙	5日 06:30～	8月	9壬申	余	己	7日 23:49～	12月	13丙子	余	壬	7日 14:38～
		中	癸	14日 11:40～			中	壬	18日 07:59～					
		正	戊	17日 13:23～			正	庚	21日 22:43～			正	癸	17日 10:46～

2011年　辛卯年　蔵干（　・　・乙）　立春2月4日13：33

1月	14丁丑	余	癸	6日 01:55～	5月	18辛巳	余	戊	6日 05:23～	9月	22乙酉	余	庚	8日 08:34～
		中	辛	14日 22:12～			中	庚	11日 10:08～					
		正	己	17日 20:58～			正	丙	20日 18:33～			正	辛	18日 14:12～
2月	15戊寅	余	戊	4日 13:33～	6月	19壬午	余	丙	6日 09:27～	10月	23丙戌	余	辛	9日 00:19～
		中	丙	11日 12:03～			中	己	16日 21:16～			中	丁	18日 01:17～
		正	甲	18日 10:34～			正	丁	26日 07:32～			正	戊	21日 01:37～
3月	16己卯	余	甲	6日 07:30～	7月	20癸未	余	丁	7日 19:42～	11月	24丁亥	余	戊	8日 03:35～
		中					中	乙	17日 05:51～			中	甲	15日 03:55～
		正	乙	16日 09:27～			正	己	20日 09:14～			正	壬	20日 00:44～
4月	17庚辰	余	乙	5日 12:12～	8月	21甲申	余	己	8日 05:33～	12月	25戊子	余	壬	7日 20:29～
		中	癸	14日 17:21～			中	壬	18日 13:45～					
		正	戊	17日 19:04～			正	庚	22日 04:30～			正	癸	17日 16:36～

2012年　壬辰年　蔵干（乙・癸・戊）　立春2月4日19：22

1月	26己丑	余	癸	6日 07:44～	5月	30癸巳	余	戊	5日 11:20～	9月	34丁酉	余	庚	7日 14:29～
		中	辛	15日 04:01～			中	庚	10日 16:05～					
		正	己	18日 02:47～			正	丙	20日 00:31～			正	辛	17日 20:07～
2月	27庚寅	余	戊	4日 19:22～	6月	31甲午	余	丙	5日 15:26～	10月	35戊戌	余	辛	8日 06:12～
		中	丙	11日 17:53～			中	己	16日 03:15～			中	丁	17日 07:10～
		正	甲	18日 16:24～			正	丁	25日 13:31～			正	戊	20日 07:29～
3月	28辛卯	余	甲	5日 13:21～	7月	32乙未	余	丁	7日 01:41～	11月	36己亥	余	戊	7日 09:26～
		中					中	乙	16日 11:50～			中	甲	14日 09:45～
		正	乙	15日 15:19～			正	己	19日 15:13～			正	壬	19日 06:35～
4月	29壬辰	余	乙	4日 18:06～	8月	33丙申	余	己	7日 11:31～	12月	37庚子	余	壬	7日 02:19～
		中	癸	13日 23:16～			中	壬	19日 17:00～					
		正	戊	17日 00:59～			正	庚	21日 19:42～			正	癸	16日 22:26～

2013年　癸巳年　蔵干（戊・庚・丙）　立春2月4日01：13

1月	38辛丑	余	癸	5日 13:34～	5月	42乙巳	余	戊	5日 17:18～	9月	46己酉	余	庚	7日 20:16～
		中	辛	14日 09:51～			中	庚	10日 22:03～					
		正	己	17日 08:37～			正	丙	20日 06:29～			正	辛	18日 01:53～
2月	39壬寅	余	戊	4日 01:13～	6月	43丙午	余	丙	5日 21:23～	10月	47庚戌	余	辛	8日 11:58～
		中	丙	10日 23:44～			中	己	16日 09:11～			中	丁	17日 12:56～
		正	甲	17日 22:16～			正	丁	25日 19:26～			正	戊	20日 13:16～
3月	40癸卯	余	甲	5日 19:15～	7月	44丁未	余	丁	7日 07:35～	11月	48辛亥	余	戊	7日 15:14～
		中					中	乙	16日 17:42～			中	甲	14日 15:34～
		正	乙	15日 21:14～			正	己	19日 21:05～			正	壬	19日 12:24～
4月	41甲辰	余	乙	5日 00:02～	8月	45戊申	余	己	7日 17:20～	12月	49壬子	余	壬	7日 08:09～
		中	癸	14日 05:12～			中	壬	18日 01:30～					
		正	戊	17日 06:56～			正	庚	21日 16:14～			正	癸	17日 04:16～

2014年　甲午年　蔵干（　・己・丁）　立春2月4日07：03

1月	50 癸丑	余	癸	5日 19:24～	5月	54 丁巳	余	戊	5日 22:59～	9月	58 辛酉	余	庚	8日 02:01～
		中	辛	14日 15:41～			中	庚	11日 03:44～					
		正	己	17日 14:27～			正	丙	20日 12:09～			正	辛	18日 07:40～
2月	51 甲寅	余	戊	4日 07:03～	6月	55 戊午	余	丙	6日 03:03～	10月	59 壬戌	余	辛	8日 17:48～
		中	丙	11日 05:34～			中	己	16日 14:51～			中	丁	17日 18:47～
		正	甲	18日 04:05～			正	丁	26日 01:06～			正	戊	20日 19:07～
3月	52 乙卯	余	甲	6日 01:02～	7月	56 己未	余	丁	7日 13:15～	11月	60 癸亥	余	戊	7日 21:07～
		中					中	乙	16日 14:51～			中	甲	14日 21:27～
		正	乙	16日 03:00～			正	己	20日 02:45～			正	壬	19日 18:17～
4月	53 丙辰	余	乙	5日 05:47～	8月	57 庚申	余	己	7日 23:02～	12月	1 甲子	余	壬	7日 14:04～
		中	癸	14日 10:56～			中	壬	18日 07:13～					
		正	戊	17日 12:39～			正	庚	21日 21:58～			正	癸	17日 10:12～

2015年　乙未年　蔵干（丁・乙・己）　立春2月4日12：58

1月	2 乙丑	余	癸	6日 01:21～	5月	6 己巳	余	戊	6日 04:53～	9月	10 癸酉	余	庚	8日 08:00～
		中	辛	14日 21:38～			中	庚	11日 09:38～					
		正	己	17日 20:23～			正	丙	20日 18:04～			正	辛	18日 13:38～
2月	3 丙寅	余	戊	4日 12:58～	6月	7 庚午	余	丙	6日 08:58～	10月	11 甲戌	余	辛	8日 23:43～
		中	丙	11日 11:28～			中	己	16日 20:47～			中	丁	18日 00:41～
		正	甲	18日 09:59～			正	丁	26日 07:03～			正	戊	21日 01:01～
3月	4 丁卯	余	甲	6日 06:56～	7月	8 辛未	余	丁	7日 19:12～	11月	12 乙亥	余	戊	8日 02:59～
		中					中	乙	17日 05:20～			中	甲	15日 03:19～
		正	乙	16日 08:53～			正	己	20日 08:43～			正	壬	20日 00:08～
4月	5 戊辰	余	乙	5日 11:39～	8月	9 壬申	余	己	8日 05:01～	12月	13 丙子	余	壬	7日 19:53～
		中	癸	14日 16:49～			中	壬	18日 10:30～					
		正	戊	17日 18:32～			正	庚	22日 03:57～			正	癸	17日 16:00～

2016年　丙申年　蔵干（己・壬・庚）　立春2月4日18：46

1月	14 丁丑	余	癸	6日 07:08～	5月	18 辛巳	余	戊	5日 10:42～	9月	22 乙酉	余	庚	7日 13:51～
		中	辛	15日 03:25～			中	庚	10日 15:28～					
		正	己	18日 02:11～			正	丙	19日 23:54～			正	辛	17日 19:28～
2月	15 戊寅	余	戊	4日 18:46～	6月	19 壬午	余	丙	5日 14:49～	10月	23 丙戌	余	辛	8日 05:33～
		中	丙	11日 17:16～			中	己	16日 02:38～			中	丁	17日 06:31～
		正	甲	18日 15:47～			正	丁	25日 12:54～			正	戊	20日 06:51～
3月	16 己卯	余	甲	5日 12:44～	7月	20 癸未	余	丁	7日 01:03～	11月	24 丁亥	余	戊	7日 08:48～
		中					中	乙	16日 11:12～			中	甲	14日 09:07～
		正	乙	15日 14:42～			正	己	19日 14:35～			正	壬	19日 05:57～
4月	17 庚辰	余	乙	4日 17:28～	8月	21 甲申	余	己	7日 10:53～	12月	25 戊子	余	壬	7日 01:41～
		中	癸	13日 22:38～			中	壬	17日 19:04～					
		正	戊	17日 00:21～			正	庚	21日 09:48～			正	癸	16日 21:48～

2017年　丁酉年　蔵干（　・　・辛）　立春2月4日00：34

1月	26 己丑	余	癸	5日 12:56～	5月	30 癸巳	余	戊	5日 16:31～	9月	34 丁酉	余	庚	7日 19:39～
		中	辛	14日 09:13～			中	庚	10日 21:16～					
		正	己	17日 07:59～			正	丙	20日 05:42～			正	辛	18日 01:17～
2月	27 庚寅	余	戊	4日 00:34～	6月	31 甲午	余	丙	5日 20:37～	10月	35 戊戌	余	辛	8日 11:22～
		中	丙	10日 23:05～			中	己	16日 08:26～			中	丁	17日 12:20～
		正	甲	17日 21:36～			正	丁	25日 18:42～			正	戊	20日 12:40～
3月	28 辛卯	余	甲	5日 18:33～	7月	32 乙未	余	丁	7日 06:51～	11月	36 己亥	余	戊	7日 14:38～
		中					中	乙	16日 16:59～			中	甲	14日 14:58～
		正	乙	15日 20:31～			正	己	19日 20:22～			正	壬	19日 11:48～
4月	29 壬辰	余	乙	4日 23:17～	8月	33 丙申	余	己	7日 16:40～	12月	37 庚子	余	壬	7日 07:33～
		中	癸	14日 04:27～			中	壬	18日 00:51～					
		正	戊	17日 06:10～			正	庚	21日 15:36～			正	癸	17日 03:41～

2018年　戊戌年　蔵干（辛・丁・戊）　立春2月4日06：28

1月	38 辛丑	余	癸	5日 18:49～	5月	42 乙巳	余	戊	5日 22:25～	9月	46 己酉	余	庚	8日 01:30～
		中	辛	14日 15:06～			中	庚	11日 03:10～					
		正	己	17日 13:52～			正	丙	20日 11:35～			正	辛	18日 07:08～
2月	39 壬寅	余	戊	4日 06:28～	6月	43 丙午	余	丙	6日 02:29～	10月	47 庚戌	余	辛	8日 17:15～
		中	丙	11日 04:59～			中	己	16日 14:17～			中	丁	17日 18:14～
		正	甲	18日 03:30～			正	丁	26日 00:33～			正	戊	20日 18:33～
3月	40 癸卯	余	甲	6日 00:28～	7月	44 丁未	余	丁	7日 12:42～	11月	48 辛亥	余	戊	7日 20:32～
		中					中	乙	16日 22:50～			中	甲	14日 20:52～
		正	乙	16日 02:26～			正	己	20日 02:13～			正	壬	19日 17:41～
4月	41 甲辰	余	乙	5日 05:13～	8月	45 戊申	余	己	7日 22:31～	12月	49 壬子	余	壬	7日 13:26～
		中	癸	14日 10:22～			中	壬	18日 06:42～					
		正	戊	17日 12:05～			正	庚	21日 21:27～			正	癸	17日 09:33～

2019年　己亥年　蔵干（戊・甲・壬）　立春2月4日12：14

1月	50 癸丑	余	癸	6日 00:39～	5月	54 丁巳	余	戊	6日 04:03～	9月	58 辛酉	余	庚	8日 07:17～
		中	辛	14日 20:55～			中	庚	11日 08:48～					
		正	己	17日 19:41～			正	丙	20日 17:13～			正	辛	18日 12:57～
2月	51 甲寅	余	戊	4日 12:14～	6月	55 戊午	余	丙	6日 08:06～	10月	59 壬戌	余	辛	8日 23:06～
		中	丙	11日 10:44～			中	己	16日 19:55～			中	丁	18日 00:05～
		正	甲	18日 09:14～			正	丁	26日 06:11～			正	戊	21日 00:25～
3月	52 乙卯	余	甲	6日 06:10～	7月	56 己未	余	丁	7日 18:21～	11月	60 癸亥	余	戊	8日 02:24～
		中					中	乙	17日 04:30～			中	甲	15日 02:44～
		正	乙	16日 08:07～			正	己	20日 07:53～			正	壬	19日 23:33～
4月	53 丙辰	余	乙	5日 10:51～	8月	57 庚申	余	己	8日 04:13～	12月	1 甲子	余	壬	7日 19:18～
		中	癸	14日 16:00～			中	壬	18日 12:26～					
		正	戊	17日 17:43～			正	庚	22日 03:11～			正	癸	17日 15:24～

2020年　庚子年　蔵干（　・　・癸）　立春2月4日18：03

1月	2 乙丑	余	癸	6日 06:30～	5月	6 己巳	余	戊	5日 09:51～	9月	10 癸酉	余	庚	7日 13:08～
		中	辛	15日 02:45～			中	庚	10日 14:37～					
		正	己	18日 01:31～			正	丙	19日 23:03～			正	辛	17日 18:47～
2月	3 丙寅	余	戊	4日 18:03～	6月	7 庚午	余	丙	5日 13:58～	10月	11 甲戌	余	辛	8日 04:55～
		中	丙	11日 16:33～			中	己	16日 01:47～			中	丁	17日 05:54～
		正	甲	18日 15:02～			正	丁	25日 12:04～			正	戊	20日 06:14～
3月	4 丁卯	余	甲	5日 11:57～	7月	8 辛未	余	丁	7日 00:14～	11月	12 乙亥	余	戊	7日 08:14～
		中					中	乙	16日 10:23～			中	甲	14日 08:34～
		正	乙	15日 13:54～			正	己	19日 13:46～			正	壬	19日 05:24～
4月	5 戊辰	余	乙	4日 16:38～	8月	9 壬申	余	己	7日 10:06～	12月	13 丙子	余	壬	7日 01:09～
		中	癸	13日 21:47～			中	壬	17日 18:18～					
		正	戊	16日 23:31～			正	庚	21日 19:03～			正	癸	16日 21:16～

2021年　辛丑年　蔵干（癸・辛・己）　立春2月3日23：59

1月	14 丁丑	余	癸	5日 12:23～	5月	18 辛巳	余	戊	5日 15:47～	9月	22 乙酉	余	庚	7日 18:53～
		中	辛	14日 08:39～			中	庚	10日 20:32～					
		正	己	17日 07:25～			正	丙	20日 04:58～			正	辛	18日 00:32～
2月	15 戊寅	余	戊	3日 23:59～	6月	19 壬午	余	丙	5日 19:52～	10月	23 丙戌	余	辛	8日 10:39～
		中	丙	10日 22:29～			中	己	16日 07:40～			中	丁	17日 11:39～
		正	甲	17日 20:59～			正	丁	25日 17:56～			正	戊	20日 11:59～
3月	16 己卯	余	甲	5日 17:54～	7月	20 癸未	余	丁	7日 06:05～	11月	24 丁亥	余	戊	7日 13:59～
		中					中	乙	16日 16:13～			中	甲	14日 14:20～
		正	乙	15日 19:51～			正	己	19日 19:36～			正	壬	19日 11:10～
4月	17 庚辰	余	乙	4日 22:35～	8月	21 甲申	余	己	7日 15:54～	12月	25 戊子	余	壬	7日 06:57～
		中	癸	14日 03:44～			中	壬	18日 00:05～					
		正	戊	17日 05:27～			正	庚	21日 14:50～			正	癸	17日 03:05～

2022年　壬寅年　蔵干（戊・丙・甲）　立春2月4日05：51

1月	26己丑	余	癸	5日 18:14〜	5月	30癸巳	余	戊	5日 21:26〜	9月	34丁酉	余	庚	8日 00:32〜
		中	辛	14日 14:31〜			中	庚	11日 02:10〜					
		正	己	17日 13:16〜			正	丙	20日 10:34〜			正	辛	18日 06:12〜
2月	27庚寅	余	戊	4日 05:51〜	6月	31甲午	余	丙	6日 01:26〜	10月	35戊戌	余	辛	8日 16:22〜
		中	丙	11日 04:20〜			中	己	16日 13:14〜			中	丁	17日 17:22〜
		正	甲	18日 02:50〜			正	丁	25日 23:29〜			正	戊	20日 17:43〜
3月	28辛卯	余	甲	5日 23:44〜	7月	32乙未	余	丁	7日 11:38〜	11月	36己亥	余	戊	7日 19:45〜
		中					中	乙	16日 21:47〜			中	甲	14日 20:06〜
		正	乙	16日 01:39〜			正	己	20日 01:10〜			正	壬	19日 16:57〜
4月	29壬辰	余	乙	5日 04:20〜	8月	33丙申	余	己	7日 21:29〜	12月	37庚子	余	壬	7日 12:46〜
		中	癸	14日 09:27〜			中	壬	18日 05:41〜					
		正	戊	17日 11:10〜			正	庚	21日 20:27〜			正	癸	17日 08:55〜

2023年　癸卯年　蔵干（　・　・乙）　立春2月4日11：43

1月	38辛丑	余	癸	6日 00:05〜	5月	42乙巳	余	戊	6日 03:19〜	9月	46己酉	余	庚	8日 06:27〜
		中	辛	14日 20:22〜			中	庚	11日 08:03〜					
		正	己	17日 19:08〜			正	丙	20日 16:27〜			正	辛	18日 12:07〜
2月	39壬寅	余	戊	4日 11:43〜	6月	43丙午	余	丙	6日 07:18〜	10月	47庚戌	余	辛	8日 22:16〜
		中	丙	11日 10:12〜			中	己	16日 19:06〜			中	丁	17日 23:16〜
		正	甲	18日 08:42〜			正	丁	26日 05:22〜			正	戊	20日 23:36〜
3月	40癸卯	余	甲	6日 05:36〜	7月	44丁未	余	丁	7日 17:31〜	11月	48辛亥	余	戊	8日 01:36〜
		中					中	乙	17日 03:40〜			中	甲	15日 01:56〜
		正	乙	16日 07:31〜			正	己	20日 07:03〜			正	壬	19日 22:46〜
4月	41甲辰	余	乙	5日 10:13〜	8月	45戊申	余	己	8日 03:23〜	12月	49壬子	余	壬	7日 18:33〜
		中	癸	14日 15:20〜			中	壬	18日 11:36〜					
		正	戊	17日 17:03〜			正	庚	22日 02:21〜			正	癸	17日 14:41〜

2024年　甲辰年　蔵干（乙・癸・戊）　立春2月4日17：27

1月	50癸丑	余	癸	6日 05:49〜	5月	54丁巳	余	戊	5日 09:10〜	9月	58辛酉	余	庚	7日 12:11〜
		中	辛	15日 02:06〜			中	庚	10日 13:54〜					
		正	己	18日 00:51〜			正	丙	19日 22:18〜			正	辛	17日 17:51〜
2月	51甲寅	余	戊	4日 17:27〜	6月	55戊午	余	丙	5日 13:10〜	10月	59壬戌	余	辛	8日 04:00〜
		中	丙	11日 15:57〜			中	己	16日 00:57〜			中	丁	17日 05:00〜
		正	甲	18日 14:27〜			正	丁	25日 11:12〜			正	戊	20日 05:20〜
3月	52乙卯	余	甲	5日 11:23〜	7月	56己未	余	丁	6日 23:20〜	11月	60癸亥	余	戊	7日 07:20〜
		中					中	乙	16日 09:28〜			中	甲	14日 07:40〜
		正	乙	15日 13:19〜			正	己	19日 12:51〜			正	壬	19日 04:30〜
4月	53丙辰	余	乙	4日 16:02〜	8月	57庚申	余	己	7日 09:09〜	12月	1甲子	余	壬	7日 00:17〜
		中	癸	13日 21:10〜			中	壬	17日 17:21〜					
		正	戊	16日 22:53〜			正	庚	21日 08:06〜			正	癸	16日 20:24〜

2025年　乙巳年　蔵干（戊・庚・丙）　立春2月3日23：10

1月	2乙丑	余	癸	5日 11:32〜	5月	6己巳	余	戊	5日 14:59〜	9月	10癸酉	余	庚	7日 17:53〜
		中	辛	14日 07:49〜			中	庚	10日 19:43〜					
		正	己	17日 06:35〜			正	丙	20日 04:07〜			正	辛	17日 23:33〜
2月	3丙寅	余	戊	3日 23:10〜	6月	7庚午	余	丙	5日 18:58〜	10月	11甲戌	余	辛	8日 09:42〜
		中	丙	10日 21:40〜			中	己	16日 06:45〜			中	丁	17日 10:42〜
		正	甲	17日 20:11〜			正	丁	25日 17:00〜			正	戊	20日 11:02〜
3月	4丁卯	余	甲	5日 17:08〜	7月	8辛未	余	丁	7日 05:07〜	11月	12乙亥	余	戊	7日 13:03〜
		中					中	乙	16日 15:14〜			中	甲	14日 13:24〜
		正	乙	15日 19:05〜			正	己	19日 18:37〜			正	壬	19日 10:15〜
4月	5戊辰	余	乙	4日 21:49〜	8月	9壬申	余	己	7日 14:53〜	12月	13丙子	余	壬	7日 06:03〜
		中	癸	14日 02:58〜			中	壬	17日 23:04〜					
		正	戊	17日 04:41〜			正	庚	21日 13:49〜			正	癸	17日 02:12〜

2026年　丙午年　蔵干（　・己・丁）　立春2月4日05：01

月	干支		干	日時	月	干支		干	日時	月	干支		干	日時
1月	14丁丑	余	癸	5日 17:22～	5月	18辛巳	余	戊	5日 20:50～	9月	22乙酉	余	庚	7日 23:43～
		中	辛	14日 13:39～			中	庚	11日 01:35～					
		正	己	17日 12:25～			正	丙	20日 09:59～			正	辛	18日 05:22～
2月	15戊寅	余	戊	4日 05:01～	6月	19壬午	余	丙	6日 00:51～	10月	23丙戌	余	辛	8日 15:30～
		中	丙	11日 03:31～			中	己	16日 12:38～			中	丁	17日 16:30～
		正	甲	18日 02:02～			正	丁	25日 22:52～			正	戊	20日 16:50～
3月	16己卯	余	甲	5日 22:58～	7月	20癸未	余	丁	7日 10:59～	11月	24丁亥	余	戊	7日 18:52～
		中					中	乙	16日 21:06～			中	甲	14日 19:13～
		正	乙	16日 00:55～			正	己	20日 00:29～			正	壬	19日 16:03～
4月	17庚辰	余	乙	5日 03:41～	8月	21甲申	余	己	7日 20:44～	12月	25戊子	余	壬	7日 11:51～
		中	癸	14日 08:49～			中	壬	18日 04:55～					
		正	戊	17日 10:32～			正	庚	21日 19:40～			正	癸	17日 07:59～

2027年　丁未年　蔵干（丁・乙・己）　立春2月4日10：45

月	干支		干	日時	月	干支		干	日時	月	干支		干	日時
1月	26己丑	余	癸	5日 23:09～	5月	30癸巳	余	戊	6日 02:26～	9月	34丁酉	余	庚	8日 05:29～
		中	辛	14日 19:25～			中	庚	11日 07:11～					
		正	己	17日 18:11～			正	丙	20日 15:35～			正	辛	18日 11:08～
2月	27庚寅	余	戊	4日 10:45～	6月	31甲午	余	丙	6日 06:28～	10月	35戊戌	余	辛	8日 21:17～
		中	丙	11日 09:15～			中	己	16日 18:16～			中	丁	17日 22:17～
		正	甲	18日 07:44～			正	丁	26日 04:31～			正	戊	20日 22:37～
3月	28辛卯	余	甲	6日 04:39～	7月	32乙未	余	丁	7日 16:39～	11月	36己亥	余	戊	8日 00:38～
		中					中	乙	17日 02:47～			中	甲	15日 00:59～
		正	乙	16日 06:35～			正	己	20日 06:10～			正	壬	19日 21:49～
4月	29壬辰	余	乙	5日 09:18～	8月	33丙申	余	己	8日 02:28～	12月	37庚子	余	壬	7日 17:37～
		中	癸	14日 14:26～			中	壬	18日 10:40～					
		正	戊	17日 16:09～			正	庚	22日 01:25～			正	癸	17日 13:45～

2028年　戊申年　蔵干（己・壬・庚）　立春2月4日16：30

月	干支		干	日時	月	干支		干	日時	月	干支		干	日時
1月	38辛丑	余	癸	6日 04:54～	5月	42乙巳	余	戊	5日 08:14～	9月	46己酉	余	庚	7日 11:24～
		中	辛	15日 01:10～			中	庚	10日 12:59～					
		正	己	17日 23:56～			正	丙	19日 21:24～			正	辛	17日 17:02～
2月	39壬寅	余	戊	4日 16:30～	6月	43丙午	余	丙	5日 12:18～	10月	47庚戌	余	辛	8日 03:09～
		中	丙	11日 15:00～			中	己	16日 00:07～			中	丁	17日 04:08～
		正	甲	18日 13:29～			正	丁	25日 10:23～			正	戊	20日 04:28～
3月	40癸卯	余	甲	5日 10:24～	7月	44丁未	余	丁	6日 22:32～	11月	48辛亥	余	戊	7日 06:27～
		中					中	乙	16日 08:41～			中	甲	14日 06:47～
		正	乙	15日 12:20～			正	己	19日 12:04～			正	壬	19日 03:37～
4月	41甲辰	余	乙	4日 15:04～	8月	45戊申	余	己	7日 08:23～	12月	49壬子	余	壬	6日 23:24～
		中	癸	13日 20:13～			中	壬	17日 16:35～					
		正	戊	16日 21:56～			正	庚	21日 07:20～			正	癸	16日 19:32～

2029年　己酉年　蔵干（　・　・辛）　立春2月3日22：20

月	干支		干	日時	月	干支		干	日時	月	干支		干	日時
1月	50癸丑	余	癸	5日 10:41～	5月	54丁巳	余	戊	5日 14:09～	9月	58辛酉	余	庚	7日 17:13～
		中	辛	14日 06:58～			中	庚	10日 18:54～					
		正	己	17日 05:44～			正	丙	20日 03:51～			正	辛	17日 22:52～
2月	51甲寅	余	戊	3日 22:20～	6月	55戊午	余	丙	5日 18:12～	10月	59壬戌	余	辛	8日 08:59～
		中	丙	10日 20:50～			中	己	16日 06:00～			中	丁	17日 09:58～
		正	甲	17日 19:21～			正	丁	25日 16:15～			正	戊	20日 10:18～
3月	52乙卯	余	甲	5日 16:17～	7月	56己未	余	丁	7日 04:24～	11月	60癸亥	余	戊	7日 12:17～
		中					中	乙	16日 14:32～			中	甲	14日 12:37～
		正	乙	15日 18:14～			正	己	19日 17:54～			正	壬	19日 09:27～
4月	53丙辰	余	乙	4日 21:00～	8月	57庚申	余	己	7日 14:11～	12月	1甲子	余	壬	7日 05:14～
		中	癸	14日 02:08～			中	壬	17日 22:23～					
		正	戊	17日 03:51～			正	庚	21日 13:08～			正	癸	17日 01:22～

2030年　庚戌年　蔵干（辛・丁・戊）　立春2月4日04：08

月	月干支		蔵干	日時	月	月干支		蔵干	日時	月	月干支		蔵干	日時
1月	2乙丑	余	癸	5日 16:30〜	5月	6己巳	余	戊	5日 19:48〜	9月	10癸酉	余	庚	7日 22:54〜
		中	辛	14日 12:47〜			中	庚	11日 00:32〜					
		正	己	17日 11:33〜			正	丙	20日 08:56〜			正	辛	18日 04:35〜
2月	3丙寅	余	戊	4日 04:08〜	6月	7庚午	余	丙	5日 23:47〜	10月	11甲戌	余	辛	8日 14:46〜
		中	丙	11日 02:38〜			中	己	16日 11:35〜			中	丁	17日 15:46〜
		正	甲	18日 01:08〜			正	丁	25日 21:50〜			正	戊	20日 16:07〜
3月	4丁卯	余	甲	5日 22:03〜	7月	8辛未	余	丁	7日 09:58〜	11月	12乙亥	余	戊	7日 18:09〜
		中					中	乙	16日 20:07〜			中	甲	14日 18:30〜
		正	乙	15日 23:59〜			正	己	19日 23:30〜			正	壬	19日 15:20〜
4月	5戊辰	余	乙	5日 02:42〜	8月	9壬申	余	己	7日 19:49〜	12月	13丙子	余	壬	7日 11:07〜
		中	癸	14日 07:49〜			中	壬	18日 04:02〜					
		正	戊	17日 09:32〜			正	庚	21日 18:47〜			正	癸	17日 07:15〜

2031年　辛亥年　蔵干（戊・甲・壬）　立春2月4日09：58

月	月干支		蔵干	日時	月	月干支		蔵干	日時	月	月干支		蔵干	日時
1月	14丁丑	余	癸	5日 22:23〜	5月	18辛巳	余	戊	6日 01:35〜	9月	22乙酉	余	庚	8日 04:50〜
		中	辛	14日 18:39〜			中	庚	11日 06:19〜					
		正	己	17日 17:25〜			正	丙	20日 14:43〜			正	辛	18日 10:31〜
2月	15戊寅	余	戊	4日 09:58〜	6月	19壬午	余	丙	6日 05:35〜	10月	23丙戌	余	辛	8日 20:43〜
		中	丙	11日 08:27〜			中	己	16日 17:23〜			中	丁	17日 21:43〜
		正	甲	18日 06:57〜			正	丁	26日 03:39〜			正	戊	20日 22:03〜
3月	16己卯	余	甲	6日 03:51〜	7月	20癸未	余	丁	7日 15:48〜	11月	24丁亥	余	戊	8日 00:05〜
		中					中	乙	17日 01:58〜			中	甲	15日 00:26〜
		正	乙	16日 05:46〜			正	己	20日 05:22〜			正	壬	19日 21:16〜
4月	17庚辰	余	乙	5日 08:28〜	8月	21甲申	余	己	8日 01:43〜	12月	25戊子	余	壬	7日 17:03〜
		中	癸	14日 13:36〜			中	壬	18日 09:57〜					
		正	戊	17日 15:18〜			正	庚	22日 00:42〜			正	癸	17日 13:10〜

2032年　壬子年　蔵干（　・　・癸）　立春2月4日15：49

月	月干支		蔵干	日時	月	月干支		蔵干	日時	月	月干支		蔵干	日時
1月	26己丑	余	癸	6日 04:16〜	5月	30癸巳	余	戊	5日 07:25〜	9月	34丁酉	余	庚	7日 10:38〜
		中	辛	15日 00:31〜			中	庚	10日 12:10〜					
		正	己	17日 23:17〜			正	丙	19日 20:35〜			正	辛	17日 16:19〜
2月	27庚寅	余	戊	4日 15:49〜	6月	31甲午	余	丙	5日 11:28〜	10月	35戊戌	余	辛	8日 02:30〜
		中	丙	11日 14:18〜			中	己	15日 23:16〜			中	丁	17日 03:31〜
		正	甲	18日 12:47〜			正	丁	25日 09:32〜			正	戊	20日 03:51〜
3月	28辛卯	余	甲	5日 09:40〜	7月	32乙未	余	丁	6日 21:41〜	11月	36己亥	余	戊	7日 05:54〜
		中					中	乙	16日 07:50〜			中	甲	14日 06:15〜
		正	乙	15日 11:35〜			正	己	19日 11:13〜			正	壬	19日 03:05〜
4月	29壬辰	余	乙	4日 14:17〜	8月	33丙申	余	己	7日 07:32〜	12月	37庚子	余	壬	6日 22:53〜
		中	癸	13日 19:25〜			中	壬	17日 15:45〜					
		正	戊	16日 21:08〜			正	庚	21日 06:31〜			正	癸	16日 19:00〜

2033年　癸丑年　蔵干（癸・辛・己）　立春2月3日21：41

月	月干支		蔵干	日時	月	月干支		蔵干	日時	月	月干支		蔵干	日時
1月	38辛丑	余	癸	5日 10:08〜	5月	42乙巳	余	戊	5日 13:13〜	9月	46己酉	余	庚	7日 16:20〜
		中	辛	14日 06:23〜			中	庚	10日 17:57〜					
		正	己	17日 05:09〜			正	丙	20日 02:21〜			正	辛	17日 22:01〜
2月	39壬寅	余	戊	3日 21:41〜	6月	43丙午	余	丙	5日 17:13〜	10月	47庚戌	余	辛	8日 08:14〜
		中	丙	10日 21:10〜			中	己	16日 05:01〜			中	丁	17日 09:16〜
		正	甲	17日 18:39〜			正	丁	25日 15:16〜			正	戊	20日 09:36〜
3月	40癸卯	余	甲	5日 15:32〜	7月	44丁未	余	丁	7日 03:25〜	11月	48辛亥	余	戊	7日 11:41〜
		中					中	乙	16日 13:34〜			中	甲	14日 12:03〜
		正	乙	15日 17:27〜			正	己	19日 16:57〜			正	壬	19日 08:54〜
4月	41甲辰	余	乙	4日 20:08〜	8月	45戊申	余	己	7日 13:15〜	12月	49壬子	余	壬	7日 04:45〜
		中	癸	14日 01:15〜			中	壬	17日 21:28〜					
		正	戊	17日 02:58〜			正	庚	21日 12:13〜			正	癸	17日 00:54〜

2034年　甲寅年　蔵干（戊・丙・甲）　立春2月4日03：41

月	干支			節入り	月	干支			節入り	月	干支			節入り
1月	50 癸丑	余	癸	5日 16:04～	5月	54 丁巳	余	戊	5日 19:09～	9月	58 辛酉	余	庚	7日 22:14～
		中	辛	14日 12:21～			中	庚	10日 23:53～					
		正	己	17日 11:06～			正	丙	20日 08:16～			正	辛	18日 03:55～
2月	51 甲寅	余	戊	4日 03:41～	6月	55 戊午	余	丙	5日 23:06～	10月	59 壬戌	余	辛	8日 14:07～
		中	丙	11日 02:10～			中	己	16日 10:54～			中	丁	17日 15:08～
		正	甲	18日 00:39～			正	丁	25日 21:09～			正	戊	20日 15:29～
3月	52 乙卯	余	甲	5日 21:32～	7月	56 己未	余	丁	7日 09:17～	11月	60 癸亥	余	戊	7日 17:33～
		中					中	乙	16日 16:29～			中	甲	14日 17:55～
		正	乙	15日 23:26～			正	己	19日 18:53～			正	壬	19日 14:46～
4月	53 丙辰	余	乙	5日 02:06～	8月	57 庚申	余	己	7日 09:17～	12月	1 甲子	余	壬	7日 10:36～
		中	癸	14日 07:12～			中	壬	17日 20:47～					
		正	戊	17日 08:56～			正	庚	21日 12:41～			正	癸	17日 06:45～

2035年　乙卯年　蔵干（　・　・乙）　立春2月4日09：31

月	干支			節入り	月	干支			節入り	月	干支			節入り
1月	2 乙丑	余	癸	5日 21:55～	5月	6 己巳	余	戊	6日 00:55～	9月	10 癸酉	余	庚	8日 04:02～
		中	辛	14日 18:11～			中	庚	11日 05:39～					
		正	己	17日 16:57～			正	丙	20日 14:01～			正	辛	18日 09:44～
2月	3 丙寅	余	戊	4日 09:31～	6月	7 庚午	余	丙	6日 04:50～	10月	11 甲戌	余	辛	8日 19:57～
		中	丙	11日 08:00～			中	己	16日 16:38～			中	丁	17日 20:58～
		正	甲	18日 06:29～			正	丁	26日 02:53～			正	戊	20日 21:19～
3月	4 丁卯	余	甲	6日 03:21～	7月	8 辛未	余	丁	7日 15:01～	11月	12 乙亥	余	戊	7日 23:23～
		中					中	乙	17日 01:10～			中	甲	14日 23:45～
		正	乙	16日 05:15～			正	己	20日 04:34～			正	壬	19日 20:35～
4月	5 戊辰	余	乙	5日 07:53～	8月	9 壬申	余	己	8日 00:54～	12月	13 丙子	余	壬	7日 16:25～
		中	癸	14日 12:59～			中	壬	18日 09:08～					
		正	戊	17日 14:41～			正	庚	21日 23:54～			正	癸	17日 12:33～

注意

⑴ 蔵干の中気・正気の境界時刻は、淵海子平に記載されている恒気法の割合で計算してあります。

現在は、定気法で計算しますので、土用の時刻などがずれています。

恒気法と定気法との境界時刻は、半日ほどずれますので、この時刻前後に生れた方は、実際の自分の夢や願望と比較して、自分にあった月律分野蔵干を決めてください。

⑵ 2025年以降の節入り時刻は、コンピュータで計算してあります。正しい節入り時刻は、国立天文台から前年の２月に発表になりますので、数分ずれる可能性があります。

附表2　日干支表

1950年　庚寅年　蔵干(戊・丙・甲)　立春２月4日18：21

	1	2	3	4	5	6	7	8	9	10	11	12	13	14	15	16	17	18	19	20	21	22	23	24	25	26	27	28	29	30	31
1	丙申	丁酉	戊戌	己亥	庚子	辛丑	壬寅	癸卯	甲辰	乙巳	丙午	丁未	戊申	己酉	庚戌	辛亥	壬子	癸丑	甲寅	乙卯	丙辰	丁巳	戊午	己未	庚申	辛酉	壬戌	癸亥	甲子	乙丑	丙寅
2	丁卯	戊辰	己巳	庚午	辛未	壬申	癸酉	甲戌	乙亥	丙子	丁丑	戊寅	己卯	庚辰	辛巳	壬午	癸未	甲申	乙酉	丙戌	丁亥	戊子	己丑	庚寅	辛卯	壬辰	癸巳	甲午			
3	乙未	丙申	丁酉	戊戌	己亥	庚子	辛丑	壬寅	癸卯	甲辰	乙巳	丙午	丁未	戊申	己酉	庚戌	辛亥	壬子	癸丑	甲寅	乙卯	丙辰	丁巳	戊午	己未	庚申	辛酉	壬戌	癸亥	甲子	乙丑
4	丙寅	丁卯	戊辰	己巳	庚午	辛未	壬申	癸酉	甲戌	乙亥	丙子	丁丑	戊寅	己卯	庚辰	辛巳	壬午	癸未	甲申	乙酉	丙戌	丁亥	戊子	己丑	庚寅	辛卯	壬辰	癸巳	甲午	乙未	
5	丙申	丁酉	戊戌	己亥	庚子	辛丑	壬寅	癸卯	甲辰	乙巳	丙午	丁未	戊申	己酉	庚戌	辛亥	壬子	癸丑	甲寅	乙卯	丙辰	丁巳	戊午	己未	庚申	辛酉	壬戌	癸亥	甲子	乙丑	丙寅
6	丁卯	戊辰	己巳	庚午	辛未	壬申	癸酉	甲戌	乙亥	丙子	丁丑	戊寅	己卯	庚辰	辛巳	壬午	癸未	甲申	乙酉	丙戌	丁亥	戊子	己丑	庚寅	辛卯	壬辰	癸巳	甲午	乙未	丙申	
7	丁酉	戊戌	己亥	庚子	辛丑	壬寅	癸卯	甲辰	乙巳	丙午	丁未	戊申	己酉	庚戌	辛亥	壬子	癸丑	甲寅	乙卯	丙辰	丁巳	戊午	己未	庚申	辛酉	壬戌	癸亥	甲子	乙丑	丙寅	丁卯
8	戊辰	己巳	庚午	辛未	壬申	癸酉	甲戌	乙亥	丙子	丁丑	戊寅	己卯	庚辰	辛巳	壬午	癸未	甲申	乙酉	丙戌	丁亥	戊子	己丑	庚寅	辛卯	壬辰	癸巳	甲午	乙未	丙申	丁酉	戊戌
9	己亥	庚子	辛丑	壬寅	癸卯	甲辰	乙巳	丙午	丁未	戊申	己酉	庚戌	辛亥	壬子	癸丑	甲寅	乙卯	丙辰	丁巳	戊午	己未	庚申	辛酉	壬戌	癸亥	甲子	乙丑	丙寅	丁卯	戊辰	
10	己巳	庚午	辛未	壬申	癸酉	甲戌	乙亥	丙子	丁丑	戊寅	己卯	庚辰	辛巳	壬午	癸未	甲申	乙酉	丙戌	丁亥	戊子	己丑	庚寅	辛卯	壬辰	癸巳	甲午	乙未	丙申	丁酉	戊戌	己亥
11	庚子	辛丑	壬寅	癸卯	甲辰	乙巳	丙午	丁未	戊申	己酉	庚戌	辛亥	壬子	癸丑	甲寅	乙卯	丙辰	丁巳	戊午	己未	庚申	辛酉	壬戌	癸亥	甲子	乙丑	丙寅	丁卯	戊辰	己巳	
12	庚午	辛未	壬申	癸酉	甲戌	乙亥	丙子	丁丑	戊寅	己卯	庚辰	辛巳	壬午	癸未	甲申	乙酉	丙戌	丁亥	戊子	己丑	庚寅	辛卯	壬辰	癸巳	甲午	乙未	丙申	丁酉	戊戌	己亥	庚子

1951年　辛卯年　蔵干(　・　・乙)　立春２月5日00：14

	1	2	3	4	5	6	7	8	9	10	11	12	13	14	15	16	17	18	19	20	21	22	23	24	25	26	27	28	29	30	31
1	辛丑	壬寅	癸卯	甲辰	乙巳	丙午	丁未	戊申	己酉	庚戌	辛亥	壬子	癸丑	甲寅	乙卯	丙辰	丁巳	戊午	己未	庚申	辛酉	壬戌	癸亥	甲子	乙丑	丙寅	丁卯	戊辰	己巳	庚午	辛未
2	壬申	癸酉	甲戌	乙亥	丙子	丁丑	戊寅	己卯	庚辰	辛巳	壬午	癸未	甲申	乙酉	丙戌	丁亥	戊子	己丑	庚寅	辛卯	壬辰	癸巳	甲午	乙未	丙申	丁酉	戊戌	己亥			
3	庚子	辛丑	壬寅	癸卯	甲辰	乙巳	丙午	丁未	戊申	己酉	庚戌	辛亥	壬子	癸丑	甲寅	乙卯	丙辰	丁巳	戊午	己未	庚申	辛酉	壬戌	癸亥	甲子	乙丑	丙寅	丁卯	戊辰	己巳	庚午
4	辛未	壬申	癸酉	甲戌	乙亥	丙子	丁丑	戊寅	己卯	庚辰	辛巳	壬午	癸未	甲申	乙酉	丙戌	丁亥	戊子	己丑	庚寅	辛卯	壬辰	癸巳	甲午	乙未	丙申	丁酉	戊戌	己亥	庚子	
5	辛丑	壬寅	癸卯	甲辰	乙巳	丙午	丁未	戊申	己酉	庚戌	辛亥	壬子	癸丑	甲寅	乙卯	丙辰	丁巳	戊午	己未	庚申	辛酉	壬戌	癸亥	甲子	乙丑	丙寅	丁卯	戊辰	己巳	庚午	辛未
6	壬申	癸酉	甲戌	乙亥	丙子	丁丑	戊寅	己卯	庚辰	辛巳	壬午	癸未	甲申	乙酉	丙戌	丁亥	戊子	己丑	庚寅	辛卯	壬辰	癸巳	甲午	乙未	丙申	丁酉	戊戌	己亥	庚子	辛丑	
7	壬寅	癸卯	甲辰	乙巳	丙午	丁未	戊申	己酉	庚戌	辛亥	壬子	癸丑	甲寅	乙卯	丙辰	丁巳	戊午	己未	庚申	辛酉	壬戌	癸亥	甲子	乙丑	丙寅	丁卯	戊辰	己巳	庚午	辛未	壬申
8	癸酉	甲戌	乙亥	丙子	丁丑	戊寅	己卯	庚辰	辛巳	壬午	癸未	甲申	乙酉	丙戌	丁亥	戊子	己丑	庚寅	辛卯	壬辰	癸巳	甲午	乙未	丙申	丁酉	戊戌	己亥	庚子	辛丑	壬寅	癸卯
9	甲辰	乙巳	丙午	丁未	戊申	己酉	庚戌	辛亥	壬子	癸丑	甲寅	乙卯	丙辰	丁巳	戊午	己未	庚申	辛酉	壬戌	癸亥	甲子	乙丑	丙寅	丁卯	戊辰	己巳	庚午	辛未	壬申	癸酉	
10	甲戌	乙亥	丙子	丁丑	戊寅	己卯	庚辰	辛巳	壬午	癸未	甲申	乙酉	丙戌	丁亥	戊子	己丑	庚寅	辛卯	壬辰	癸巳	甲午	乙未	丙申	丁酉	戊戌	己亥	庚子	辛丑	壬寅	癸卯	甲辰
11	乙巳	丙午	丁未	戊申	己酉	庚戌	辛亥	壬子	癸丑	甲寅	乙卯	丙辰	丁巳	戊午	己未	庚申	辛酉	壬戌	癸亥	甲子	乙丑	丙寅	丁卯	戊辰	己巳	庚午	辛未	壬申	癸酉	甲戌	
12	乙亥	丙子	丁丑	戊寅	己卯	庚辰	辛巳	壬午	癸未	甲申	乙酉	丙戌	丁亥	戊子	己丑	庚寅	辛卯	壬辰	癸巳	甲午	乙未	丙申	丁酉	戊戌	己亥	庚子	辛丑	壬寅	癸卯	甲辰	乙巳

1952年　壬辰年　蔵干(乙・癸・戊)　立春２月5日05：54

	1	2	3	4	5	6	7	8	9	10	11	12	13	14	15	16	17	18	19	20	21	22	23	24	25	26	27	28	29	30	31
1	丙午	丁未	戊申	己酉	庚戌	辛亥	壬子	癸丑	甲寅	乙卯	丙辰	丁巳	戊午	己未	庚申	辛酉	壬戌	癸亥	甲子	乙丑	丙寅	丁卯	戊辰	己巳	庚午	辛未	壬申	癸酉	甲戌	乙亥	丙子
2	丁丑	戊寅	己卯	庚辰	辛巳	壬午	癸未	甲申	乙酉	丙戌	丁亥	戊子	己丑	庚寅	辛卯	壬辰	癸巳	甲午	乙未	丙申	丁酉	戊戌	己亥	庚子	辛丑	壬寅	癸卯	甲辰	乙巳		
3	丙午	丁未	戊申	己酉	庚戌	辛亥	壬子	癸丑	甲寅	乙卯	丙辰	丁巳	戊午	己未	庚申	辛酉	壬戌	癸亥	甲子	乙丑	丙寅	丁卯	戊辰	己巳	庚午	辛未	壬申	癸酉	甲戌	乙亥	丙子
4	丁丑	戊寅	己卯	庚辰	辛巳	壬午	癸未	甲申	乙酉	丙戌	丁亥	戊子	己丑	庚寅	辛卯	壬辰	癸巳	甲午	乙未	丙申	丁酉	戊戌	己亥	庚子	辛丑	壬寅	癸卯	甲辰	乙巳	丙午	
5	丁未	戊申	己酉	庚戌	辛亥	壬子	癸丑	甲寅	乙卯	丙辰	丁巳	戊午	己未	庚申	辛酉	壬戌	癸亥	甲子	乙丑	丙寅	丁卯	戊辰	己巳	庚午	辛未	壬申	癸酉	甲戌	乙亥	丙子	丁丑
6	戊寅	己卯	庚辰	辛巳	壬午	癸未	甲申	乙酉	丙戌	丁亥	戊子	己丑	庚寅	辛卯	壬辰	癸巳	甲午	乙未	丙申	丁酉	戊戌	己亥	庚子	辛丑	壬寅	癸卯	甲辰	乙巳	丙午	丁未	
7	戊申	己酉	庚戌	辛亥	壬子	癸丑	甲寅	乙卯	丙辰	丁巳	戊午	己未	庚申	辛酉	壬戌	癸亥	甲子	乙丑	丙寅	丁卯	戊辰	己巳	庚午	辛未	壬申	癸酉	甲戌	乙亥	丙子	丁丑	戊寅
8	己卯	庚辰	辛巳	壬午	癸未	甲申	乙酉	丙戌	丁亥	戊子	己丑	庚寅	辛卯	壬辰	癸巳	甲午	乙未	丙申	丁酉	戊戌	己亥	庚子	辛丑	壬寅	癸卯	甲辰	乙巳	丙午	丁未	戊申	己酉
9	庚戌	辛亥	壬子	癸丑	甲寅	乙卯	丙辰	丁巳	戊午	己未	庚申	辛酉	壬戌	癸亥	甲子	乙丑	丙寅	丁卯	戊辰	己巳	庚午	辛未	壬申	癸酉	甲戌	乙亥	丙子	丁丑	戊寅	己卯	
10	庚辰	辛巳	壬午	癸未	甲申	乙酉	丙戌	丁亥	戊子	己丑	庚寅	辛卯	壬辰	癸巳	甲午	乙未	丙申	丁酉	戊戌	己亥	庚子	辛丑	壬寅	癸卯	甲辰	乙巳	丙午	丁未	戊申	己酉	庚戌
11	辛亥	壬子	癸丑	甲寅	乙卯	丙辰	丁巳	戊午	己未	庚申	辛酉	壬戌	癸亥	甲子	乙丑	丙寅	丁卯	戊辰	己巳	庚午	辛未	壬申	癸酉	甲戌	乙亥	丙子	丁丑	戊寅	己卯	庚辰	
12	辛巳	壬午	癸未	甲申	乙酉	丙戌	丁亥	戊子	己丑	庚寅	辛卯	壬辰	癸巳	甲午	乙未	丙申	丁酉	戊戌	己亥	庚子	辛丑	壬寅	癸卯	甲辰	乙巳	丙午	丁未	戊申	己酉	庚戌	辛亥

1953年　癸巳年　蔵干(戊・庚・丙)　立春２月4日11：47

	1	2	3	4	5	6	7	8	9	10	11	12	13	14	15	16	17	18	19	20	21	22	23	24	25	26	27	28	29	30	31
1	壬子	癸丑	甲寅	乙卯	丙辰	丁巳	戊午	己未	庚申	辛酉	壬戌	癸亥	甲子	乙丑	丙寅	丁卯	戊辰	己巳	庚午	辛未	壬申	癸酉	甲戌	乙亥	丙子	丁丑	戊寅	己卯	庚辰	辛巳	壬午
2	癸未	甲申	乙酉	丙戌	丁亥	戊子	己丑	庚寅	辛卯	壬辰	癸巳	甲午	乙未	丙申	丁酉	戊戌	己亥	庚子	辛丑	壬寅	癸卯	甲辰	乙巳	丙午	丁未	戊申	己酉	庚戌			
3	辛亥	壬子	癸丑	甲寅	乙卯	丙辰	丁巳	戊午	己未	庚申	辛酉	壬戌	癸亥	甲子	乙丑	丙寅	丁卯	戊辰	己巳	庚午	辛未	壬申	癸酉	甲戌	乙亥	丙子	丁丑	戊寅	己卯	庚辰	辛巳
4	壬午	癸未	甲申	乙酉	丙戌	丁亥	戊子	己丑	庚寅	辛卯	壬辰	癸巳	甲午	乙未	丙申	丁酉	戊戌	己亥	庚子	辛丑	壬寅	癸卯	甲辰	乙巳	丙午	丁未	戊申	己酉	庚戌	辛亥	
5	壬子	癸丑	甲寅	乙卯	丙辰	丁巳	戊午	己未	庚申	辛酉	壬戌	癸亥	甲子	乙丑	丙寅	丁卯	戊辰	己巳	庚午	辛未	壬申	癸酉	甲戌	乙亥	丙子	丁丑	戊寅	己卯	庚辰	辛巳	壬午
6	癸未	甲申	乙酉	丙戌	丁亥	戊子	己丑	庚寅	辛卯	壬辰	癸巳	甲午	乙未	丙申	丁酉	戊戌	己亥	庚子	辛丑	壬寅	癸卯	甲辰	乙巳	丙午	丁未	戊申	己酉	庚戌	辛亥	壬子	
7	癸丑	甲寅	乙卯	丙辰	丁巳	戊午	己未	庚申	辛酉	壬戌	癸亥	甲子	乙丑	丙寅	丁卯	戊辰	己巳	庚午	辛未	壬申	癸酉	甲戌	乙亥	丙子	丁丑	戊寅	己卯	庚辰	辛巳	壬午	癸未
8	甲申	乙酉	丙戌	丁亥	戊子	己丑	庚寅	辛卯	壬辰	癸巳	甲午	乙未	丙申	丁酉	戊戌	己亥	庚子	辛丑	壬寅	癸卯	甲辰	乙巳	丙午	丁未	戊申	己酉	庚戌	辛亥	壬子	癸丑	甲寅
9	乙卯	丙辰	丁巳	戊午	己未	庚申	辛酉	壬戌	癸亥	甲子	乙丑	丙寅	丁卯	戊辰	己巳	庚午	辛未	壬申	癸酉	甲戌	乙亥	丙子	丁丑	戊寅	己卯	庚辰	辛巳	壬午	癸未	甲申	
10	乙酉	丙戌	丁亥	戊子	己丑	庚寅	辛卯	壬辰	癸巳	甲午	乙未	丙申	丁酉	戊戌	己亥	庚子	辛丑	壬寅	癸卯	甲辰	乙巳	丙午	丁未	戊申	己酉	庚戌	辛亥	壬子	癸丑	甲寅	乙卯
11	丙辰	丁巳	戊午	己未	庚申	辛酉	壬戌	癸亥	甲子	乙丑	丙寅	丁卯	戊辰	己巳	庚午	辛未	壬申	癸酉	甲戌	乙亥	丙子	丁丑	戊寅	己卯	庚辰	辛巳	壬午	癸未	甲申	乙酉	
12	丙戌	丁亥	戊子	己丑	庚寅	辛卯	壬辰	癸巳	甲午	乙未	丙申	丁酉	戊戌	己亥	庚子	辛丑	壬寅	癸卯	甲辰	乙巳	丙午	丁未	戊申	己酉	庚戌	辛亥	壬子	癸丑	甲寅	乙卯	丙辰

1954年　甲午年　蔵干(　・己・丁)　立春2月4日17時31分

	1	2	3	4	5	6	7	8	9	10	11	12	13	14	15	16	17	18	19	20	21	22	23	24	25	26	27	28	29	30	31
1	丁巳	戊午	己未	庚申	辛酉	壬戌	癸亥	甲子	乙丑	丙寅	丁卯	戊辰	己巳	庚午	辛未	壬申	癸酉	甲戌	乙亥	丙子	丁丑	戊寅	己卯	庚辰	辛巳	壬午	癸未	甲申	乙酉	丙戌	丁亥
2	戊子	己丑	庚寅	辛卯	壬辰	癸巳	甲午	乙未	丙申	丁酉	戊戌	己亥	庚子	辛丑	壬寅	癸卯	甲辰	乙巳	丙午	丁未	戊申	己酉	庚戌	辛亥	壬子	癸丑	甲寅	乙卯			
3	丙辰	丁巳	戊午	己未	庚申	辛酉	壬戌	癸亥	甲子	乙丑	丙寅	丁卯	戊辰	己巳	庚午	辛未	壬申	癸酉	甲戌	乙亥	丙子	丁丑	戊寅	己卯	庚辰	辛巳	壬午	癸未	甲申	乙酉	丙戌
4	丁亥	戊子	己丑	庚寅	辛卯	壬辰	癸巳	甲午	乙未	丙申	丁酉	戊戌	己亥	庚子	辛丑	壬寅	癸卯	甲辰	乙巳	丙午	丁未	戊申	己酉	庚戌	辛亥	壬子	癸丑	甲寅	乙卯	丙辰	
5	丁巳	戊午	己未	庚申	辛酉	壬戌	癸亥	甲子	乙丑	丙寅	丁卯	戊辰	己巳	庚午	辛未	壬申	癸酉	甲戌	乙亥	丙子	丁丑	戊寅	己卯	庚辰	辛巳	壬午	癸未	甲申	乙酉	丙戌	丁亥
6	戊子	己丑	庚寅	辛卯	壬辰	癸巳	甲午	乙未	丙申	丁酉	戊戌	己亥	庚子	辛丑	壬寅	癸卯	甲辰	乙巳	丙午	丁未	戊申	己酉	庚戌	辛亥	壬子	癸丑	甲寅	乙卯	丙辰	丁巳	
7	戊午	己未	庚申	辛酉	壬戌	癸亥	甲子	乙丑	丙寅	丁卯	戊辰	己巳	庚午	辛未	壬申	癸酉	甲戌	乙亥	丙子	丁丑	戊寅	己卯	庚辰	辛巳	壬午	癸未	甲申	乙酉	丙戌	丁亥	戊子
8	己丑	庚寅	辛卯	壬辰	癸巳	甲午	乙未	丙申	丁酉	戊戌	己亥	庚子	辛丑	壬寅	癸卯	甲辰	乙巳	丙午	丁未	戊申	己酉	庚戌	辛亥	壬子	癸丑	甲寅	乙卯	丙辰	丁巳	戊午	己未
9	庚申	辛酉	壬戌	癸亥	甲子	乙丑	丙寅	丁卯	戊辰	己巳	庚午	辛未	壬申	癸酉	甲戌	乙亥	丙子	丁丑	戊寅	己卯	庚辰	辛巳	壬午	癸未	甲申	乙酉	丙戌	丁亥	戊子	己丑	
10	庚寅	辛卯	壬辰	癸巳	甲午	乙未	丙申	丁酉	戊戌	己亥	庚子	辛丑	壬寅	癸卯	甲辰	乙巳	丙午	丁未	戊申	己酉	庚戌	辛亥	壬子	癸丑	甲寅	乙卯	丙辰	丁巳	戊午	己未	庚申
11	辛酉	壬戌	癸亥	甲子	乙丑	丙寅	丁卯	戊辰	己巳	庚午	辛未	壬申	癸酉	甲戌	乙亥	丙子	丁丑	戊寅	己卯	庚辰	辛巳	壬午	癸未	甲申	乙酉	丙戌	丁亥	戊子	己丑	庚寅	
12	辛卯	壬辰	癸巳	甲午	乙未	丙申	丁酉	戊戌	己亥	庚子	辛丑	壬寅	癸卯	甲辰	乙巳	丙午	丁未	戊申	己酉	庚戌	辛亥	壬子	癸丑	甲寅	乙卯	丙辰	丁巳	戊午	己未	庚申	辛酉

1955年　乙未年　蔵干(丁・乙・己)　立春2月4日23時18分

	1	2	3	4	5	6	7	8	9	10	11	12	13	14	15	16	17	18	19	20	21	22	23	24	25	26	27	28	29	30	31
1	壬戌	癸亥	甲子	乙丑	丙寅	丁卯	戊辰	己巳	庚午	辛未	壬申	癸酉	甲戌	乙亥	丙子	丁丑	戊寅	己卯	庚辰	辛巳	壬午	癸未	甲申	乙酉	丙戌	丁亥	戊子	己丑	庚寅	辛卯	壬辰
2	癸巳	甲午	乙未	丙申	丁酉	戊戌	己亥	庚子	辛丑	壬寅	癸卯	甲辰	乙巳	丙午	丁未	戊申	己酉	庚戌	辛亥	壬子	癸丑	甲寅	乙卯	丙辰	丁巳	戊午	己未	庚申			
3	辛酉	壬戌	癸亥	甲子	乙丑	丙寅	丁卯	戊辰	己巳	庚午	辛未	壬申	癸酉	甲戌	乙亥	丙子	丁丑	戊寅	己卯	庚辰	辛巳	壬午	癸未	甲申	乙酉	丙戌	丁亥	戊子	己丑	庚寅	辛卯
4	壬辰	癸巳	甲午	乙未	丙申	丁酉	戊戌	己亥	庚子	辛丑	壬寅	癸卯	甲辰	乙巳	丙午	丁未	戊申	己酉	庚戌	辛亥	壬子	癸丑	甲寅	乙卯	丙辰	丁巳	戊午	己未	庚申	辛酉	
5	壬戌	癸亥	甲子	乙丑	丙寅	丁卯	戊辰	己巳	庚午	辛未	壬申	癸酉	甲戌	乙亥	丙子	丁丑	戊寅	己卯	庚辰	辛巳	壬午	癸未	甲申	乙酉	丙戌	丁亥	戊子	己丑	庚寅	辛卯	壬辰
6	癸巳	甲午	乙未	丙申	丁酉	戊戌	己亥	庚子	辛丑	壬寅	癸卯	甲辰	乙巳	丙午	丁未	戊申	己酉	庚戌	辛亥	壬子	癸丑	甲寅	乙卯	丙辰	丁巳	戊午	己未	庚申	辛酉	壬戌	
7	癸亥	甲子	乙丑	丙寅	丁卯	戊辰	己巳	庚午	辛未	壬申	癸酉	甲戌	乙亥	丙子	丁丑	戊寅	己卯	庚辰	辛巳	壬午	癸未	甲申	乙酉	丙戌	丁亥	戊子	己丑	庚寅	辛卯	壬辰	癸巳
8	甲午	乙未	丙申	丁酉	戊戌	己亥	庚子	辛丑	壬寅	癸卯	甲辰	乙巳	丙午	丁未	戊申	己酉	庚戌	辛亥	壬子	癸丑	甲寅	乙卯	丙辰	丁巳	戊午	己未	庚申	辛酉	壬戌	癸亥	甲子
9	乙丑	丙寅	丁卯	戊辰	己巳	庚午	辛未	壬申	癸酉	甲戌	乙亥	丙子	丁丑	戊寅	己卯	庚辰	辛巳	壬午	癸未	甲申	乙酉	丙戌	丁亥	戊子	己丑	庚寅	辛卯	壬辰	癸巳	甲午	
10	乙未	丙申	丁酉	戊戌	己亥	庚子	辛丑	壬寅	癸卯	甲辰	乙巳	丙午	丁未	戊申	己酉	庚戌	辛亥	壬子	癸丑	甲寅	乙卯	丙辰	丁巳	戊午	己未	庚申	辛酉	壬戌	癸亥	甲子	乙丑
11	丙寅	丁卯	戊辰	己巳	庚午	辛未	壬申	癸酉	甲戌	乙亥	丙子	丁丑	戊寅	己卯	庚辰	辛巳	壬午	癸未	甲申	乙酉	丙戌	丁亥	戊子	己丑	庚寅	辛卯	壬辰	癸巳	甲午	乙未	
12	丙申	丁酉	戊戌	己亥	庚子	辛丑	壬寅	癸卯	甲辰	乙巳	丙午	丁未	戊申	己酉	庚戌	辛亥	壬子	癸丑	甲寅	乙卯	丙辰	丁巳	戊午	己未	庚申	辛酉	壬戌	癸亥	甲子	乙丑	丙寅

1956年　丙申年　蔵干(己・壬・庚)　立春2月 5 日05時13分

	1	2	3	4	5	6	7	8	9	10	11	12	13	14	15	16	17	18	19	20	21	22	23	24	25	26	27	28	29	30	31
1	丁卯	戊辰	己巳	庚午	辛未	壬申	癸酉	甲戌	乙亥	丙子	丁丑	戊寅	己卯	庚辰	辛巳	壬午	癸未	甲申	乙酉	丙戌	丁亥	戊子	己丑	庚寅	辛卯	壬辰	癸巳	甲午	乙未	丙申	丁酉
2	戊戌	己亥	庚子	辛丑	壬寅	癸卯	甲辰	乙巳	丙午	丁未	戊申	己酉	庚戌	辛亥	壬子	癸丑	甲寅	乙卯	丙辰	丁巳	戊午	己未	庚申	辛酉	壬戌	癸亥	甲子	乙丑	丙寅		
3	丁卯	戊辰	己巳	庚午	辛未	壬申	癸酉	甲戌	乙亥	丙子	丁丑	戊寅	己卯	庚辰	辛巳	壬午	癸未	甲申	乙酉	丙戌	丁亥	戊子	己丑	庚寅	辛卯	壬辰	癸巳	甲午	乙未	丙申	丁酉
4	戊戌	己亥	庚子	辛丑	壬寅	癸卯	甲辰	乙巳	丙午	丁未	戊申	己酉	庚戌	辛亥	壬子	癸丑	甲寅	乙卯	丙辰	丁巳	戊午	己未	庚申	辛酉	壬戌	癸亥	甲子	乙丑	丙寅	丁卯	
5	戊辰	己巳	庚午	辛未	壬申	癸酉	甲戌	乙亥	丙子	丁丑	戊寅	己卯	庚辰	辛巳	壬午	癸未	甲申	乙酉	丙戌	丁亥	戊子	己丑	庚寅	辛卯	壬辰	癸巳	甲午	乙未	丙申	丁酉	戊戌
6	己亥	庚子	辛丑	壬寅	癸卯	甲辰	乙巳	丙午	丁未	戊申	己酉	庚戌	辛亥	壬子	癸丑	甲寅	乙卯	丙辰	丁巳	戊午	己未	庚申	辛酉	壬戌	癸亥	甲子	乙丑	丙寅	丁卯	戊辰	
7	己巳	庚午	辛未	壬申	癸酉	甲戌	乙亥	丙子	丁丑	戊寅	己卯	庚辰	辛巳	壬午	癸未	甲申	乙酉	丙戌	丁亥	戊子	己丑	庚寅	辛卯	壬辰	癸巳	甲午	乙未	丙申	丁酉	戊戌	己亥
8	庚子	辛丑	壬寅	癸卯	甲辰	乙巳	丙午	丁未	戊申	己酉	庚戌	辛亥	壬子	癸丑	甲寅	乙卯	丙辰	丁巳	戊午	己未	庚申	辛酉	壬戌	癸亥	甲子	乙丑	丙寅	丁卯	戊辰	己巳	庚午
9	辛未	壬申	癸酉	甲戌	乙亥	丙子	丁丑	戊寅	己卯	庚辰	辛巳	壬午	癸未	甲申	乙酉	丙戌	丁亥	戊子	己丑	庚寅	辛卯	壬辰	癸巳	甲午	乙未	丙申	丁酉	戊戌	己亥	庚子	
10	辛丑	壬寅	癸卯	甲辰	乙巳	丙午	丁未	戊申	己酉	庚戌	辛亥	壬子	癸丑	甲寅	乙卯	丙辰	丁巳	戊午	己未	庚申	辛酉	壬戌	癸亥	甲子	乙丑	丙寅	丁卯	戊辰	己巳	庚午	辛未
11	壬申	癸酉	甲戌	乙亥	丙子	丁丑	戊寅	己卯	庚辰	辛巳	壬午	癸未	甲申	乙酉	丙戌	丁亥	戊子	己丑	庚寅	辛卯	壬辰	癸巳	甲午	乙未	丙申	丁酉	戊戌	己亥	庚子	辛丑	
12	壬寅	癸卯	甲辰	乙巳	丙午	丁未	戊申	己酉	庚戌	辛亥	壬子	癸丑	甲寅	乙卯	丙辰	丁巳	戊午	己未	庚申	辛酉	壬戌	癸亥	甲子	乙丑	丙寅	丁卯	戊辰	己巳	庚午	辛未	壬申

1957年　丁酉年　蔵干(　・　・辛)　立春2月4日10時55分

	1	2	3	4	5	6	7	8	9	10	11	12	13	14	15	16	17	18	19	20	21	22	23	24	25	26	27	28	29	30	31
1	癸酉	甲戌	乙亥	丙子	丁丑	戊寅	己卯	庚辰	辛巳	壬午	癸未	甲申	乙酉	丙戌	丁亥	戊子	己丑	庚寅	辛卯	壬辰	癸巳	甲午	乙未	丙申	丁酉	戊戌	己亥	庚子	辛丑	壬寅	癸卯
2	甲辰	乙巳	丙午	丁未	戊申	己酉	庚戌	辛亥	壬子	癸丑	甲寅	乙卯	丙辰	丁巳	戊午	己未	庚申	辛酉	壬戌	癸亥	甲子	乙丑	丙寅	丁卯	戊辰	己巳	庚午	辛未			
3	壬申	癸酉	甲戌	乙亥	丙子	丁丑	戊寅	己卯	庚辰	辛巳	壬午	癸未	甲申	乙酉	丙戌	丁亥	戊子	己丑	庚寅	辛卯	壬辰	癸巳	甲午	乙未	丙申	丁酉	戊戌	己亥	庚子	辛丑	壬寅
4	癸卯	甲辰	乙巳	丙午	丁未	戊申	己酉	庚戌	辛亥	壬子	癸丑	甲寅	乙卯	丙辰	丁巳	戊午	己未	庚申	辛酉	壬戌	癸亥	甲子	乙丑	丙寅	丁卯	戊辰	己巳	庚午	辛未	壬申	
5	癸酉	甲戌	乙亥	丙子	丁丑	戊寅	己卯	庚辰	辛巳	壬午	癸未	甲申	乙酉	丙戌	丁亥	戊子	己丑	庚寅	辛卯	壬辰	癸巳	甲午	乙未	丙申	丁酉	戊戌	己亥	庚子	辛丑	壬寅	癸卯
6	甲辰	乙巳	丙午	丁未	戊申	己酉	庚戌	辛亥	壬子	癸丑	甲寅	乙卯	丙辰	丁巳	戊午	己未	庚申	辛酉	壬戌	癸亥	甲子	乙丑	丙寅	丁卯	戊辰	己巳	庚午	辛未	壬申	癸酉	
7	甲戌	乙亥	丙子	丁丑	戊寅	己卯	庚辰	辛巳	壬午	癸未	甲申	乙酉	丙戌	丁亥	戊子	己丑	庚寅	辛卯	壬辰	癸巳	甲午	乙未	丙申	丁酉	戊戌	己亥	庚子	辛丑	壬寅	癸卯	甲辰
8	乙巳	丙午	丁未	戊申	己酉	庚戌	辛亥	壬子	癸丑	甲寅	乙卯	丙辰	丁巳	戊午	己未	庚申	辛酉	壬戌	癸亥	甲子	乙丑	丙寅	丁卯	戊辰	己巳	庚午	辛未	壬申	癸酉	甲戌	乙亥
9	丙子	丁丑	戊寅	己卯	庚辰	辛巳	壬午	癸未	甲申	乙酉	丙戌	丁亥	戊子	己丑	庚寅	辛卯	壬辰	癸巳	甲午	乙未	丙申	丁酉	戊戌	己亥	庚子	辛丑	壬寅	癸卯	甲辰	乙巳	
10	丙午	丁未	戊申	己酉	庚戌	辛亥	壬子	癸丑	甲寅	乙卯	丙辰	丁巳	戊午	己未	庚申	辛酉	壬戌	癸亥	甲子	乙丑	丙寅	丁卯	戊辰	己巳	庚午	辛未	壬申	癸酉	甲戌	乙亥	丙子
11	丁丑	戊寅	己卯	庚辰	辛巳	壬午	癸未	甲申	乙酉	丙戌	丁亥	戊子	己丑	庚寅	辛卯	壬辰	癸巳	甲午	乙未	丙申	丁酉	戊戌	己亥	庚子	辛丑	壬寅	癸卯	甲辰	乙巳	丙午	
12	丁未	戊申	己酉	庚戌	辛亥	壬子	癸丑	甲寅	乙卯	丙辰	丁巳	戊午	己未	庚申	辛酉	壬戌	癸亥	甲子	乙丑	丙寅	丁卯	戊辰	己巳	庚午	辛未	壬申	癸酉	甲戌	乙亥	丙子	丁丑

1958年　戊戌年　蔵干(辛・丁・戊)　立春2月4日16時50分

	1	2	3	4	5	6	7	8	9	10	11	12	13	14	15	16	17	18	19	20	21	22	23	24	25	26	27	28	29	30	31
1	戊寅	己卯	庚辰	辛巳	壬午	癸未	甲申	乙酉	丙戌	丁亥	戊子	己丑	庚寅	辛卯	壬辰	癸巳	甲午	乙未	丙申	丁酉	戊戌	己亥	庚子	辛丑	壬寅	癸卯	甲辰	乙巳	丙午	丁未	戊申
2	己酉	庚戌	辛亥	壬子	癸丑	甲寅	乙卯	丙辰	丁巳	戊午	己未	庚申	辛酉	壬戌	癸亥	甲子	乙丑	丙寅	丁卯	戊辰	己巳	庚午	辛未	壬申	癸酉	甲戌	乙亥	丙子			
3	丁丑	戊寅	己卯	庚辰	辛巳	壬午	癸未	甲申	乙酉	丙戌	丁亥	戊子	己丑	庚寅	辛卯	壬辰	癸巳	甲午	乙未	丙申	丁酉	戊戌	己亥	庚子	辛丑	壬寅	癸卯	甲辰	乙巳	丙午	丁未
4	戊申	己酉	庚戌	辛亥	壬子	癸丑	甲寅	乙卯	丙辰	丁巳	戊午	己未	庚申	辛酉	壬戌	癸亥	甲子	乙丑	丙寅	丁卯	戊辰	己巳	庚午	辛未	壬申	癸酉	甲戌	乙亥	丙子	丁丑	
5	戊寅	己卯	庚辰	辛巳	壬午	癸未	甲申	乙酉	丙戌	丁亥	戊子	己丑	庚寅	辛卯	壬辰	癸巳	甲午	乙未	丙申	丁酉	戊戌	己亥	庚子	辛丑	壬寅	癸卯	甲辰	乙巳	丙午	丁未	戊申
6	己酉	庚戌	辛亥	壬子	癸丑	甲寅	乙卯	丙辰	丁巳	戊午	己未	庚申	辛酉	壬戌	癸亥	甲子	乙丑	丙寅	丁卯	戊辰	己巳	庚午	辛未	壬申	癸酉	甲戌	乙亥	丙子	丁丑	戊寅	
7	己卯	庚辰	辛巳	壬午	癸未	甲申	乙酉	丙戌	丁亥	戊子	己丑	庚寅	辛卯	壬辰	癸巳	甲午	乙未	丙申	丁酉	戊戌	己亥	庚子	辛丑	壬寅	癸卯	甲辰	乙巳	丙午	丁未	戊申	己酉
8	庚戌	辛亥	壬子	癸丑	甲寅	乙卯	丙辰	丁巳	戊午	己未	庚申	辛酉	壬戌	癸亥	甲子	乙丑	丙寅	丁卯	戊辰	己巳	庚午	辛未	壬申	癸酉	甲戌	乙亥	丙子	丁丑	戊寅	己卯	庚辰
9	辛巳	壬午	癸未	甲申	乙酉	丙戌	丁亥	戊子	己丑	庚寅	辛卯	壬辰	癸巳	甲午	乙未	丙申	丁酉	戊戌	己亥	庚子	辛丑	壬寅	癸卯	甲辰	乙巳	丙午	丁未	戊申	己酉	庚戌	
10	辛亥	壬子	癸丑	甲寅	乙卯	丙辰	丁巳	戊午	己未	庚申	辛酉	壬戌	癸亥	甲子	乙丑	丙寅	丁卯	戊辰	己巳	庚午	辛未	壬申	癸酉	甲戌	乙亥	丙子	丁丑	戊寅	己卯	庚辰	辛巳
11	壬午	癸未	甲申	乙酉	丙戌	丁亥	戊子	己丑	庚寅	辛卯	壬辰	癸巳	甲午	乙未	丙申	丁酉	戊戌	己亥	庚子	辛丑	壬寅	癸卯	甲辰	乙巳	丙午	丁未	戊申	己酉	庚戌	辛亥	
12	壬子	癸丑	甲寅	乙卯	丙辰	丁巳	戊午	己未	庚申	辛酉	壬戌	癸亥	甲子	乙丑	丙寅	丁卯	戊辰	己巳	庚午	辛未	壬申	癸酉	甲戌	乙亥	丙子	丁丑	戊寅	己卯	庚辰	辛巳	壬午

1959年　己亥年　蔵干(戊・甲・壬)　立春2月4日22時43分

	1	2	3	4	5	6	7	8	9	10	11	12	13	14	15	16	17	18	19	20	21	22	23	24	25	26	27	28	29	30	31
1	癸未	甲申	乙酉	丙戌	丁亥	戊子	己丑	庚寅	辛卯	壬辰	癸巳	甲午	乙未	丙申	丁酉	戊戌	己亥	庚子	辛丑	壬寅	癸卯	甲辰	乙巳	丙午	丁未	戊申	己酉	庚戌	辛亥	壬子	癸丑
2	甲寅	乙卯	丙辰	丁巳	戊午	己未	庚申	辛酉	壬戌	癸亥	甲子	乙丑	丙寅	丁卯	戊辰	己巳	庚午	辛未	壬申	癸酉	甲戌	乙亥	丙子	丁丑	戊寅	己卯	庚辰	辛巳			
3	壬午	癸未	甲申	乙酉	丙戌	丁亥	戊子	己丑	庚寅	辛卯	壬辰	癸巳	甲午	乙未	丙申	丁酉	戊戌	己亥	庚子	辛丑	壬寅	癸卯	甲辰	乙巳	丙午	丁未	戊申	己酉	庚戌	辛亥	壬子
4	癸丑	甲寅	乙卯	丙辰	丁巳	戊午	己未	庚申	辛酉	壬戌	癸亥	甲子	乙丑	丙寅	丁卯	戊辰	己巳	庚午	辛未	壬申	癸酉	甲戌	乙亥	丙子	丁丑	戊寅	己卯	庚辰	辛巳	壬午	
5	癸未	甲申	乙酉	丙戌	丁亥	戊子	己丑	庚寅	辛卯	壬辰	癸巳	甲午	乙未	丙申	丁酉	戊戌	己亥	庚子	辛丑	壬寅	癸卯	甲辰	乙巳	丙午	丁未	戊申	己酉	庚戌	辛亥	壬子	癸丑
6	甲寅	乙卯	丙辰	丁巳	戊午	己未	庚申	辛酉	壬戌	癸亥	甲子	乙丑	丙寅	丁卯	戊辰	己巳	庚午	辛未	壬申	癸酉	甲戌	乙亥	丙子	丁丑	戊寅	己卯	庚辰	辛巳	壬午	癸未	
7	甲申	乙酉	丙戌	丁亥	戊子	己丑	庚寅	辛卯	壬辰	癸巳	甲午	乙未	丙申	丁酉	戊戌	己亥	庚子	辛丑	壬寅	癸卯	甲辰	乙巳	丙午	丁未	戊申	己酉	庚戌	辛亥	壬子	癸丑	甲寅
8	乙卯	丙辰	丁巳	戊午	己未	庚申	辛酉	壬戌	癸亥	甲子	乙丑	丙寅	丁卯	戊辰	己巳	庚午	辛未	壬申	癸酉	甲戌	乙亥	丙子	丁丑	戊寅	己卯	庚辰	辛巳	壬午	癸未	甲申	乙酉
9	丙戌	丁亥	戊子	己丑	庚寅	辛卯	壬辰	癸巳	甲午	乙未	丙申	丁酉	戊戌	己亥	庚子	辛丑	壬寅	癸卯	甲辰	乙巳	丙午	丁未	戊申	己酉	庚戌	辛亥	壬子	癸丑	甲寅	乙卯	
10	丙辰	丁巳	戊午	己未	庚申	辛酉	壬戌	癸亥	甲子	乙丑	丙寅	丁卯	戊辰	己巳	庚午	辛未	壬申	癸酉	甲戌	乙亥	丙子	丁丑	戊寅	己卯	庚辰	辛巳	壬午	癸未	甲申	乙酉	丙戌
11	丁亥	戊子	己丑	庚寅	辛卯	壬辰	癸巳	甲午	乙未	丙申	丁酉	戊戌	己亥	庚子	辛丑	壬寅	癸卯	甲辰	乙巳	丙午	丁未	戊申	己酉	庚戌	辛亥	壬子	癸丑	甲寅	乙卯	丙辰	
12	丁巳	戊午	己未	庚申	辛酉	壬戌	癸亥	甲子	乙丑	丙寅	丁卯	戊辰	己巳	庚午	辛未	壬申	癸酉	甲戌	乙亥	丙子	丁丑	戊寅	己卯	庚辰	辛巳	壬午	癸未	甲申	乙酉	丙戌	丁亥

1960年　庚子年　蔵干(　・　・癸)　立春2月５日04時23分

	1	2	3	4	5	6	7	8	9	10	11	12	13	14	15	16	17	18	19	20	21	22	23	24	25	26	27	28	29	30	31
1	戊子	己丑	庚寅	辛卯	壬辰	癸巳	甲午	乙未	丙申	丁酉	戊戌	己亥	庚子	辛丑	壬寅	癸卯	甲辰	乙巳	丙午	丁未	戊申	己酉	庚戌	辛亥	壬子	癸丑	甲寅	乙卯	丙辰	丁巳	戊午
2	己未	庚申	辛酉	壬戌	癸亥	甲子	乙丑	丙寅	丁卯	戊辰	己巳	庚午	辛未	壬申	癸酉	甲戌	乙亥	丙子	丁丑	戊寅	己卯	庚辰	辛巳	壬午	癸未	甲申	乙酉	丙戌	丁亥		
3	戊子	己丑	庚寅	辛卯	壬辰	癸巳	甲午	乙未	丙申	丁酉	戊戌	己亥	庚子	辛丑	壬寅	癸卯	甲辰	乙巳	丙午	丁未	戊申	己酉	庚戌	辛亥	壬子	癸丑	甲寅	乙卯	丙辰	丁巳	戊午
4	己未	庚申	辛酉	壬戌	癸亥	甲子	乙丑	丙寅	丁卯	戊辰	己巳	庚午	辛未	壬申	癸酉	甲戌	乙亥	丙子	丁丑	戊寅	己卯	庚辰	辛巳	壬午	癸未	甲申	乙酉	丙戌	丁亥	戊子	
5	己丑	庚寅	辛卯	壬辰	癸巳	甲午	乙未	丙申	丁酉	戊戌	己亥	庚子	辛丑	壬寅	癸卯	甲辰	乙巳	丙午	丁未	戊申	己酉	庚戌	辛亥	壬子	癸丑	甲寅	乙卯	丙辰	丁巳	戊午	己未
6	庚申	辛酉	壬戌	癸亥	甲子	乙丑	丙寅	丁卯	戊辰	己巳	庚午	辛未	壬申	癸酉	甲戌	乙亥	丙子	丁丑	戊寅	己卯	庚辰	辛巳	壬午	癸未	甲申	乙酉	丙戌	丁亥	戊子	己丑	
7	庚寅	辛卯	壬辰	癸巳	甲午	乙未	丙申	丁酉	戊戌	己亥	庚子	辛丑	壬寅	癸卯	甲辰	乙巳	丙午	丁未	戊申	己酉	庚戌	辛亥	壬子	癸丑	甲寅	乙卯	丙辰	丁巳	戊午	己未	庚申
8	辛酉	壬戌	癸亥	甲子	乙丑	丙寅	丁卯	戊辰	己巳	庚午	辛未	壬申	癸酉	甲戌	乙亥	丙子	丁丑	戊寅	己卯	庚辰	辛巳	壬午	癸未	甲申	乙酉	丙戌	丁亥	戊子	己丑	庚寅	辛卯
9	壬辰	癸巳	甲午	乙未	丙申	丁酉	戊戌	己亥	庚子	辛丑	壬寅	癸卯	甲辰	乙巳	丙午	丁未	戊申	己酉	庚戌	辛亥	壬子	癸丑	甲寅	乙卯	丙辰	丁巳	戊午	己未	庚申	辛酉	
10	壬戌	癸亥	甲子	乙丑	丙寅	丁卯	戊辰	己巳	庚午	辛未	壬申	癸酉	甲戌	乙亥	丙子	丁丑	戊寅	己卯	庚辰	辛巳	壬午	癸未	甲申	乙酉	丙戌	丁亥	戊子	己丑	庚寅	辛卯	壬辰
11	癸巳	甲午	乙未	丙申	丁酉	戊戌	己亥	庚子	辛丑	壬寅	癸卯	甲辰	乙巳	丙午	丁未	戊申	己酉	庚戌	辛亥	壬子	癸丑	甲寅	乙卯	丙辰	丁巳	戊午	己未	庚申	辛酉	壬戌	
12	癸亥	甲子	乙丑	丙寅	丁卯	戊辰	己巳	庚午	辛未	壬申	癸酉	甲戌	乙亥	丙子	丁丑	戊寅	己卯	庚辰	辛巳	壬午	癸未	甲申	乙酉	丙戌	丁亥	戊子	己丑	庚寅	辛卯	壬辰	癸巳

1961年　辛丑年　蔵干(癸・辛・己)　立春2月4日10時23分

	1	2	3	4	5	6	7	8	9	10	11	12	13	14	15	16	17	18	19	20	21	22	23	24	25	26	27	28	29	30	31
1	甲午	乙未	丙申	丁酉	戊戌	己亥	庚子	辛丑	壬寅	癸卯	甲辰	乙巳	丙午	丁未	戊申	己酉	庚戌	辛亥	壬子	癸丑	甲寅	乙卯	丙辰	丁巳	戊午	己未	庚申	辛酉	壬戌	癸亥	甲子
2	乙丑	丙寅	丁卯	戊辰	己巳	庚午	辛未	壬申	癸酉	甲戌	乙亥	丙子	丁丑	戊寅	己卯	庚辰	辛巳	壬午	癸未	甲申	乙酉	丙戌	丁亥	戊子	己丑	庚寅	辛卯	壬辰			
3	癸巳	甲午	乙未	丙申	丁酉	戊戌	己亥	庚子	辛丑	壬寅	癸卯	甲辰	乙巳	丙午	丁未	戊申	己酉	庚戌	辛亥	壬子	癸丑	甲寅	乙卯	丙辰	丁巳	戊午	己未	庚申	辛酉	壬戌	癸亥
4	甲子	乙丑	丙寅	丁卯	戊辰	己巳	庚午	辛未	壬申	癸酉	甲戌	乙亥	丙子	丁丑	戊寅	己卯	庚辰	辛巳	壬午	癸未	甲申	乙酉	丙戌	丁亥	戊子	己丑	庚寅	辛卯	壬辰	癸巳	
5	甲午	乙未	丙申	丁酉	戊戌	己亥	庚子	辛丑	壬寅	癸卯	甲辰	乙巳	丙午	丁未	戊申	己酉	庚戌	辛亥	壬子	癸丑	甲寅	乙卯	丙辰	丁巳	戊午	己未	庚申	辛酉	壬戌	癸亥	甲子
6	乙丑	丙寅	丁卯	戊辰	己巳	庚午	辛未	壬申	癸酉	甲戌	乙亥	丙子	丁丑	戊寅	己卯	庚辰	辛巳	壬午	癸未	甲申	乙酉	丙戌	丁亥	戊子	己丑	庚寅	辛卯	壬辰	癸巳	甲午	
7	乙未	丙申	丁酉	戊戌	己亥	庚子	辛丑	壬寅	癸卯	甲辰	乙巳	丙午	丁未	戊申	己酉	庚戌	辛亥	壬子	癸丑	甲寅	乙卯	丙辰	丁巳	戊午	己未	庚申	辛酉	壬戌	癸亥	甲子	乙丑
8	丙寅	丁卯	戊辰	己巳	庚午	辛未	壬申	癸酉	甲戌	乙亥	丙子	丁丑	戊寅	己卯	庚辰	辛巳	壬午	癸未	甲申	乙酉	丙戌	丁亥	戊子	己丑	庚寅	辛卯	壬辰	癸巳	甲午	乙未	丙申
9	丁酉	戊戌	己亥	庚子	辛丑	壬寅	癸卯	甲辰	乙巳	丙午	丁未	戊申	己酉	庚戌	辛亥	壬子	癸丑	甲寅	乙卯	丙辰	丁巳	戊午	己未	庚申	辛酉	壬戌	癸亥	甲子	乙丑	丙寅	
10	丁卯	戊辰	己巳	庚午	辛未	壬申	癸酉	甲戌	乙亥	丙子	丁丑	戊寅	己卯	庚辰	辛巳	壬午	癸未	甲申	乙酉	丙戌	丁亥	戊子	己丑	庚寅	辛卯	壬辰	癸巳	甲午	乙未	丙申	丁酉
11	戊戌	己亥	庚子	辛丑	壬寅	癸卯	甲辰	乙巳	丙午	丁未	戊申	己酉	庚戌	辛亥	壬子	癸丑	甲寅	乙卯	丙辰	丁巳	戊午	己未	庚申	辛酉	壬戌	癸亥	甲子	乙丑	丙寅	丁卯	
12	戊辰	己巳	庚午	辛未	壬申	癸酉	甲戌	乙亥	丙子	丁丑	戊寅	己卯	庚辰	辛巳	壬午	癸未	甲申	乙酉	丙戌	丁亥	戊子	己丑	庚寅	辛卯	壬辰	癸巳	甲午	乙未	丙申	丁酉	戊戌

1962年　壬寅年　蔵干(戊・丙・甲)　立春2月4日16時18分

	1	2	3	4	5	6	7	8	9	10	11	12	13	14	15	16	17	18	19	20	21	22	23	24	25	26	27	28	29	30	31
1	己亥	庚子	辛丑	壬寅	癸卯	甲辰	乙巳	丙午	丁未	戊申	己酉	庚戌	辛亥	壬子	癸丑	甲寅	乙卯	丙辰	丁巳	戊午	己未	庚申	辛酉	壬戌	癸亥	甲子	乙丑	丙寅	丁卯	戊辰	己巳
2	庚午	辛未	壬申	癸酉	甲戌	乙亥	丙子	丁丑	戊寅	己卯	庚辰	辛巳	壬午	癸未	甲申	乙酉	丙戌	丁亥	戊子	己丑	庚寅	辛卯	壬辰	癸巳	甲午	乙未	丙申	丁酉	戊戌		
3	戊戌	己亥	庚子	辛丑	壬寅	癸卯	甲辰	乙巳	丙午	丁未	戊申	己酉	庚戌	辛亥	壬子	癸丑	甲寅	乙卯	丙辰	丁巳	戊午	己未	庚申	辛酉	壬戌	癸亥	甲子	乙丑	丙寅	丁卯	戊辰
4	己巳	庚午	辛未	壬申	癸酉	甲戌	乙亥	丙子	丁丑	戊寅	己卯	庚辰	辛巳	壬午	癸未	甲申	乙酉	丙戌	丁亥	戊子	己丑	庚寅	辛卯	壬辰	癸巳	甲午	乙未	丙申	丁酉	戊戌	
5	己亥	庚子	辛丑	壬寅	癸卯	甲辰	乙巳	丙午	丁未	戊申	己酉	庚戌	辛亥	壬子	癸丑	甲寅	乙卯	丙辰	丁巳	戊午	己未	庚申	辛酉	壬戌	癸亥	甲子	乙丑	丙寅	丁卯	戊辰	己巳
6	庚午	辛未	壬申	癸酉	甲戌	乙亥	丙子	丁丑	戊寅	己卯	庚辰	辛巳	壬午	癸未	甲申	乙酉	丙戌	丁亥	戊子	己丑	庚寅	辛卯	壬辰	癸巳	甲午	乙未	丙申	丁酉	戊戌	己亥	
7	庚子	辛丑	壬寅	癸卯	甲辰	乙巳	丙午	丁未	戊申	己酉	庚戌	辛亥	壬子	癸丑	甲寅	乙卯	丙辰	丁巳	戊午	己未	庚申	辛酉	壬戌	癸亥	甲子	乙丑	丙寅	丁卯	戊辰	己巳	庚午
8	辛未	壬申	癸酉	甲戌	乙亥	丙子	丁丑	戊寅	己卯	庚辰	辛巳	壬午	癸未	甲申	乙酉	丙戌	丁亥	戊子	己丑	庚寅	辛卯	壬辰	癸巳	甲午	乙未	丙申	丁酉	戊戌	己亥	庚子	辛丑
9	壬寅	癸卯	甲辰	乙巳	丙午	丁未	戊申	己酉	庚戌	辛亥	壬子	癸丑	甲寅	乙卯	丙辰	丁巳	戊午	己未	庚申	辛酉	壬戌	癸亥	甲子	乙丑	丙寅	丁卯	戊辰	己巳	庚午	辛未	
10	壬申	癸酉	甲戌	乙亥	丙子	丁丑	戊寅	己卯	庚辰	辛巳	壬午	癸未	甲申	乙酉	丙戌	丁亥	戊子	己丑	庚寅	辛卯	壬辰	癸巳	甲午	乙未	丙申	丁酉	戊戌	己亥	庚子	辛丑	壬寅
11	癸卯	甲辰	乙巳	丙午	丁未	戊申	己酉	庚戌	辛亥	壬子	癸丑	甲寅	乙卯	丙辰	丁巳	戊午	己未	庚申	辛酉	壬戌	癸亥	甲子	乙丑	丙寅	丁卯	戊辰	己巳	庚午	辛未	壬申	
12	癸酉	甲戌	乙亥	丙子	丁丑	戊寅	己卯	庚辰	辛巳	壬午	癸未	甲申	乙酉	丙戌	丁亥	戊子	己丑	庚寅	辛卯	壬辰	癸巳	甲午	乙未	丙申	丁酉	戊戌	己亥	庚子	辛丑	壬寅	癸卯

1963年　癸卯年　蔵干(　・　・乙)　立春2月4日22時08分

	1	2	3	4	5	6	7	8	9	10	11	12	13	14	15	16	17	18	19	20	21	22	23	24	25	26	27	28	29	30	31
1	甲辰	乙巳	丙午	丁未	戊申	己酉	庚戌	辛亥	壬子	癸丑	甲寅	乙卯	丙辰	丁巳	戊午	己未	庚申	辛酉	壬戌	癸亥	甲子	乙丑	丙寅	丁卯	戊辰	己巳	庚午	辛未	壬申	癸酉	甲戌
2	乙亥	丙子	丁丑	戊寅	己卯	庚辰	辛巳	壬午	癸未	甲申	乙酉	丙戌	丁亥	戊子	己丑	庚寅	辛卯	壬辰	癸巳	甲午	乙未	丙申	丁酉	戊戌	己亥	庚子	辛丑	壬寅			
3	癸卯	甲辰	乙巳	丙午	丁未	戊申	己酉	庚戌	辛亥	壬子	癸丑	甲寅	乙卯	丙辰	丁巳	戊午	己未	庚申	辛酉	壬戌	癸亥	甲子	乙丑	丙寅	丁卯	戊辰	己巳	庚午	辛未	壬申	癸酉
4	甲戌	乙亥	丙子	丁丑	戊寅	己卯	庚辰	辛巳	壬午	癸未	甲申	乙酉	丙戌	丁亥	戊子	己丑	庚寅	辛卯	壬辰	癸巳	甲午	乙未	丙申	丁酉	戊戌	己亥	庚子	辛丑	壬寅	癸卯	
5	甲辰	乙巳	丙午	丁未	戊申	己酉	庚戌	辛亥	壬子	癸丑	甲寅	乙卯	丙辰	丁巳	戊午	己未	庚申	辛酉	壬戌	癸亥	甲子	乙丑	丙寅	丁卯	戊辰	己巳	庚午	辛未	壬申	癸酉	甲戌
6	乙亥	丙子	丁丑	戊寅	己卯	庚辰	辛巳	壬午	癸未	甲申	乙酉	丙戌	丁亥	戊子	己丑	庚寅	辛卯	壬辰	癸巳	甲午	乙未	丙申	丁酉	戊戌	己亥	庚子	辛丑	壬寅	癸卯	甲辰	
7	乙巳	丙午	丁未	戊申	己酉	庚戌	辛亥	壬子	癸丑	甲寅	乙卯	丙辰	丁巳	戊午	己未	庚申	辛酉	壬戌	癸亥	甲子	乙丑	丙寅	丁卯	戊辰	己巳	庚午	辛未	壬申	癸酉	甲戌	乙亥
8	丙子	丁丑	戊寅	己卯	庚辰	辛巳	壬午	癸未	甲申	乙酉	丙戌	丁亥	戊子	己丑	庚寅	辛卯	壬辰	癸巳	甲午	乙未	丙申	丁酉	戊戌	己亥	庚子	辛丑	壬寅	癸卯	甲辰	乙巳	丙午
9	丁未	戊申	己酉	庚戌	辛亥	壬子	癸丑	甲寅	乙卯	丙辰	丁巳	戊午	己未	庚申	辛酉	壬戌	癸亥	甲子	乙丑	丙寅	丁卯	戊辰	己巳	庚午	辛未	壬申	癸酉	甲戌	乙亥	丙子	
10	丁丑	戊寅	己卯	庚辰	辛巳	壬午	癸未	甲申	乙酉	丙戌	丁亥	戊子	己丑	庚寅	辛卯	壬辰	癸巳	甲午	乙未	丙申	丁酉	戊戌	己亥	庚子	辛丑	壬寅	癸卯	甲辰	乙巳	丙午	丁未
11	戊申	己酉	庚戌	辛亥	壬子	癸丑	甲寅	乙卯	丙辰	丁巳	戊午	己未	庚申	辛酉	壬戌	癸亥	甲子	乙丑	丙寅	丁卯	戊辰	己巳	庚午	辛未	壬申	癸酉	甲戌	乙亥	丙子	丁丑	
12	戊寅	己卯	庚辰	辛巳	壬午	癸未	甲申	乙酉	丙戌	丁亥	戊子	己丑	庚寅	辛卯	壬辰	癸巳	甲午	乙未	丙申	丁酉	戊戌	己亥	庚子	辛丑	壬寅	癸卯	甲辰	乙巳	丙午	丁未	戊申

1964年　甲辰年　蔵干(乙・癸・戊)　立春2月5日04時05分

	1	2	3	4	5	6	7	8	9	10	11	12	13	14	15	16	17	18	19	20	21	22	23	24	25	26	27	28	29	30	31
1	己酉	庚戌	辛亥	壬子	癸丑	甲寅	乙卯	丙辰	丁巳	戊午	己未	庚申	辛酉	壬戌	癸亥	甲子	乙丑	丙寅	丁卯	戊辰	己巳	庚午	辛未	壬申	癸酉	甲戌	乙亥	丙子	丁丑	戊寅	己卯
2	庚辰	辛巳	壬午	癸未	甲申	乙酉	丙戌	丁亥	戊子	己丑	庚寅	辛卯	壬辰	癸巳	甲午	乙未	丙申	丁酉	戊戌	己亥	庚子	辛丑	壬寅	癸卯	甲辰	乙巳	丙午	丁未	戊申		
3	己酉	庚戌	辛亥	壬子	癸丑	甲寅	乙卯	丙辰	丁巳	戊午	己未	庚申	辛酉	壬戌	癸亥	甲子	乙丑	丙寅	丁卯	戊辰	己巳	庚午	辛未	壬申	癸酉	甲戌	乙亥	丙子	丁丑	戊寅	己卯
4	庚辰	辛巳	壬午	癸未	甲申	乙酉	丙戌	丁亥	戊子	己丑	庚寅	辛卯	壬辰	癸巳	甲午	乙未	丙申	丁酉	戊戌	己亥	庚子	辛丑	壬寅	癸卯	甲辰	乙巳	丙午	丁未	戊申	己酉	
5	庚戌	辛亥	壬子	癸丑	甲寅	乙卯	丙辰	丁巳	戊午	己未	庚申	辛酉	壬戌	癸亥	甲子	乙丑	丙寅	丁卯	戊辰	己巳	庚午	辛未	壬申	癸酉	甲戌	乙亥	丙子	丁丑	戊寅	己卯	庚辰
6	辛巳	壬午	癸未	甲申	乙酉	丙戌	丁亥	戊子	己丑	庚寅	辛卯	壬辰	癸巳	甲午	乙未	丙申	丁酉	戊戌	己亥	庚子	辛丑	壬寅	癸卯	甲辰	乙巳	丙午	丁未	戊申	己酉	庚戌	
7	辛亥	壬子	癸丑	甲寅	乙卯	丙辰	丁巳	戊午	己未	庚申	辛酉	壬戌	癸亥	甲子	乙丑	丙寅	丁卯	戊辰	己巳	庚午	辛未	壬申	癸酉	甲戌	乙亥	丙子	丁丑	戊寅	己卯	庚辰	辛巳
8	壬午	癸未	甲申	乙酉	丙戌	丁亥	戊子	己丑	庚寅	辛卯	壬辰	癸巳	甲午	乙未	丙申	丁酉	戊戌	己亥	庚子	辛丑	壬寅	癸卯	甲辰	乙巳	丙午	丁未	戊申	己酉	庚戌	辛亥	壬子
9	癸丑	甲寅	乙卯	丙辰	丁巳	戊午	己未	庚申	辛酉	壬戌	癸亥	甲子	乙丑	丙寅	丁卯	戊辰	己巳	庚午	辛未	壬申	癸酉	甲戌	乙亥	丙子	丁丑	戊寅	己卯	庚辰	辛巳	壬午	
10	癸未	甲申	乙酉	丙戌	丁亥	戊子	己丑	庚寅	辛卯	壬辰	癸巳	甲午	乙未	丙申	丁酉	戊戌	己亥	庚子	辛丑	壬寅	癸卯	甲辰	乙巳	丙午	丁未	戊申	己酉	庚戌	辛亥	壬子	癸丑
11	甲寅	乙卯	丙辰	丁巳	戊午	己未	庚申	辛酉	壬戌	癸亥	甲子	乙丑	丙寅	丁卯	戊辰	己巳	庚午	辛未	壬申	癸酉	甲戌	乙亥	丙子	丁丑	戊寅	己卯	庚辰	辛巳	壬午	癸未	
12	甲申	乙酉	丙戌	丁亥	戊子	己丑	庚寅	辛卯	壬辰	癸巳	甲午	乙未	丙申	丁酉	戊戌	己亥	庚子	辛丑	壬寅	癸卯	甲辰	乙巳	丙午	丁未	戊申	己酉	庚戌	辛亥	壬子	癸丑	甲寅

1965年　乙巳年　蔵干(戊・庚・丙)　立春2月4日09時46分

	1	2	3	4	5	6	7	8	9	10	11	12	13	14	15	16	17	18	19	20	21	22	23	24	25	26	27	28	29	30	31
1	乙卯	丙辰	丁巳	戊午	己未	庚申	辛酉	壬戌	癸亥	甲子	乙丑	丙寅	丁卯	戊辰	己巳	庚午	辛未	壬申	癸酉	甲戌	乙亥	丙子	丁丑	戊寅	己卯	庚辰	辛巳	壬午	癸未	甲申	乙酉
2	丙戌	丁亥	戊子	己丑	庚寅	辛卯	壬辰	癸巳	甲午	乙未	丙申	丁酉	戊戌	己亥	庚子	辛丑	壬寅	癸卯	甲辰	乙巳	丙午	丁未	戊申	己酉	庚戌	辛亥	壬子	癸丑			
3	甲寅	乙卯	丙辰	丁巳	戊午	己未	庚申	辛酉	壬戌	癸亥	甲子	乙丑	丙寅	丁卯	戊辰	己巳	庚午	辛未	壬申	癸酉	甲戌	乙亥	丙子	丁丑	戊寅	己卯	庚辰	辛巳	壬午	癸未	甲申
4	乙酉	丙戌	丁亥	戊子	己丑	庚寅	辛卯	壬辰	癸巳	甲午	乙未	丙申	丁酉	戊戌	己亥	庚子	辛丑	壬寅	癸卯	甲辰	乙巳	丙午	丁未	戊申	己酉	庚戌	辛亥	壬子	癸丑	甲寅	
5	乙卯	丙辰	丁巳	戊午	己未	庚申	辛酉	壬戌	癸亥	甲子	乙丑	丙寅	丁卯	戊辰	己巳	庚午	辛未	壬申	癸酉	甲戌	乙亥	丙子	丁丑	戊寅	己卯	庚辰	辛巳	壬午	癸未	甲申	乙酉
6	丙戌	丁亥	戊子	己丑	庚寅	辛卯	壬辰	癸巳	甲午	乙未	丙申	丁酉	戊戌	己亥	庚子	辛丑	壬寅	癸卯	甲辰	乙巳	丙午	丁未	戊申	己酉	庚戌	辛亥	壬子	癸丑	甲寅	乙卯	
7	丙辰	丁巳	戊午	己未	庚申	辛酉	壬戌	癸亥	甲子	乙丑	丙寅	丁卯	戊辰	己巳	庚午	辛未	壬申	癸酉	甲戌	乙亥	丙子	丁丑	戊寅	己卯	庚辰	辛巳	壬午	癸未	甲申	乙酉	丙戌
8	丁亥	戊子	己丑	庚寅	辛卯	壬辰	癸巳	甲午	乙未	丙申	丁酉	戊戌	己亥	庚子	辛丑	壬寅	癸卯	甲辰	乙巳	丙午	丁未	戊申	己酉	庚戌	辛亥	壬子	癸丑	甲寅	乙卯	丙辰	丁巳
9	戊午	己未	庚申	辛酉	壬戌	癸亥	甲子	乙丑	丙寅	丁卯	戊辰	己巳	庚午	辛未	壬申	癸酉	甲戌	乙亥	丙子	丁丑	戊寅	己卯	庚辰	辛巳	壬午	癸未	甲申	乙酉	丙戌	丁亥	
10	戊子	己丑	庚寅	辛卯	壬辰	癸巳	甲午	乙未	丙申	丁酉	戊戌	己亥	庚子	辛丑	壬寅	癸卯	甲辰	乙巳	丙午	丁未	戊申	己酉	庚戌	辛亥	壬子	癸丑	甲寅	乙卯	丙辰	丁巳	戊午
11	己未	庚申	辛酉	壬戌	癸亥	甲子	乙丑	丙寅	丁卯	戊辰	己巳	庚午	辛未	壬申	癸酉	甲戌	乙亥	丙子	丁丑	戊寅	己卯	庚辰	辛巳	壬午	癸未	甲申	乙酉	丙戌	丁亥	戊子	
12	己丑	庚寅	辛卯	壬辰	癸巳	甲午	乙未	丙申	丁酉	戊戌	己亥	庚子	辛丑	壬寅	癸卯	甲辰	乙巳	丙午	丁未	戊申	己酉	庚戌	辛亥	壬子	癸丑	甲寅	乙卯	丙辰	丁巳	戊午	己未

1966年　丙午年　蔵干(　・己・丁)　立春2月4日15時38分

	1	2	3	4	5	6	7	8	9	10	11	12	13	14	15	16	17	18	19	20	21	22	23	24	25	26	27	28	29	30	31
1	庚申	辛酉	壬戌	癸亥	甲子	乙丑	丙寅	丁卯	戊辰	己巳	庚午	辛未	壬申	癸酉	甲戌	乙亥	丙子	丁丑	戊寅	己卯	庚辰	辛巳	壬午	癸未	甲申	乙酉	丙戌	丁亥	戊子	己丑	庚寅
2	辛卯	壬辰	癸巳	甲午	乙未	丙申	丁酉	戊戌	己亥	庚子	辛丑	壬寅	癸卯	甲辰	乙巳	丙午	丁未	戊申	己酉	庚戌	辛亥	壬子	癸丑	甲寅	乙卯	丙辰	丁巳	戊午			
3	己未	庚申	辛酉	壬戌	癸亥	甲子	乙丑	丙寅	丁卯	戊辰	己巳	庚午	辛未	壬申	癸酉	甲戌	乙亥	丙子	丁丑	戊寅	己卯	庚辰	辛巳	壬午	癸未	甲申	乙酉	丙戌	丁亥	戊子	己丑
4	庚寅	辛卯	壬辰	癸巳	甲午	乙未	丙申	丁酉	戊戌	己亥	庚子	辛丑	壬寅	癸卯	甲辰	乙巳	丙午	丁未	戊申	己酉	庚戌	辛亥	壬子	癸丑	甲寅	乙卯	丙辰	丁巳	戊午	己未	
5	庚申	辛酉	壬戌	癸亥	甲子	乙丑	丙寅	丁卯	戊辰	己巳	庚午	辛未	壬申	癸酉	甲戌	乙亥	丙子	丁丑	戊寅	己卯	庚辰	辛巳	壬午	癸未	甲申	乙酉	丙戌	丁亥	戊子	己丑	庚寅
6	辛卯	壬辰	癸巳	甲午	乙未	丙申	丁酉	戊戌	己亥	庚子	辛丑	壬寅	癸卯	甲辰	乙巳	丙午	丁未	戊申	己酉	庚戌	辛亥	壬子	癸丑	甲寅	乙卯	丙辰	丁巳	戊午	己未	庚申	
7	辛酉	壬戌	癸亥	甲子	乙丑	丙寅	丁卯	戊辰	己巳	庚午	辛未	壬申	癸酉	甲戌	乙亥	丙子	丁丑	戊寅	己卯	庚辰	辛巳	壬午	癸未	甲申	乙酉	丙戌	丁亥	戊子	己丑	庚寅	辛卯
8	壬辰	癸巳	甲午	乙未	丙申	丁酉	戊戌	己亥	庚子	辛丑	壬寅	癸卯	甲辰	乙巳	丙午	丁未	戊申	己酉	庚戌	辛亥	壬子	癸丑	甲寅	乙卯	丙辰	丁巳	戊午	己未	庚申	辛酉	壬戌
9	癸亥	甲子	乙丑	丙寅	丁卯	戊辰	己巳	庚午	辛未	壬申	癸酉	甲戌	乙亥	丙子	丁丑	戊寅	己卯	庚辰	辛巳	壬午	癸未	甲申	乙酉	丙戌	丁亥	戊子	己丑	庚寅	辛卯	壬辰	
10	癸巳	甲午	乙未	丙申	丁酉	戊戌	己亥	庚子	辛丑	壬寅	癸卯	甲辰	乙巳	丙午	丁未	戊申	己酉	庚戌	辛亥	壬子	癸丑	甲寅	乙卯	丙辰	丁巳	戊午	己未	庚申	辛酉	壬戌	癸亥
11	甲子	乙丑	丙寅	丁卯	戊辰	己巳	庚午	辛未	壬申	癸酉	甲戌	乙亥	丙子	丁丑	戊寅	己卯	庚辰	辛巳	壬午	癸未	甲申	乙酉	丙戌	丁亥	戊子	己丑	庚寅	辛卯	壬辰	癸巳	
12	甲午	乙未	丙申	丁酉	戊戌	己亥	庚子	辛丑	壬寅	癸卯	甲辰	乙巳	丙午	丁未	戊申	己酉	庚戌	辛亥	壬子	癸丑	甲寅	乙卯	丙辰	丁巳	戊午	己未	庚申	辛酉	壬戌	癸亥	甲子

1967年　丁未年　蔵干(丁・乙・己)　立春2月4日21時31分

	1	2	3	4	5	6	7	8	9	10	11	12	13	14	15	16	17	18	19	20	21	22	23	24	25	26	27	28	29	30	31
1	乙丑	丙寅	丁卯	戊辰	己巳	庚午	辛未	壬申	癸酉	甲戌	乙亥	丙子	丁丑	戊寅	己卯	庚辰	辛巳	壬午	癸未	甲申	乙酉	丙戌	丁亥	戊子	己丑	庚寅	辛卯	壬辰	癸巳	甲午	乙未
2	丙申	丁酉	戊戌	己亥	庚子	辛丑	壬寅	癸卯	甲辰	乙巳	丙午	丁未	戊申	己酉	庚戌	辛亥	壬子	癸丑	甲寅	乙卯	丙辰	丁巳	戊午	己未	庚申	辛酉	壬戌	癸亥			
3	甲子	乙丑	丙寅	丁卯	戊辰	己巳	庚午	辛未	壬申	癸酉	甲戌	乙亥	丙子	丁丑	戊寅	己卯	庚辰	辛巳	壬午	癸未	甲申	乙酉	丙戌	丁亥	戊子	己丑	庚寅	辛卯	壬辰	癸巳	甲午
4	乙未	丙申	丁酉	戊戌	己亥	庚子	辛丑	壬寅	癸卯	甲辰	乙巳	丙午	丁未	戊申	己酉	庚戌	辛亥	壬子	癸丑	甲寅	乙卯	丙辰	丁巳	戊午	己未	庚申	辛酉	壬戌	癸亥	甲子	
5	乙丑	丙寅	丁卯	戊辰	己巳	庚午	辛未	壬申	癸酉	甲戌	乙亥	丙子	丁丑	戊寅	己卯	庚辰	辛巳	壬午	癸未	甲申	乙酉	丙戌	丁亥	戊子	己丑	庚寅	辛卯	壬辰	癸巳	甲午	乙未
6	丙申	丁酉	戊戌	己亥	庚子	辛丑	壬寅	癸卯	甲辰	乙巳	丙午	丁未	戊申	己酉	庚戌	辛亥	壬子	癸丑	甲寅	乙卯	丙辰	丁巳	戊午	己未	庚申	辛酉	壬戌	癸亥	甲子	乙丑	
7	丙寅	丁卯	戊辰	己巳	庚午	辛未	壬申	癸酉	甲戌	乙亥	丙子	丁丑	戊寅	己卯	庚辰	辛巳	壬午	癸未	甲申	乙酉	丙戌	丁亥	戊子	己丑	庚寅	辛卯	壬辰	癸巳	甲午	乙未	丙申
8	丁酉	戊戌	己亥	庚子	辛丑	壬寅	癸卯	甲辰	乙巳	丙午	丁未	戊申	己酉	庚戌	辛亥	壬子	癸丑	甲寅	乙卯	丙辰	丁巳	戊午	己未	庚申	辛酉	壬戌	癸亥	甲子	乙丑	丙寅	丁卯
9	戊辰	己巳	庚午	辛未	壬申	癸酉	甲戌	乙亥	丙子	丁丑	戊寅	己卯	庚辰	辛巳	壬午	癸未	甲申	乙酉	丙戌	丁亥	戊子	己丑	庚寅	辛卯	壬辰	癸巳	甲午	乙未	丙申	丁酉	
10	戊戌	己亥	庚子	辛丑	壬寅	癸卯	甲辰	乙巳	丙午	丁未	戊申	己酉	庚戌	辛亥	壬子	癸丑	甲寅	乙卯	丙辰	丁巳	戊午	己未	庚申	辛酉	壬戌	癸亥	甲子	乙丑	丙寅	丁卯	戊辰
11	己巳	庚午	辛未	壬申	癸酉	甲戌	乙亥	丙子	丁丑	戊寅	己卯	庚辰	辛巳	壬午	癸未	甲申	乙酉	丙戌	丁亥	戊子	己丑	庚寅	辛卯	壬辰	癸巳	甲午	乙未	丙申	丁酉	戊戌	
12	己亥	庚子	辛丑	壬寅	癸卯	甲辰	乙巳	丙午	丁未	戊申	己酉	庚戌	辛亥	壬子	癸丑	甲寅	乙卯	丙辰	丁巳	戊午	己未	庚申	辛酉	壬戌	癸亥	甲子	乙丑	丙寅	丁卯	戊辰	己巳

1968年　戊申年　蔵干(己・壬・庚)　立春2月5日03時08分

	1	2	3	4	5	6	7	8	9	10	11	12	13	14	15	16	17	18	19	20	21	22	23	24	25	26	27	28	29	30	31
1	庚午	辛未	壬申	癸酉	甲戌	乙亥	丙子	丁丑	戊寅	己卯	庚辰	辛巳	壬午	癸未	甲申	乙酉	丙戌	丁亥	戊子	己丑	庚寅	辛卯	壬辰	癸巳	甲午	乙未	丙申	丁酉	戊戌	己亥	庚子
2	辛丑	壬寅	癸卯	甲辰	乙巳	丙午	丁未	戊申	己酉	庚戌	辛亥	壬子	癸丑	甲寅	乙卯	丙辰	丁巳	戊午	己未	庚申	辛酉	壬戌	癸亥	甲子	乙丑	丙寅	丁卯	戊辰	己巳		
3	庚午	辛未	壬申	癸酉	甲戌	乙亥	丙子	丁丑	戊寅	己卯	庚辰	辛巳	壬午	癸未	甲申	乙酉	丙戌	丁亥	戊子	己丑	庚寅	辛卯	壬辰	癸巳	甲午	乙未	丙申	丁酉	戊戌	己亥	庚子
4	辛丑	壬寅	癸卯	甲辰	乙巳	丙午	丁未	戊申	己酉	庚戌	辛亥	壬子	癸丑	甲寅	乙卯	丙辰	丁巳	戊午	己未	庚申	辛酉	壬戌	癸亥	甲子	乙丑	丙寅	丁卯	戊辰	己巳	庚午	
5	辛未	壬申	癸酉	甲戌	乙亥	丙子	丁丑	戊寅	己卯	庚辰	辛巳	壬午	癸未	甲申	乙酉	丙戌	丁亥	戊子	己丑	庚寅	辛卯	壬辰	癸巳	甲午	乙未	丙申	丁酉	戊戌	己亥	庚子	辛丑
6	壬寅	癸卯	甲辰	乙巳	丙午	丁未	戊申	己酉	庚戌	辛亥	壬子	癸丑	甲寅	乙卯	丙辰	丁巳	戊午	己未	庚申	辛酉	壬戌	癸亥	甲子	乙丑	丙寅	丁卯	戊辰	己巳	庚午	辛未	
7	壬申	癸酉	甲戌	乙亥	丙子	丁丑	戊寅	己卯	庚辰	辛巳	壬午	癸未	甲申	乙酉	丙戌	丁亥	戊子	己丑	庚寅	辛卯	壬辰	癸巳	甲午	乙未	丙申	丁酉	戊戌	己亥	庚子	辛丑	壬寅
8	癸卯	甲辰	乙巳	丙午	丁未	戊申	己酉	庚戌	辛亥	壬子	癸丑	甲寅	乙卯	丙辰	丁巳	戊午	己未	庚申	辛酉	壬戌	癸亥	甲子	乙丑	丙寅	丁卯	戊辰	己巳	庚午	辛未	壬申	癸酉
9	甲戌	乙亥	丙子	丁丑	戊寅	己卯	庚辰	辛巳	壬午	癸未	甲申	乙酉	丙戌	丁亥	戊子	己丑	庚寅	辛卯	壬辰	癸巳	甲午	乙未	丙申	丁酉	戊戌	己亥	庚子	辛丑	壬寅	癸卯	
10	甲辰	乙巳	丙午	丁未	戊申	己酉	庚戌	辛亥	壬子	癸丑	甲寅	乙卯	丙辰	丁巳	戊午	己未	庚申	辛酉	壬戌	癸亥	甲子	乙丑	丙寅	丁卯	戊辰	己巳	庚午	辛未	壬申	癸酉	甲戌
11	乙亥	丙子	丁丑	戊寅	己卯	庚辰	辛巳	壬午	癸未	甲申	乙酉	丙戌	丁亥	戊子	己丑	庚寅	辛卯	壬辰	癸巳	甲午	乙未	丙申	丁酉	戊戌	己亥	庚子	辛丑	壬寅	癸卯	甲辰	
12	乙巳	丙午	丁未	戊申	己酉	庚戌	辛亥	壬子	癸丑	甲寅	乙卯	丙辰	丁巳	戊午	己未	庚申	辛酉	壬戌	癸亥	甲子	乙丑	丙寅	丁卯	戊辰	己巳	庚午	辛未	壬申	癸酉	甲戌	乙亥

1969年　己酉年　蔵干(　・　・辛)　立春2月4日08時59分

	1	2	3	4	5	6	7	8	9	10	11	12	13	14	15	16	17	18	19	20	21	22	23	24	25	26	27	28	29	30	31
1	丙子	丁丑	戊寅	己卯	庚辰	辛巳	壬午	癸未	甲申	乙酉	丙戌	丁亥	戊子	己丑	庚寅	辛卯	壬辰	癸巳	甲午	乙未	丙申	丁酉	戊戌	己亥	庚子	辛丑	壬寅	癸卯	甲辰	乙巳	丙午
2	丁未	戊申	己酉	庚戌	辛亥	壬子	癸丑	甲寅	乙卯	丙辰	丁巳	戊午	己未	庚申	辛酉	壬戌	癸亥	甲子	乙丑	丙寅	丁卯	戊辰	己巳	庚午	辛未	壬申	癸酉	甲戌			
3	乙亥	丙子	丁丑	戊寅	己卯	庚辰	辛巳	壬午	癸未	甲申	乙酉	丙戌	丁亥	戊子	己丑	庚寅	辛卯	壬辰	癸巳	甲午	乙未	丙申	丁酉	戊戌	己亥	庚子	辛丑	壬寅	癸卯	甲辰	乙巳
4	丙午	丁未	戊申	己酉	庚戌	辛亥	壬子	癸丑	甲寅	乙卯	丙辰	丁巳	戊午	己未	庚申	辛酉	壬戌	癸亥	甲子	乙丑	丙寅	丁卯	戊辰	己巳	庚午	辛未	壬申	癸酉	甲戌	乙亥	
5	丙子	丁丑	戊寅	己卯	庚辰	辛巳	壬午	癸未	甲申	乙酉	丙戌	丁亥	戊子	己丑	庚寅	辛卯	壬辰	癸巳	甲午	乙未	丙申	丁酉	戊戌	己亥	庚子	辛丑	壬寅	癸卯	甲辰	乙巳	丙午
6	丁未	戊申	己酉	庚戌	辛亥	壬子	癸丑	甲寅	乙卯	丙辰	丁巳	戊午	己未	庚申	辛酉	壬戌	癸亥	甲子	乙丑	丙寅	丁卯	戊辰	己巳	庚午	辛未	壬申	癸酉	甲戌	乙亥	丙子	
7	丁丑	戊寅	己卯	庚辰	辛巳	壬午	癸未	甲申	乙酉	丙戌	丁亥	戊子	己丑	庚寅	辛卯	壬辰	癸巳	甲午	乙未	丙申	丁酉	戊戌	己亥	庚子	辛丑	壬寅	癸卯	甲辰	乙巳	丙午	丁未
8	戊申	己酉	庚戌	辛亥	壬子	癸丑	甲寅	乙卯	丙辰	丁巳	戊午	己未	庚申	辛酉	壬戌	癸亥	甲子	乙丑	丙寅	丁卯	戊辰	己巳	庚午	辛未	壬申	癸酉	甲戌	乙亥	丙子	丁丑	戊寅
9	己卯	庚辰	辛巳	壬午	癸未	甲申	乙酉	丙戌	丁亥	戊子	己丑	庚寅	辛卯	壬辰	癸巳	甲午	乙未	丙申	丁酉	戊戌	己亥	庚子	辛丑	壬寅	癸卯	甲辰	乙巳	丙午	丁未	戊申	
10	己酉	庚戌	辛亥	壬子	癸丑	甲寅	乙卯	丙辰	丁巳	戊午	己未	庚申	辛酉	壬戌	癸亥	甲子	乙丑	丙寅	丁卯	戊辰	己巳	庚午	辛未	壬申	癸酉	甲戌	乙亥	丙子	丁丑	戊寅	己卯
11	庚辰	辛巳	壬午	癸未	甲申	乙酉	丙戌	丁亥	戊子	己丑	庚寅	辛卯	壬辰	癸巳	甲午	乙未	丙申	丁酉	戊戌	己亥	庚子	辛丑	壬寅	癸卯	甲辰	乙巳	丙午	丁未	戊申	己酉	
12	庚戌	辛亥	壬子	癸丑	甲寅	乙卯	丙辰	丁巳	戊午	己未	庚申	辛酉	壬戌	癸亥	甲子	乙丑	丙寅	丁卯	戊辰	己巳	庚午	辛未	壬申	癸酉	甲戌	乙亥	丙子	丁丑	戊寅	己卯	庚辰

1970年　庚戌年　蔵干(辛・丁・戊)　立春2月4日14時46分

	1	2	3	4	5	6	7	8	9	10	11	12	13	14	15	16	17	18	19	20	21	22	23	24	25	26	27	28	29	30	31
1	辛巳	壬午	癸未	甲申	乙酉	丙戌	丁亥	戊子	己丑	庚寅	辛卯	壬辰	癸巳	甲午	乙未	丙申	丁酉	戊戌	己亥	庚子	辛丑	壬寅	癸卯	甲辰	乙巳	丙午	丁未	戊申	己酉	庚戌	辛亥
2	壬子	癸丑	甲寅	乙卯	丙辰	丁巳	戊午	己未	庚申	辛酉	壬戌	癸亥	甲子	乙丑	丙寅	丁卯	戊辰	己巳	庚午	辛未	壬申	癸酉	甲戌	乙亥	丙子	丁丑	戊寅	己卯			
3	庚辰	辛巳	壬午	癸未	甲申	乙酉	丙戌	丁亥	戊子	己丑	庚寅	辛卯	壬辰	癸巳	甲午	乙未	丙申	丁酉	戊戌	己亥	庚子	辛丑	壬寅	癸卯	甲辰	乙巳	丙午	丁未	戊申	己酉	庚戌
4	辛亥	壬子	癸丑	甲寅	乙卯	丙辰	丁巳	戊午	己未	庚申	辛酉	壬戌	癸亥	甲子	乙丑	丙寅	丁卯	戊辰	己巳	庚午	辛未	壬申	癸酉	甲戌	乙亥	丙子	丁丑	戊寅	己卯	庚辰	
5	辛巳	壬午	癸未	甲申	乙酉	丙戌	丁亥	戊子	己丑	庚寅	辛卯	壬辰	癸巳	甲午	乙未	丙申	丁酉	戊戌	己亥	庚子	辛丑	壬寅	癸卯	甲辰	乙巳	丙午	丁未	戊申	己酉	庚戌	辛亥
6	壬子	癸丑	甲寅	乙卯	丙辰	丁巳	戊午	己未	庚申	辛酉	壬戌	癸亥	甲子	乙丑	丙寅	丁卯	戊辰	己巳	庚午	辛未	壬申	癸酉	甲戌	乙亥	丙子	丁丑	戊寅	己卯	庚辰	辛巳	
7	壬午	癸未	甲申	乙酉	丙戌	丁亥	戊子	己丑	庚寅	辛卯	壬辰	癸巳	甲午	乙未	丙申	丁酉	戊戌	己亥	庚子	辛丑	壬寅	癸卯	甲辰	乙巳	丙午	丁未	戊申	己酉	庚戌	辛亥	壬子
8	癸丑	甲寅	乙卯	丙辰	丁巳	戊午	己未	庚申	辛酉	壬戌	癸亥	甲子	乙丑	丙寅	丁卯	戊辰	己巳	庚午	辛未	壬申	癸酉	甲戌	乙亥	丙子	丁丑	戊寅	己卯	庚辰	辛巳	壬午	癸未
9	甲申	乙酉	丙戌	丁亥	戊子	己丑	庚寅	辛卯	壬辰	癸巳	甲午	乙未	丙申	丁酉	戊戌	己亥	庚子	辛丑	壬寅	癸卯	甲辰	乙巳	丙午	丁未	戊申	己酉	庚戌	辛亥	壬子	癸丑	
10	甲寅	乙卯	丙辰	丁巳	戊午	己未	庚申	辛酉	壬戌	癸亥	甲子	乙丑	丙寅	丁卯	戊辰	己巳	庚午	辛未	壬申	癸酉	甲戌	乙亥	丙子	丁丑	戊寅	己卯	庚辰	辛巳	壬午	癸未	甲申
11	乙酉	丙戌	丁亥	戊子	己丑	庚寅	辛卯	壬辰	癸巳	甲午	乙未	丙申	丁酉	戊戌	己亥	庚子	辛丑	壬寅	癸卯	甲辰	乙巳	丙午	丁未	戊申	己酉	庚戌	辛亥	壬子	癸丑	甲寅	
12	乙卯	丙辰	丁巳	戊午	己未	庚申	辛酉	壬戌	癸亥	甲子	乙丑	丙寅	丁卯	戊辰	己巳	庚午	辛未	壬申	癸酉	甲戌	乙亥	丙子	丁丑	戊寅	己卯	庚辰	辛巳	壬午	癸未	甲申	乙酉

1971年　辛亥年　蔵干(戊・甲・壬)　立春2月4日20時26分

	1	2	3	4	5	6	7	8	9	10	11	12	13	14	15	16	17	18	19	20	21	22	23	24	25	26	27	28	29	30	31
1	丙戌	丁亥	戊子	己丑	庚寅	辛卯	壬辰	癸巳	甲午	乙未	丙申	丁酉	戊戌	己亥	庚子	辛丑	壬寅	癸卯	甲辰	乙巳	丙午	丁未	戊申	己酉	庚戌	辛亥	壬子	癸丑	甲寅	乙卯	丙辰
2	丁巳	戊午	己未	庚申	辛酉	壬戌	癸亥	甲子	乙丑	丙寅	丁卯	戊辰	己巳	庚午	辛未	壬申	癸酉	甲戌	乙亥	丙子	丁丑	戊寅	己卯	庚辰	辛巳	壬午	癸未	甲申			
3	乙酉	丙戌	丁亥	戊子	己丑	庚寅	辛卯	壬辰	癸巳	甲午	乙未	丙申	丁酉	戊戌	己亥	庚子	辛丑	壬寅	癸卯	甲辰	乙巳	丙午	丁未	戊申	己酉	庚戌	辛亥	壬子	癸丑	甲寅	乙卯
4	丙辰	丁巳	戊午	己未	庚申	辛酉	壬戌	癸亥	甲子	乙丑	丙寅	丁卯	戊辰	己巳	庚午	辛未	壬申	癸酉	甲戌	乙亥	丙子	丁丑	戊寅	己卯	庚辰	辛巳	壬午	癸未	甲申	乙酉	
5	丙戌	丁亥	戊子	己丑	庚寅	辛卯	壬辰	癸巳	甲午	乙未	丙申	丁酉	戊戌	己亥	庚子	辛丑	壬寅	癸卯	甲辰	乙巳	丙午	丁未	戊申	己酉	庚戌	辛亥	壬子	癸丑	甲寅	乙卯	丙辰
6	丁巳	戊午	己未	庚申	辛酉	壬戌	癸亥	甲子	乙丑	丙寅	丁卯	戊辰	己巳	庚午	辛未	壬申	癸酉	甲戌	乙亥	丙子	丁丑	戊寅	己卯	庚辰	辛巳	壬午	癸未	甲申	乙酉	丙戌	
7	丁亥	戊子	己丑	庚寅	辛卯	壬辰	癸巳	甲午	乙未	丙申	丁酉	戊戌	己亥	庚子	辛丑	壬寅	癸卯	甲辰	乙巳	丙午	丁未	戊申	己酉	庚戌	辛亥	壬子	癸丑	甲寅	乙卯	丙辰	丁巳
8	戊午	己未	庚申	辛酉	壬戌	癸亥	甲子	乙丑	丙寅	丁卯	戊辰	己巳	庚午	辛未	壬申	癸酉	甲戌	乙亥	丙子	丁丑	戊寅	己卯	庚辰	辛巳	壬午	癸未	甲申	乙酉	丙戌	丁亥	戊子
9	己丑	庚寅	辛卯	壬辰	癸巳	甲午	乙未	丙申	丁酉	戊戌	己亥	庚子	辛丑	壬寅	癸卯	甲辰	乙巳	丙午	丁未	戊申	己酉	庚戌	辛亥	壬子	癸丑	甲寅	乙卯	丙辰	丁巳	戊午	
10	己未	庚申	辛酉	壬戌	癸亥	甲子	乙丑	丙寅	丁卯	戊辰	己巳	庚午	辛未	壬申	癸酉	甲戌	乙亥	丙子	丁丑	戊寅	己卯	庚辰	辛巳	壬午	癸未	甲申	乙酉	丙戌	丁亥	戊子	己丑
11	庚寅	辛卯	壬辰	癸巳	甲午	乙未	丙申	丁酉	戊戌	己亥	庚子	辛丑	壬寅	癸卯	甲辰	乙巳	丙午	丁未	戊申	己酉	庚戌	辛亥	壬子	癸丑	甲寅	乙卯	丙辰	丁巳	戊午	己未	
12	庚申	辛酉	壬戌	癸亥	甲子	乙丑	丙寅	丁卯	戊辰	己巳	庚午	辛未	壬申	癸酉	甲戌	乙亥	丙子	丁丑	戊寅	己卯	庚辰	辛巳	壬午	癸未	甲申	乙酉	丙戌	丁亥	戊子	己丑	庚寅

1972年　壬子年　蔵干(　・　・癸)　立春2月5日02時20分

	1	2	3	4	5	6	7	8	9	10	11	12	13	14	15	16	17	18	19	20	21	22	23	24	25	26	27	28	29	30	31
1	辛卯	壬辰	癸巳	甲午	乙未	丙申	丁酉	戊戌	己亥	庚子	辛丑	壬寅	癸卯	甲辰	乙巳	丙午	丁未	戊申	己酉	庚戌	辛亥	壬子	癸丑	甲寅	乙卯	丙辰	丁巳	戊午	己未	庚申	辛酉
2	壬戌	癸亥	甲子	乙丑	丙寅	丁卯	戊辰	己巳	庚午	辛未	壬申	癸酉	甲戌	乙亥	丙子	丁丑	戊寅	己卯	庚辰	辛巳	壬午	癸未	甲申	乙酉	丙戌	丁亥	戊子	己丑	庚寅		
3	辛卯	壬辰	癸巳	甲午	乙未	丙申	丁酉	戊戌	己亥	庚子	辛丑	壬寅	癸卯	甲辰	乙巳	丙午	丁未	戊申	己酉	庚戌	辛亥	壬子	癸丑	甲寅	乙卯	丙辰	丁巳	戊午	己未	庚申	辛酉
4	壬戌	癸亥	甲子	乙丑	丙寅	丁卯	戊辰	己巳	庚午	辛未	壬申	癸酉	甲戌	乙亥	丙子	丁丑	戊寅	己卯	庚辰	辛巳	壬午	癸未	甲申	乙酉	丙戌	丁亥	戊子	己丑	庚寅	辛卯	
5	壬辰	癸巳	甲午	乙未	丙申	丁酉	戊戌	己亥	庚子	辛丑	壬寅	癸卯	甲辰	乙巳	丙午	丁未	戊申	己酉	庚戌	辛亥	壬子	癸丑	甲寅	乙卯	丙辰	丁巳	戊午	己未	庚申	辛酉	壬戌
6	癸亥	甲子	乙丑	丙寅	丁卯	戊辰	己巳	庚午	辛未	壬申	癸酉	甲戌	乙亥	丙子	丁丑	戊寅	己卯	庚辰	辛巳	壬午	癸未	甲申	乙酉	丙戌	丁亥	戊子	己丑	庚寅	辛卯	壬辰	
7	癸巳	甲午	乙未	丙申	丁酉	戊戌	己亥	庚子	辛丑	壬寅	癸卯	甲辰	乙巳	丙午	丁未	戊申	己酉	庚戌	辛亥	壬子	癸丑	甲寅	乙卯	丙辰	丁巳	戊午	己未	庚申	辛酉	壬戌	癸亥
8	甲子	乙丑	丙寅	丁卯	戊辰	己巳	庚午	辛未	壬申	癸酉	甲戌	乙亥	丙子	丁丑	戊寅	己卯	庚辰	辛巳	壬午	癸未	甲申	乙酉	丙戌	丁亥	戊子	己丑	庚寅	辛卯	壬辰	癸巳	甲午
9	乙未	丙申	丁酉	戊戌	己亥	庚子	辛丑	壬寅	癸卯	甲辰	乙巳	丙午	丁未	戊申	己酉	庚戌	辛亥	壬子	癸丑	甲寅	乙卯	丙辰	丁巳	戊午	己未	庚申	辛酉	壬戌	癸亥	甲子	
10	乙丑	丙寅	丁卯	戊辰	己巳	庚午	辛未	壬申	癸酉	甲戌	乙亥	丙子	丁丑	戊寅	己卯	庚辰	辛巳	壬午	癸未	甲申	乙酉	丙戌	丁亥	戊子	己丑	庚寅	辛卯	壬辰	癸巳	甲午	乙未
11	丙申	丁酉	戊戌	己亥	庚子	辛丑	壬寅	癸卯	甲辰	乙巳	丙午	丁未	戊申	己酉	庚戌	辛亥	壬子	癸丑	甲寅	乙卯	丙辰	丁巳	戊午	己未	庚申	辛酉	壬戌	癸亥	甲子	乙丑	
12	丙寅	丁卯	戊辰	己巳	庚午	辛未	壬申	癸酉	甲戌	乙亥	丙子	丁丑	戊寅	己卯	庚辰	辛巳	壬午	癸未	甲申	乙酉	丙戌	丁亥	戊子	己丑	庚寅	辛卯	壬辰	癸巳	甲午	乙未	丙申

1973年　癸丑年　蔵干(癸・辛・己)　立春2月4日08時04分

	1	2	3	4	5	6	7	8	9	10	11	12	13	14	15	16	17	18	19	20	21	22	23	24	25	26	27	28	29	30	31
1	丁酉	戊戌	己亥	庚子	辛丑	壬寅	癸卯	甲辰	乙巳	丙午	丁未	戊申	己酉	庚戌	辛亥	壬子	癸丑	甲寅	乙卯	丙辰	丁巳	戊午	己未	庚申	辛酉	壬戌	癸亥	甲子	乙丑	丙寅	丁卯
2	戊辰	己巳	庚午	辛未	壬申	癸酉	甲戌	乙亥	丙子	丁丑	戊寅	己卯	庚辰	辛巳	壬午	癸未	甲申	乙酉	丙戌	丁亥	戊子	己丑	庚寅	辛卯	壬辰	癸巳	甲午	乙未			
3	丙申	丁酉	戊戌	己亥	庚子	辛丑	壬寅	癸卯	甲辰	乙巳	丙午	丁未	戊申	己酉	庚戌	辛亥	壬子	癸丑	甲寅	乙卯	丙辰	丁巳	戊午	己未	庚申	辛酉	壬戌	癸亥	甲子	乙丑	丙寅
4	丁卯	戊辰	己巳	庚午	辛未	壬申	癸酉	甲戌	乙亥	丙子	丁丑	戊寅	己卯	庚辰	辛巳	壬午	癸未	甲申	乙酉	丙戌	丁亥	戊子	己丑	庚寅	辛卯	壬辰	癸巳	甲午	乙未	丙申	
5	丁酉	戊戌	己亥	庚子	辛丑	壬寅	癸卯	甲辰	乙巳	丙午	丁未	戊申	己酉	庚戌	辛亥	壬子	癸丑	甲寅	乙卯	丙辰	丁巳	戊午	己未	庚申	辛酉	壬戌	癸亥	甲子	乙丑	丙寅	丁卯
6	戊辰	己巳	庚午	辛未	壬申	癸酉	甲戌	乙亥	丙子	丁丑	戊寅	己卯	庚辰	辛巳	壬午	癸未	甲申	乙酉	丙戌	丁亥	戊子	己丑	庚寅	辛卯	壬辰	癸巳	甲午	乙未	丙申	丁酉	
7	戊戌	己亥	庚子	辛丑	壬寅	癸卯	甲辰	乙巳	丙午	丁未	戊申	己酉	庚戌	辛亥	壬子	癸丑	甲寅	乙卯	丙辰	丁巳	戊午	己未	庚申	辛酉	壬戌	癸亥	甲子	乙丑	丙寅	丁卯	戊辰
8	己巳	庚午	辛未	壬申	癸酉	甲戌	乙亥	丙子	丁丑	戊寅	己卯	庚辰	辛巳	壬午	癸未	甲申	乙酉	丙戌	丁亥	戊子	己丑	庚寅	辛卯	壬辰	癸巳	甲午	乙未	丙申	丁酉	戊戌	己亥
9	庚子	辛丑	壬寅	癸卯	甲辰	乙巳	丙午	丁未	戊申	己酉	庚戌	辛亥	壬子	癸丑	甲寅	乙卯	丙辰	丁巳	戊午	己未	庚申	辛酉	壬戌	癸亥	甲子	乙丑	丙寅	丁卯	戊辰	己巳	
10	庚午	辛未	壬申	癸酉	甲戌	乙亥	丙子	丁丑	戊寅	己卯	庚辰	辛巳	壬午	癸未	甲申	乙酉	丙戌	丁亥	戊子	己丑	庚寅	辛卯	壬辰	癸巳	甲午	乙未	丙申	丁酉	戊戌	己亥	庚子
11	辛丑	壬寅	癸卯	甲辰	乙巳	丙午	丁未	戊申	己酉	庚戌	辛亥	壬子	癸丑	甲寅	乙卯	丙辰	丁巳	戊午	己未	庚申	辛酉	壬戌	癸亥	甲子	乙丑	丙寅	丁卯	戊辰	己巳	庚午	
12	辛未	壬申	癸酉	甲戌	乙亥	丙子	丁丑	戊寅	己卯	庚辰	辛巳	壬午	癸未	甲申	乙酉	丙戌	丁亥	戊子	己丑	庚寅	辛卯	壬辰	癸巳	甲午	乙未	丙申	丁酉	戊戌	己亥	庚子	辛丑

附表2　日干支表

1974年　甲寅年　蔵干(戊・丙・甲)　立春2月4日14時00分

	1	2	3	4	5	6	7	8	9	10	11	12	13	14	15	16	17	18	19	20	21	22	23	24	25	26	27	28	29	30	31
1	壬寅	癸卯	甲辰	乙巳	丙午	丁未	戊申	己酉	庚戌	辛亥	壬子	癸丑	甲寅	乙卯	丙辰	丁巳	戊午	己未	庚申	辛酉	壬戌	癸亥	甲子	乙丑	丙寅	丁卯	戊辰	己巳	庚午	辛未	壬申
2	癸酉	甲戌	乙亥	丙子	丁丑	戊寅	己卯	庚辰	辛巳	壬午	癸未	甲申	乙酉	丙戌	丁亥	戊子	己丑	庚寅	辛卯	壬辰	癸巳	甲午	乙未	丙申	丁酉	戊戌	己亥	庚子			
3	辛丑	壬寅	癸卯	甲辰	乙巳	丙午	丁未	戊申	己酉	庚戌	辛亥	壬子	癸丑	甲寅	乙卯	丙辰	丁巳	戊午	己未	庚申	辛酉	壬戌	癸亥	甲子	乙丑	丙寅	丁卯	戊辰	己巳	庚午	辛未
4	壬申	癸酉	甲戌	乙亥	丙子	丁丑	戊寅	己卯	庚辰	辛巳	壬午	癸未	甲申	乙酉	丙戌	丁亥	戊子	己丑	庚寅	辛卯	壬辰	癸巳	甲午	乙未	丙申	丁酉	戊戌	己亥	庚子	辛丑	
5	壬寅	癸卯	甲辰	乙巳	丙午	丁未	戊申	己酉	庚戌	辛亥	壬子	癸丑	甲寅	乙卯	丙辰	丁巳	戊午	己未	庚申	辛酉	壬戌	癸亥	甲子	乙丑	丙寅	丁卯	戊辰	己巳	庚午	辛未	壬申
6	癸酉	甲戌	乙亥	丙子	丁丑	戊寅	己卯	庚辰	辛巳	壬午	癸未	甲申	乙酉	丙戌	丁亥	戊子	己丑	庚寅	辛卯	壬辰	癸巳	甲午	乙未	丙申	丁酉	戊戌	己亥	庚子	辛丑	壬寅	
7	癸卯	甲辰	乙巳	丙午	丁未	戊申	己酉	庚戌	辛亥	壬子	癸丑	甲寅	乙卯	丙辰	丁巳	戊午	己未	庚申	辛酉	壬戌	癸亥	甲子	乙丑	丙寅	丁卯	戊辰	己巳	庚午	辛未	壬申	癸酉
8	甲戌	乙亥	丙子	丁丑	戊寅	己卯	庚辰	辛巳	壬午	癸未	甲申	乙酉	丙戌	丁亥	戊子	己丑	庚寅	辛卯	壬辰	癸巳	甲午	乙未	丙申	丁酉	戊戌	己亥	庚子	辛丑	壬寅	癸卯	甲辰
9	乙巳	丙午	丁未	戊申	己酉	庚戌	辛亥	壬子	癸丑	甲寅	乙卯	丙辰	丁巳	戊午	己未	庚申	辛酉	壬戌	癸亥	甲子	乙丑	丙寅	丁卯	戊辰	己巳	庚午	辛未	壬申	癸酉	甲戌	
10	乙亥	丙子	丁丑	戊寅	己卯	庚辰	辛巳	壬午	癸未	甲申	乙酉	丙戌	丁亥	戊子	己丑	庚寅	辛卯	壬辰	癸巳	甲午	乙未	丙申	丁酉	戊戌	己亥	庚子	辛丑	壬寅	癸卯	甲辰	乙巳
11	丙午	丁未	戊申	己酉	庚戌	辛亥	壬子	癸丑	甲寅	乙卯	丙辰	丁巳	戊午	己未	庚申	辛酉	壬戌	癸亥	甲子	乙丑	丙寅	丁卯	戊辰	己巳	庚午	辛未	壬申	癸酉	甲戌	乙亥	
12	丙子	丁丑	戊寅	己卯	庚辰	辛巳	壬午	癸未	甲申	乙酉	丙戌	丁亥	戊子	己丑	庚寅	辛卯	壬辰	癸巳	甲午	乙未	丙申	丁酉	戊戌	己亥	庚子	辛丑	壬寅	癸卯	甲辰	乙巳	丙午

1975年　乙卯年　蔵干(　・　・乙)　立春2月4日19時59分

	1	2	3	4	5	6	7	8	9	10	11	12	13	14	15	16	17	18	19	20	21	22	23	24	25	26	27	28	29	30	31
1	丁未	戊申	己酉	庚戌	辛亥	壬子	癸丑	甲寅	乙卯	丙辰	丁巳	戊午	己未	庚申	辛酉	壬戌	癸亥	甲子	乙丑	丙寅	丁卯	戊辰	己巳	庚午	辛未	壬申	癸酉	甲戌	乙亥	丙子	丁丑
2	戊寅	己卯	庚辰	辛巳	壬午	癸未	甲申	乙酉	丙戌	丁亥	戊子	己丑	庚寅	辛卯	壬辰	癸巳	甲午	乙未	丙申	丁酉	戊戌	己亥	庚子	辛丑	壬寅	癸卯	甲辰	乙巳			
3	丙午	丁未	戊申	己酉	庚戌	辛亥	壬子	癸丑	甲寅	乙卯	丙辰	丁巳	戊午	己未	庚申	辛酉	壬戌	癸亥	甲子	乙丑	丙寅	丁卯	戊辰	己巳	庚午	辛未	壬申	癸酉	甲戌	乙亥	丙子
4	丁丑	戊寅	己卯	庚辰	辛巳	壬午	癸未	甲申	乙酉	丙戌	丁亥	戊子	己丑	庚寅	辛卯	壬辰	癸巳	甲午	乙未	丙申	丁酉	戊戌	己亥	庚子	辛丑	壬寅	癸卯	甲辰	乙巳	丙午	
5	丁未	戊申	己酉	庚戌	辛亥	壬子	癸丑	甲寅	乙卯	丙辰	丁巳	戊午	己未	庚申	辛酉	壬戌	癸亥	甲子	乙丑	丙寅	丁卯	戊辰	己巳	庚午	辛未	壬申	癸酉	甲戌	乙亥	丙子	丁丑
6	戊寅	己卯	庚辰	辛巳	壬午	癸未	甲申	乙酉	丙戌	丁亥	戊子	己丑	庚寅	辛卯	壬辰	癸巳	甲午	乙未	丙申	丁酉	戊戌	己亥	庚子	辛丑	壬寅	癸卯	甲辰	乙巳	丙午	丁未	
7	戊申	己酉	庚戌	辛亥	壬子	癸丑	甲寅	乙卯	丙辰	丁巳	戊午	己未	庚申	辛酉	壬戌	癸亥	甲子	乙丑	丙寅	丁卯	戊辰	己巳	庚午	辛未	壬申	癸酉	甲戌	乙亥	丙子	丁丑	戊寅
8	己卯	庚辰	辛巳	壬午	癸未	甲申	乙酉	丙戌	丁亥	戊子	己丑	庚寅	辛卯	壬辰	癸巳	甲午	乙未	丙申	丁酉	戊戌	己亥	庚子	辛丑	壬寅	癸卯	甲辰	乙巳	丙午	丁未	戊申	己酉
9	庚戌	辛亥	壬子	癸丑	甲寅	乙卯	丙辰	丁巳	戊午	己未	庚申	辛酉	壬戌	癸亥	甲子	乙丑	丙寅	丁卯	戊辰	己巳	庚午	辛未	壬申	癸酉	甲戌	乙亥	丙子	丁丑	戊寅	己卯	
10	庚辰	辛巳	壬午	癸未	甲申	乙酉	丙戌	丁亥	戊子	己丑	庚寅	辛卯	壬辰	癸巳	甲午	乙未	丙申	丁酉	戊戌	己亥	庚子	辛丑	壬寅	癸卯	甲辰	乙巳	丙午	丁未	戊申	己酉	庚戌
11	辛亥	壬子	癸丑	甲寅	乙卯	丙辰	丁巳	戊午	己未	庚申	辛酉	壬戌	癸亥	甲子	乙丑	丙寅	丁卯	戊辰	己巳	庚午	辛未	壬申	癸酉	甲戌	乙亥	丙子	丁丑	戊寅	己卯	庚辰	
12	辛巳	壬午	癸未	甲申	乙酉	丙戌	丁亥	戊子	己丑	庚寅	辛卯	壬辰	癸巳	甲午	乙未	丙申	丁酉	戊戌	己亥	庚子	辛丑	壬寅	癸卯	甲辰	乙巳	丙午	丁未	戊申	己酉	庚戌	辛亥

1976年　丙辰年　蔵干(乙・癸・戊)　立春2月５日01時40分

	1	2	3	4	5	6	7	8	9	10	11	12	13	14	15	16	17	18	19	20	21	22	23	24	25	26	27	28	29	30	31
1	壬子	癸丑	甲寅	乙卯	丙辰	丁巳	戊午	己未	庚申	辛酉	壬戌	癸亥	甲子	乙丑	丙寅	丁卯	戊辰	己巳	庚午	辛未	壬申	癸酉	甲戌	乙亥	丙子	丁丑	戊寅	己卯	庚辰	辛巳	壬午
2	癸未	甲申	乙酉	丙戌	丁亥	戊子	己丑	庚寅	辛卯	壬辰	癸巳	甲午	乙未	丙申	丁酉	戊戌	己亥	庚子	辛丑	壬寅	癸卯	甲辰	乙巳	丙午	丁未	戊申	己酉	庚戌	辛亥		
3	壬子	癸丑	甲寅	乙卯	丙辰	丁巳	戊午	己未	庚申	辛酉	壬戌	癸亥	甲子	乙丑	丙寅	丁卯	戊辰	己巳	庚午	辛未	壬申	癸酉	甲戌	乙亥	丙子	丁丑	戊寅	己卯	庚辰	辛巳	壬午
4	癸未	甲申	乙酉	丙戌	丁亥	戊子	己丑	庚寅	辛卯	壬辰	癸巳	甲午	乙未	丙申	丁酉	戊戌	己亥	庚子	辛丑	壬寅	癸卯	甲辰	乙巳	丙午	丁未	戊申	己酉	庚戌	辛亥	壬子	
5	癸丑	甲寅	乙卯	丙辰	丁巳	戊午	己未	庚申	辛酉	壬戌	癸亥	甲子	乙丑	丙寅	丁卯	戊辰	己巳	庚午	辛未	壬申	癸酉	甲戌	乙亥	丙子	丁丑	戊寅	己卯	庚辰	辛巳	壬午	癸未
6	甲申	乙酉	丙戌	丁亥	戊子	己丑	庚寅	辛卯	壬辰	癸巳	甲午	乙未	丙申	丁酉	戊戌	己亥	庚子	辛丑	壬寅	癸卯	甲辰	乙巳	丙午	丁未	戊申	己酉	庚戌	辛亥	壬子	癸丑	
7	甲寅	乙卯	丙辰	丁巳	戊午	己未	庚申	辛酉	壬戌	癸亥	甲子	乙丑	丙寅	丁卯	戊辰	己巳	庚午	辛未	壬申	癸酉	甲戌	乙亥	丙子	丁丑	戊寅	己卯	庚辰	辛巳	壬午	癸未	甲申
8	乙酉	丙戌	丁亥	戊子	己丑	庚寅	辛卯	壬辰	癸巳	甲午	乙未	丙申	丁酉	戊戌	己亥	庚子	辛丑	壬寅	癸卯	甲辰	乙巳	丙午	丁未	戊申	己酉	庚戌	辛亥	壬子	癸丑	甲寅	乙卯
9	丙辰	丁巳	戊午	己未	庚申	辛酉	壬戌	癸亥	甲子	乙丑	丙寅	丁卯	戊辰	己巳	庚午	辛未	壬申	癸酉	甲戌	乙亥	丙子	丁丑	戊寅	己卯	庚辰	辛巳	壬午	癸未	甲申	乙酉	
10	丙戌	丁亥	戊子	己丑	庚寅	辛卯	壬辰	癸巳	甲午	乙未	丙申	丁酉	戊戌	己亥	庚子	辛丑	壬寅	癸卯	甲辰	乙巳	丙午	丁未	戊申	己酉	庚戌	辛亥	壬子	癸丑	甲寅	乙卯	丙辰
11	丁巳	戊午	己未	庚申	辛酉	壬戌	癸亥	甲子	乙丑	丙寅	丁卯	戊辰	己巳	庚午	辛未	壬申	癸酉	甲戌	乙亥	丙子	丁丑	戊寅	己卯	庚辰	辛巳	壬午	癸未	甲申	乙酉	丙戌	
12	丁亥	戊子	己丑	庚寅	辛卯	壬辰	癸巳	甲午	乙未	丙申	丁酉	戊戌	己亥	庚子	辛丑	壬寅	癸卯	甲辰	乙巳	丙午	丁未	戊申	己酉	庚戌	辛亥	壬子	癸丑	甲寅	乙卯	丙辰	丁巳

1977年　丁巳年　蔵干(戊・庚・丙)　立春2月4日07時34分

	1	2	3	4	5	6	7	8	9	10	11	12	13	14	15	16	17	18	19	20	21	22	23	24	25	26	27	28	29	30	31
1	戊午	己未	庚申	辛酉	壬戌	癸亥	甲子	乙丑	丙寅	丁卯	戊辰	己巳	庚午	辛未	壬申	癸酉	甲戌	乙亥	丙子	丁丑	戊寅	己卯	庚辰	辛巳	壬午	癸未	甲申	乙酉	丙戌	丁亥	戊子
2	己丑	庚寅	辛卯	壬辰	癸巳	甲午	乙未	丙申	丁酉	戊戌	己亥	庚子	辛丑	壬寅	癸卯	甲辰	乙巳	丙午	丁未	戊申	己酉	庚戌	辛亥	壬子	癸丑	甲寅	乙卯	丙辰			
3	丁巳	戊午	己未	庚申	辛酉	壬戌	癸亥	甲子	乙丑	丙寅	丁卯	戊辰	己巳	庚午	辛未	壬申	癸酉	甲戌	乙亥	丙子	丁丑	戊寅	己卯	庚辰	辛巳	壬午	癸未	甲申	乙酉	丙戌	丁亥
4	戊子	己丑	庚寅	辛卯	壬辰	癸巳	甲午	乙未	丙申	丁酉	戊戌	己亥	庚子	辛丑	壬寅	癸卯	甲辰	乙巳	丙午	丁未	戊申	己酉	庚戌	辛亥	壬子	癸丑	甲寅	乙卯	丙辰	丁巳	
5	戊午	己未	庚申	辛酉	壬戌	癸亥	甲子	乙丑	丙寅	丁卯	戊辰	己巳	庚午	辛未	壬申	癸酉	甲戌	乙亥	丙子	丁丑	戊寅	己卯	庚辰	辛巳	壬午	癸未	甲申	乙酉	丙戌	丁亥	戊子
6	己丑	庚寅	辛卯	壬辰	癸巳	甲午	乙未	丙申	丁酉	戊戌	己亥	庚子	辛丑	壬寅	癸卯	甲辰	乙巳	丙午	丁未	戊申	己酉	庚戌	辛亥	壬子	癸丑	甲寅	乙卯	丙辰	丁巳	戊午	
7	己未	庚申	辛酉	壬戌	癸亥	甲子	乙丑	丙寅	丁卯	戊辰	己巳	庚午	辛未	壬申	癸酉	甲戌	乙亥	丙子	丁丑	戊寅	己卯	庚辰	辛巳	壬午	癸未	甲申	乙酉	丙戌	丁亥	戊子	己丑
8	庚寅	辛卯	壬辰	癸巳	甲午	乙未	丙申	丁酉	戊戌	己亥	庚子	辛丑	壬寅	癸卯	甲辰	乙巳	丙午	丁未	戊申	己酉	庚戌	辛亥	壬子	癸丑	甲寅	乙卯	丙辰	丁巳	戊午	己未	庚申
9	辛酉	壬戌	癸亥	甲子	乙丑	丙寅	丁卯	戊辰	己巳	庚午	辛未	壬申	癸酉	甲戌	乙亥	丙子	丁丑	戊寅	己卯	庚辰	辛巳	壬午	癸未	甲申	乙酉	丙戌	丁亥	戊子	己丑	庚寅	
10	辛卯	壬辰	癸巳	甲午	乙未	丙申	丁酉	戊戌	己亥	庚子	辛丑	壬寅	癸卯	甲辰	乙巳	丙午	丁未	戊申	己酉	庚戌	辛亥	壬子	癸丑	甲寅	乙卯	丙辰	丁巳	戊午	己未	庚申	辛酉
11	壬戌	癸亥	甲子	乙丑	丙寅	丁卯	戊辰	己巳	庚午	辛未	壬申	癸酉	甲戌	乙亥	丙子	丁丑	戊寅	己卯	庚辰	辛巳	壬午	癸未	甲申	乙酉	丙戌	丁亥	戊子	己丑	庚寅	辛卯	
12	壬辰	癸巳	甲午	乙未	丙申	丁酉	戊戌	己亥	庚子	辛丑	壬寅	癸卯	甲辰	乙巳	丙午	丁未	戊申	己酉	庚戌	辛亥	壬子	癸丑	甲寅	乙卯	丙辰	丁巳	戊午	己未	庚申	辛酉	壬戌

1978年　戊午年　蔵干(　・己・丁)　立春2月4日13時27分

	1	2	3	4	5	6	7	8	9	10	11	12	13	14	15	16	17	18	19	20	21	22	23	24	25	26	27	28	29	30	31
1	癸亥	甲子	乙丑	丙寅	丁卯	戊辰	己巳	庚午	辛未	壬申	癸酉	甲戌	乙亥	丙子	丁丑	戊寅	己卯	庚辰	辛巳	壬午	癸未	甲申	乙酉	丙戌	丁亥	戊子	己丑	庚寅	辛卯	壬辰	癸巳
2	甲午	乙未	丙申	丁酉	戊戌	己亥	庚子	辛丑	壬寅	癸卯	甲辰	乙巳	丙午	丁未	戊申	己酉	庚戌	辛亥	壬子	癸丑	甲寅	乙卯	丙辰	丁巳	戊午	己未	庚申	辛酉			
3	壬戌	癸亥	甲子	乙丑	丙寅	丁卯	戊辰	己巳	庚午	辛未	壬申	癸酉	甲戌	乙亥	丙子	丁丑	戊寅	己卯	庚辰	辛巳	壬午	癸未	甲申	乙酉	丙戌	丁亥	戊子	己丑	庚寅	辛卯	壬辰
4	癸巳	甲午	乙未	丙申	丁酉	戊戌	己亥	庚子	辛丑	壬寅	癸卯	甲辰	乙巳	丙午	丁未	戊申	己酉	庚戌	辛亥	壬子	癸丑	甲寅	乙卯	丙辰	丁巳	戊午	己未	庚申	辛酉	壬戌	
5	癸亥	甲子	乙丑	丙寅	丁卯	戊辰	己巳	庚午	辛未	壬申	癸酉	甲戌	乙亥	丙子	丁丑	戊寅	己卯	庚辰	辛巳	壬午	癸未	甲申	乙酉	丙戌	丁亥	戊子	己丑	庚寅	辛卯	壬辰	癸巳
6	甲午	乙未	丙申	丁酉	戊戌	己亥	庚子	辛丑	壬寅	癸卯	甲辰	乙巳	丙午	丁未	戊申	己酉	庚戌	辛亥	壬子	癸丑	甲寅	乙卯	丙辰	丁巳	戊午	己未	庚申	辛酉	壬戌	癸亥	
7	甲子	乙丑	丙寅	丁卯	戊辰	己巳	庚午	辛未	壬申	癸酉	甲戌	乙亥	丙子	丁丑	戊寅	己卯	庚辰	辛巳	壬午	癸未	甲申	乙酉	丙戌	丁亥	戊子	己丑	庚寅	辛卯	壬辰	癸巳	甲午
8	乙未	丙申	丁酉	戊戌	己亥	庚子	辛丑	壬寅	癸卯	甲辰	乙巳	丙午	丁未	戊申	己酉	庚戌	辛亥	壬子	癸丑	甲寅	乙卯	丙辰	丁巳	戊午	己未	庚申	辛酉	壬戌	癸亥	甲子	乙丑
9	丙寅	丁卯	戊辰	己巳	庚午	辛未	壬申	癸酉	甲戌	乙亥	丙子	丁丑	戊寅	己卯	庚辰	辛巳	壬午	癸未	甲申	乙酉	丙戌	丁亥	戊子	己丑	庚寅	辛卯	壬辰	癸巳	甲午	乙未	
10	丙申	丁酉	戊戌	己亥	庚子	辛丑	壬寅	癸卯	甲辰	乙巳	丙午	丁未	戊申	己酉	庚戌	辛亥	壬子	癸丑	甲寅	乙卯	丙辰	丁巳	戊午	己未	庚申	辛酉	壬戌	癸亥	甲子	乙丑	丙寅
11	丁卯	戊辰	己巳	庚午	辛未	壬申	癸酉	甲戌	乙亥	丙子	丁丑	戊寅	己卯	庚辰	辛巳	壬午	癸未	甲申	乙酉	丙戌	丁亥	戊子	己丑	庚寅	辛卯	壬辰	癸巳	甲午	乙未	丙申	
12	丁酉	戊戌	己亥	庚子	辛丑	壬寅	癸卯	甲辰	乙巳	丙午	丁未	戊申	己酉	庚戌	辛亥	壬子	癸丑	甲寅	乙卯	丙辰	丁巳	戊午	己未	庚申	辛酉	壬戌	癸亥	甲子	乙丑	丙寅	丁卯

1979年　己未年　蔵干(丁・乙・己)　立春2月4日19時13分

	1	2	3	4	5	6	7	8	9	10	11	12	13	14	15	16	17	18	19	20	21	22	23	24	25	26	27	28	29	30	31
1	戊辰	己巳	庚午	辛未	壬申	癸酉	甲戌	乙亥	丙子	丁丑	戊寅	己卯	庚辰	辛巳	壬午	癸未	甲申	乙酉	丙戌	丁亥	戊子	己丑	庚寅	辛卯	壬辰	癸巳	甲午	乙未	丙申	丁酉	戊戌
2	己亥	庚子	辛丑	壬寅	癸卯	甲辰	乙巳	丙午	丁未	戊申	己酉	庚戌	辛亥	壬子	癸丑	甲寅	乙卯	丙辰	丁巳	戊午	己未	庚申	辛酉	壬戌	癸亥	甲子	乙丑	丙寅			
3	丁卯	戊辰	己巳	庚午	辛未	壬申	癸酉	甲戌	乙亥	丙子	丁丑	戊寅	己卯	庚辰	辛巳	壬午	癸未	甲申	乙酉	丙戌	丁亥	戊子	己丑	庚寅	辛卯	壬辰	癸巳	甲午	乙未	丙申	丁酉
4	戊戌	己亥	庚子	辛丑	壬寅	癸卯	甲辰	乙巳	丙午	丁未	戊申	己酉	庚戌	辛亥	壬子	癸丑	甲寅	乙卯	丙辰	丁巳	戊午	己未	庚申	辛酉	壬戌	癸亥	甲子	乙丑	丙寅	丁卯	
5	戊辰	己巳	庚午	辛未	壬申	癸酉	甲戌	乙亥	丙子	丁丑	戊寅	己卯	庚辰	辛巳	壬午	癸未	甲申	乙酉	丙戌	丁亥	戊子	己丑	庚寅	辛卯	壬辰	癸巳	甲午	乙未	丙申	丁酉	戊戌
6	己亥	庚子	辛丑	壬寅	癸卯	甲辰	乙巳	丙午	丁未	戊申	己酉	庚戌	辛亥	壬子	癸丑	甲寅	乙卯	丙辰	丁巳	戊午	己未	庚申	辛酉	壬戌	癸亥	甲子	乙丑	丙寅	丁卯	戊辰	
7	己巳	庚午	辛未	壬申	癸酉	甲戌	乙亥	丙子	丁丑	戊寅	己卯	庚辰	辛巳	壬午	癸未	甲申	乙酉	丙戌	丁亥	戊子	己丑	庚寅	辛卯	壬辰	癸巳	甲午	乙未	丙申	丁酉	戊戌	己亥
8	庚子	辛丑	壬寅	癸卯	甲辰	乙巳	丙午	丁未	戊申	己酉	庚戌	辛亥	壬子	癸丑	甲寅	乙卯	丙辰	丁巳	戊午	己未	庚申	辛酉	壬戌	癸亥	甲子	乙丑	丙寅	丁卯	戊辰	己巳	庚午
9	辛未	壬申	癸酉	甲戌	乙亥	丙子	丁丑	戊寅	己卯	庚辰	辛巳	壬午	癸未	甲申	乙酉	丙戌	丁亥	戊子	己丑	庚寅	辛卯	壬辰	癸巳	甲午	乙未	丙申	丁酉	戊戌	己亥	庚子	
10	辛丑	壬寅	癸卯	甲辰	乙巳	丙午	丁未	戊申	己酉	庚戌	辛亥	壬子	癸丑	甲寅	乙卯	丙辰	丁巳	戊午	己未	庚申	辛酉	壬戌	癸亥	甲子	乙丑	丙寅	丁卯	戊辰	己巳	庚午	辛未
11	壬申	癸酉	甲戌	乙亥	丙子	丁丑	戊寅	己卯	庚辰	辛巳	壬午	癸未	甲申	乙酉	丙戌	丁亥	戊子	己丑	庚寅	辛卯	壬辰	癸巳	甲午	乙未	丙申	丁酉	戊戌	己亥	庚子	辛丑	
12	壬寅	癸卯	甲辰	乙巳	丙午	丁未	戊申	己酉	庚戌	辛亥	壬子	癸丑	甲寅	乙卯	丙辰	丁巳	戊午	己未	庚申	辛酉	壬戌	癸亥	甲子	乙丑	丙寅	丁卯	戊辰	己巳	庚午	辛未	壬申

1980年　庚申年　蔵干(己・壬・庚)　立春2月5日01時10分

	1	2	3	4	5	6	7	8	9	10	11	12	13	14	15	16	17	18	19	20	21	22	23	24	25	26	27	28	29	30	31
1	癸酉	甲戌	乙亥	丙子	丁丑	戊寅	己卯	庚辰	辛巳	壬午	癸未	甲申	乙酉	丙戌	丁亥	戊子	己丑	庚寅	辛卯	壬辰	癸巳	甲午	乙未	丙申	丁酉	戊戌	己亥	庚子	辛丑	壬寅	癸卯
2	甲辰	乙巳	丙午	丁未	戊申	己酉	庚戌	辛亥	壬子	癸丑	甲寅	乙卯	丙辰	丁巳	戊午	己未	庚申	辛酉	壬戌	癸亥	甲子	乙丑	丙寅	丁卯	戊辰	己巳	庚午	辛未	壬申		
3	癸酉	甲戌	乙亥	丙子	丁丑	戊寅	己卯	庚辰	辛巳	壬午	癸未	甲申	乙酉	丙戌	丁亥	戊子	己丑	庚寅	辛卯	壬辰	癸巳	甲午	乙未	丙申	丁酉	戊戌	己亥	庚子	辛丑	壬寅	癸卯
4	甲辰	乙巳	丙午	丁未	戊申	己酉	庚戌	辛亥	壬子	癸丑	甲寅	乙卯	丙辰	丁巳	戊午	己未	庚申	辛酉	壬戌	癸亥	甲子	乙丑	丙寅	丁卯	戊辰	己巳	庚午	辛未	壬申	癸酉	
5	甲戌	乙亥	丙子	丁丑	戊寅	己卯	庚辰	辛巳	壬午	癸未	甲申	乙酉	丙戌	丁亥	戊子	己丑	庚寅	辛卯	壬辰	癸巳	甲午	乙未	丙申	丁酉	戊戌	己亥	庚子	辛丑	壬寅	癸卯	甲辰
6	乙巳	丙午	丁未	戊申	己酉	庚戌	辛亥	壬子	癸丑	甲寅	乙卯	丙辰	丁巳	戊午	己未	庚申	辛酉	壬戌	癸亥	甲子	乙丑	丙寅	丁卯	戊辰	己巳	庚午	辛未	壬申	癸酉	甲戌	
7	乙亥	丙子	丁丑	戊寅	己卯	庚辰	辛巳	壬午	癸未	甲申	乙酉	丙戌	丁亥	戊子	己丑	庚寅	辛卯	壬辰	癸巳	甲午	乙未	丙申	丁酉	戊戌	己亥	庚子	辛丑	壬寅	癸卯	甲辰	乙巳
8	丙午	丁未	戊申	己酉	庚戌	辛亥	壬子	癸丑	甲寅	乙卯	丙辰	丁巳	戊午	己未	庚申	辛酉	壬戌	癸亥	甲子	乙丑	丙寅	丁卯	戊辰	己巳	庚午	辛未	壬申	癸酉	甲戌	乙亥	丙子
9	丁丑	戊寅	己卯	庚辰	辛巳	壬午	癸未	甲申	乙酉	丙戌	丁亥	戊子	己丑	庚寅	辛卯	壬辰	癸巳	甲午	乙未	丙申	丁酉	戊戌	己亥	庚子	辛丑	壬寅	癸卯	甲辰	乙巳	丙午	
10	丁未	戊申	己酉	庚戌	辛亥	壬子	癸丑	甲寅	乙卯	丙辰	丁巳	戊午	己未	庚申	辛酉	壬戌	癸亥	甲子	乙丑	丙寅	丁卯	戊辰	己巳	庚午	辛未	壬申	癸酉	甲戌	乙亥	丙子	丁丑
11	戊寅	己卯	庚辰	辛巳	壬午	癸未	甲申	乙酉	丙戌	丁亥	戊子	己丑	庚寅	辛卯	壬辰	癸巳	甲午	乙未	丙申	丁酉	戊戌	己亥	庚子	辛丑	壬寅	癸卯	甲辰	乙巳	丙午	丁未	
12	戊申	己酉	庚戌	辛亥	壬子	癸丑	甲寅	乙卯	丙辰	丁巳	戊午	己未	庚申	辛酉	壬戌	癸亥	甲子	乙丑	丙寅	丁卯	戊辰	己巳	庚午	辛未	壬申	癸酉	甲戌	乙亥	丙子	丁丑	戊寅

1981年　辛酉年　蔵干(　・　・辛)　立春2月4日06時56分

	1	2	3	4	5	6	7	8	9	10	11	12	13	14	15	16	17	18	19	20	21	22	23	24	25	26	27	28	29	30	31
1	己卯	庚辰	辛巳	壬午	癸未	甲申	乙酉	丙戌	丁亥	戊子	己丑	庚寅	辛卯	壬辰	癸巳	甲午	乙未	丙申	丁酉	戊戌	己亥	庚子	辛丑	壬寅	癸卯	甲辰	乙巳	丙午	丁未	戊申	己酉
2	庚戌	辛亥	壬子	癸丑	甲寅	乙卯	丙辰	丁巳	戊午	己未	庚申	辛酉	壬戌	癸亥	甲子	乙丑	丙寅	丁卯	戊辰	己巳	庚午	辛未	壬申	癸酉	甲戌	乙亥	丙子	丁丑			
3	戊寅	己卯	庚辰	辛巳	壬午	癸未	甲申	乙酉	丙戌	丁亥	戊子	己丑	庚寅	辛卯	壬辰	癸巳	甲午	乙未	丙申	丁酉	戊戌	己亥	庚子	辛丑	壬寅	癸卯	甲辰	乙巳	丙午	丁未	戊申
4	己酉	庚戌	辛亥	壬子	癸丑	甲寅	乙卯	丙辰	丁巳	戊午	己未	庚申	辛酉	壬戌	癸亥	甲子	乙丑	丙寅	丁卯	戊辰	己巳	庚午	辛未	壬申	癸酉	甲戌	乙亥	丙子	丁丑	戊寅	
5	己卯	庚辰	辛巳	壬午	癸未	甲申	乙酉	丙戌	丁亥	戊子	己丑	庚寅	辛卯	壬辰	癸巳	甲午	乙未	丙申	丁酉	戊戌	己亥	庚子	辛丑	壬寅	癸卯	甲辰	乙巳	丙午	丁未	戊申	己酉
6	庚戌	辛亥	壬子	癸丑	甲寅	乙卯	丙辰	丁巳	戊午	己未	庚申	辛酉	壬戌	癸亥	甲子	乙丑	丙寅	丁卯	戊辰	己巳	庚午	辛未	壬申	癸酉	甲戌	乙亥	丙子	丁丑	戊寅	己卯	
7	庚辰	辛巳	壬午	癸未	甲申	乙酉	丙戌	丁亥	戊子	己丑	庚寅	辛卯	壬辰	癸巳	甲午	乙未	丙申	丁酉	戊戌	己亥	庚子	辛丑	壬寅	癸卯	甲辰	乙巳	丙午	丁未	戊申	己酉	庚戌
8	辛亥	壬子	癸丑	甲寅	乙卯	丙辰	丁巳	戊午	己未	庚申	辛酉	壬戌	癸亥	甲子	乙丑	丙寅	丁卯	戊辰	己巳	庚午	辛未	壬申	癸酉	甲戌	乙亥	丙子	丁丑	戊寅	己卯	庚辰	辛巳
9	壬午	癸未	甲申	乙酉	丙戌	丁亥	戊子	己丑	庚寅	辛卯	壬辰	癸巳	甲午	乙未	丙申	丁酉	戊戌	己亥	庚子	辛丑	壬寅	癸卯	甲辰	乙巳	丙午	丁未	戊申	己酉	庚戌	辛亥	
10	壬子	癸丑	甲寅	乙卯	丙辰	丁巳	戊午	己未	庚申	辛酉	壬戌	癸亥	甲子	乙丑	丙寅	丁卯	戊辰	己巳	庚午	辛未	壬申	癸酉	甲戌	乙亥	丙子	丁丑	戊寅	己卯	庚辰	辛巳	壬午
11	癸未	甲申	乙酉	丙戌	丁亥	戊子	己丑	庚寅	辛卯	壬辰	癸巳	甲午	乙未	丙申	丁酉	戊戌	己亥	庚子	辛丑	壬寅	癸卯	甲辰	乙巳	丙午	丁未	戊申	己酉	庚戌	辛亥	壬子	
12	癸丑	甲寅	乙卯	丙辰	丁巳	戊午	己未	庚申	辛酉	壬戌	癸亥	甲子	乙丑	丙寅	丁卯	戊辰	己巳	庚午	辛未	壬申	癸酉	甲戌	乙亥	丙子	丁丑	戊寅	己卯	庚辰	辛巳	壬午	癸未

1982年　壬戌年　蔵干(辛・丁・戊)　立春2月4日12時46分

	1	2	3	4	5	6	7	8	9	10	11	12	13	14	15	16	17	18	19	20	21	22	23	24	25	26	27	28	29	30	31
1	甲申	乙酉	丙戌	丁亥	戊子	己丑	庚寅	辛卯	壬辰	癸巳	甲午	乙未	丙申	丁酉	戊戌	己亥	庚子	辛丑	壬寅	癸卯	甲辰	乙巳	丙午	丁未	戊申	己酉	庚戌	辛亥	壬子	癸丑	甲寅
2	乙卯	丙辰	丁巳	戊午	己未	庚申	辛酉	壬戌	癸亥	甲子	乙丑	丙寅	丁卯	戊辰	己巳	庚午	辛未	壬申	癸酉	甲戌	乙亥	丙子	丁丑	戊寅	己卯	庚辰	辛巳	壬午			
3	癸未	甲申	乙酉	丙戌	丁亥	戊子	己丑	庚寅	辛卯	壬辰	癸巳	甲午	乙未	丙申	丁酉	戊戌	己亥	庚子	辛丑	壬寅	癸卯	甲辰	乙巳	丙午	丁未	戊申	己酉	庚戌	辛亥	壬子	癸丑
4	甲寅	乙卯	丙辰	丁巳	戊午	己未	庚申	辛酉	壬戌	癸亥	甲子	乙丑	丙寅	丁卯	戊辰	己巳	庚午	辛未	壬申	癸酉	甲戌	乙亥	丙子	丁丑	戊寅	己卯	庚辰	辛巳	壬午	癸未	
5	甲申	乙酉	丙戌	丁亥	戊子	己丑	庚寅	辛卯	壬辰	癸巳	甲午	乙未	丙申	丁酉	戊戌	己亥	庚子	辛丑	壬寅	癸卯	甲辰	乙巳	丙午	丁未	戊申	己酉	庚戌	辛亥	壬子	癸丑	甲寅
6	乙卯	丙辰	丁巳	戊午	己未	庚申	辛酉	壬戌	癸亥	甲子	乙丑	丙寅	丁卯	戊辰	己巳	庚午	辛未	壬申	癸酉	甲戌	乙亥	丙子	丁丑	戊寅	己卯	庚辰	辛巳	壬午	癸未	甲申	
7	乙酉	丙戌	丁亥	戊子	己丑	庚寅	辛卯	壬辰	癸巳	甲午	乙未	丙申	丁酉	戊戌	己亥	庚子	辛丑	壬寅	癸卯	甲辰	乙巳	丙午	丁未	戊申	己酉	庚戌	辛亥	壬子	癸丑	甲寅	乙卯
8	丙辰	丁巳	戊午	己未	庚申	辛酉	壬戌	癸亥	甲子	乙丑	丙寅	丁卯	戊辰	己巳	庚午	辛未	壬申	癸酉	甲戌	乙亥	丙子	丁丑	戊寅	己卯	庚辰	辛巳	壬午	癸未	甲申	乙酉	丙戌
9	丁亥	戊子	己丑	庚寅	辛卯	壬辰	癸巳	甲午	乙未	丙申	丁酉	戊戌	己亥	庚子	辛丑	壬寅	癸卯	甲辰	乙巳	丙午	丁未	戊申	己酉	庚戌	辛亥	壬子	癸丑	甲寅	乙卯	丙辰	
10	丁巳	戊午	己未	庚申	辛酉	壬戌	癸亥	甲子	乙丑	丙寅	丁卯	戊辰	己巳	庚午	辛未	壬申	癸酉	甲戌	乙亥	丙子	丁丑	戊寅	己卯	庚辰	辛巳	壬午	癸未	甲申	乙酉	丙戌	丁亥
11	戊子	己丑	庚寅	辛卯	壬辰	癸巳	甲午	乙未	丙申	丁酉	戊戌	己亥	庚子	辛丑	壬寅	癸卯	甲辰	乙巳	丙午	丁未	戊申	己酉	庚戌	辛亥	壬子	癸丑	甲寅	乙卯	丙辰	丁巳	
12	戊午	己未	庚申	辛酉	壬戌	癸亥	甲子	乙丑	丙寅	丁卯	戊辰	己巳	庚午	辛未	壬申	癸酉	甲戌	乙亥	丙子	丁丑	戊寅	己卯	庚辰	辛巳	壬午	癸未	甲申	乙酉	丙戌	丁亥	戊子

1983年　癸亥年　蔵干(戊・甲・壬)　立春2月4日18時40分

	1	2	3	4	5	6	7	8	9	10	11	12	13	14	15	16	17	18	19	20	21	22	23	24	25	26	27	28	29	30	31
1	己丑	庚寅	辛卯	壬辰	癸巳	甲午	乙未	丙申	丁酉	戊戌	己亥	庚子	辛丑	壬寅	癸卯	甲辰	乙巳	丙午	丁未	戊申	己酉	庚戌	辛亥	壬子	癸丑	甲寅	乙卯	丙辰	丁巳	戊午	己未
2	庚申	辛酉	壬戌	癸亥	甲子	乙丑	丙寅	丁卯	戊辰	己巳	庚午	辛未	壬申	癸酉	甲戌	乙亥	丙子	丁丑	戊寅	己卯	庚辰	辛巳	壬午	癸未	甲申	乙酉	丙戌	丁亥			
3	戊子	己丑	庚寅	辛卯	壬辰	癸巳	甲午	乙未	丙申	丁酉	戊戌	己亥	庚子	辛丑	壬寅	癸卯	甲辰	乙巳	丙午	丁未	戊申	己酉	庚戌	辛亥	壬子	癸丑	甲寅	乙卯	丙辰	丁巳	戊午
4	己未	庚申	辛酉	壬戌	癸亥	甲子	乙丑	丙寅	丁卯	戊辰	己巳	庚午	辛未	壬申	癸酉	甲戌	乙亥	丙子	丁丑	戊寅	己卯	庚辰	辛巳	壬午	癸未	甲申	乙酉	丙戌	丁亥	戊子	
5	己丑	庚寅	辛卯	壬辰	癸巳	甲午	乙未	丙申	丁酉	戊戌	己亥	庚子	辛丑	壬寅	癸卯	甲辰	乙巳	丙午	丁未	戊申	己酉	庚戌	辛亥	壬子	癸丑	甲寅	乙卯	丙辰	丁巳	戊午	己未
6	庚申	辛酉	壬戌	癸亥	甲子	乙丑	丙寅	丁卯	戊辰	己巳	庚午	辛未	壬申	癸酉	甲戌	乙亥	丙子	丁丑	戊寅	己卯	庚辰	辛巳	壬午	癸未	甲申	乙酉	丙戌	丁亥	戊子	己丑	
7	庚寅	辛卯	壬辰	癸巳	甲午	乙未	丙申	丁酉	戊戌	己亥	庚子	辛丑	壬寅	癸卯	甲辰	乙巳	丙午	丁未	戊申	己酉	庚戌	辛亥	壬子	癸丑	甲寅	乙卯	丙辰	丁巳	戊午	己未	庚申
8	辛酉	壬戌	癸亥	甲子	乙丑	丙寅	丁卯	戊辰	己巳	庚午	辛未	壬申	癸酉	甲戌	乙亥	丙子	丁丑	戊寅	己卯	庚辰	辛巳	壬午	癸未	甲申	乙酉	丙戌	丁亥	戊子	己丑	庚寅	辛卯
9	壬辰	癸巳	甲午	乙未	丙申	丁酉	戊戌	己亥	庚子	辛丑	壬寅	癸卯	甲辰	乙巳	丙午	丁未	戊申	己酉	庚戌	辛亥	壬子	癸丑	甲寅	乙卯	丙辰	丁巳	戊午	己未	庚申	辛酉	
10	壬戌	癸亥	甲子	乙丑	丙寅	丁卯	戊辰	己巳	庚午	辛未	壬申	癸酉	甲戌	乙亥	丙子	丁丑	戊寅	己卯	庚辰	辛巳	壬午	癸未	甲申	乙酉	丙戌	丁亥	戊子	己丑	庚寅	辛卯	壬辰
11	癸巳	甲午	乙未	丙申	丁酉	戊戌	己亥	庚子	辛丑	壬寅	癸卯	甲辰	乙巳	丙午	丁未	戊申	己酉	庚戌	辛亥	壬子	癸丑	甲寅	乙卯	丙辰	丁巳	戊午	己未	庚申	辛酉	壬戌	
12	癸亥	甲子	乙丑	丙寅	丁卯	戊辰	己巳	庚午	辛未	壬申	癸酉	甲戌	乙亥	丙子	丁丑	戊寅	己卯	庚辰	辛巳	壬午	癸未	甲申	乙酉	丙戌	丁亥	戊子	己丑	庚寅	辛卯	壬辰	癸巳

1984年　甲子年　蔵干(　・　・癸)　立春2月5日00時19分

	1	2	3	4	5	6	7	8	9	10	11	12	13	14	15	16	17	18	19	20	21	22	23	24	25	26	27	28	29	30	31
1	甲午	乙未	丙申	丁酉	戊戌	己亥	庚子	辛丑	壬寅	癸卯	甲辰	乙巳	丙午	丁未	戊申	己酉	庚戌	辛亥	壬子	癸丑	甲寅	乙卯	丙辰	丁巳	戊午	己未	庚申	辛酉	壬戌	癸亥	甲子
2	乙丑	丙寅	丁卯	戊辰	己巳	庚午	辛未	壬申	癸酉	甲戌	乙亥	丙子	丁丑	戊寅	己卯	庚辰	辛巳	壬午	癸未	甲申	乙酉	丙戌	丁亥	戊子	己丑	庚寅	辛卯	壬辰	癸巳		
3	甲午	乙未	丙申	丁酉	戊戌	己亥	庚子	辛丑	壬寅	癸卯	甲辰	乙巳	丙午	丁未	戊申	己酉	庚戌	辛亥	壬子	癸丑	甲寅	乙卯	丙辰	丁巳	戊午	己未	庚申	辛酉	壬戌	癸亥	甲子
4	乙丑	丙寅	丁卯	戊辰	己巳	庚午	辛未	壬申	癸酉	甲戌	乙亥	丙子	丁丑	戊寅	己卯	庚辰	辛巳	壬午	癸未	甲申	乙酉	丙戌	丁亥	戊子	己丑	庚寅	辛卯	壬辰	癸巳	甲午	
5	乙未	丙申	丁酉	戊戌	己亥	庚子	辛丑	壬寅	癸卯	甲辰	乙巳	丙午	丁未	戊申	己酉	庚戌	辛亥	壬子	癸丑	甲寅	乙卯	丙辰	丁巳	戊午	己未	庚申	辛酉	壬戌	癸亥	甲子	乙丑
6	丙寅	丁卯	戊辰	己巳	庚午	辛未	壬申	癸酉	甲戌	乙亥	丙子	丁丑	戊寅	己卯	庚辰	辛巳	壬午	癸未	甲申	乙酉	丙戌	丁亥	戊子	己丑	庚寅	辛卯	壬辰	癸巳	甲午	乙未	
7	丙申	丁酉	戊戌	己亥	庚子	辛丑	壬寅	癸卯	甲辰	乙巳	丙午	丁未	戊申	己酉	庚戌	辛亥	壬子	癸丑	甲寅	乙卯	丙辰	丁巳	戊午	己未	庚申	辛酉	壬戌	癸亥	甲子	乙丑	丙寅
8	丁卯	戊辰	己巳	庚午	辛未	壬申	癸酉	甲戌	乙亥	丙子	丁丑	戊寅	己卯	庚辰	辛巳	壬午	癸未	甲申	乙酉	丙戌	丁亥	戊子	己丑	庚寅	辛卯	壬辰	癸巳	甲午	乙未	丙申	丁酉
9	戊戌	己亥	庚子	辛丑	壬寅	癸卯	甲辰	乙巳	丙午	丁未	戊申	己酉	庚戌	辛亥	壬子	癸丑	甲寅	乙卯	丙辰	丁巳	戊午	己未	庚申	辛酉	壬戌	癸亥	甲子	乙丑	丙寅	丁卯	
10	戊辰	己巳	庚午	辛未	壬申	癸酉	甲戌	乙亥	丙子	丁丑	戊寅	己卯	庚辰	辛巳	壬午	癸未	甲申	乙酉	丙戌	丁亥	戊子	己丑	庚寅	辛卯	壬辰	癸巳	甲午	乙未	丙申	丁酉	戊戌
11	己亥	庚子	辛丑	壬寅	癸卯	甲辰	乙巳	丙午	丁未	戊申	己酉	庚戌	辛亥	壬子	癸丑	甲寅	乙卯	丙辰	丁巳	戊午	己未	庚申	辛酉	壬戌	癸亥	甲子	乙丑	丙寅	丁卯	戊辰	
12	己巳	庚午	辛未	壬申	癸酉	甲戌	乙亥	丙子	丁丑	戊寅	己卯	庚辰	辛巳	壬午	癸未	甲申	乙酉	丙戌	丁亥	戊子	己丑	庚寅	辛卯	壬辰	癸巳	甲午	乙未	丙申	丁酉	戊戌	己亥

1985年　乙丑年　蔵干(癸・辛・己)　立春2月4日06時12分

	1	2	3	4	5	6	7	8	9	10	11	12	13	14	15	16	17	18	19	20	21	22	23	24	25	26	27	28	29	30	31
1	庚子	辛丑	壬寅	癸卯	甲辰	乙巳	丙午	丁未	戊申	己酉	庚戌	辛亥	壬子	癸丑	甲寅	乙卯	丙辰	丁巳	戊午	己未	庚申	辛酉	壬戌	癸亥	甲子	乙丑	丙寅	丁卯	戊辰	己巳	庚午
2	辛未	壬申	癸酉	甲戌	乙亥	丙子	丁丑	戊寅	己卯	庚辰	辛巳	壬午	癸未	甲申	乙酉	丙戌	丁亥	戊子	己丑	庚寅	辛卯	壬辰	癸巳	甲午	乙未	丙申	丁酉	戊戌			
3	己亥	庚子	辛丑	壬寅	癸卯	甲辰	乙巳	丙午	丁未	戊申	己酉	庚戌	辛亥	壬子	癸丑	甲寅	乙卯	丙辰	丁巳	戊午	己未	庚申	辛酉	壬戌	癸亥	甲子	乙丑	丙寅	丁卯	戊辰	己巳
4	庚午	辛未	壬申	癸酉	甲戌	乙亥	丙子	丁丑	戊寅	己卯	庚辰	辛巳	壬午	癸未	甲申	乙酉	丙戌	丁亥	戊子	己丑	庚寅	辛卯	壬辰	癸巳	甲午	乙未	丙申	丁酉	戊戌	己亥	
5	庚子	辛丑	壬寅	癸卯	甲辰	乙巳	丙午	丁未	戊申	己酉	庚戌	辛亥	壬子	癸丑	甲寅	乙卯	丙辰	丁巳	戊午	己未	庚申	辛酉	壬戌	癸亥	甲子	乙丑	丙寅	丁卯	戊辰	己巳	庚午
6	辛未	壬申	癸酉	甲戌	乙亥	丙子	丁丑	戊寅	己卯	庚辰	辛巳	壬午	癸未	甲申	乙酉	丙戌	丁亥	戊子	己丑	庚寅	辛卯	壬辰	癸巳	甲午	乙未	丙申	丁酉	戊戌	己亥	庚子	
7	辛丑	壬寅	癸卯	甲辰	乙巳	丙午	丁未	戊申	己酉	庚戌	辛亥	壬子	癸丑	甲寅	乙卯	丙辰	丁巳	戊午	己未	庚申	辛酉	壬戌	癸亥	甲子	乙丑	丙寅	丁卯	戊辰	己巳	庚午	辛未
8	壬申	癸酉	甲戌	乙亥	丙子	丁丑	戊寅	己卯	庚辰	辛巳	壬午	癸未	甲申	乙酉	丙戌	丁亥	戊子	己丑	庚寅	辛卯	壬辰	癸巳	甲午	乙未	丙申	丁酉	戊戌	己亥	庚子	辛丑	壬寅
9	癸卯	甲辰	乙巳	丙午	丁未	戊申	己酉	庚戌	辛亥	壬子	癸丑	甲寅	乙卯	丙辰	丁巳	戊午	己未	庚申	辛酉	壬戌	癸亥	甲子	乙丑	丙寅	丁卯	戊辰	己巳	庚午	辛未	壬申	
10	癸酉	甲戌	乙亥	丙子	丁丑	戊寅	己卯	庚辰	辛巳	壬午	癸未	甲申	乙酉	丙戌	丁亥	戊子	己丑	庚寅	辛卯	壬辰	癸巳	甲午	乙未	丙申	丁酉	戊戌	己亥	庚子	辛丑	壬寅	癸卯
11	甲辰	乙巳	丙午	丁未	戊申	己酉	庚戌	辛亥	壬子	癸丑	甲寅	乙卯	丙辰	丁巳	戊午	己未	庚申	辛酉	壬戌	癸亥	甲子	乙丑	丙寅	丁卯	戊辰	己巳	庚午	辛未	壬申	癸酉	
12	甲戌	乙亥	丙子	丁丑	戊寅	己卯	庚辰	辛巳	壬午	癸未	甲申	乙酉	丙戌	丁亥	戊子	己丑	庚寅	辛卯	壬辰	癸巳	甲午	乙未	丙申	丁酉	戊戌	己亥	庚子	辛丑	壬寅	癸卯	甲辰

1986年　丙寅年　蔵干(戊・丙・甲)　立春2月4日12時08分

	1	2	3	4	5	6	7	8	9	10	11	12	13	14	15	16	17	18	19	20	21	22	23	24	25	26	27	28	29	30	31
1	乙巳	丙午	丁未	戊申	己酉	庚戌	辛亥	壬子	癸丑	甲寅	乙卯	丙辰	丁巳	戊午	己未	庚申	辛酉	壬戌	癸亥	甲子	乙丑	丙寅	丁卯	戊辰	己巳	庚午	辛未	壬申	癸酉	甲戌	乙亥
2	丙子	丁丑	戊寅	己卯	庚辰	辛巳	壬午	癸未	甲申	乙酉	丙戌	丁亥	戊子	己丑	庚寅	辛卯	壬辰	癸巳	甲午	乙未	丙申	丁酉	戊戌	己亥	庚子	辛丑	壬寅	癸卯			
3	甲辰	乙巳	丙午	丁未	戊申	己酉	庚戌	辛亥	壬子	癸丑	甲寅	乙卯	丙辰	丁巳	戊午	己未	庚申	辛酉	壬戌	癸亥	甲子	乙丑	丙寅	丁卯	戊辰	己巳	庚午	辛未	壬申	癸酉	甲戌
4	乙亥	丙子	丁丑	戊寅	己卯	庚辰	辛巳	壬午	癸未	甲申	乙酉	丙戌	丁亥	戊子	己丑	庚寅	辛卯	壬辰	癸巳	甲午	乙未	丙申	丁酉	戊戌	己亥	庚子	辛丑	壬寅	癸卯	甲辰	
5	乙巳	丙午	丁未	戊申	己酉	庚戌	辛亥	壬子	癸丑	甲寅	乙卯	丙辰	丁巳	戊午	己未	庚申	辛酉	壬戌	癸亥	甲子	乙丑	丙寅	丁卯	戊辰	己巳	庚午	辛未	壬申	癸酉	甲戌	乙亥
6	丙子	丁丑	戊寅	己卯	庚辰	辛巳	壬午	癸未	甲申	乙酉	丙戌	丁亥	戊子	己丑	庚寅	辛卯	壬辰	癸巳	甲午	乙未	丙申	丁酉	戊戌	己亥	庚子	辛丑	壬寅	癸卯	甲辰	乙巳	
7	丙午	丁未	戊申	己酉	庚戌	辛亥	壬子	癸丑	甲寅	乙卯	丙辰	丁巳	戊午	己未	庚申	辛酉	壬戌	癸亥	甲子	乙丑	丙寅	丁卯	戊辰	己巳	庚午	辛未	壬申	癸酉	甲戌	乙亥	丙子
8	丁丑	戊寅	己卯	庚辰	辛巳	壬午	癸未	甲申	乙酉	丙戌	丁亥	戊子	己丑	庚寅	辛卯	壬辰	癸巳	甲午	乙未	丙申	丁酉	戊戌	己亥	庚子	辛丑	壬寅	癸卯	甲辰	乙巳	丙午	丁未
9	戊申	己酉	庚戌	辛亥	壬子	癸丑	甲寅	乙卯	丙辰	丁巳	戊午	己未	庚申	辛酉	壬戌	癸亥	甲子	乙丑	丙寅	丁卯	戊辰	己巳	庚午	辛未	壬申	癸酉	甲戌	乙亥	丙子	丁丑	
10	戊寅	己卯	庚辰	辛巳	壬午	癸未	甲申	乙酉	丙戌	丁亥	戊子	己丑	庚寅	辛卯	壬辰	癸巳	甲午	乙未	丙申	丁酉	戊戌	己亥	庚子	辛丑	壬寅	癸卯	甲辰	乙巳	丙午	丁未	戊申
11	己酉	庚戌	辛亥	壬子	癸丑	甲寅	乙卯	丙辰	丁巳	戊午	己未	庚申	辛酉	壬戌	癸亥	甲子	乙丑	丙寅	丁卯	戊辰	己巳	庚午	辛未	壬申	癸酉	甲戌	乙亥	丙子	丁丑	戊寅	
12	己卯	庚辰	辛巳	壬午	癸未	甲申	乙酉	丙戌	丁亥	戊子	己丑	庚寅	辛卯	壬辰	癸巳	甲午	乙未	丙申	丁酉	戊戌	己亥	庚子	辛丑	壬寅	癸卯	甲辰	乙巳	丙午	丁未	戊申	己酉

1987年　丁卯年　蔵干(　・　・乙)　立春2月4日17時52分

	1	2	3	4	5	6	7	8	9	10	11	12	13	14	15	16	17	18	19	20	21	22	23	24	25	26	27	28	29	30	31
1	庚戌	辛亥	壬子	癸丑	甲寅	乙卯	丙辰	丁巳	戊午	己未	庚申	辛酉	壬戌	癸亥	甲子	乙丑	丙寅	丁卯	戊辰	己巳	庚午	辛未	壬申	癸酉	甲戌	乙亥	丙子	丁丑	戊寅	己卯	庚辰
2	辛巳	壬午	癸未	甲申	乙酉	丙戌	丁亥	戊子	己丑	庚寅	辛卯	壬辰	癸巳	甲午	乙未	丙申	丁酉	戊戌	己亥	庚子	辛丑	壬寅	癸卯	甲辰	乙巳	丙午	丁未	戊申			
3	己酉	庚戌	辛亥	壬子	癸丑	甲寅	乙卯	丙辰	丁巳	戊午	己未	庚申	辛酉	壬戌	癸亥	甲子	乙丑	丙寅	丁卯	戊辰	己巳	庚午	辛未	壬申	癸酉	甲戌	乙亥	丙子	丁丑	戊寅	己卯
4	庚辰	辛巳	壬午	癸未	甲申	乙酉	丙戌	丁亥	戊子	己丑	庚寅	辛卯	壬辰	癸巳	甲午	乙未	丙申	丁酉	戊戌	己亥	庚子	辛丑	壬寅	癸卯	甲辰	乙巳	丙午	丁未	戊申	己酉	
5	庚戌	辛亥	壬子	癸丑	甲寅	乙卯	丙辰	丁巳	戊午	己未	庚申	辛酉	壬戌	癸亥	甲子	乙丑	丙寅	丁卯	戊辰	己巳	庚午	辛未	壬申	癸酉	甲戌	乙亥	丙子	丁丑	戊寅	己卯	庚辰
6	辛巳	壬午	癸未	甲申	乙酉	丙戌	丁亥	戊子	己丑	庚寅	辛卯	壬辰	癸巳	甲午	乙未	丙申	丁酉	戊戌	己亥	庚子	辛丑	壬寅	癸卯	甲辰	乙巳	丙午	丁未	戊申	己酉	庚戌	
7	辛亥	壬子	癸丑	甲寅	乙卯	丙辰	丁巳	戊午	己未	庚申	辛酉	壬戌	癸亥	甲子	乙丑	丙寅	丁卯	戊辰	己巳	庚午	辛未	壬申	癸酉	甲戌	乙亥	丙子	丁丑	戊寅	己卯	庚辰	辛巳
8	壬午	癸未	甲申	乙酉	丙戌	丁亥	戊子	己丑	庚寅	辛卯	壬辰	癸巳	甲午	乙未	丙申	丁酉	戊戌	己亥	庚子	辛丑	壬寅	癸卯	甲辰	乙巳	丙午	丁未	戊申	己酉	庚戌	辛亥	壬子
9	癸丑	甲寅	乙卯	丙辰	丁巳	戊午	己未	庚申	辛酉	壬戌	癸亥	甲子	乙丑	丙寅	丁卯	戊辰	己巳	庚午	辛未	壬申	癸酉	甲戌	乙亥	丙子	丁丑	戊寅	己卯	庚辰	辛巳	壬午	
10	癸未	甲申	乙酉	丙戌	丁亥	戊子	己丑	庚寅	辛卯	壬辰	癸巳	甲午	乙未	丙申	丁酉	戊戌	己亥	庚子	辛丑	壬寅	癸卯	甲辰	乙巳	丙午	丁未	戊申	己酉	庚戌	辛亥	壬子	癸丑
11	甲寅	乙卯	丙辰	丁巳	戊午	己未	庚申	辛酉	壬戌	癸亥	甲子	乙丑	丙寅	丁卯	戊辰	己巳	庚午	辛未	壬申	癸酉	甲戌	乙亥	丙子	丁丑	戊寅	己卯	庚辰	辛巳	壬午	癸未	
12	甲申	乙酉	丙戌	丁亥	戊子	己丑	庚寅	辛卯	壬辰	癸巳	甲午	乙未	丙申	丁酉	戊戌	己亥	庚子	辛丑	壬寅	癸卯	甲辰	乙巳	丙午	丁未	戊申	己酉	庚戌	辛亥	壬子	癸丑	甲寅

1988年　戊辰年　蔵干(乙・癸・戊)　立春2月4日23時43分

	1	2	3	4	5	6	7	8	9	10	11	12	13	14	15	16	17	18	19	20	21	22	23	24	25	26	27	28	29	30	31
1	乙卯	丙辰	丁巳	戊午	己未	庚申	辛酉	壬戌	癸亥	甲子	乙丑	丙寅	丁卯	戊辰	己巳	庚午	辛未	壬申	癸酉	甲戌	乙亥	丙子	丁丑	戊寅	己卯	庚辰	辛巳	壬午	癸未	甲申	乙酉
2	丙戌	丁亥	戊子	己丑	庚寅	辛卯	壬辰	癸巳	甲午	乙未	丙申	丁酉	戊戌	己亥	庚子	辛丑	壬寅	癸卯	甲辰	乙巳	丙午	丁未	戊申	己酉	庚戌	辛亥	壬子	癸丑	甲寅		
3	乙卯	丙辰	丁巳	戊午	己未	庚申	辛酉	壬戌	癸亥	甲子	乙丑	丙寅	丁卯	戊辰	己巳	庚午	辛未	壬申	癸酉	甲戌	乙亥	丙子	丁丑	戊寅	己卯	庚辰	辛巳	壬午	癸未	甲申	乙酉
4	丙戌	丁亥	戊子	己丑	庚寅	辛卯	壬辰	癸巳	甲午	乙未	丙申	丁酉	戊戌	己亥	庚子	辛丑	壬寅	癸卯	甲辰	乙巳	丙午	丁未	戊申	己酉	庚戌	辛亥	壬子	癸丑	甲寅	乙卯	
5	丙辰	丁巳	戊午	己未	庚申	辛酉	壬戌	癸亥	甲子	乙丑	丙寅	丁卯	戊辰	己巳	庚午	辛未	壬申	癸酉	甲戌	乙亥	丙子	丁丑	戊寅	己卯	庚辰	辛巳	壬午	癸未	甲申	乙酉	丙戌
6	丁亥	戊子	己丑	庚寅	辛卯	壬辰	癸巳	甲午	乙未	丙申	丁酉	戊戌	己亥	庚子	辛丑	壬寅	癸卯	甲辰	乙巳	丙午	丁未	戊申	己酉	庚戌	辛亥	壬子	癸丑	甲寅	乙卯	丙辰	
7	丁巳	戊午	己未	庚申	辛酉	壬戌	癸亥	甲子	乙丑	丙寅	丁卯	戊辰	己巳	庚午	辛未	壬申	癸酉	甲戌	乙亥	丙子	丁丑	戊寅	己卯	庚辰	辛巳	壬午	癸未	甲申	乙酉	丙戌	丁亥
8	戊子	己丑	庚寅	辛卯	壬辰	癸巳	甲午	乙未	丙申	丁酉	戊戌	己亥	庚子	辛丑	壬寅	癸卯	甲辰	乙巳	丙午	丁未	戊申	己酉	庚戌	辛亥	壬子	癸丑	甲寅	乙卯	丙辰	丁巳	戊午
9	己未	庚申	辛酉	壬戌	癸亥	甲子	乙丑	丙寅	丁卯	戊辰	己巳	庚午	辛未	壬申	癸酉	甲戌	乙亥	丙子	丁丑	戊寅	己卯	庚辰	辛巳	壬午	癸未	甲申	乙酉	丙戌	丁亥	戊子	
10	己丑	庚寅	辛卯	壬辰	癸巳	甲午	乙未	丙申	丁酉	戊戌	己亥	庚子	辛丑	壬寅	癸卯	甲辰	乙巳	丙午	丁未	戊申	己酉	庚戌	辛亥	壬子	癸丑	甲寅	乙卯	丙辰	丁巳	戊午	己未
11	庚申	辛酉	壬戌	癸亥	甲子	乙丑	丙寅	丁卯	戊辰	己巳	庚午	辛未	壬申	癸酉	甲戌	乙亥	丙子	丁丑	戊寅	己卯	庚辰	辛巳	壬午	癸未	甲申	乙酉	丙戌	丁亥	戊子	己丑	
12	庚寅	辛卯	壬辰	癸巳	甲午	乙未	丙申	丁酉	戊戌	己亥	庚子	辛丑	壬寅	癸卯	甲辰	乙巳	丙午	丁未	戊申	己酉	庚戌	辛亥	壬子	癸丑	甲寅	乙卯	丙辰	丁巳	戊午	己未	庚申

1989年　己巳年　蔵干(戊・庚・丙)　立春2月4日05時27分

	1	2	3	4	5	6	7	8	9	10	11	12	13	14	15	16	17	18	19	20	21	22	23	24	25	26	27	28	29	30	31
1	辛酉	壬戌	癸亥	甲子	乙丑	丙寅	丁卯	戊辰	己巳	庚午	辛未	壬申	癸酉	甲戌	乙亥	丙子	丁丑	戊寅	己卯	庚辰	辛巳	壬午	癸未	甲申	乙酉	丙戌	丁亥	戊子	己丑	庚寅	辛卯
2	壬辰	癸巳	甲午	乙未	丙申	丁酉	戊戌	己亥	庚子	辛丑	壬寅	癸卯	甲辰	乙巳	丙午	丁未	戊申	己酉	庚戌	辛亥	壬子	癸丑	甲寅	乙卯	丙辰	丁巳	戊午	己未			
3	庚申	辛酉	壬戌	癸亥	甲子	乙丑	丙寅	丁卯	戊辰	己巳	庚午	辛未	壬申	癸酉	甲戌	乙亥	丙子	丁丑	戊寅	己卯	庚辰	辛巳	壬午	癸未	甲申	乙酉	丙戌	丁亥	戊子	己丑	庚寅
4	辛卯	壬辰	癸巳	甲午	乙未	丙申	丁酉	戊戌	己亥	庚子	辛丑	壬寅	癸卯	甲辰	乙巳	丙午	丁未	戊申	己酉	庚戌	辛亥	壬子	癸丑	甲寅	乙卯	丙辰	丁巳	戊午	己未	庚申	
5	辛酉	壬戌	癸亥	甲子	乙丑	丙寅	丁卯	戊辰	己巳	庚午	辛未	壬申	癸酉	甲戌	乙亥	丙子	丁丑	戊寅	己卯	庚辰	辛巳	壬午	癸未	甲申	乙酉	丙戌	丁亥	戊子	己丑	庚寅	辛卯
6	壬辰	癸巳	甲午	乙未	丙申	丁酉	戊戌	己亥	庚子	辛丑	壬寅	癸卯	甲辰	乙巳	丙午	丁未	戊申	己酉	庚戌	辛亥	壬子	癸丑	甲寅	乙卯	丙辰	丁巳	戊午	己未	庚申	辛酉	
7	壬戌	癸亥	甲子	乙丑	丙寅	丁卯	戊辰	己巳	庚午	辛未	壬申	癸酉	甲戌	乙亥	丙子	丁丑	戊寅	己卯	庚辰	辛巳	壬午	癸未	甲申	乙酉	丙戌	丁亥	戊子	己丑	庚寅	辛卯	壬辰
8	癸巳	甲午	乙未	丙申	丁酉	戊戌	己亥	庚子	辛丑	壬寅	癸卯	甲辰	乙巳	丙午	丁未	戊申	己酉	庚戌	辛亥	壬子	癸丑	甲寅	乙卯	丙辰	丁巳	戊午	己未	庚申	辛酉	壬戌	癸亥
9	甲子	乙丑	丙寅	丁卯	戊辰	己巳	庚午	辛未	壬申	癸酉	甲戌	乙亥	丙子	丁丑	戊寅	己卯	庚辰	辛巳	壬午	癸未	甲申	乙酉	丙戌	丁亥	戊子	己丑	庚寅	辛卯	壬辰	癸巳	
10	甲午	乙未	丙申	丁酉	戊戌	己亥	庚子	辛丑	壬寅	癸卯	甲辰	乙巳	丙午	丁未	戊申	己酉	庚戌	辛亥	壬子	癸丑	甲寅	乙卯	丙辰	丁巳	戊午	己未	庚申	辛酉	壬戌	癸亥	甲子
11	乙丑	丙寅	丁卯	戊辰	己巳	庚午	辛未	壬申	癸酉	甲戌	乙亥	丙子	丁丑	戊寅	己卯	庚辰	辛巳	壬午	癸未	甲申	乙酉	丙戌	丁亥	戊子	己丑	庚寅	辛卯	壬辰	癸巳	甲午	
12	乙未	丙申	丁酉	戊戌	己亥	庚子	辛丑	壬寅	癸卯	甲辰	乙巳	丙午	丁未	戊申	己酉	庚戌	辛亥	壬子	癸丑	甲寅	乙卯	丙辰	丁巳	戊午	己未	庚申	辛酉	壬戌	癸亥	甲子	乙丑

附表２　日干支表

1990年　庚午年　蔵干(　・己・丁)　立春2月4日11時14分

	1	2	3	4	5	6	7	8	9	10	11	12	13	14	15	16	17	18	19	20	21	22	23	24	25	26	27	28	29	30	31
1	丙寅	丁卯	戊辰	己巳	庚午	辛未	壬申	癸酉	甲戌	乙亥	丙子	丁丑	戊寅	己卯	庚辰	辛巳	壬午	癸未	甲申	乙酉	丙戌	丁亥	戊子	己丑	庚寅	辛卯	壬辰	癸巳	甲午	乙未	丙申
2	丁酉	戊戌	己亥	庚子	辛丑	壬寅	癸卯	甲辰	乙巳	丙午	丁未	戊申	己酉	庚戌	辛亥	壬子	癸丑	甲寅	乙卯	丙辰	丁巳	戊午	己未	庚申	辛酉	壬戌	癸亥	甲子			
3	乙丑	丙寅	丁卯	戊辰	己巳	庚午	辛未	壬申	癸酉	甲戌	乙亥	丙子	丁丑	戊寅	己卯	庚辰	辛巳	壬午	癸未	甲申	乙酉	丙戌	丁亥	戊子	己丑	庚寅	辛卯	壬辰	癸巳	甲午	乙未
4	丙申	丁酉	戊戌	己亥	庚子	辛丑	壬寅	癸卯	甲辰	乙巳	丙午	丁未	戊申	己酉	庚戌	辛亥	壬子	癸丑	甲寅	乙卯	丙辰	丁巳	戊午	己未	庚申	辛酉	壬戌	癸亥	甲子	乙丑	
5	丙寅	丁卯	戊辰	己巳	庚午	辛未	壬申	癸酉	甲戌	乙亥	丙子	丁丑	戊寅	己卯	庚辰	辛巳	壬午	癸未	甲申	乙酉	丙戌	丁亥	戊子	己丑	庚寅	辛卯	壬辰	癸巳	甲午	乙未	丙申
6	丁酉	戊戌	己亥	庚子	辛丑	壬寅	癸卯	甲辰	乙巳	丙午	丁未	戊申	己酉	庚戌	辛亥	壬子	癸丑	甲寅	乙卯	丙辰	丁巳	戊午	己未	庚申	辛酉	壬戌	癸亥	甲子	乙丑	丙寅	
7	丁卯	戊辰	己巳	庚午	辛未	壬申	癸酉	甲戌	乙亥	丙子	丁丑	戊寅	己卯	庚辰	辛巳	壬午	癸未	甲申	乙酉	丙戌	丁亥	戊子	己丑	庚寅	辛卯	壬辰	癸巳	甲午	乙未	丙申	丁酉
8	戊戌	己亥	庚子	辛丑	壬寅	癸卯	甲辰	乙巳	丙午	丁未	戊申	己酉	庚戌	辛亥	壬子	癸丑	甲寅	乙卯	丙辰	丁巳	戊午	己未	庚申	辛酉	壬戌	癸亥	甲子	乙丑	丙寅	丁卯	戊辰
9	己巳	庚午	辛未	壬申	癸酉	甲戌	乙亥	丙子	丁丑	戊寅	己卯	庚辰	辛巳	壬午	癸未	甲申	乙酉	丙戌	丁亥	戊子	己丑	庚寅	辛卯	壬辰	癸巳	甲午	乙未	丙申	丁酉	戊戌	
10	己亥	庚子	辛丑	壬寅	癸卯	甲辰	乙巳	丙午	丁未	戊申	己酉	庚戌	辛亥	壬子	癸丑	甲寅	乙卯	丙辰	丁巳	戊午	己未	庚申	辛酉	壬戌	癸亥	甲子	乙丑	丙寅	丁卯	戊辰	己巳
11	庚午	辛未	壬申	癸酉	甲戌	乙亥	丙子	丁丑	戊寅	己卯	庚辰	辛巳	壬午	癸未	甲申	乙酉	丙戌	丁亥	戊子	己丑	庚寅	辛卯	壬辰	癸巳	甲午	乙未	丙申	丁酉	戊戌	己亥	
12	庚子	辛丑	壬寅	癸卯	甲辰	乙巳	丙午	丁未	戊申	己酉	庚戌	辛亥	壬子	癸丑	甲寅	乙卯	丙辰	丁巳	戊午	己未	庚申	辛酉	壬戌	癸亥	甲子	乙丑	丙寅	丁卯	戊辰	己巳	庚午

1991年　辛未年　蔵干(丁・乙・己)　立春2月4日17時08分

	1	2	3	4	5	6	7	8	9	10	11	12	13	14	15	16	17	18	19	20	21	22	23	24	25	26	27	28	29	30	31
1	辛未	壬申	癸酉	甲戌	乙亥	丙子	丁丑	戊寅	己卯	庚辰	辛巳	壬午	癸未	甲申	乙酉	丙戌	丁亥	戊子	己丑	庚寅	辛卯	壬辰	癸巳	甲午	乙未	丙申	丁酉	戊戌	己亥	庚子	辛丑
2	壬寅	癸卯	甲辰	乙巳	丙午	丁未	戊申	己酉	庚戌	辛亥	壬子	癸丑	甲寅	乙卯	丙辰	丁巳	戊午	己未	庚申	辛酉	壬戌	癸亥	甲子	乙丑	丙寅	丁卯	戊辰	己巳			
3	庚午	辛未	壬申	癸酉	甲戌	乙亥	丙子	丁丑	戊寅	己卯	庚辰	辛巳	壬午	癸未	甲申	乙酉	丙戌	丁亥	戊子	己丑	庚寅	辛卯	壬辰	癸巳	甲午	乙未	丙申	丁酉	戊戌	己亥	庚子
4	辛丑	壬寅	癸卯	甲辰	乙巳	丙午	丁未	戊申	己酉	庚戌	辛亥	壬子	癸丑	甲寅	乙卯	丙辰	丁巳	戊午	己未	庚申	辛酉	壬戌	癸亥	甲子	乙丑	丙寅	丁卯	戊辰	己巳	庚午	
5	辛未	壬申	癸酉	甲戌	乙亥	丙子	丁丑	戊寅	己卯	庚辰	辛巳	壬午	癸未	甲申	乙酉	丙戌	丁亥	戊子	己丑	庚寅	辛卯	壬辰	癸巳	甲午	乙未	丙申	丁酉	戊戌	己亥	庚子	辛丑
6	壬寅	癸卯	甲辰	乙巳	丙午	丁未	戊申	己酉	庚戌	辛亥	壬子	癸丑	甲寅	乙卯	丙辰	丁巳	戊午	己未	庚申	辛酉	壬戌	癸亥	甲子	乙丑	丙寅	丁卯	戊辰	己巳	庚午	辛未	
7	壬申	癸酉	甲戌	乙亥	丙子	丁丑	戊寅	己卯	庚辰	辛巳	壬午	癸未	甲申	乙酉	丙戌	丁亥	戊子	己丑	庚寅	辛卯	壬辰	癸巳	甲午	乙未	丙申	丁酉	戊戌	己亥	庚子	辛丑	壬寅
8	癸卯	甲辰	乙巳	丙午	丁未	戊申	己酉	庚戌	辛亥	壬子	癸丑	甲寅	乙卯	丙辰	丁巳	戊午	己未	庚申	辛酉	壬戌	癸亥	甲子	乙丑	丙寅	丁卯	戊辰	己巳	庚午	辛未	壬申	癸酉
9	甲戌	乙亥	丙子	丁丑	戊寅	己卯	庚辰	辛巳	壬午	癸未	甲申	乙酉	丙戌	丁亥	戊子	己丑	庚寅	辛卯	壬辰	癸巳	甲午	乙未	丙申	丁酉	戊戌	己亥	庚子	辛丑	壬寅	癸卯	
10	甲辰	乙巳	丙午	丁未	戊申	己酉	庚戌	辛亥	壬子	癸丑	甲寅	乙卯	丙辰	丁巳	戊午	己未	庚申	辛酉	壬戌	癸亥	甲子	乙丑	丙寅	丁卯	戊辰	己巳	庚午	辛未	壬申	癸酉	甲戌
11	乙亥	丙子	丁丑	戊寅	己卯	庚辰	辛巳	壬午	癸未	甲申	乙酉	丙戌	丁亥	戊子	己丑	庚寅	辛卯	壬辰	癸巳	甲午	乙未	丙申	丁酉	戊戌	己亥	庚子	辛丑	壬寅	癸卯	甲辰	
12	乙巳	丙午	丁未	戊申	己酉	庚戌	辛亥	壬子	癸丑	甲寅	乙卯	丙辰	丁巳	戊午	己未	庚申	辛酉	壬戌	癸亥	甲子	乙丑	丙寅	丁卯	戊辰	己巳	庚午	辛未	壬申	癸酉	甲戌	乙亥

1992年　壬申年　蔵干(己・壬・庚)　立春2月4日22時48分

	1	2	3	4	5	6	7	8	9	10	11	12	13	14	15	16	17	18	19	20	21	22	23	24	25	26	27	28	29	30	31
1	丙子	丁丑	戊寅	己卯	庚辰	辛巳	壬午	癸未	甲申	乙酉	丙戌	丁亥	戊子	己丑	庚寅	辛卯	壬辰	癸巳	甲午	乙未	丙申	丁酉	戊戌	己亥	庚子	辛丑	壬寅	癸卯	甲辰	乙巳	丙午
2	丁未	戊申	己酉	庚戌	辛亥	壬子	癸丑	甲寅	乙卯	丙辰	丁巳	戊午	己未	庚申	辛酉	壬戌	癸亥	甲子	乙丑	丙寅	丁卯	戊辰	己巳	庚午	辛未	壬申	癸酉	甲戌	乙亥		
3	丙子	丁丑	戊寅	己卯	庚辰	辛巳	壬午	癸未	甲申	乙酉	丙戌	丁亥	戊子	己丑	庚寅	辛卯	壬辰	癸巳	甲午	乙未	丙申	丁酉	戊戌	己亥	庚子	辛丑	壬寅	癸卯	甲辰	乙巳	丙午
4	丁未	戊申	己酉	庚戌	辛亥	壬子	癸丑	甲寅	乙卯	丙辰	丁巳	戊午	己未	庚申	辛酉	壬戌	癸亥	甲子	乙丑	丙寅	丁卯	戊辰	己巳	庚午	辛未	壬申	癸酉	甲戌	乙亥	丙子	
5	丁丑	戊寅	己卯	庚辰	辛巳	壬午	癸未	甲申	乙酉	丙戌	丁亥	戊子	己丑	庚寅	辛卯	壬辰	癸巳	甲午	乙未	丙申	丁酉	戊戌	己亥	庚子	辛丑	壬寅	癸卯	甲辰	乙巳	丙午	丁未
6	戊申	己酉	庚戌	辛亥	壬子	癸丑	甲寅	乙卯	丙辰	丁巳	戊午	己未	庚申	辛酉	壬戌	癸亥	甲子	乙丑	丙寅	丁卯	戊辰	己巳	庚午	辛未	壬申	癸酉	甲戌	乙亥	丙子	丁丑	
7	戊寅	己卯	庚辰	辛巳	壬午	癸未	甲申	乙酉	丙戌	丁亥	戊子	己丑	庚寅	辛卯	壬辰	癸巳	甲午	乙未	丙申	丁酉	戊戌	己亥	庚子	辛丑	壬寅	癸卯	甲辰	乙巳	丙午	丁未	戊申
8	己酉	庚戌	辛亥	壬子	癸丑	甲寅	乙卯	丙辰	丁巳	戊午	己未	庚申	辛酉	壬戌	癸亥	甲子	乙丑	丙寅	丁卯	戊辰	己巳	庚午	辛未	壬申	癸酉	甲戌	乙亥	丙子	丁丑	戊寅	己卯
9	庚辰	辛巳	壬午	癸未	甲申	乙酉	丙戌	丁亥	戊子	己丑	庚寅	辛卯	壬辰	癸巳	甲午	乙未	丙申	丁酉	戊戌	己亥	庚子	辛丑	壬寅	癸卯	甲辰	乙巳	丙午	丁未	戊申	己酉	
10	庚戌	辛亥	壬子	癸丑	甲寅	乙卯	丙辰	丁巳	戊午	己未	庚申	辛酉	壬戌	癸亥	甲子	乙丑	丙寅	丁卯	戊辰	己巳	庚午	辛未	壬申	癸酉	甲戌	乙亥	丙子	丁丑	戊寅	己卯	庚辰
11	辛巳	壬午	癸未	甲申	乙酉	丙戌	丁亥	戊子	己丑	庚寅	辛卯	壬辰	癸巳	甲午	乙未	丙申	丁酉	戊戌	己亥	庚子	辛丑	壬寅	癸卯	甲辰	乙巳	丙午	丁未	戊申	己酉	庚戌	
12	辛亥	壬子	癸丑	甲寅	乙卯	丙辰	丁巳	戊午	己未	庚申	辛酉	壬戌	癸亥	甲子	乙丑	丙寅	丁卯	戊辰	己巳	庚午	辛未	壬申	癸酉	甲戌	乙亥	丙子	丁丑	戊寅	己卯	庚辰	辛巳

1993年　癸酉年　蔵干(　・　・辛)　立春2月4日04時37分

	1	2	3	4	5	6	7	8	9	10	11	12	13	14	15	16	17	18	19	20	21	22	23	24	25	26	27	28	29	30	31
1	壬午	癸未	甲申	乙酉	丙戌	丁亥	戊子	己丑	庚寅	辛卯	壬辰	癸巳	甲午	乙未	丙申	丁酉	戊戌	己亥	庚子	辛丑	壬寅	癸卯	甲辰	乙巳	丙午	丁未	戊申	己酉	庚戌	辛亥	壬子
2	癸丑	甲寅	乙卯	丙辰	丁巳	戊午	己未	庚申	辛酉	壬戌	癸亥	甲子	乙丑	丙寅	丁卯	戊辰	己巳	庚午	辛未	壬申	癸酉	甲戌	乙亥	丙子	丁丑	戊寅	己卯	庚辰			
3	辛巳	壬午	癸未	甲申	乙酉	丙戌	丁亥	戊子	己丑	庚寅	辛卯	壬辰	癸巳	甲午	乙未	丙申	丁酉	戊戌	己亥	庚子	辛丑	壬寅	癸卯	甲辰	乙巳	丙午	丁未	戊申	己酉	庚戌	辛亥
4	壬子	癸丑	甲寅	乙卯	丙辰	丁巳	戊午	己未	庚申	辛酉	壬戌	癸亥	甲子	乙丑	丙寅	丁卯	戊辰	己巳	庚午	辛未	壬申	癸酉	甲戌	乙亥	丙子	丁丑	戊寅	己卯	庚辰	辛巳	
5	壬午	癸未	甲申	乙酉	丙戌	丁亥	戊子	己丑	庚寅	辛卯	壬辰	癸巳	甲午	乙未	丙申	丁酉	戊戌	己亥	庚子	辛丑	壬寅	癸卯	甲辰	乙巳	丙午	丁未	戊申	己酉	庚戌	辛亥	壬子
6	癸丑	甲寅	乙卯	丙辰	丁巳	戊午	己未	庚申	辛酉	壬戌	癸亥	甲子	乙丑	丙寅	丁卯	戊辰	己巳	庚午	辛未	壬申	癸酉	甲戌	乙亥	丙子	丁丑	戊寅	己卯	庚辰	辛巳	壬午	
7	癸未	甲申	乙酉	丙戌	丁亥	戊子	己丑	庚寅	辛卯	壬辰	癸巳	甲午	乙未	丙申	丁酉	戊戌	己亥	庚子	辛丑	壬寅	癸卯	甲辰	乙巳	丙午	丁未	戊申	己酉	庚戌	辛亥	壬子	癸丑
8	甲寅	乙卯	丙辰	丁巳	戊午	己未	庚申	辛酉	壬戌	癸亥	甲子	乙丑	丙寅	丁卯	戊辰	己巳	庚午	辛未	壬申	癸酉	甲戌	乙亥	丙子	丁丑	戊寅	己卯	庚辰	辛巳	壬午	癸未	甲申
9	乙酉	丙戌	丁亥	戊子	己丑	庚寅	辛卯	壬辰	癸巳	甲午	乙未	丙申	丁酉	戊戌	己亥	庚子	辛丑	壬寅	癸卯	甲辰	乙巳	丙午	丁未	戊申	己酉	庚戌	辛亥	壬子	癸丑	甲寅	
10	乙卯	丙辰	丁巳	戊午	己未	庚申	辛酉	壬戌	癸亥	甲子	乙丑	丙寅	丁卯	戊辰	己巳	庚午	辛未	壬申	癸酉	甲戌	乙亥	丙子	丁丑	戊寅	己卯	庚辰	辛巳	壬午	癸未	甲申	乙酉
11	丙戌	丁亥	戊子	己丑	庚寅	辛卯	壬辰	癸巳	甲午	乙未	丙申	丁酉	戊戌	己亥	庚子	辛丑	壬寅	癸卯	甲辰	乙巳	丙午	丁未	戊申	己酉	庚戌	辛亥	壬子	癸丑	甲寅	乙卯	
12	丙辰	丁巳	戊午	己未	庚申	辛酉	壬戌	癸亥	甲子	乙丑	丙寅	丁卯	戊辰	己巳	庚午	辛未	壬申	癸酉	甲戌	乙亥	丙子	丁丑	戊寅	己卯	庚辰	辛巳	壬午	癸未	甲申	乙酉	丙戌

1994年　甲戌年　蔵干(辛・丁・戊)　立春2月4日10時31分

	1	2	3	4	5	6	7	8	9	10	11	12	13	14	15	16	17	18	19	20	21	22	23	24	25	26	27	28	29	30	31
1	丁亥	戊子	己丑	庚寅	辛卯	壬辰	癸巳	甲午	乙未	丙申	丁酉	戊戌	己亥	庚子	辛丑	壬寅	癸卯	甲辰	乙巳	丙午	丁未	戊申	己酉	庚戌	辛亥	壬子	癸丑	甲寅	乙卯	丙辰	丁巳
2	戊午	己未	庚申	辛酉	壬戌	癸亥	甲子	乙丑	丙寅	丁卯	戊辰	己巳	庚午	辛未	壬申	癸酉	甲戌	乙亥	丙子	丁丑	戊寅	己卯	庚辰	辛巳	壬午	癸未	甲申	乙酉			
3	丙戌	丁亥	戊子	己丑	庚寅	辛卯	壬辰	癸巳	甲午	乙未	丙申	丁酉	戊戌	己亥	庚子	辛丑	壬寅	癸卯	甲辰	乙巳	丙午	丁未	戊申	己酉	庚戌	辛亥	壬子	癸丑	甲寅	乙卯	丙辰
4	丁巳	戊午	己未	庚申	辛酉	壬戌	癸亥	甲子	乙丑	丙寅	丁卯	戊辰	己巳	庚午	辛未	壬申	癸酉	甲戌	乙亥	丙子	丁丑	戊寅	己卯	庚辰	辛巳	壬午	癸未	甲申	乙酉	丙戌	
5	丁亥	戊子	己丑	庚寅	辛卯	壬辰	癸巳	甲午	乙未	丙申	丁酉	戊戌	己亥	庚子	辛丑	壬寅	癸卯	甲辰	乙巳	丙午	丁未	戊申	己酉	庚戌	辛亥	壬子	癸丑	甲寅	乙卯	丙辰	丁巳
6	戊午	己未	庚申	辛酉	壬戌	癸亥	甲子	乙丑	丙寅	丁卯	戊辰	己巳	庚午	辛未	壬申	癸酉	甲戌	乙亥	丙子	丁丑	戊寅	己卯	庚辰	辛巳	壬午	癸未	甲申	乙酉	丙戌	丁亥	
7	戊子	己丑	庚寅	辛卯	壬辰	癸巳	甲午	乙未	丙申	丁酉	戊戌	己亥	庚子	辛丑	壬寅	癸卯	甲辰	乙巳	丙午	丁未	戊申	己酉	庚戌	辛亥	壬子	癸丑	甲寅	乙卯	丙辰	丁巳	戊午
8	己未	庚申	辛酉	壬戌	癸亥	甲子	乙丑	丙寅	丁卯	戊辰	己巳	庚午	辛未	壬申	癸酉	甲戌	乙亥	丙子	丁丑	戊寅	己卯	庚辰	辛巳	壬午	癸未	甲申	乙酉	丙戌	丁亥	戊子	己丑
9	庚寅	辛卯	壬辰	癸巳	甲午	乙未	丙申	丁酉	戊戌	己亥	庚子	辛丑	壬寅	癸卯	甲辰	乙巳	丙午	丁未	戊申	己酉	庚戌	辛亥	壬子	癸丑	甲寅	乙卯	丙辰	丁巳	戊午	己未	
10	庚申	辛酉	壬戌	癸亥	甲子	乙丑	丙寅	丁卯	戊辰	己巳	庚午	辛未	壬申	癸酉	甲戌	乙亥	丙子	丁丑	戊寅	己卯	庚辰	辛巳	壬午	癸未	甲申	乙酉	丙戌	丁亥	戊子	己丑	庚寅
11	辛卯	壬辰	癸巳	甲午	乙未	丙申	丁酉	戊戌	己亥	庚子	辛丑	壬寅	癸卯	甲辰	乙巳	丙午	丁未	戊申	己酉	庚戌	辛亥	壬子	癸丑	甲寅	乙卯	丙辰	丁巳	戊午	己未	庚申	
12	辛酉	壬戌	癸亥	甲子	乙丑	丙寅	丁卯	戊辰	己巳	庚午	辛未	壬申	癸酉	甲戌	乙亥	丙子	丁丑	戊寅	己卯	庚辰	辛巳	壬午	癸未	甲申	乙酉	丙戌	丁亥	戊子	己丑	庚寅	辛卯

1995年　乙亥年　蔵干(戊・甲・壬)　立春2月4日16時13分

	1	2	3	4	5	6	7	8	9	10	11	12	13	14	15	16	17	18	19	20	21	22	23	24	25	26	27	28	29	30	31
1	壬辰	癸巳	甲午	乙未	丙申	丁酉	戊戌	己亥	庚子	辛丑	壬寅	癸卯	甲辰	乙巳	丙午	丁未	戊申	己酉	庚戌	辛亥	壬子	癸丑	甲寅	乙卯	丙辰	丁巳	戊午	己未	庚申	辛酉	壬戌
2	癸亥	甲子	乙丑	丙寅	丁卯	戊辰	己巳	庚午	辛未	壬申	癸酉	甲戌	乙亥	丙子	丁丑	戊寅	己卯	庚辰	辛巳	壬午	癸未	甲申	乙酉	丙戌	丁亥	戊子	己丑	庚寅			
3	辛卯	壬辰	癸巳	甲午	乙未	丙申	丁酉	戊戌	己亥	庚子	辛丑	壬寅	癸卯	甲辰	乙巳	丙午	丁未	戊申	己酉	庚戌	辛亥	壬子	癸丑	甲寅	乙卯	丙辰	丁巳	戊午	己未	庚申	辛酉
4	壬戌	癸亥	甲子	乙丑	丙寅	丁卯	戊辰	己巳	庚午	辛未	壬申	癸酉	甲戌	乙亥	丙子	丁丑	戊寅	己卯	庚辰	辛巳	壬午	癸未	甲申	乙酉	丙戌	丁亥	戊子	己丑	庚寅	辛卯	
5	壬辰	癸巳	甲午	乙未	丙申	丁酉	戊戌	己亥	庚子	辛丑	壬寅	癸卯	甲辰	乙巳	丙午	丁未	戊申	己酉	庚戌	辛亥	壬子	癸丑	甲寅	乙卯	丙辰	丁巳	戊午	己未	庚申	辛酉	壬戌
6	癸亥	甲子	乙丑	丙寅	丁卯	戊辰	己巳	庚午	辛未	壬申	癸酉	甲戌	乙亥	丙子	丁丑	戊寅	己卯	庚辰	辛巳	壬午	癸未	甲申	乙酉	丙戌	丁亥	戊子	己丑	庚寅	辛卯	壬辰	
7	癸巳	甲午	乙未	丙申	丁酉	戊戌	己亥	庚子	辛丑	壬寅	癸卯	甲辰	乙巳	丙午	丁未	戊申	己酉	庚戌	辛亥	壬子	癸丑	甲寅	乙卯	丙辰	丁巳	戊午	己未	庚申	辛酉	壬戌	癸亥
8	甲子	乙丑	丙寅	丁卯	戊辰	己巳	庚午	辛未	壬申	癸酉	甲戌	乙亥	丙子	丁丑	戊寅	己卯	庚辰	辛巳	壬午	癸未	甲申	乙酉	丙戌	丁亥	戊子	己丑	庚寅	辛卯	壬辰	癸巳	甲午
9	乙未	丙申	丁酉	戊戌	己亥	庚子	辛丑	壬寅	癸卯	甲辰	乙巳	丙午	丁未	戊申	己酉	庚戌	辛亥	壬子	癸丑	甲寅	乙卯	丙辰	丁巳	戊午	己未	庚申	辛酉	壬戌	癸亥	甲子	
10	乙丑	丙寅	丁卯	戊辰	己巳	庚午	辛未	壬申	癸酉	甲戌	乙亥	丙子	丁丑	戊寅	己卯	庚辰	辛巳	壬午	癸未	甲申	乙酉	丙戌	丁亥	戊子	己丑	庚寅	辛卯	壬辰	癸巳	甲午	乙未
11	丙申	丁酉	戊戌	己亥	庚子	辛丑	壬寅	癸卯	甲辰	乙巳	丙午	丁未	戊申	己酉	庚戌	辛亥	壬子	癸丑	甲寅	乙卯	丙辰	丁巳	戊午	己未	庚申	辛酉	壬戌	癸亥	甲子	乙丑	
12	丙寅	丁卯	戊辰	己巳	庚午	辛未	壬申	癸酉	甲戌	乙亥	丙子	丁丑	戊寅	己卯	庚辰	辛巳	壬午	癸未	甲申	乙酉	丙戌	丁亥	戊子	己丑	庚寅	辛卯	壬辰	癸巳	甲午	乙未	丙申

1996年　丙子年　蔵干(　・　・癸)　立春2月4日22時08分

	1	2	3	4	5	6	7	8	9	10	11	12	13	14	15	16	17	18	19	20	21	22	23	24	25	26	27	28	29	30	31
1	丁酉	戊戌	己亥	庚子	辛丑	壬寅	癸卯	甲辰	乙巳	丙午	丁未	戊申	己酉	庚戌	辛亥	壬子	癸丑	甲寅	乙卯	丙辰	丁巳	戊午	己未	庚申	辛酉	壬戌	癸亥	甲子	乙丑	丙寅	丁卯
2	戊辰	己巳	庚午	辛未	壬申	癸酉	甲戌	乙亥	丙子	丁丑	戊寅	己卯	庚辰	辛巳	壬午	癸未	甲申	乙酉	丙戌	丁亥	戊子	己丑	庚寅	辛卯	壬辰	癸巳	甲午	乙未	丙申		
3	丁酉	戊戌	己亥	庚子	辛丑	壬寅	癸卯	甲辰	乙巳	丙午	丁未	戊申	己酉	庚戌	辛亥	壬子	癸丑	甲寅	乙卯	丙辰	丁巳	戊午	己未	庚申	辛酉	壬戌	癸亥	甲子	乙丑	丙寅	丁卯
4	戊辰	己巳	庚午	辛未	壬申	癸酉	甲戌	乙亥	丙子	丁丑	戊寅	己卯	庚辰	辛巳	壬午	癸未	甲申	乙酉	丙戌	丁亥	戊子	己丑	庚寅	辛卯	壬辰	癸巳	甲午	乙未	丙申	丁酉	
5	戊戌	己亥	庚子	辛丑	壬寅	癸卯	甲辰	乙巳	丙午	丁未	戊申	己酉	庚戌	辛亥	壬子	癸丑	甲寅	乙卯	丙辰	丁巳	戊午	己未	庚申	辛酉	壬戌	癸亥	甲子	乙丑	丙寅	丁卯	戊辰
6	己巳	庚午	辛未	壬申	癸酉	甲戌	乙亥	丙子	丁丑	戊寅	己卯	庚辰	辛巳	壬午	癸未	甲申	乙酉	丙戌	丁亥	戊子	己丑	庚寅	辛卯	壬辰	癸巳	甲午	乙未	丙申	丁酉	戊戌	
7	己亥	庚子	辛丑	壬寅	癸卯	甲辰	乙巳	丙午	丁未	戊申	己酉	庚戌	辛亥	壬子	癸丑	甲寅	乙卯	丙辰	丁巳	戊午	己未	庚申	辛酉	壬戌	癸亥	甲子	乙丑	丙寅	丁卯	戊辰	己巳
8	庚午	辛未	壬申	癸酉	甲戌	乙亥	丙子	丁丑	戊寅	己卯	庚辰	辛巳	壬午	癸未	甲申	乙酉	丙戌	丁亥	戊子	己丑	庚寅	辛卯	壬辰	癸巳	甲午	乙未	丙申	丁酉	戊戌	己亥	庚子
9	辛丑	壬寅	癸卯	甲辰	乙巳	丙午	丁未	戊申	己酉	庚戌	辛亥	壬子	癸丑	甲寅	乙卯	丙辰	丁巳	戊午	己未	庚申	辛酉	壬戌	癸亥	甲子	乙丑	丙寅	丁卯	戊辰	己巳	庚午	
10	辛未	壬申	癸酉	甲戌	乙亥	丙子	丁丑	戊寅	己卯	庚辰	辛巳	壬午	癸未	甲申	乙酉	丙戌	丁亥	戊子	己丑	庚寅	辛卯	壬辰	癸巳	甲午	乙未	丙申	丁酉	戊戌	己亥	庚子	辛丑
11	壬寅	癸卯	甲辰	乙巳	丙午	丁未	戊申	己酉	庚戌	辛亥	壬子	癸丑	甲寅	乙卯	丙辰	丁巳	戊午	己未	庚申	辛酉	壬戌	癸亥	甲子	乙丑	丙寅	丁卯	戊辰	己巳	庚午	辛未	
12	壬申	癸酉	甲戌	乙亥	丙子	丁丑	戊寅	己卯	庚辰	辛巳	壬午	癸未	甲申	乙酉	丙戌	丁亥	戊子	己丑	庚寅	辛卯	壬辰	癸巳	甲午	乙未	丙申	丁酉	戊戌	己亥	庚子	辛丑	壬寅

1997年　丁丑年　蔵干(癸・辛・己)　立春2月4日04時02分

	1	2	3	4	5	6	7	8	9	10	11	12	13	14	15	16	17	18	19	20	21	22	23	24	25	26	27	28	29	30	31
1	癸卯	甲辰	乙巳	丙午	丁未	戊申	己酉	庚戌	辛亥	壬子	癸丑	甲寅	乙卯	丙辰	丁巳	戊午	己未	庚申	辛酉	壬戌	癸亥	甲子	乙丑	丙寅	丁卯	戊辰	己巳	庚午	辛未	壬申	癸酉
2	甲戌	乙亥	丙子	丁丑	戊寅	己卯	庚辰	辛巳	壬午	癸未	甲申	乙酉	丙戌	丁亥	戊子	己丑	庚寅	辛卯	壬辰	癸巳	甲午	乙未	丙申	丁酉	戊戌	己亥	庚子	辛丑			
3	壬寅	癸卯	甲辰	乙巳	丙午	丁未	戊申	己酉	庚戌	辛亥	壬子	癸丑	甲寅	乙卯	丙辰	丁巳	戊午	己未	庚申	辛酉	壬戌	癸亥	甲子	乙丑	丙寅	丁卯	戊辰	己巳	庚午	辛未	壬申
4	癸酉	甲戌	乙亥	丙子	丁丑	戊寅	己卯	庚辰	辛巳	壬午	癸未	甲申	乙酉	丙戌	丁亥	戊子	己丑	庚寅	辛卯	壬辰	癸巳	甲午	乙未	丙申	丁酉	戊戌	己亥	庚子	辛丑	壬寅	
5	癸卯	甲辰	乙巳	丙午	丁未	戊申	己酉	庚戌	辛亥	壬子	癸丑	甲寅	乙卯	丙辰	丁巳	戊午	己未	庚申	辛酉	壬戌	癸亥	甲子	乙丑	丙寅	丁卯	戊辰	己巳	庚午	辛未	壬申	癸酉
6	甲戌	乙亥	丙子	丁丑	戊寅	己卯	庚辰	辛巳	壬午	癸未	甲申	乙酉	丙戌	丁亥	戊子	己丑	庚寅	辛卯	壬辰	癸巳	甲午	乙未	丙申	丁酉	戊戌	己亥	庚子	辛丑	壬寅	癸卯	
7	甲辰	乙巳	丙午	丁未	戊申	己酉	庚戌	辛亥	壬子	癸丑	甲寅	乙卯	丙辰	丁巳	戊午	己未	庚申	辛酉	壬戌	癸亥	甲子	乙丑	丙寅	丁卯	戊辰	己巳	庚午	辛未	壬申	癸酉	甲戌
8	乙亥	丙子	丁丑	戊寅	己卯	庚辰	辛巳	壬午	癸未	甲申	乙酉	丙戌	丁亥	戊子	己丑	庚寅	辛卯	壬辰	癸巳	甲午	乙未	丙申	丁酉	戊戌	己亥	庚子	辛丑	壬寅	癸卯	甲辰	乙巳
9	丙午	丁未	戊申	己酉	庚戌	辛亥	壬子	癸丑	甲寅	乙卯	丙辰	丁巳	戊午	己未	庚申	辛酉	壬戌	癸亥	甲子	乙丑	丙寅	丁卯	戊辰	己巳	庚午	辛未	壬申	癸酉	甲戌	乙亥	
10	丙子	丁丑	戊寅	己卯	庚辰	辛巳	壬午	癸未	甲申	乙酉	丙戌	丁亥	戊子	己丑	庚寅	辛卯	壬辰	癸巳	甲午	乙未	丙申	丁酉	戊戌	己亥	庚子	辛丑	壬寅	癸卯	甲辰	乙巳	丙午
11	丁未	戊申	己酉	庚戌	辛亥	壬子	癸丑	甲寅	乙卯	丙辰	丁巳	戊午	己未	庚申	辛酉	壬戌	癸亥	甲子	乙丑	丙寅	丁卯	戊辰	己巳	庚午	辛未	壬申	癸酉	甲戌	乙亥	丙子	
12	丁丑	戊寅	己卯	庚辰	辛巳	壬午	癸未	甲申	乙酉	丙戌	丁亥	戊子	己丑	庚寅	辛卯	壬辰	癸巳	甲午	乙未	丙申	丁酉	戊戌	己亥	庚子	辛丑	壬寅	癸卯	甲辰	乙巳	丙午	丁未

附表２　日干支表

1998年　戊寅年　蔵干(戊・丙・甲)　立春2月4日09時57分

	1	2	3	4	5	6	7	8	9	10	11	12	13	14	15	16	17	18	19	20	21	22	23	24	25	26	27	28	29	30	31
1	戊申	己酉	庚戌	辛亥	壬子	癸丑	甲寅	乙卯	丙辰	丁巳	戊午	己未	庚申	辛酉	壬戌	癸亥	甲子	乙丑	丙寅	丁卯	戊辰	己巳	庚午	辛未	壬申	癸酉	甲戌	乙亥	丙子	丁丑	戊寅
2	己卯	庚辰	辛巳	壬午	癸未	甲申	乙酉	丙戌	丁亥	戊子	己丑	庚寅	辛卯	壬辰	癸巳	甲午	乙未	丙申	丁酉	戊戌	己亥	庚子	辛丑	壬寅	癸卯	甲辰	乙巳	丙午			
3	丁未	戊申	己酉	庚戌	辛亥	壬子	癸丑	甲寅	乙卯	丙辰	丁巳	戊午	己未	庚申	辛酉	壬戌	癸亥	甲子	乙丑	丙寅	丁卯	戊辰	己巳	庚午	辛未	壬申	癸酉	甲戌	乙亥	丙子	丁丑
4	戊寅	己卯	庚辰	辛巳	壬午	癸未	甲申	乙酉	丙戌	丁亥	戊子	己丑	庚寅	辛卯	壬辰	癸巳	甲午	乙未	丙申	丁酉	戊戌	己亥	庚子	辛丑	壬寅	癸卯	甲辰	乙巳	丙午	丁未	
5	戊申	己酉	庚戌	辛亥	壬子	癸丑	甲寅	乙卯	丙辰	丁巳	戊午	己未	庚申	辛酉	壬戌	癸亥	甲子	乙丑	丙寅	丁卯	戊辰	己巳	庚午	辛未	壬申	癸酉	甲戌	乙亥	丙子	丁丑	戊寅
6	己卯	庚辰	辛巳	壬午	癸未	甲申	乙酉	丙戌	丁亥	戊子	己丑	庚寅	辛卯	壬辰	癸巳	甲午	乙未	丙申	丁酉	戊戌	己亥	庚子	辛丑	壬寅	癸卯	甲辰	乙巳	丙午	丁未	戊申	
7	己酉	庚戌	辛亥	壬子	癸丑	甲寅	乙卯	丙辰	丁巳	戊午	己未	庚申	辛酉	壬戌	癸亥	甲子	乙丑	丙寅	丁卯	戊辰	己巳	庚午	辛未	壬申	癸酉	甲戌	乙亥	丙子	丁丑	戊寅	己卯
8	庚辰	辛巳	壬午	癸未	甲申	乙酉	丙戌	丁亥	戊子	己丑	庚寅	辛卯	壬辰	癸巳	甲午	乙未	丙申	丁酉	戊戌	己亥	庚子	辛丑	壬寅	癸卯	甲辰	乙巳	丙午	丁未	戊申	己酉	庚戌
9	辛亥	壬子	癸丑	甲寅	乙卯	丙辰	丁巳	戊午	己未	庚申	辛酉	壬戌	癸亥	甲子	乙丑	丙寅	丁卯	戊辰	己巳	庚午	辛未	壬申	癸酉	甲戌	乙亥	丙子	丁丑	戊寅	己卯	庚辰	
10	辛巳	壬午	癸未	甲申	乙酉	丙戌	丁亥	戊子	己丑	庚寅	辛卯	壬辰	癸巳	甲午	乙未	丙申	丁酉	戊戌	己亥	庚子	辛丑	壬寅	癸卯	甲辰	乙巳	丙午	丁未	戊申	己酉	庚戌	辛亥
11	壬子	癸丑	甲寅	乙卯	丙辰	丁巳	戊午	己未	庚申	辛酉	壬戌	癸亥	甲子	乙丑	丙寅	丁卯	戊辰	己巳	庚午	辛未	壬申	癸酉	甲戌	乙亥	丙子	丁丑	戊寅	己卯	庚辰	辛巳	
12	壬午	癸未	甲申	乙酉	丙戌	丁亥	戊子	己丑	庚寅	辛卯	壬辰	癸巳	甲午	乙未	丙申	丁酉	戊戌	己亥	庚子	辛丑	壬寅	癸卯	甲辰	乙巳	丙午	丁未	戊申	己酉	庚戌	辛亥	壬子

1999年　己卯年　蔵干(　・　・乙)　立春2月4日15時57分

	1	2	3	4	5	6	7	8	9	10	11	12	13	14	15	16	17	18	19	20	21	22	23	24	25	26	27	28	29	30	31
1	癸丑	甲寅	乙卯	丙辰	丁巳	戊午	己未	庚申	辛酉	壬戌	癸亥	甲子	乙丑	丙寅	丁卯	戊辰	己巳	庚午	辛未	壬申	癸酉	甲戌	乙亥	丙子	丁丑	戊寅	己卯	庚辰	辛巳	壬午	癸未
2	甲申	乙酉	丙戌	丁亥	戊子	己丑	庚寅	辛卯	壬辰	癸巳	甲午	乙未	丙申	丁酉	戊戌	己亥	庚子	辛丑	壬寅	癸卯	甲辰	乙巳	丙午	丁未	戊申	己酉	庚戌	辛亥			
3	壬子	癸丑	甲寅	乙卯	丙辰	丁巳	戊午	己未	庚申	辛酉	壬戌	癸亥	甲子	乙丑	丙寅	丁卯	戊辰	己巳	庚午	辛未	壬申	癸酉	甲戌	乙亥	丙子	丁丑	戊寅	己卯	庚辰	辛巳	壬午
4	癸未	甲申	乙酉	丙戌	丁亥	戊子	己丑	庚寅	辛卯	壬辰	癸巳	甲午	乙未	丙申	丁酉	戊戌	己亥	庚子	辛丑	壬寅	癸卯	甲辰	乙巳	丙午	丁未	戊申	己酉	庚戌	辛亥	壬子	
5	癸丑	甲寅	乙卯	丙辰	丁巳	戊午	己未	庚申	辛酉	壬戌	癸亥	甲子	乙丑	丙寅	丁卯	戊辰	己巳	庚午	辛未	壬申	癸酉	甲戌	乙亥	丙子	丁丑	戊寅	己卯	庚辰	辛巳	壬午	癸未
6	甲申	乙酉	丙戌	丁亥	戊子	己丑	庚寅	辛卯	壬辰	癸巳	甲午	乙未	丙申	丁酉	戊戌	己亥	庚子	辛丑	壬寅	癸卯	甲辰	乙巳	丙午	丁未	戊申	己酉	庚戌	辛亥	壬子	癸丑	
7	甲寅	乙卯	丙辰	丁巳	戊午	己未	庚申	辛酉	壬戌	癸亥	甲子	乙丑	丙寅	丁卯	戊辰	己巳	庚午	辛未	壬申	癸酉	甲戌	乙亥	丙子	丁丑	戊寅	己卯	庚辰	辛巳	壬午	癸未	甲申
8	乙酉	丙戌	丁亥	戊子	己丑	庚寅	辛卯	壬辰	癸巳	甲午	乙未	丙申	丁酉	戊戌	己亥	庚子	辛丑	壬寅	癸卯	甲辰	乙巳	丙午	丁未	戊申	己酉	庚戌	辛亥	壬子	癸丑	甲寅	乙卯
9	丙辰	丁巳	戊午	己未	庚申	辛酉	壬戌	癸亥	甲子	乙丑	丙寅	丁卯	戊辰	己巳	庚午	辛未	壬申	癸酉	甲戌	乙亥	丙子	丁丑	戊寅	己卯	庚辰	辛巳	壬午	癸未	甲申	乙酉	
10	丙戌	丁亥	戊子	己丑	庚寅	辛卯	壬辰	癸巳	甲午	乙未	丙申	丁酉	戊戌	己亥	庚子	辛丑	壬寅	癸卯	甲辰	乙巳	丙午	丁未	戊申	己酉	庚戌	辛亥	壬子	癸丑	甲寅	乙卯	丙辰
11	丁巳	戊午	己未	庚申	辛酉	壬戌	癸亥	甲子	乙丑	丙寅	丁卯	戊辰	己巳	庚午	辛未	壬申	癸酉	甲戌	乙亥	丙子	丁丑	戊寅	己卯	庚辰	辛巳	壬午	癸未	甲申	乙酉	丙戌	
12	丁亥	戊子	己丑	庚寅	辛卯	壬辰	癸巳	甲午	乙未	丙申	丁酉	戊戌	己亥	庚子	辛丑	壬寅	癸卯	甲辰	乙巳	丙午	丁未	戊申	己酉	庚戌	辛亥	壬子	癸丑	甲寅	乙卯	丙辰	丁巳

2000年　庚辰年　蔵干(乙・癸・戊)　立春2月4日21時40分

	1	2	3	4	5	6	7	8	9	10	11	12	13	14	15	16	17	18	19	20	21	22	23	24	25	26	27	28	29	30	31
1	戊午	己未	庚申	辛酉	壬戌	癸亥	甲子	乙丑	丙寅	丁卯	戊辰	己巳	庚午	辛未	壬申	癸酉	甲戌	乙亥	丙子	丁丑	戊寅	己卯	庚辰	辛巳	壬午	癸未	甲申	乙酉	丙戌	丁亥	戊子
2	己丑	庚寅	辛卯	壬辰	癸巳	甲午	乙未	丙申	丁酉	戊戌	己亥	庚子	辛丑	壬寅	癸卯	甲辰	乙巳	丙午	丁未	戊申	己酉	庚戌	辛亥	壬子	癸丑	甲寅	乙卯	丙辰	丁巳		
3	戊午	己未	庚申	辛酉	壬戌	癸亥	甲子	乙丑	丙寅	丁卯	戊辰	己巳	庚午	辛未	壬申	癸酉	甲戌	乙亥	丙子	丁丑	戊寅	己卯	庚辰	辛巳	壬午	癸未	甲申	乙酉	丙戌	丁亥	戊子
4	己丑	庚寅	辛卯	壬辰	癸巳	甲午	乙未	丙申	丁酉	戊戌	己亥	庚子	辛丑	壬寅	癸卯	甲辰	乙巳	丙午	丁未	戊申	己酉	庚戌	辛亥	壬子	癸丑	甲寅	乙卯	丙辰	丁巳	戊午	
5	己未	庚申	辛酉	壬戌	癸亥	甲子	乙丑	丙寅	丁卯	戊辰	己巳	庚午	辛未	壬申	癸酉	甲戌	乙亥	丙子	丁丑	戊寅	己卯	庚辰	辛巳	壬午	癸未	甲申	乙酉	丙戌	丁亥	戊子	己丑
6	庚寅	辛卯	壬辰	癸巳	甲午	乙未	丙申	丁酉	戊戌	己亥	庚子	辛丑	壬寅	癸卯	甲辰	乙巳	丙午	丁未	戊申	己酉	庚戌	辛亥	壬子	癸丑	甲寅	乙卯	丙辰	丁巳	戊午	己未	
7	庚申	辛酉	壬戌	癸亥	甲子	乙丑	丙寅	丁卯	戊辰	己巳	庚午	辛未	壬申	癸酉	甲戌	乙亥	丙子	丁丑	戊寅	己卯	庚辰	辛巳	壬午	癸未	甲申	乙酉	丙戌	丁亥	戊子	己丑	庚寅
8	辛卯	壬辰	癸巳	甲午	乙未	丙申	丁酉	戊戌	己亥	庚子	辛丑	壬寅	癸卯	甲辰	乙巳	丙午	丁未	戊申	己酉	庚戌	辛亥	壬子	癸丑	甲寅	乙卯	丙辰	丁巳	戊午	己未	庚申	辛酉
9	壬戌	癸亥	甲子	乙丑	丙寅	丁卯	戊辰	己巳	庚午	辛未	壬申	癸酉	甲戌	乙亥	丙子	丁丑	戊寅	己卯	庚辰	辛巳	壬午	癸未	甲申	乙酉	丙戌	丁亥	戊子	己丑	庚寅	辛卯	
10	壬辰	癸巳	甲午	乙未	丙申	丁酉	戊戌	己亥	庚子	辛丑	壬寅	癸卯	甲辰	乙巳	丙午	丁未	戊申	己酉	庚戌	辛亥	壬子	癸丑	甲寅	乙卯	丙辰	丁巳	戊午	己未	庚申	辛酉	壬戌
11	癸亥	甲子	乙丑	丙寅	丁卯	戊辰	己巳	庚午	辛未	壬申	癸酉	甲戌	乙亥	丙子	丁丑	戊寅	己卯	庚辰	辛巳	壬午	癸未	甲申	乙酉	丙戌	丁亥	戊子	己丑	庚寅	辛卯	壬辰	
12	癸巳	甲午	乙未	丙申	丁酉	戊戌	己亥	庚子	辛丑	壬寅	癸卯	甲辰	乙巳	丙午	丁未	戊申	己酉	庚戌	辛亥	壬子	癸丑	甲寅	乙卯	丙辰	丁巳	戊午	己未	庚申	辛酉	壬戌	癸亥

2001年　辛巳年　蔵干(戊・庚・丙)　立春2月4日03時29分

	1	2	3	4	5	6	7	8	9	10	11	12	13	14	15	16	17	18	19	20	21	22	23	24	25	26	27	28	29	30	31
1	甲子	乙丑	丙寅	丁卯	戊辰	己巳	庚午	辛未	壬申	癸酉	甲戌	乙亥	丙子	丁丑	戊寅	己卯	庚辰	辛巳	壬午	癸未	甲申	乙酉	丙戌	丁亥	戊子	己丑	庚寅	辛卯	壬辰	癸巳	甲午
2	乙未	丙申	丁酉	戊戌	己亥	庚子	辛丑	壬寅	癸卯	甲辰	乙巳	丙午	丁未	戊申	己酉	庚戌	辛亥	壬子	癸丑	甲寅	乙卯	丙辰	丁巳	戊午	己未	庚申	辛酉	壬戌			
3	癸亥	甲子	乙丑	丙寅	丁卯	戊辰	己巳	庚午	辛未	壬申	癸酉	甲戌	乙亥	丙子	丁丑	戊寅	己卯	庚辰	辛巳	壬午	癸未	甲申	乙酉	丙戌	丁亥	戊子	己丑	庚寅	辛卯	壬辰	癸巳
4	甲午	乙未	丙申	丁酉	戊戌	己亥	庚子	辛丑	壬寅	癸卯	甲辰	乙巳	丙午	丁未	戊申	己酉	庚戌	辛亥	壬子	癸丑	甲寅	乙卯	丙辰	丁巳	戊午	己未	庚申	辛酉	壬戌	癸亥	
5	甲子	乙丑	丙寅	丁卯	戊辰	己巳	庚午	辛未	壬申	癸酉	甲戌	乙亥	丙子	丁丑	戊寅	己卯	庚辰	辛巳	壬午	癸未	甲申	乙酉	丙戌	丁亥	戊子	己丑	庚寅	辛卯	壬辰	癸巳	甲午
6	乙未	丙申	丁酉	戊戌	己亥	庚子	辛丑	壬寅	癸卯	甲辰	乙巳	丙午	丁未	戊申	己酉	庚戌	辛亥	壬子	癸丑	甲寅	乙卯	丙辰	丁巳	戊午	己未	庚申	辛酉	壬戌	癸亥	甲子	
7	乙丑	丙寅	丁卯	戊辰	己巳	庚午	辛未	壬申	癸酉	甲戌	乙亥	丙子	丁丑	戊寅	己卯	庚辰	辛巳	壬午	癸未	甲申	乙酉	丙戌	丁亥	戊子	己丑	庚寅	辛卯	壬辰	癸巳	甲午	乙未
8	丙申	丁酉	戊戌	己亥	庚子	辛丑	壬寅	癸卯	甲辰	乙巳	丙午	丁未	戊申	己酉	庚戌	辛亥	壬子	癸丑	甲寅	乙卯	丙辰	丁巳	戊午	己未	庚申	辛酉	壬戌	癸亥	甲子	乙丑	丙寅
9	丁卯	戊辰	己巳	庚午	辛未	壬申	癸酉	甲戌	乙亥	丙子	丁丑	戊寅	己卯	庚辰	辛巳	壬午	癸未	甲申	乙酉	丙戌	丁亥	戊子	己丑	庚寅	辛卯	壬辰	癸巳	甲午	乙未	丙申	
10	丁酉	戊戌	己亥	庚子	辛丑	壬寅	癸卯	甲辰	乙巳	丙午	丁未	戊申	己酉	庚戌	辛亥	壬子	癸丑	甲寅	乙卯	丙辰	丁巳	戊午	己未	庚申	辛酉	壬戌	癸亥	甲子	乙丑	丙寅	丁卯
11	戊辰	己巳	庚午	辛未	壬申	癸酉	甲戌	乙亥	丙子	丁丑	戊寅	己卯	庚辰	辛巳	壬午	癸未	甲申	乙酉	丙戌	丁亥	戊子	己丑	庚寅	辛卯	壬辰	癸巳	甲午	乙未	丙申	丁酉	
12	戊戌	己亥	庚子	辛丑	壬寅	癸卯	甲辰	乙巳	丙午	丁未	戊申	己酉	庚戌	辛亥	壬子	癸丑	甲寅	乙卯	丙辰	丁巳	戊午	己未	庚申	辛酉	壬戌	癸亥	甲子	乙丑	丙寅	丁卯	戊辰

2002年　壬午年　蔵干(　・己・丁)　立春2月4日09時24分

	1	2	3	4	5	6	7	8	9	10	11	12	13	14	15	16	17	18	19	20	21	22	23	24	25	26	27	28	29	30	31
1	己巳	庚午	辛未	壬申	癸酉	甲戌	乙亥	丙子	丁丑	戊寅	己卯	庚辰	辛巳	壬午	癸未	甲申	乙酉	丙戌	丁亥	戊子	己丑	庚寅	辛卯	壬辰	癸巳	甲午	乙未	丙申	丁酉	戊戌	己亥
2	庚子	辛丑	壬寅	癸卯	甲辰	乙巳	丙午	丁未	戊申	己酉	庚戌	辛亥	壬子	癸丑	甲寅	乙卯	丙辰	丁巳	戊午	己未	庚申	辛酉	壬戌	癸亥	甲子	乙丑	丙寅	丁卯			
3	戊辰	己巳	庚午	辛未	壬申	癸酉	甲戌	乙亥	丙子	丁丑	戊寅	己卯	庚辰	辛巳	壬午	癸未	甲申	乙酉	丙戌	丁亥	戊子	己丑	庚寅	辛卯	壬辰	癸巳	甲午	乙未	丙申	丁酉	戊戌
4	己亥	庚子	辛丑	壬寅	癸卯	甲辰	乙巳	丙午	丁未	戊申	己酉	庚戌	辛亥	壬子	癸丑	甲寅	乙卯	丙辰	丁巳	戊午	己未	庚申	辛酉	壬戌	癸亥	甲子	乙丑	丙寅	丁卯	戊辰	
5	己巳	庚午	辛未	壬申	癸酉	甲戌	乙亥	丙子	丁丑	戊寅	己卯	庚辰	辛巳	壬午	癸未	甲申	乙酉	丙戌	丁亥	戊子	己丑	庚寅	辛卯	壬辰	癸巳	甲午	乙未	丙申	丁酉	戊戌	己亥
6	庚子	辛丑	壬寅	癸卯	甲辰	乙巳	丙午	丁未	戊申	己酉	庚戌	辛亥	壬子	癸丑	甲寅	乙卯	丙辰	丁巳	戊午	己未	庚申	辛酉	壬戌	癸亥	甲子	乙丑	丙寅	丁卯	戊辰	己巳	
7	庚午	辛未	壬申	癸酉	甲戌	乙亥	丙子	丁丑	戊寅	己卯	庚辰	辛巳	壬午	癸未	甲申	乙酉	丙戌	丁亥	戊子	己丑	庚寅	辛卯	壬辰	癸巳	甲午	乙未	丙申	丁酉	戊戌	己亥	庚子
8	辛丑	壬寅	癸卯	甲辰	乙巳	丙午	丁未	戊申	己酉	庚戌	辛亥	壬子	癸丑	甲寅	乙卯	丙辰	丁巳	戊午	己未	庚申	辛酉	壬戌	癸亥	甲子	乙丑	丙寅	丁卯	戊辰	己巳	庚午	辛未
9	壬申	癸酉	甲戌	乙亥	丙子	丁丑	戊寅	己卯	庚辰	辛巳	壬午	癸未	甲申	乙酉	丙戌	丁亥	戊子	己丑	庚寅	辛卯	壬辰	癸巳	甲午	乙未	丙申	丁酉	戊戌	己亥	庚子	辛丑	
10	壬寅	癸卯	甲辰	乙巳	丙午	丁未	戊申	己酉	庚戌	辛亥	壬子	癸丑	甲寅	乙卯	丙辰	丁巳	戊午	己未	庚申	辛酉	壬戌	癸亥	甲子	乙丑	丙寅	丁卯	戊辰	己巳	庚午	辛未	壬申
11	癸酉	甲戌	乙亥	丙子	丁丑	戊寅	己卯	庚辰	辛巳	壬午	癸未	甲申	乙酉	丙戌	丁亥	戊子	己丑	庚寅	辛卯	壬辰	癸巳	甲午	乙未	丙申	丁酉	戊戌	己亥	庚子	辛丑	壬寅	
12	癸卯	甲辰	乙巳	丙午	丁未	戊申	己酉	庚戌	辛亥	壬子	癸丑	甲寅	乙卯	丙辰	丁巳	戊午	己未	庚申	辛酉	壬戌	癸亥	甲子	乙丑	丙寅	丁卯	戊辰	己巳	庚午	辛未	壬申	癸酉

2003年　癸未年　蔵干(丁・乙・己)　立春2月4日15時05分

	1	2	3	4	5	6	7	8	9	10	11	12	13	14	15	16	17	18	19	20	21	22	23	24	25	26	27	28	29	30	31
1	甲戌	乙亥	丙子	丁丑	戊寅	己卯	庚辰	辛巳	壬午	癸未	甲申	乙酉	丙戌	丁亥	戊子	己丑	庚寅	辛卯	壬辰	癸巳	甲午	乙未	丙申	丁酉	戊戌	己亥	庚子	辛丑	壬寅	癸卯	甲辰
2	乙巳	丙午	丁未	戊申	己酉	庚戌	辛亥	壬子	癸丑	甲寅	乙卯	丙辰	丁巳	戊午	己未	庚申	辛酉	壬戌	癸亥	甲子	乙丑	丙寅	丁卯	戊辰	己巳	庚午	辛未	壬申			
3	癸酉	甲戌	乙亥	丙子	丁丑	戊寅	己卯	庚辰	辛巳	壬午	癸未	甲申	乙酉	丙戌	丁亥	戊子	己丑	庚寅	辛卯	壬辰	癸巳	甲午	乙未	丙申	丁酉	戊戌	己亥	庚子	辛丑	壬寅	癸卯
4	甲辰	乙巳	丙午	丁未	戊申	己酉	庚戌	辛亥	壬子	癸丑	甲寅	乙卯	丙辰	丁巳	戊午	己未	庚申	辛酉	壬戌	癸亥	甲子	乙丑	丙寅	丁卯	戊辰	己巳	庚午	辛未	壬申	癸酉	
5	甲戌	乙亥	丙子	丁丑	戊寅	己卯	庚辰	辛巳	壬午	癸未	甲申	乙酉	丙戌	丁亥	戊子	己丑	庚寅	辛卯	壬辰	癸巳	甲午	乙未	丙申	丁酉	戊戌	己亥	庚子	辛丑	壬寅	癸卯	甲辰
6	乙巳	丙午	丁未	戊申	己酉	庚戌	辛亥	壬子	癸丑	甲寅	乙卯	丙辰	丁巳	戊午	己未	庚申	辛酉	壬戌	癸亥	甲子	乙丑	丙寅	丁卯	戊辰	己巳	庚午	辛未	壬申	癸酉	甲戌	
7	乙亥	丙子	丁丑	戊寅	己卯	庚辰	辛巳	壬午	癸未	甲申	乙酉	丙戌	丁亥	戊子	己丑	庚寅	辛卯	壬辰	癸巳	甲午	乙未	丙申	丁酉	戊戌	己亥	庚子	辛丑	壬寅	癸卯	甲辰	乙巳
8	丙午	丁未	戊申	己酉	庚戌	辛亥	壬子	癸丑	甲寅	乙卯	丙辰	丁巳	戊午	己未	庚申	辛酉	壬戌	癸亥	甲子	乙丑	丙寅	丁卯	戊辰	己巳	庚午	辛未	壬申	癸酉	甲戌	乙亥	丙子
9	丁丑	戊寅	己卯	庚辰	辛巳	壬午	癸未	甲申	乙酉	丙戌	丁亥	戊子	己丑	庚寅	辛卯	壬辰	癸巳	甲午	乙未	丙申	丁酉	戊戌	己亥	庚子	辛丑	壬寅	癸卯	甲辰	乙巳	丙午	
10	丁未	戊申	己酉	庚戌	辛亥	壬子	癸丑	甲寅	乙卯	丙辰	丁巳	戊午	己未	庚申	辛酉	壬戌	癸亥	甲子	乙丑	丙寅	丁卯	戊辰	己巳	庚午	辛未	壬申	癸酉	甲戌	乙亥	丙子	丁丑
11	戊寅	己卯	庚辰	辛巳	壬午	癸未	甲申	乙酉	丙戌	丁亥	戊子	己丑	庚寅	辛卯	壬辰	癸巳	甲午	乙未	丙申	丁酉	戊戌	己亥	庚子	辛丑	壬寅	癸卯	甲辰	乙巳	丙午	丁未	
12	戊申	己酉	庚戌	辛亥	壬子	癸丑	甲寅	乙卯	丙辰	丁巳	戊午	己未	庚申	辛酉	壬戌	癸亥	甲子	乙丑	丙寅	丁卯	戊辰	己巳	庚午	辛未	壬申	癸酉	甲戌	乙亥	丙子	丁丑	戊寅

2004年　甲申年　蔵干(己・壬・庚)　立春2月4日20時56分

	1	2	3	4	5	6	7	8	9	10	11	12	13	14	15	16	17	18	19	20	21	22	23	24	25	26	27	28	29	30	31
1	己卯	庚辰	辛巳	壬午	癸未	甲申	乙酉	丙戌	丁亥	戊子	己丑	庚寅	辛卯	壬辰	癸巳	甲午	乙未	丙申	丁酉	戊戌	己亥	庚子	辛丑	壬寅	癸卯	甲辰	乙巳	丙午	丁未	戊申	己酉
2	庚戌	辛亥	壬子	癸丑	甲寅	乙卯	丙辰	丁巳	戊午	己未	庚申	辛酉	壬戌	癸亥	甲子	乙丑	丙寅	丁卯	戊辰	己巳	庚午	辛未	壬申	癸酉	甲戌	乙亥	丙子	丁丑	戊寅		
3	己卯	庚辰	辛巳	壬午	癸未	甲申	乙酉	丙戌	丁亥	戊子	己丑	庚寅	辛卯	壬辰	癸巳	甲午	乙未	丙申	丁酉	戊戌	己亥	庚子	辛丑	壬寅	癸卯	甲辰	乙巳	丙午	丁未	戊申	己酉
4	庚戌	辛亥	壬子	癸丑	甲寅	乙卯	丙辰	丁巳	戊午	己未	庚申	辛酉	壬戌	癸亥	甲子	乙丑	丙寅	丁卯	戊辰	己巳	庚午	辛未	壬申	癸酉	甲戌	乙亥	丙子	丁丑	戊寅	己卯	
5	庚辰	辛巳	壬午	癸未	甲申	乙酉	丙戌	丁亥	戊子	己丑	庚寅	辛卯	壬辰	癸巳	甲午	乙未	丙申	丁酉	戊戌	己亥	庚子	辛丑	壬寅	癸卯	甲辰	乙巳	丙午	丁未	戊申	己酉	庚戌
6	辛亥	壬子	癸丑	甲寅	乙卯	丙辰	丁巳	戊午	己未	庚申	辛酉	壬戌	癸亥	甲子	乙丑	丙寅	丁卯	戊辰	己巳	庚午	辛未	壬申	癸酉	甲戌	乙亥	丙子	丁丑	戊寅	己卯	庚辰	
7	辛巳	壬午	癸未	甲申	乙酉	丙戌	丁亥	戊子	己丑	庚寅	辛卯	壬辰	癸巳	甲午	乙未	丙申	丁酉	戊戌	己亥	庚子	辛丑	壬寅	癸卯	甲辰	乙巳	丙午	丁未	戊申	己酉	庚戌	辛亥
8	壬子	癸丑	甲寅	乙卯	丙辰	丁巳	戊午	己未	庚申	辛酉	壬戌	癸亥	甲子	乙丑	丙寅	丁卯	戊辰	己巳	庚午	辛未	壬申	癸酉	甲戌	乙亥	丙子	丁丑	戊寅	己卯	庚辰	辛巳	壬午
9	癸未	甲申	乙酉	丙戌	丁亥	戊子	己丑	庚寅	辛卯	壬辰	癸巳	甲午	乙未	丙申	丁酉	戊戌	己亥	庚子	辛丑	壬寅	癸卯	甲辰	乙巳	丙午	丁未	戊申	己酉	庚戌	辛亥	壬子	
10	癸丑	甲寅	乙卯	丙辰	丁巳	戊午	己未	庚申	辛酉	壬戌	癸亥	甲子	乙丑	丙寅	丁卯	戊辰	己巳	庚午	辛未	壬申	癸酉	甲戌	乙亥	丙子	丁丑	戊寅	己卯	庚辰	辛巳	壬午	癸未
11	甲申	乙酉	丙戌	丁亥	戊子	己丑	庚寅	辛卯	壬辰	癸巳	甲午	乙未	丙申	丁酉	戊戌	己亥	庚子	辛丑	壬寅	癸卯	甲辰	乙巳	丙午	丁未	戊申	己酉	庚戌	辛亥	壬子	癸丑	
12	甲寅	乙卯	丙辰	丁巳	戊午	己未	庚申	辛酉	壬戌	癸亥	甲子	乙丑	丙寅	丁卯	戊辰	己巳	庚午	辛未	壬申	癸酉	甲戌	乙亥	丙子	丁丑	戊寅	己卯	庚辰	辛巳	壬午	癸未	甲申

2005年　乙酉年　蔵干(　・　・辛)　立春2月4日02時43分

	1	2	3	4	5	6	7	8	9	10	11	12	13	14	15	16	17	18	19	20	21	22	23	24	25	26	27	28	29	30	31
1	乙酉	丙戌	丁亥	戊子	己丑	庚寅	辛卯	壬辰	癸巳	甲午	乙未	丙申	丁酉	戊戌	己亥	庚子	辛丑	壬寅	癸卯	甲辰	乙巳	丙午	丁未	戊申	己酉	庚戌	辛亥	壬子	癸丑	甲寅	乙卯
2	丙辰	丁巳	戊午	己未	庚申	辛酉	壬戌	癸亥	甲子	乙丑	丙寅	丁卯	戊辰	己巳	庚午	辛未	壬申	癸酉	甲戌	乙亥	丙子	丁丑	戊寅	己卯	庚辰	辛巳	壬午	癸未			
3	甲申	乙酉	丙戌	丁亥	戊子	己丑	庚寅	辛卯	壬辰	癸巳	甲午	乙未	丙申	丁酉	戊戌	己亥	庚子	辛丑	壬寅	癸卯	甲辰	乙巳	丙午	丁未	戊申	己酉	庚戌	辛亥	壬子	癸丑	甲寅
4	乙卯	丙辰	丁巳	戊午	己未	庚申	辛酉	壬戌	癸亥	甲子	乙丑	丙寅	丁卯	戊辰	己巳	庚午	辛未	壬申	癸酉	甲戌	乙亥	丙子	丁丑	戊寅	己卯	庚辰	辛巳	壬午	癸未	甲申	
5	乙酉	丙戌	丁亥	戊子	己丑	庚寅	辛卯	壬辰	癸巳	甲午	乙未	丙申	丁酉	戊戌	己亥	庚子	辛丑	壬寅	癸卯	甲辰	乙巳	丙午	丁未	戊申	己酉	庚戌	辛亥	壬子	癸丑	甲寅	乙卯
6	丙辰	丁巳	戊午	己未	庚申	辛酉	壬戌	癸亥	甲子	乙丑	丙寅	丁卯	戊辰	己巳	庚午	辛未	壬申	癸酉	甲戌	乙亥	丙子	丁丑	戊寅	己卯	庚辰	辛巳	壬午	癸未	甲申	乙酉	
7	丙戌	丁亥	戊子	己丑	庚寅	辛卯	壬辰	癸巳	甲午	乙未	丙申	丁酉	戊戌	己亥	庚子	辛丑	壬寅	癸卯	甲辰	乙巳	丙午	丁未	戊申	己酉	庚戌	辛亥	壬子	癸丑	甲寅	乙卯	丙辰
8	丁巳	戊午	己未	庚申	辛酉	壬戌	癸亥	甲子	乙丑	丙寅	丁卯	戊辰	己巳	庚午	辛未	壬申	癸酉	甲戌	乙亥	丙子	丁丑	戊寅	己卯	庚辰	辛巳	壬午	癸未	甲申	乙酉	丙戌	丁亥
9	戊子	己丑	庚寅	辛卯	壬辰	癸巳	甲午	乙未	丙申	丁酉	戊戌	己亥	庚子	辛丑	壬寅	癸卯	甲辰	乙巳	丙午	丁未	戊申	己酉	庚戌	辛亥	壬子	癸丑	甲寅	乙卯	丙辰	丁巳	
10	戊午	己未	庚申	辛酉	壬戌	癸亥	甲子	乙丑	丙寅	丁卯	戊辰	己巳	庚午	辛未	壬申	癸酉	甲戌	乙亥	丙子	丁丑	戊寅	己卯	庚辰	辛巳	壬午	癸未	甲申	乙酉	丙戌	丁亥	戊子
11	己丑	庚寅	辛卯	壬辰	癸巳	甲午	乙未	丙申	丁酉	戊戌	己亥	庚子	辛丑	壬寅	癸卯	甲辰	乙巳	丙午	丁未	戊申	己酉	庚戌	辛亥	壬子	癸丑	甲寅	乙卯	丙辰	丁巳	戊午	
12	己未	庚申	辛酉	壬戌	癸亥	甲子	乙丑	丙寅	丁卯	戊辰	己巳	庚午	辛未	壬申	癸酉	甲戌	乙亥	丙子	丁丑	戊寅	己卯	庚辰	辛巳	壬午	癸未	甲申	乙酉	丙戌	丁亥	戊子	己丑

2006年　丙戌年　蔵干(辛・丁・戊)　立春2月4日08時27分

	1	2	3	4	5	6	7	8	9	10	11	12	13	14	15	16	17	18	19	20	21	22	23	24	25	26	27	28	29	30	31
1	庚寅	辛卯	壬辰	癸巳	甲午	乙未	丙申	丁酉	戊戌	己亥	庚子	辛丑	壬寅	癸卯	甲辰	乙巳	丙午	丁未	戊申	己酉	庚戌	辛亥	壬子	癸丑	甲寅	乙卯	丙辰	丁巳	戊午	己未	庚申
2	辛酉	壬戌	癸亥	甲子	乙丑	丙寅	丁卯	戊辰	己巳	庚午	辛未	壬申	癸酉	甲戌	乙亥	丙子	丁丑	戊寅	己卯	庚辰	辛巳	壬午	癸未	甲申	乙酉	丙戌	丁亥	戊子			
3	己丑	庚寅	辛卯	壬辰	癸巳	甲午	乙未	丙申	丁酉	戊戌	己亥	庚子	辛丑	壬寅	癸卯	甲辰	乙巳	丙午	丁未	戊申	己酉	庚戌	辛亥	壬子	癸丑	甲寅	乙卯	丙辰	丁巳	戊午	己未
4	庚申	辛酉	壬戌	癸亥	甲子	乙丑	丙寅	丁卯	戊辰	己巳	庚午	辛未	壬申	癸酉	甲戌	乙亥	丙子	丁丑	戊寅	己卯	庚辰	辛巳	壬午	癸未	甲申	乙酉	丙戌	丁亥	戊子	己丑	
5	庚寅	辛卯	壬辰	癸巳	甲午	乙未	丙申	丁酉	戊戌	己亥	庚子	辛丑	壬寅	癸卯	甲辰	乙巳	丙午	丁未	戊申	己酉	庚戌	辛亥	壬子	癸丑	甲寅	乙卯	丙辰	丁巳	戊午	己未	庚申
6	辛酉	壬戌	癸亥	甲子	乙丑	丙寅	丁卯	戊辰	己巳	庚午	辛未	壬申	癸酉	甲戌	乙亥	丙子	丁丑	戊寅	己卯	庚辰	辛巳	壬午	癸未	甲申	乙酉	丙戌	丁亥	戊子	己丑	庚寅	
7	辛卯	壬辰	癸巳	甲午	乙未	丙申	丁酉	戊戌	己亥	庚子	辛丑	壬寅	癸卯	甲辰	乙巳	丙午	丁未	戊申	己酉	庚戌	辛亥	壬子	癸丑	甲寅	乙卯	丙辰	丁巳	戊午	己未	庚申	辛酉
8	壬戌	癸亥	甲子	乙丑	丙寅	丁卯	戊辰	己巳	庚午	辛未	壬申	癸酉	甲戌	乙亥	丙子	丁丑	戊寅	己卯	庚辰	辛巳	壬午	癸未	甲申	乙酉	丙戌	丁亥	戊子	己丑	庚寅	辛卯	壬辰
9	癸巳	甲午	乙未	丙申	丁酉	戊戌	己亥	庚子	辛丑	壬寅	癸卯	甲辰	乙巳	丙午	丁未	戊申	己酉	庚戌	辛亥	壬子	癸丑	甲寅	乙卯	丙辰	丁巳	戊午	己未	庚申	辛酉	壬戌	
10	癸亥	甲子	乙丑	丙寅	丁卯	戊辰	己巳	庚午	辛未	壬申	癸酉	甲戌	乙亥	丙子	丁丑	戊寅	己卯	庚辰	辛巳	壬午	癸未	甲申	乙酉	丙戌	丁亥	戊子	己丑	庚寅	辛卯	壬辰	癸巳
11	甲午	乙未	丙申	丁酉	戊戌	己亥	庚子	辛丑	壬寅	癸卯	甲辰	乙巳	丙午	丁未	戊申	己酉	庚戌	辛亥	壬子	癸丑	甲寅	乙卯	丙辰	丁巳	戊午	己未	庚申	辛酉	壬戌	癸亥	
12	甲子	乙丑	丙寅	丁卯	戊辰	己巳	庚午	辛未	壬申	癸酉	甲戌	乙亥	丙子	丁丑	戊寅	己卯	庚辰	辛巳	壬午	癸未	甲申	乙酉	丙戌	丁亥	戊子	己丑	庚寅	辛卯	壬辰	癸巳	甲午

2007年　丁亥年　蔵干(戊・甲・壬)　立春2月4日14時18分

	1	2	3	4	5	6	7	8	9	10	11	12	13	14	15	16	17	18	19	20	21	22	23	24	25	26	27	28	29	30	31
1	乙未	丙申	丁酉	戊戌	己亥	庚子	辛丑	壬寅	癸卯	甲辰	乙巳	丙午	丁未	戊申	己酉	庚戌	辛亥	壬子	癸丑	甲寅	乙卯	丙辰	丁巳	戊午	己未	庚申	辛酉	壬戌	癸亥	甲子	乙丑
2	丙寅	丁卯	戊辰	己巳	庚午	辛未	壬申	癸酉	甲戌	乙亥	丙子	丁丑	戊寅	己卯	庚辰	辛巳	壬午	癸未	甲申	乙酉	丙戌	丁亥	戊子	己丑	庚寅	辛卯	壬辰	癸巳			
3	甲午	乙未	丙申	丁酉	戊戌	己亥	庚子	辛丑	壬寅	癸卯	甲辰	乙巳	丙午	丁未	戊申	己酉	庚戌	辛亥	壬子	癸丑	甲寅	乙卯	丙辰	丁巳	戊午	己未	庚申	辛酉	壬戌	癸亥	甲子
4	乙丑	丙寅	丁卯	戊辰	己巳	庚午	辛未	壬申	癸酉	甲戌	乙亥	丙子	丁丑	戊寅	己卯	庚辰	辛巳	壬午	癸未	甲申	乙酉	丙戌	丁亥	戊子	己丑	庚寅	辛卯	壬辰	癸巳	甲午	
5	乙未	丙申	丁酉	戊戌	己亥	庚子	辛丑	壬寅	癸卯	甲辰	乙巳	丙午	丁未	戊申	己酉	庚戌	辛亥	壬子	癸丑	甲寅	乙卯	丙辰	丁巳	戊午	己未	庚申	辛酉	壬戌	癸亥	甲子	乙丑
6	丙寅	丁卯	戊辰	己巳	庚午	辛未	壬申	癸酉	甲戌	乙亥	丙子	丁丑	戊寅	己卯	庚辰	辛巳	壬午	癸未	甲申	乙酉	丙戌	丁亥	戊子	己丑	庚寅	辛卯	壬辰	癸巳	甲午	乙未	
7	丙申	丁酉	戊戌	己亥	庚子	辛丑	壬寅	癸卯	甲辰	乙巳	丙午	丁未	戊申	己酉	庚戌	辛亥	壬子	癸丑	甲寅	乙卯	丙辰	丁巳	戊午	己未	庚申	辛酉	壬戌	癸亥	甲子	乙丑	丙寅
8	丁卯	戊辰	己巳	庚午	辛未	壬申	癸酉	甲戌	乙亥	丙子	丁丑	戊寅	己卯	庚辰	辛巳	壬午	癸未	甲申	乙酉	丙戌	丁亥	戊子	己丑	庚寅	辛卯	壬辰	癸巳	甲午	乙未	丙申	丁酉
9	戊戌	己亥	庚子	辛丑	壬寅	癸卯	甲辰	乙巳	丙午	丁未	戊申	己酉	庚戌	辛亥	壬子	癸丑	甲寅	乙卯	丙辰	丁巳	戊午	己未	庚申	辛酉	壬戌	癸亥	甲子	乙丑	丙寅	丁卯	
10	戊辰	己巳	庚午	辛未	壬申	癸酉	甲戌	乙亥	丙子	丁丑	戊寅	己卯	庚辰	辛巳	壬午	癸未	甲申	乙酉	丙戌	丁亥	戊子	己丑	庚寅	辛卯	壬辰	癸巳	甲午	乙未	丙申	丁酉	戊戌
11	己亥	庚子	辛丑	壬寅	癸卯	甲辰	乙巳	丙午	丁未	戊申	己酉	庚戌	辛亥	壬子	癸丑	甲寅	乙卯	丙辰	丁巳	戊午	己未	庚申	辛酉	壬戌	癸亥	甲子	乙丑	丙寅	丁卯	戊辰	
12	己巳	庚午	辛未	壬申	癸酉	甲戌	乙亥	丙子	丁丑	戊寅	己卯	庚辰	辛巳	壬午	癸未	甲申	乙酉	丙戌	丁亥	戊子	己丑	庚寅	辛卯	壬辰	癸巳	甲午	乙未	丙申	丁酉	戊戌	己亥

2008年　戊子年　蔵干(　・　・癸)　立春2月4日20時00分

	1	2	3	4	5	6	7	8	9	10	11	12	13	14	15	16	17	18	19	20	21	22	23	24	25	26	27	28	29	30	31
1	庚子	辛丑	壬寅	癸卯	甲辰	乙巳	丙午	丁未	戊申	己酉	庚戌	辛亥	壬子	癸丑	甲寅	乙卯	丙辰	丁巳	戊午	己未	庚申	辛酉	壬戌	癸亥	甲子	乙丑	丙寅	丁卯	戊辰	己巳	庚午
2	辛未	壬申	癸酉	甲戌	乙亥	丙子	丁丑	戊寅	己卯	庚辰	辛巳	壬午	癸未	甲申	乙酉	丙戌	丁亥	戊子	己丑	庚寅	辛卯	壬辰	癸巳	甲午	乙未	丙申	丁酉	戊戌	己亥		
3	庚子	辛丑	壬寅	癸卯	甲辰	乙巳	丙午	丁未	戊申	己酉	庚戌	辛亥	壬子	癸丑	甲寅	乙卯	丙辰	丁巳	戊午	己未	庚申	辛酉	壬戌	癸亥	甲子	乙丑	丙寅	丁卯	戊辰	己巳	庚午
4	辛未	壬申	癸酉	甲戌	乙亥	丙子	丁丑	戊寅	己卯	庚辰	辛巳	壬午	癸未	甲申	乙酉	丙戌	丁亥	戊子	己丑	庚寅	辛卯	壬辰	癸巳	甲午	乙未	丙申	丁酉	戊戌	己亥	庚子	
5	辛丑	壬寅	癸卯	甲辰	乙巳	丙午	丁未	戊申	己酉	庚戌	辛亥	壬子	癸丑	甲寅	乙卯	丙辰	丁巳	戊午	己未	庚申	辛酉	壬戌	癸亥	甲子	乙丑	丙寅	丁卯	戊辰	己巳	庚午	辛未
6	壬申	癸酉	甲戌	乙亥	丙子	丁丑	戊寅	己卯	庚辰	辛巳	壬午	癸未	甲申	乙酉	丙戌	丁亥	戊子	己丑	庚寅	辛卯	壬辰	癸巳	甲午	乙未	丙申	丁酉	戊戌	己亥	庚子	辛丑	
7	壬寅	癸卯	甲辰	乙巳	丙午	丁未	戊申	己酉	庚戌	辛亥	壬子	癸丑	甲寅	乙卯	丙辰	丁巳	戊午	己未	庚申	辛酉	壬戌	癸亥	甲子	乙丑	丙寅	丁卯	戊辰	己巳	庚午	辛未	壬申
8	癸酉	甲戌	乙亥	丙子	丁丑	戊寅	己卯	庚辰	辛巳	壬午	癸未	甲申	乙酉	丙戌	丁亥	戊子	己丑	庚寅	辛卯	壬辰	癸巳	甲午	乙未	丙申	丁酉	戊戌	己亥	庚子	辛丑	壬寅	癸卯
9	甲辰	乙巳	丙午	丁未	戊申	己酉	庚戌	辛亥	壬子	癸丑	甲寅	乙卯	丙辰	丁巳	戊午	己未	庚申	辛酉	壬戌	癸亥	甲子	乙丑	丙寅	丁卯	戊辰	己巳	庚午	辛未	壬申	癸酉	
10	甲戌	乙亥	丙子	丁丑	戊寅	己卯	庚辰	辛巳	壬午	癸未	甲申	乙酉	丙戌	丁亥	戊子	己丑	庚寅	辛卯	壬辰	癸巳	甲午	乙未	丙申	丁酉	戊戌	己亥	庚子	辛丑	壬寅	癸卯	甲辰
11	乙巳	丙午	丁未	戊申	己酉	庚戌	辛亥	壬子	癸丑	甲寅	乙卯	丙辰	丁巳	戊午	己未	庚申	辛酉	壬戌	癸亥	甲子	乙丑	丙寅	丁卯	戊辰	己巳	庚午	辛未	壬申	癸酉	甲戌	
12	乙亥	丙子	丁丑	戊寅	己卯	庚辰	辛巳	壬午	癸未	甲申	乙酉	丙戌	丁亥	戊子	己丑	庚寅	辛卯	壬辰	癸巳	甲午	乙未	丙申	丁酉	戊戌	己亥	庚子	辛丑	壬寅	癸卯	甲辰	乙巳

2009年　己丑年　蔵干(癸・辛・己)　立春2月4日01時50分

	1	2	3	4	5	6	7	8	9	10	11	12	13	14	15	16	17	18	19	20	21	22	23	24	25	26	27	28	29	30	31
1	丙午	丁未	戊申	己酉	庚戌	辛亥	壬子	癸丑	甲寅	乙卯	丙辰	丁巳	戊午	己未	庚申	辛酉	壬戌	癸亥	甲子	乙丑	丙寅	丁卯	戊辰	己巳	庚午	辛未	壬申	癸酉	甲戌	乙亥	丙子
2	丁丑	戊寅	己卯	庚辰	辛巳	壬午	癸未	甲申	乙酉	丙戌	丁亥	戊子	己丑	庚寅	辛卯	壬辰	癸巳	甲午	乙未	丙申	丁酉	戊戌	己亥	庚子	辛丑	壬寅	癸卯	甲辰			
3	乙巳	丙午	丁未	戊申	己酉	庚戌	辛亥	壬子	癸丑	甲寅	乙卯	丙辰	丁巳	戊午	己未	庚申	辛酉	壬戌	癸亥	甲子	乙丑	丙寅	丁卯	戊辰	己巳	庚午	辛未	壬申	癸酉	甲戌	乙亥
4	丙子	丁丑	戊寅	己卯	庚辰	辛巳	壬午	癸未	甲申	乙酉	丙戌	丁亥	戊子	己丑	庚寅	辛卯	壬辰	癸巳	甲午	乙未	丙申	丁酉	戊戌	己亥	庚子	辛丑	壬寅	癸卯	甲辰	乙巳	
5	丙午	丁未	戊申	己酉	庚戌	辛亥	壬子	癸丑	甲寅	乙卯	丙辰	丁巳	戊午	己未	庚申	辛酉	壬戌	癸亥	甲子	乙丑	丙寅	丁卯	戊辰	己巳	庚午	辛未	壬申	癸酉	甲戌	乙亥	丙子
6	丁丑	戊寅	己卯	庚辰	辛巳	壬午	癸未	甲申	乙酉	丙戌	丁亥	戊子	己丑	庚寅	辛卯	壬辰	癸巳	甲午	乙未	丙申	丁酉	戊戌	己亥	庚子	辛丑	壬寅	癸卯	甲辰	乙巳	丙午	
7	丁未	戊申	己酉	庚戌	辛亥	壬子	癸丑	甲寅	乙卯	丙辰	丁巳	戊午	己未	庚申	辛酉	壬戌	癸亥	甲子	乙丑	丙寅	丁卯	戊辰	己巳	庚午	辛未	壬申	癸酉	甲戌	乙亥	丙子	丁丑
8	戊寅	己卯	庚辰	辛巳	壬午	癸未	甲申	乙酉	丙戌	丁亥	戊子	己丑	庚寅	辛卯	壬辰	癸巳	甲午	乙未	丙申	丁酉	戊戌	己亥	庚子	辛丑	壬寅	癸卯	甲辰	乙巳	丙午	丁未	戊申
9	己酉	庚戌	辛亥	壬子	癸丑	甲寅	乙卯	丙辰	丁巳	戊午	己未	庚申	辛酉	壬戌	癸亥	甲子	乙丑	丙寅	丁卯	戊辰	己巳	庚午	辛未	壬申	癸酉	甲戌	乙亥	丙子	丁丑	戊寅	
10	己卯	庚辰	辛巳	壬午	癸未	甲申	乙酉	丙戌	丁亥	戊子	己丑	庚寅	辛卯	壬辰	癸巳	甲午	乙未	丙申	丁酉	戊戌	己亥	庚子	辛丑	壬寅	癸卯	甲辰	乙巳	丙午	丁未	戊申	己酉
11	庚戌	辛亥	壬子	癸丑	甲寅	乙卯	丙辰	丁巳	戊午	己未	庚申	辛酉	壬戌	癸亥	甲子	乙丑	丙寅	丁卯	戊辰	己巳	庚午	辛未	壬申	癸酉	甲戌	乙亥	丙子	丁丑	戊寅	己卯	
12	庚辰	辛巳	壬午	癸未	甲申	乙酉	丙戌	丁亥	戊子	己丑	庚寅	辛卯	壬辰	癸巳	甲午	乙未	丙申	丁酉	戊戌	己亥	庚子	辛丑	壬寅	癸卯	甲辰	乙巳	丙午	丁未	戊申	己酉	庚戌

2010年　庚寅年　蔵干(戊・丙・甲)　立春2月4日07時48分

	1	2	3	4	5	6	7	8	9	10	11	12	13	14	15	16	17	18	19	20	21	22	23	24	25	26	27	28	29	30	31
1	辛亥	壬子	癸丑	甲寅	乙卯	丙辰	丁巳	戊午	己未	庚申	辛酉	壬戌	癸亥	甲子	乙丑	丙寅	丁卯	戊辰	己巳	庚午	辛未	壬申	癸酉	甲戌	乙亥	丙子	丁丑	戊寅	己卯	庚辰	辛巳
2	壬午	癸未	甲申	乙酉	丙戌	丁亥	戊子	己丑	庚寅	辛卯	壬辰	癸巳	甲午	乙未	丙申	丁酉	戊戌	己亥	庚子	辛丑	壬寅	癸卯	甲辰	乙巳	丙午	丁未	戊申	己酉			
3	庚戌	辛亥	壬子	癸丑	甲寅	乙卯	丙辰	丁巳	戊午	己未	庚申	辛酉	壬戌	癸亥	甲子	乙丑	丙寅	丁卯	戊辰	己巳	庚午	辛未	壬申	癸酉	甲戌	乙亥	丙子	丁丑	戊寅	己卯	庚辰
4	辛巳	壬午	癸未	甲申	乙酉	丙戌	丁亥	戊子	己丑	庚寅	辛卯	壬辰	癸巳	甲午	乙未	丙申	丁酉	戊戌	己亥	庚子	辛丑	壬寅	癸卯	甲辰	乙巳	丙午	丁未	戊申	己酉	庚戌	
5	辛亥	壬子	癸丑	甲寅	乙卯	丙辰	丁巳	戊午	己未	庚申	辛酉	壬戌	癸亥	甲子	乙丑	丙寅	丁卯	戊辰	己巳	庚午	辛未	壬申	癸酉	甲戌	乙亥	丙子	丁丑	戊寅	己卯	庚辰	辛巳
6	壬午	癸未	甲申	乙酉	丙戌	丁亥	戊子	己丑	庚寅	辛卯	壬辰	癸巳	甲午	乙未	丙申	丁酉	戊戌	己亥	庚子	辛丑	壬寅	癸卯	甲辰	乙巳	丙午	丁未	戊申	己酉	庚戌	辛亥	
7	壬子	癸丑	甲寅	乙卯	丙辰	丁巳	戊午	己未	庚申	辛酉	壬戌	癸亥	甲子	乙丑	丙寅	丁卯	戊辰	己巳	庚午	辛未	壬申	癸酉	甲戌	乙亥	丙子	丁丑	戊寅	己卯	庚辰	辛巳	壬午
8	癸未	甲申	乙酉	丙戌	丁亥	戊子	己丑	庚寅	辛卯	壬辰	癸巳	甲午	乙未	丙申	丁酉	戊戌	己亥	庚子	辛丑	壬寅	癸卯	甲辰	乙巳	丙午	丁未	戊申	己酉	庚戌	辛亥	壬子	癸丑
9	甲寅	乙卯	丙辰	丁巳	戊午	己未	庚申	辛酉	壬戌	癸亥	甲子	乙丑	丙寅	丁卯	戊辰	己巳	庚午	辛未	壬申	癸酉	甲戌	乙亥	丙子	丁丑	戊寅	己卯	庚辰	辛巳	壬午	癸未	
10	甲申	乙酉	丙戌	丁亥	戊子	己丑	庚寅	辛卯	壬辰	癸巳	甲午	乙未	丙申	丁酉	戊戌	己亥	庚子	辛丑	壬寅	癸卯	甲辰	乙巳	丙午	丁未	戊申	己酉	庚戌	辛亥	壬子	癸丑	甲寅
11	乙卯	丙辰	丁巳	戊午	己未	庚申	辛酉	壬戌	癸亥	甲子	乙丑	丙寅	丁卯	戊辰	己巳	庚午	辛未	壬申	癸酉	甲戌	乙亥	丙子	丁丑	戊寅	己卯	庚辰	辛巳	壬午	癸未	甲申	
12	乙酉	丙戌	丁亥	戊子	己丑	庚寅	辛卯	壬辰	癸巳	甲午	乙未	丙申	丁酉	戊戌	己亥	庚子	辛丑	壬寅	癸卯	甲辰	乙巳	丙午	丁未	戊申	己酉	庚戌	辛亥	壬子	癸丑	甲寅	乙卯

2011年　辛卯年　蔵干(　・　・乙)　立春2月4日13時33分

	1	2	3	4	5	6	7	8	9	10	11	12	13	14	15	16	17	18	19	20	21	22	23	24	25	26	27	28	29	30	31
1	丙辰	丁巳	戊午	己未	庚申	辛酉	壬戌	癸亥	甲子	乙丑	丙寅	丁卯	戊辰	己巳	庚午	辛未	壬申	癸酉	甲戌	乙亥	丙子	丁丑	戊寅	己卯	庚辰	辛巳	壬午	癸未	甲申	乙酉	丙戌
2	丁亥	戊子	己丑	庚寅	辛卯	壬辰	癸巳	甲午	乙未	丙申	丁酉	戊戌	己亥	庚子	辛丑	壬寅	癸卯	甲辰	乙巳	丙午	丁未	戊申	己酉	庚戌	辛亥	壬子	癸丑	甲寅			
3	乙卯	丙辰	丁巳	戊午	己未	庚申	辛酉	壬戌	癸亥	甲子	乙丑	丙寅	丁卯	戊辰	己巳	庚午	辛未	壬申	癸酉	甲戌	乙亥	丙子	丁丑	戊寅	己卯	庚辰	辛巳	壬午	癸未	甲申	乙酉
4	丙戌	丁亥	戊子	己丑	庚寅	辛卯	壬辰	癸巳	甲午	乙未	丙申	丁酉	戊戌	己亥	庚子	辛丑	壬寅	癸卯	甲辰	乙巳	丙午	丁未	戊申	己酉	庚戌	辛亥	壬子	癸丑	甲寅	乙卯	
5	丙辰	丁巳	戊午	己未	庚申	辛酉	壬戌	癸亥	甲子	乙丑	丙寅	丁卯	戊辰	己巳	庚午	辛未	壬申	癸酉	甲戌	乙亥	丙子	丁丑	戊寅	己卯	庚辰	辛巳	壬午	癸未	甲申	乙酉	丙戌
6	丁亥	戊子	己丑	庚寅	辛卯	壬辰	癸巳	甲午	乙未	丙申	丁酉	戊戌	己亥	庚子	辛丑	壬寅	癸卯	甲辰	乙巳	丙午	丁未	戊申	己酉	庚戌	辛亥	壬子	癸丑	甲寅	乙卯	丙辰	
7	丁巳	戊午	己未	庚申	辛酉	壬戌	癸亥	甲子	乙丑	丙寅	丁卯	戊辰	己巳	庚午	辛未	壬申	癸酉	甲戌	乙亥	丙子	丁丑	戊寅	己卯	庚辰	辛巳	壬午	癸未	甲申	乙酉	丙戌	丁亥
8	戊子	己丑	庚寅	辛卯	壬辰	癸巳	甲午	乙未	丙申	丁酉	戊戌	己亥	庚子	辛丑	壬寅	癸卯	甲辰	乙巳	丙午	丁未	戊申	己酉	庚戌	辛亥	壬子	癸丑	甲寅	乙卯	丙辰	丁巳	戊午
9	己未	庚申	辛酉	壬戌	癸亥	甲子	乙丑	丙寅	丁卯	戊辰	己巳	庚午	辛未	壬申	癸酉	甲戌	乙亥	丙子	丁丑	戊寅	己卯	庚辰	辛巳	壬午	癸未	甲申	乙酉	丙戌	丁亥	戊子	
10	己丑	庚寅	辛卯	壬辰	癸巳	甲午	乙未	丙申	丁酉	戊戌	己亥	庚子	辛丑	壬寅	癸卯	甲辰	乙巳	丙午	丁未	戊申	己酉	庚戌	辛亥	壬子	癸丑	甲寅	乙卯	丙辰	丁巳	戊午	己未
11	庚申	辛酉	壬戌	癸亥	甲子	乙丑	丙寅	丁卯	戊辰	己巳	庚午	辛未	壬申	癸酉	甲戌	乙亥	丙子	丁丑	戊寅	己卯	庚辰	辛巳	壬午	癸未	甲申	乙酉	丙戌	丁亥	戊子	己丑	
12	庚寅	辛卯	壬辰	癸巳	甲午	乙未	丙申	丁酉	戊戌	己亥	庚子	辛丑	壬寅	癸卯	甲辰	乙巳	丙午	丁未	戊申	己酉	庚戌	辛亥	壬子	癸丑	甲寅	乙卯	丙辰	丁巳	戊午	己未	庚申

2012年　壬辰年　蔵干(乙・癸・戊)　立春2月4日19時22分

	1	2	3	4	5	6	7	8	9	10	11	12	13	14	15	16	17	18	19	20	21	22	23	24	25	26	27	28	29	30	31
1	辛酉	壬戌	癸亥	甲子	乙丑	丙寅	丁卯	戊辰	己巳	庚午	辛未	壬申	癸酉	甲戌	乙亥	丙子	丁丑	戊寅	己卯	庚辰	辛巳	壬午	癸未	甲申	乙酉	丙戌	丁亥	戊子	己丑	庚寅	辛卯
2	壬辰	癸巳	甲午	乙未	丙申	丁酉	戊戌	己亥	庚子	辛丑	壬寅	癸卯	甲辰	乙巳	丙午	丁未	戊申	己酉	庚戌	辛亥	壬子	癸丑	甲寅	乙卯	丙辰	丁巳	戊午	己未	庚申		
3	辛酉	壬戌	癸亥	甲子	乙丑	丙寅	丁卯	戊辰	己巳	庚午	辛未	壬申	癸酉	甲戌	乙亥	丙子	丁丑	戊寅	己卯	庚辰	辛巳	壬午	癸未	甲申	乙酉	丙戌	丁亥	戊子	己丑	庚寅	辛卯
4	壬辰	癸巳	甲午	乙未	丙申	丁酉	戊戌	己亥	庚子	辛丑	壬寅	癸卯	甲辰	乙巳	丙午	丁未	戊申	己酉	庚戌	辛亥	壬子	癸丑	甲寅	乙卯	丙辰	丁巳	戊午	己未	庚申	辛酉	
5	壬戌	癸亥	甲子	乙丑	丙寅	丁卯	戊辰	己巳	庚午	辛未	壬申	癸酉	甲戌	乙亥	丙子	丁丑	戊寅	己卯	庚辰	辛巳	壬午	癸未	甲申	乙酉	丙戌	丁亥	戊子	己丑	庚寅	辛卯	壬辰
6	癸巳	甲午	乙未	丙申	丁酉	戊戌	己亥	庚子	辛丑	壬寅	癸卯	甲辰	乙巳	丙午	丁未	戊申	己酉	庚戌	辛亥	壬子	癸丑	甲寅	乙卯	丙辰	丁巳	戊午	己未	庚申	辛酉	壬戌	
7	癸亥	甲子	乙丑	丙寅	丁卯	戊辰	己巳	庚午	辛未	壬申	癸酉	甲戌	乙亥	丙子	丁丑	戊寅	己卯	庚辰	辛巳	壬午	癸未	甲申	乙酉	丙戌	丁亥	戊子	己丑	庚寅	辛卯	壬辰	癸巳
8	甲午	乙未	丙申	丁酉	戊戌	己亥	庚子	辛丑	壬寅	癸卯	甲辰	乙巳	丙午	丁未	戊申	己酉	庚戌	辛亥	壬子	癸丑	甲寅	乙卯	丙辰	丁巳	戊午	己未	庚申	辛酉	壬戌	癸亥	甲子
9	乙丑	丙寅	丁卯	戊辰	己巳	庚午	辛未	壬申	癸酉	甲戌	乙亥	丙子	丁丑	戊寅	己卯	庚辰	辛巳	壬午	癸未	甲申	乙酉	丙戌	丁亥	戊子	己丑	庚寅	辛卯	壬辰	癸巳	甲午	
10	乙未	丙申	丁酉	戊戌	己亥	庚子	辛丑	壬寅	癸卯	甲辰	乙巳	丙午	丁未	戊申	己酉	庚戌	辛亥	壬子	癸丑	甲寅	乙卯	丙辰	丁巳	戊午	己未	庚申	辛酉	壬戌	癸亥	甲子	乙丑
11	丙寅	丁卯	戊辰	己巳	庚午	辛未	壬申	癸酉	甲戌	乙亥	丙子	丁丑	戊寅	己卯	庚辰	辛巳	壬午	癸未	甲申	乙酉	丙戌	丁亥	戊子	己丑	庚寅	辛卯	壬辰	癸巳	甲午	乙未	
12	丙申	丁酉	戊戌	己亥	庚子	辛丑	壬寅	癸卯	甲辰	乙巳	丙午	丁未	戊申	己酉	庚戌	辛亥	壬子	癸丑	甲寅	乙卯	丙辰	丁巳	戊午	己未	庚申	辛酉	壬戌	癸亥	甲子	乙丑	丙寅

2013年　癸巳年　蔵干(戊・庚・丙)　立春2月4日01時13分

	1	2	3	4	5	6	7	8	9	10	11	12	13	14	15	16	17	18	19	20	21	22	23	24	25	26	27	28	29	30	31
1	丁卯	戊辰	己巳	庚午	辛未	壬申	癸酉	甲戌	乙亥	丙子	丁丑	戊寅	己卯	庚辰	辛巳	壬午	癸未	甲申	乙酉	丙戌	丁亥	戊子	己丑	庚寅	辛卯	壬辰	癸巳	甲午	乙未	丙申	丁酉
2	戊戌	己亥	庚子	辛丑	壬寅	癸卯	甲辰	乙巳	丙午	丁未	戊申	己酉	庚戌	辛亥	壬子	癸丑	甲寅	乙卯	丙辰	丁巳	戊午	己未	庚申	辛酉	壬戌	癸亥	甲子	乙丑			
3	丙寅	丁卯	戊辰	己巳	庚午	辛未	壬申	癸酉	甲戌	乙亥	丙子	丁丑	戊寅	己卯	庚辰	辛巳	壬午	癸未	甲申	乙酉	丙戌	丁亥	戊子	己丑	庚寅	辛卯	壬辰	癸巳	甲午	乙未	丙申
4	丁酉	戊戌	己亥	庚子	辛丑	壬寅	癸卯	甲辰	乙巳	丙午	丁未	戊申	己酉	庚戌	辛亥	壬子	癸丑	甲寅	乙卯	丙辰	丁巳	戊午	己未	庚申	辛酉	壬戌	癸亥	甲子	乙丑	丙寅	
5	丁卯	戊辰	己巳	庚午	辛未	壬申	癸酉	甲戌	乙亥	丙子	丁丑	戊寅	己卯	庚辰	辛巳	壬午	癸未	甲申	乙酉	丙戌	丁亥	戊子	己丑	庚寅	辛卯	壬辰	癸巳	甲午	乙未	丙申	丁酉
6	戊戌	己亥	庚子	辛丑	壬寅	癸卯	甲辰	乙巳	丙午	丁未	戊申	己酉	庚戌	辛亥	壬子	癸丑	甲寅	乙卯	丙辰	丁巳	戊午	己未	庚申	辛酉	壬戌	癸亥	甲子	乙丑	丙寅	丁卯	
7	戊辰	己巳	庚午	辛未	壬申	癸酉	甲戌	乙亥	丙子	丁丑	戊寅	己卯	庚辰	辛巳	壬午	癸未	甲申	乙酉	丙戌	丁亥	戊子	己丑	庚寅	辛卯	壬辰	癸巳	甲午	乙未	丙申	丁酉	戊戌
8	己亥	庚子	辛丑	壬寅	癸卯	甲辰	乙巳	丙午	丁未	戊申	己酉	庚戌	辛亥	壬子	癸丑	甲寅	乙卯	丙辰	丁巳	戊午	己未	庚申	辛酉	壬戌	癸亥	甲子	乙丑	丙寅	丁卯	戊辰	己巳
9	庚午	辛未	壬申	癸酉	甲戌	乙亥	丙子	丁丑	戊寅	己卯	庚辰	辛巳	壬午	癸未	甲申	乙酉	丙戌	丁亥	戊子	己丑	庚寅	辛卯	壬辰	癸巳	甲午	乙未	丙申	丁酉	戊戌	己亥	
10	庚子	辛丑	壬寅	癸卯	甲辰	乙巳	丙午	丁未	戊申	己酉	庚戌	辛亥	壬子	癸丑	甲寅	乙卯	丙辰	丁巳	戊午	己未	庚申	辛酉	壬戌	癸亥	甲子	乙丑	丙寅	丁卯	戊辰	己巳	庚午
11	辛未	壬申	癸酉	甲戌	乙亥	丙子	丁丑	戊寅	己卯	庚辰	辛巳	壬午	癸未	甲申	乙酉	丙戌	丁亥	戊子	己丑	庚寅	辛卯	壬辰	癸巳	甲午	乙未	丙申	丁酉	戊戌	己亥	庚子	
12	辛丑	壬寅	癸卯	甲辰	乙巳	丙午	丁未	戊申	己酉	庚戌	辛亥	壬子	癸丑	甲寅	乙卯	丙辰	丁巳	戊午	己未	庚申	辛酉	壬戌	癸亥	甲子	乙丑	丙寅	丁卯	戊辰	己巳	庚午	辛未

附表２　日干支表

2014年　甲午年　蔵干(　・己・丁)　立春2月4日07時03分

	1	2	3	4	5	6	7	8	9	10	11	12	13	14	15	16	17	18	19	20	21	22	23	24	25	26	27	28	29	30	31
1	壬申	癸酉	甲戌	乙亥	丙子	丁丑	戊寅	己卯	庚辰	辛巳	壬午	癸未	甲申	乙酉	丙戌	丁亥	戊子	己丑	庚寅	辛卯	壬辰	癸巳	甲午	乙未	丙申	丁酉	戊戌	己亥	庚子	辛丑	壬寅
2	癸卯	甲辰	乙巳	丙午	丁未	戊申	己酉	庚戌	辛亥	壬子	癸丑	甲寅	乙卯	丙辰	丁巳	戊午	己未	庚申	辛酉	壬戌	癸亥	甲子	乙丑	丙寅	丁卯	戊辰	己巳	庚午			
3	辛未	壬申	癸酉	甲戌	乙亥	丙子	丁丑	戊寅	己卯	庚辰	辛巳	壬午	癸未	甲申	乙酉	丙戌	丁亥	戊子	己丑	庚寅	辛卯	壬辰	癸巳	甲午	乙未	丙申	丁酉	戊戌	己亥	庚子	辛丑
4	壬寅	癸卯	甲辰	乙巳	丙午	丁未	戊申	己酉	庚戌	辛亥	壬子	癸丑	甲寅	乙卯	丙辰	丁巳	戊午	己未	庚申	辛酉	壬戌	癸亥	甲子	乙丑	丙寅	丁卯	戊辰	己巳	庚午	辛未	
5	壬申	癸酉	甲戌	乙亥	丙子	丁丑	戊寅	己卯	庚辰	辛巳	壬午	癸未	甲申	乙酉	丙戌	丁亥	戊子	己丑	庚寅	辛卯	壬辰	癸巳	甲午	乙未	丙申	丁酉	戊戌	己亥	庚子	辛丑	壬寅
6	癸卯	甲辰	乙巳	丙午	丁未	戊申	己酉	庚戌	辛亥	壬子	癸丑	甲寅	乙卯	丙辰	丁巳	戊午	己未	庚申	辛酉	壬戌	癸亥	甲子	乙丑	丙寅	丁卯	戊辰	己巳	庚午	辛未	壬申	
7	癸酉	甲戌	乙亥	丙子	丁丑	戊寅	己卯	庚辰	辛巳	壬午	癸未	甲申	乙酉	丙戌	丁亥	戊子	己丑	庚寅	辛卯	壬辰	癸巳	甲午	乙未	丙申	丁酉	戊戌	己亥	庚子	辛丑	壬寅	癸卯
8	甲辰	乙巳	丙午	丁未	戊申	己酉	庚戌	辛亥	壬子	癸丑	甲寅	乙卯	丙辰	丁巳	戊午	己未	庚申	辛酉	壬戌	癸亥	甲子	乙丑	丙寅	丁卯	戊辰	己巳	庚午	辛未	壬申	癸酉	甲戌
9	乙亥	丙子	丁丑	戊寅	己卯	庚辰	辛巳	壬午	癸未	甲申	乙酉	丙戌	丁亥	戊子	己丑	庚寅	辛卯	壬辰	癸巳	甲午	乙未	丙申	丁酉	戊戌	己亥	庚子	辛丑	壬寅	癸卯	甲辰	
10	乙巳	丙午	丁未	戊申	己酉	庚戌	辛亥	壬子	癸丑	甲寅	乙卯	丙辰	丁巳	戊午	己未	庚申	辛酉	壬戌	癸亥	甲子	乙丑	丙寅	丁卯	戊辰	己巳	庚午	辛未	壬申	癸酉	甲戌	乙亥
11	丙子	丁丑	戊寅	己卯	庚辰	辛巳	壬午	癸未	甲申	乙酉	丙戌	丁亥	戊子	己丑	庚寅	辛卯	壬辰	癸巳	甲午	乙未	丙申	丁酉	戊戌	己亥	庚子	辛丑	壬寅	癸卯	甲辰	乙巳	
12	丙午	丁未	戊申	己酉	庚戌	辛亥	壬子	癸丑	甲寅	乙卯	丙辰	丁巳	戊午	己未	庚申	辛酉	壬戌	癸亥	甲子	乙丑	丙寅	丁卯	戊辰	己巳	庚午	辛未	壬申	癸酉	甲戌	乙亥	丙子

2015年　乙未年　蔵干(丁・乙・己)　立春2月4日12時58分

	1	2	3	4	5	6	7	8	9	10	11	12	13	14	15	16	17	18	19	20	21	22	23	24	25	26	27	28	29	30	31
1	丁丑	戊寅	己卯	庚辰	辛巳	壬午	癸未	甲申	乙酉	丙戌	丁亥	戊子	己丑	庚寅	辛卯	壬辰	癸巳	甲午	乙未	丙申	丁酉	戊戌	己亥	庚子	辛丑	壬寅	癸卯	甲辰	乙巳	丙午	丁未
2	戊申	己酉	庚戌	辛亥	壬子	癸丑	甲寅	乙卯	丙辰	丁巳	戊午	己未	庚申	辛酉	壬戌	癸亥	甲子	乙丑	丙寅	丁卯	戊辰	己巳	庚午	辛未	壬申	癸酉	甲戌	乙亥			
3	丙子	丁丑	戊寅	己卯	庚辰	辛巳	壬午	癸未	甲申	乙酉	丙戌	丁亥	戊子	己丑	庚寅	辛卯	壬辰	癸巳	甲午	乙未	丙申	丁酉	戊戌	己亥	庚子	辛丑	壬寅	癸卯	甲辰	乙巳	丙午
4	丁未	戊申	己酉	庚戌	辛亥	壬子	癸丑	甲寅	乙卯	丙辰	丁巳	戊午	己未	庚申	辛酉	壬戌	癸亥	甲子	乙丑	丙寅	丁卯	戊辰	己巳	庚午	辛未	壬申	癸酉	甲戌	乙亥	丙子	
5	丁丑	戊寅	己卯	庚辰	辛巳	壬午	癸未	甲申	乙酉	丙戌	丁亥	戊子	己丑	庚寅	辛卯	壬辰	癸巳	甲午	乙未	丙申	丁酉	戊戌	己亥	庚子	辛丑	壬寅	癸卯	甲辰	乙巳	丙午	丁未
6	戊申	己酉	庚戌	辛亥	壬子	癸丑	甲寅	乙卯	丙辰	丁巳	戊午	己未	庚申	辛酉	壬戌	癸亥	甲子	乙丑	丙寅	丁卯	戊辰	己巳	庚午	辛未	壬申	癸酉	甲戌	乙亥	丙子	丁丑	
7	戊寅	己卯	庚辰	辛巳	壬午	癸未	甲申	乙酉	丙戌	丁亥	戊子	己丑	庚寅	辛卯	壬辰	癸巳	甲午	乙未	丙申	丁酉	戊戌	己亥	庚子	辛丑	壬寅	癸卯	甲辰	乙巳	丙午	丁未	戊申
8	己酉	庚戌	辛亥	壬子	癸丑	甲寅	乙卯	丙辰	丁巳	戊午	己未	庚申	辛酉	壬戌	癸亥	甲子	乙丑	丙寅	丁卯	戊辰	己巳	庚午	辛未	壬申	癸酉	甲戌	乙亥	丙子	丁丑	戊寅	己卯
9	庚辰	辛巳	壬午	癸未	甲申	乙酉	丙戌	丁亥	戊子	己丑	庚寅	辛卯	壬辰	癸巳	甲午	乙未	丙申	丁酉	戊戌	己亥	庚子	辛丑	壬寅	癸卯	甲辰	乙巳	丙午	丁未	戊申	己酉	
10	庚戌	辛亥	壬子	癸丑	甲寅	乙卯	丙辰	丁巳	戊午	己未	庚申	辛酉	壬戌	癸亥	甲子	乙丑	丙寅	丁卯	戊辰	己巳	庚午	辛未	壬申	癸酉	甲戌	乙亥	丙子	丁丑	戊寅	己卯	庚辰
11	辛巳	壬午	癸未	甲申	乙酉	丙戌	丁亥	戊子	己丑	庚寅	辛卯	壬辰	癸巳	甲午	乙未	丙申	丁酉	戊戌	己亥	庚子	辛丑	壬寅	癸卯	甲辰	乙巳	丙午	丁未	戊申	己酉	庚戌	
12	辛亥	壬子	癸丑	甲寅	乙卯	丙辰	丁巳	戊午	己未	庚申	辛酉	壬戌	癸亥	甲子	乙丑	丙寅	丁卯	戊辰	己巳	庚午	辛未	壬申	癸酉	甲戌	乙亥	丙子	丁丑	戊寅	己卯	庚辰	辛巳

2016年　丙申年　蔵干(己・壬・庚)　立春2月4日18時46分

	1	2	3	4	5	6	7	8	9	10	11	12	13	14	15	16	17	18	19	20	21	22	23	24	25	26	27	28	29	30	31
1	壬午	癸未	甲申	乙酉	丙戌	丁亥	戊子	己丑	庚寅	辛卯	壬辰	癸巳	甲午	乙未	丙申	丁酉	戊戌	己亥	庚子	辛丑	壬寅	癸卯	甲辰	乙巳	丙午	丁未	戊申	己酉	庚戌	辛亥	壬子
2	癸丑	甲寅	乙卯	丙辰	丁巳	戊午	己未	庚申	辛酉	壬戌	癸亥	甲子	乙丑	丙寅	丁卯	戊辰	己巳	庚午	辛未	壬申	癸酉	甲戌	乙亥	丙子	丁丑	戊寅	己卯	庚辰	辛巳		
3	壬午	癸未	甲申	乙酉	丙戌	丁亥	戊子	己丑	庚寅	辛卯	壬辰	癸巳	甲午	乙未	丙申	丁酉	戊戌	己亥	庚子	辛丑	壬寅	癸卯	甲辰	乙巳	丙午	丁未	戊申	己酉	庚戌	辛亥	壬子
4	癸丑	甲寅	乙卯	丙辰	丁巳	戊午	己未	庚申	辛酉	壬戌	癸亥	甲子	乙丑	丙寅	丁卯	戊辰	己巳	庚午	辛未	壬申	癸酉	甲戌	乙亥	丙子	丁丑	戊寅	己卯	庚辰	辛巳	壬午	
5	癸未	甲申	乙酉	丙戌	丁亥	戊子	己丑	庚寅	辛卯	壬辰	癸巳	甲午	乙未	丙申	丁酉	戊戌	己亥	庚子	辛丑	壬寅	癸卯	甲辰	乙巳	丙午	丁未	戊申	己酉	庚戌	辛亥	壬子	癸丑
6	甲寅	乙卯	丙辰	丁巳	戊午	己未	庚申	辛酉	壬戌	癸亥	甲子	乙丑	丙寅	丁卯	戊辰	己巳	庚午	辛未	壬申	癸酉	甲戌	乙亥	丙子	丁丑	戊寅	己卯	庚辰	辛巳	壬午	癸未	
7	甲申	乙酉	丙戌	丁亥	戊子	己丑	庚寅	辛卯	壬辰	癸巳	甲午	乙未	丙申	丁酉	戊戌	己亥	庚子	辛丑	壬寅	癸卯	甲辰	乙巳	丙午	丁未	戊申	己酉	庚戌	辛亥	壬子	癸丑	甲寅
8	乙卯	丙辰	丁巳	戊午	己未	庚申	辛酉	壬戌	癸亥	甲子	乙丑	丙寅	丁卯	戊辰	己巳	庚午	辛未	壬申	癸酉	甲戌	乙亥	丙子	丁丑	戊寅	己卯	庚辰	辛巳	壬午	癸未	甲申	乙酉
9	丙戌	丁亥	戊子	己丑	庚寅	辛卯	壬辰	癸巳	甲午	乙未	丙申	丁酉	戊戌	己亥	庚子	辛丑	壬寅	癸卯	甲辰	乙巳	丙午	丁未	戊申	己酉	庚戌	辛亥	壬子	癸丑	甲寅	乙卯	
10	丙辰	丁巳	戊午	己未	庚申	辛酉	壬戌	癸亥	甲子	乙丑	丙寅	丁卯	戊辰	己巳	庚午	辛未	壬申	癸酉	甲戌	乙亥	丙子	丁丑	戊寅	己卯	庚辰	辛巳	壬午	癸未	甲申	乙酉	丙戌
11	丁亥	戊子	己丑	庚寅	辛卯	壬辰	癸巳	甲午	乙未	丙申	丁酉	戊戌	己亥	庚子	辛丑	壬寅	癸卯	甲辰	乙巳	丙午	丁未	戊申	己酉	庚戌	辛亥	壬子	癸丑	甲寅	乙卯	丙辰	
12	丁巳	戊午	己未	庚申	辛酉	壬戌	癸亥	甲子	乙丑	丙寅	丁卯	戊辰	己巳	庚午	辛未	壬申	癸酉	甲戌	乙亥	丙子	丁丑	戊寅	己卯	庚辰	辛巳	壬午	癸未	甲申	乙酉	丙戌	丁亥

2017年　丁酉年　蔵干(　・　・辛)　立春2月4日00時34分

	1	2	3	4	5	6	7	8	9	10	11	12	13	14	15	16	17	18	19	20	21	22	23	24	25	26	27	28	29	30	31
1	戊子	己丑	庚寅	辛卯	壬辰	癸巳	甲午	乙未	丙申	丁酉	戊戌	己亥	庚子	辛丑	壬寅	癸卯	甲辰	乙巳	丙午	丁未	戊申	己酉	庚戌	辛亥	壬子	癸丑	甲寅	乙卯	丙辰	丁巳	戊午
2	己未	庚申	辛酉	壬戌	癸亥	甲子	乙丑	丙寅	丁卯	戊辰	己巳	庚午	辛未	壬申	癸酉	甲戌	乙亥	丙子	丁丑	戊寅	己卯	庚辰	辛巳	壬午	癸未	甲申	乙酉	丙戌			
3	丁亥	戊子	己丑	庚寅	辛卯	壬辰	癸巳	甲午	乙未	丙申	丁酉	戊戌	己亥	庚子	辛丑	壬寅	癸卯	甲辰	乙巳	丙午	丁未	戊申	己酉	庚戌	辛亥	壬子	癸丑	甲寅	乙卯	丙辰	丁巳
4	戊午	己未	庚申	辛酉	壬戌	癸亥	甲子	乙丑	丙寅	丁卯	戊辰	己巳	庚午	辛未	壬申	癸酉	甲戌	乙亥	丙子	丁丑	戊寅	己卯	庚辰	辛巳	壬午	癸未	甲申	乙酉	丙戌	丁亥	
5	戊子	己丑	庚寅	辛卯	壬辰	癸巳	甲午	乙未	丙申	丁酉	戊戌	己亥	庚子	辛丑	壬寅	癸卯	甲辰	乙巳	丙午	丁未	戊申	己酉	庚戌	辛亥	壬子	癸丑	甲寅	乙卯	丙辰	丁巳	戊午
6	己未	庚申	辛酉	壬戌	癸亥	甲子	乙丑	丙寅	丁卯	戊辰	己巳	庚午	辛未	壬申	癸酉	甲戌	乙亥	丙子	丁丑	戊寅	己卯	庚辰	辛巳	壬午	癸未	甲申	乙酉	丙戌	丁亥	戊子	
7	己丑	庚寅	辛卯	壬辰	癸巳	甲午	乙未	丙申	丁酉	戊戌	己亥	庚子	辛丑	壬寅	癸卯	甲辰	乙巳	丙午	丁未	戊申	己酉	庚戌	辛亥	壬子	癸丑	甲寅	乙卯	丙辰	丁巳	戊午	己未
8	庚申	辛酉	壬戌	癸亥	甲子	乙丑	丙寅	丁卯	戊辰	己巳	庚午	辛未	壬申	癸酉	甲戌	乙亥	丙子	丁丑	戊寅	己卯	庚辰	辛巳	壬午	癸未	甲申	乙酉	丙戌	丁亥	戊子	己丑	庚寅
9	辛卯	壬辰	癸巳	甲午	乙未	丙申	丁酉	戊戌	己亥	庚子	辛丑	壬寅	癸卯	甲辰	乙巳	丙午	丁未	戊申	己酉	庚戌	辛亥	壬子	癸丑	甲寅	乙卯	丙辰	丁巳	戊午	己未	庚申	
10	辛酉	壬戌	癸亥	甲子	乙丑	丙寅	丁卯	戊辰	己巳	庚午	辛未	壬申	癸酉	甲戌	乙亥	丙子	丁丑	戊寅	己卯	庚辰	辛巳	壬午	癸未	甲申	乙酉	丙戌	丁亥	戊子	己丑	庚寅	辛卯
11	壬辰	癸巳	甲午	乙未	丙申	丁酉	戊戌	己亥	庚子	辛丑	壬寅	癸卯	甲辰	乙巳	丙午	丁未	戊申	己酉	庚戌	辛亥	壬子	癸丑	甲寅	乙卯	丙辰	丁巳	戊午	己未	庚申	辛酉	
12	壬戌	癸亥	甲子	乙丑	丙寅	丁卯	戊辰	己巳	庚午	辛未	壬申	癸酉	甲戌	乙亥	丙子	丁丑	戊寅	己卯	庚辰	辛巳	壬午	癸未	甲申	乙酉	丙戌	丁亥	戊子	己丑	庚寅	辛卯	壬辰

2018年　戊戌年　蔵干(辛・丁・戊)　立春2月4日06時28分

	1	2	3	4	5	6	7	8	9	10	11	12	13	14	15	16	17	18	19	20	21	22	23	24	25	26	27	28	29	30	31
1	癸巳	甲午	乙未	丙申	丁酉	戊戌	己亥	庚子	辛丑	壬寅	癸卯	甲辰	乙巳	丙午	丁未	戊申	己酉	庚戌	辛亥	壬子	癸丑	甲寅	乙卯	丙辰	丁巳	戊午	己未	庚申	辛酉	壬戌	癸亥
2	甲子	乙丑	丙寅	丁卯	戊辰	己巳	庚午	辛未	壬申	癸酉	甲戌	乙亥	丙子	丁丑	戊寅	己卯	庚辰	辛巳	壬午	癸未	甲申	乙酉	丙戌	丁亥	戊子	己丑	庚寅	辛卯			
3	壬辰	癸巳	甲午	乙未	丙申	丁酉	戊戌	己亥	庚子	辛丑	壬寅	癸卯	甲辰	乙巳	丙午	丁未	戊申	己酉	庚戌	辛亥	壬子	癸丑	甲寅	乙卯	丙辰	丁巳	戊午	己未	庚申	辛酉	壬戌
4	癸亥	甲子	乙丑	丙寅	丁卯	戊辰	己巳	庚午	辛未	壬申	癸酉	甲戌	乙亥	丙子	丁丑	戊寅	己卯	庚辰	辛巳	壬午	癸未	甲申	乙酉	丙戌	丁亥	戊子	己丑	庚寅	辛卯	壬辰	
5	癸巳	甲午	乙未	丙申	丁酉	戊戌	己亥	庚子	辛丑	壬寅	癸卯	甲辰	乙巳	丙午	丁未	戊申	己酉	庚戌	辛亥	壬子	癸丑	甲寅	乙卯	丙辰	丁巳	戊午	己未	庚申	辛酉	壬戌	癸亥
6	甲子	乙丑	丙寅	丁卯	戊辰	己巳	庚午	辛未	壬申	癸酉	甲戌	乙亥	丙子	丁丑	戊寅	己卯	庚辰	辛巳	壬午	癸未	甲申	乙酉	丙戌	丁亥	戊子	己丑	庚寅	辛卯	壬辰	癸巳	
7	甲午	乙未	丙申	丁酉	戊戌	己亥	庚子	辛丑	壬寅	癸卯	甲辰	乙巳	丙午	丁未	戊申	己酉	庚戌	辛亥	壬子	癸丑	甲寅	乙卯	丙辰	丁巳	戊午	己未	庚申	辛酉	壬戌	癸亥	甲子
8	乙丑	丙寅	丁卯	戊辰	己巳	庚午	辛未	壬申	癸酉	甲戌	乙亥	丙子	丁丑	戊寅	己卯	庚辰	辛巳	壬午	癸未	甲申	乙酉	丙戌	丁亥	戊子	己丑	庚寅	辛卯	壬辰	癸巳	甲午	乙未
9	丙申	丁酉	戊戌	己亥	庚子	辛丑	壬寅	癸卯	甲辰	乙巳	丙午	丁未	戊申	己酉	庚戌	辛亥	壬子	癸丑	甲寅	乙卯	丙辰	丁巳	戊午	己未	庚申	辛酉	壬戌	癸亥	甲子	乙丑	
10	丙寅	丁卯	戊辰	己巳	庚午	辛未	壬申	癸酉	甲戌	乙亥	丙子	丁丑	戊寅	己卯	庚辰	辛巳	壬午	癸未	甲申	乙酉	丙戌	丁亥	戊子	己丑	庚寅	辛卯	壬辰	癸巳	甲午	乙未	丙申
11	丁酉	戊戌	己亥	庚子	辛丑	壬寅	癸卯	甲辰	乙巳	丙午	丁未	戊申	己酉	庚戌	辛亥	壬子	癸丑	甲寅	乙卯	丙辰	丁巳	戊午	己未	庚申	辛酉	壬戌	癸亥	甲子	乙丑	丙寅	
12	丁卯	戊辰	己巳	庚午	辛未	壬申	癸酉	甲戌	乙亥	丙子	丁丑	戊寅	己卯	庚辰	辛巳	壬午	癸未	甲申	乙酉	丙戌	丁亥	戊子	己丑	庚寅	辛卯	壬辰	癸巳	甲午	乙未	丙申	丁酉

2019年　己亥年　蔵干(戊・甲・壬)　立春2月4日12時14分

	1	2	3	4	5	6	7	8	9	10	11	12	13	14	15	16	17	18	19	20	21	22	23	24	25	26	27	28	29	30	31
1	戊戌	己亥	庚子	辛丑	壬寅	癸卯	甲辰	乙巳	丙午	丁未	戊申	己酉	庚戌	辛亥	壬子	癸丑	甲寅	乙卯	丙辰	丁巳	戊午	己未	庚申	辛酉	壬戌	癸亥	甲子	乙丑	丙寅	丁卯	戊辰
2	己巳	庚午	辛未	壬申	癸酉	甲戌	乙亥	丙子	丁丑	戊寅	己卯	庚辰	辛巳	壬午	癸未	甲申	乙酉	丙戌	丁亥	戊子	己丑	庚寅	辛卯	壬辰	癸巳	甲午	乙未	丙申			
3	丁酉	戊戌	己亥	庚子	辛丑	壬寅	癸卯	甲辰	乙巳	丙午	丁未	戊申	己酉	庚戌	辛亥	壬子	癸丑	甲寅	乙卯	丙辰	丁巳	戊午	己未	庚申	辛酉	壬戌	癸亥	甲子	乙丑	丙寅	丁卯
4	戊辰	己巳	庚午	辛未	壬申	癸酉	甲戌	乙亥	丙子	丁丑	戊寅	己卯	庚辰	辛巳	壬午	癸未	甲申	乙酉	丙戌	丁亥	戊子	己丑	庚寅	辛卯	壬辰	癸巳	甲午	乙未	丙申	丁酉	
5	戊戌	己亥	庚子	辛丑	壬寅	癸卯	甲辰	乙巳	丙午	丁未	戊申	己酉	庚戌	辛亥	壬子	癸丑	甲寅	乙卯	丙辰	丁巳	戊午	己未	庚申	辛酉	壬戌	癸亥	甲子	乙丑	丙寅	丁卯	戊辰
6	己巳	庚午	辛未	壬申	癸酉	甲戌	乙亥	丙子	丁丑	戊寅	己卯	庚辰	辛巳	壬午	癸未	甲申	乙酉	丙戌	丁亥	戊子	己丑	庚寅	辛卯	壬辰	癸巳	甲午	乙未	丙申	丁酉	戊戌	
7	己亥	庚子	辛丑	壬寅	癸卯	甲辰	乙巳	丙午	丁未	戊申	己酉	庚戌	辛亥	壬子	癸丑	甲寅	乙卯	丙辰	丁巳	戊午	己未	庚申	辛酉	壬戌	癸亥	甲子	乙丑	丙寅	丁卯	戊辰	己巳
8	庚午	辛未	壬申	癸酉	甲戌	乙亥	丙子	丁丑	戊寅	己卯	庚辰	辛巳	壬午	癸未	甲申	乙酉	丙戌	丁亥	戊子	己丑	庚寅	辛卯	壬辰	癸巳	甲午	乙未	丙申	丁酉	戊戌	己亥	庚子
9	辛丑	壬寅	癸卯	甲辰	乙巳	丙午	丁未	戊申	己酉	庚戌	辛亥	壬子	癸丑	甲寅	乙卯	丙辰	丁巳	戊午	己未	庚申	辛酉	壬戌	癸亥	甲子	乙丑	丙寅	丁卯	戊辰	己巳	庚午	
10	辛未	壬申	癸酉	甲戌	乙亥	丙子	丁丑	戊寅	己卯	庚辰	辛巳	壬午	癸未	甲申	乙酉	丙戌	丁亥	戊子	己丑	庚寅	辛卯	壬辰	癸巳	甲午	乙未	丙申	丁酉	戊戌	己亥	庚子	辛丑
11	壬寅	癸卯	甲辰	乙巳	丙午	丁未	戊申	己酉	庚戌	辛亥	壬子	癸丑	甲寅	乙卯	丙辰	丁巳	戊午	己未	庚申	辛酉	壬戌	癸亥	甲子	乙丑	丙寅	丁卯	戊辰	己巳	庚午	辛未	
12	壬申	癸酉	甲戌	乙亥	丙子	丁丑	戊寅	己卯	庚辰	辛巳	壬午	癸未	甲申	乙酉	丙戌	丁亥	戊子	己丑	庚寅	辛卯	壬辰	癸巳	甲午	乙未	丙申	丁酉	戊戌	己亥	庚子	辛丑	壬寅

2020年　庚子年　蔵干(　・　・癸)　立春2月4日18時03分

	1	2	3	4	5	6	7	8	9	10	11	12	13	14	15	16	17	18	19	20	21	22	23	24	25	26	27	28	29	30	31
1	癸卯	甲辰	乙巳	丙午	丁未	戊申	己酉	庚戌	辛亥	壬子	癸丑	甲寅	乙卯	丙辰	丁巳	戊午	己未	庚申	辛酉	壬戌	癸亥	甲子	乙丑	丙寅	丁卯	戊辰	己巳	庚午	辛未	壬申	癸酉
2	甲戌	乙亥	丙子	丁丑	戊寅	己卯	庚辰	辛巳	壬午	癸未	甲申	乙酉	丙戌	丁亥	戊子	己丑	庚寅	辛卯	壬辰	癸巳	甲午	乙未	丙申	丁酉	戊戌	己亥	庚子	辛丑	壬寅		
3	癸卯	甲辰	乙巳	丙午	丁未	戊申	己酉	庚戌	辛亥	壬子	癸丑	甲寅	乙卯	丙辰	丁巳	戊午	己未	庚申	辛酉	壬戌	癸亥	甲子	乙丑	丙寅	丁卯	戊辰	己巳	庚午	辛未	壬申	癸酉
4	甲戌	乙亥	丙子	丁丑	戊寅	己卯	庚辰	辛巳	壬午	癸未	甲申	乙酉	丙戌	丁亥	戊子	己丑	庚寅	辛卯	壬辰	癸巳	甲午	乙未	丙申	丁酉	戊戌	己亥	庚子	辛丑	壬寅	癸卯	
5	甲辰	乙巳	丙午	丁未	戊申	己酉	庚戌	辛亥	壬子	癸丑	甲寅	乙卯	丙辰	丁巳	戊午	己未	庚申	辛酉	壬戌	癸亥	甲子	乙丑	丙寅	丁卯	戊辰	己巳	庚午	辛未	壬申	癸酉	甲戌
6	乙亥	丙子	丁丑	戊寅	己卯	庚辰	辛巳	壬午	癸未	甲申	乙酉	丙戌	丁亥	戊子	己丑	庚寅	辛卯	壬辰	癸巳	甲午	乙未	丙申	丁酉	戊戌	己亥	庚子	辛丑	壬寅	癸卯	甲辰	
7	乙巳	丙午	丁未	戊申	己酉	庚戌	辛亥	壬子	癸丑	甲寅	乙卯	丙辰	丁巳	戊午	己未	庚申	辛酉	壬戌	癸亥	甲子	乙丑	丙寅	丁卯	戊辰	己巳	庚午	辛未	壬申	癸酉	甲戌	乙亥
8	丙子	丁丑	戊寅	己卯	庚辰	辛巳	壬午	癸未	甲申	乙酉	丙戌	丁亥	戊子	己丑	庚寅	辛卯	壬辰	癸巳	甲午	乙未	丙申	丁酉	戊戌	己亥	庚子	辛丑	壬寅	癸卯	甲辰	乙巳	丙午
9	丁未	戊申	己酉	庚戌	辛亥	壬子	癸丑	甲寅	乙卯	丙辰	丁巳	戊午	己未	庚申	辛酉	壬戌	癸亥	甲子	乙丑	丙寅	丁卯	戊辰	己巳	庚午	辛未	壬申	癸酉	甲戌	乙亥	丙子	
10	丁丑	戊寅	己卯	庚辰	辛巳	壬午	癸未	甲申	乙酉	丙戌	丁亥	戊子	己丑	庚寅	辛卯	壬辰	癸巳	甲午	乙未	丙申	丁酉	戊戌	己亥	庚子	辛丑	壬寅	癸卯	甲辰	乙巳	丙午	丁未
11	戊申	己酉	庚戌	辛亥	壬子	癸丑	甲寅	乙卯	丙辰	丁巳	戊午	己未	庚申	辛酉	壬戌	癸亥	甲子	乙丑	丙寅	丁卯	戊辰	己巳	庚午	辛未	壬申	癸酉	甲戌	乙亥	丙子	丁丑	
12	戊寅	己卯	庚辰	辛巳	壬午	癸未	甲申	乙酉	丙戌	丁亥	戊子	己丑	庚寅	辛卯	壬辰	癸巳	甲午	乙未	丙申	丁酉	戊戌	己亥	庚子	辛丑	壬寅	癸卯	甲辰	乙巳	丙午	丁未	戊申

2021年　辛丑年　蔵干(癸・辛・己)　立春2月3日23時59分

	1	2	3	4	5	6	7	8	9	10	11	12	13	14	15	16	17	18	19	20	21	22	23	24	25	26	27	28	29	30	31
1	己酉	庚戌	辛亥	壬子	癸丑	甲寅	乙卯	丙辰	丁巳	戊午	己未	庚申	辛酉	壬戌	癸亥	甲子	乙丑	丙寅	丁卯	戊辰	己巳	庚午	辛未	壬申	癸酉	甲戌	乙亥	丙子	丁丑	戊寅	己卯
2	庚辰	辛巳	壬午	癸未	甲申	乙酉	丙戌	丁亥	戊子	己丑	庚寅	辛卯	壬辰	癸巳	甲午	乙未	丙申	丁酉	戊戌	己亥	庚子	辛丑	壬寅	癸卯	甲辰	乙巳	丙午	丁未			
3	戊申	己酉	庚戌	辛亥	壬子	癸丑	甲寅	乙卯	丙辰	丁巳	戊午	己未	庚申	辛酉	壬戌	癸亥	甲子	乙丑	丙寅	丁卯	戊辰	己巳	庚午	辛未	壬申	癸酉	甲戌	乙亥	丙子	丁丑	戊寅
4	己卯	庚辰	辛巳	壬午	癸未	甲申	乙酉	丙戌	丁亥	戊子	己丑	庚寅	辛卯	壬辰	癸巳	甲午	乙未	丙申	丁酉	戊戌	己亥	庚子	辛丑	壬寅	癸卯	甲辰	乙巳	丙午	丁未	戊申	
5	己酉	庚戌	辛亥	壬子	癸丑	甲寅	乙卯	丙辰	丁巳	戊午	己未	庚申	辛酉	壬戌	癸亥	甲子	乙丑	丙寅	丁卯	戊辰	己巳	庚午	辛未	壬申	癸酉	甲戌	乙亥	丙子	丁丑	戊寅	己卯
6	庚辰	辛巳	壬午	癸未	甲申	乙酉	丙戌	丁亥	戊子	己丑	庚寅	辛卯	壬辰	癸巳	甲午	乙未	丙申	丁酉	戊戌	己亥	庚子	辛丑	壬寅	癸卯	甲辰	乙巳	丙午	丁未	戊申	己酉	
7	庚戌	辛亥	壬子	癸丑	甲寅	乙卯	丙辰	丁巳	戊午	己未	庚申	辛酉	壬戌	癸亥	甲子	乙丑	丙寅	丁卯	戊辰	己巳	庚午	辛未	壬申	癸酉	甲戌	乙亥	丙子	丁丑	戊寅	己卯	庚辰
8	辛巳	壬午	癸未	甲申	乙酉	丙戌	丁亥	戊子	己丑	庚寅	辛卯	壬辰	癸巳	甲午	乙未	丙申	丁酉	戊戌	己亥	庚子	辛丑	壬寅	癸卯	甲辰	乙巳	丙午	丁未	戊申	己酉	庚戌	辛亥
9	壬子	癸丑	甲寅	乙卯	丙辰	丁巳	戊午	己未	庚申	辛酉	壬戌	癸亥	甲子	乙丑	丙寅	丁卯	戊辰	己巳	庚午	辛未	壬申	癸酉	甲戌	乙亥	丙子	丁丑	戊寅	己卯	庚辰	辛巳	
10	壬午	癸未	甲申	乙酉	丙戌	丁亥	戊子	己丑	庚寅	辛卯	壬辰	癸巳	甲午	乙未	丙申	丁酉	戊戌	己亥	庚子	辛丑	壬寅	癸卯	甲辰	乙巳	丙午	丁未	戊申	己酉	庚戌	辛亥	壬子
11	癸丑	甲寅	乙卯	丙辰	丁巳	戊午	己未	庚申	辛酉	壬戌	癸亥	甲子	乙丑	丙寅	丁卯	戊辰	己巳	庚午	辛未	壬申	癸酉	甲戌	乙亥	丙子	丁丑	戊寅	己卯	庚辰	辛巳	壬午	
12	癸未	甲申	乙酉	丙戌	丁亥	戊子	己丑	庚寅	辛卯	壬辰	癸巳	甲午	乙未	丙申	丁酉	戊戌	己亥	庚子	辛丑	壬寅	癸卯	甲辰	乙巳	丙午	丁未	戊申	己酉	庚戌	辛亥	壬子	癸丑

附表2　日干支表

2022年　壬寅年　蔵干(戊・丙・甲)　立春2月4日05時51分

	1	2	3	4	5	6	7	8	9	10	11	12	13	14	15	16	17	18	19	20	21	22	23	24	25	26	27	28	29	30	31
1	甲寅	乙卯	丙辰	丁巳	戊午	己未	庚申	辛酉	壬戌	癸亥	甲子	乙丑	丙寅	丁卯	戊辰	己巳	庚午	辛未	壬申	癸酉	甲戌	乙亥	丙子	丁丑	戊寅	己卯	庚辰	辛巳	壬午	癸未	甲申
2	乙酉	丙戌	丁亥	戊子	己丑	庚寅	辛卯	壬辰	癸巳	甲午	乙未	丙申	丁酉	戊戌	己亥	庚子	辛丑	壬寅	癸卯	甲辰	乙巳	丙午	丁未	戊申	己酉	庚戌	辛亥	壬子			
3	癸丑	甲寅	乙卯	丙辰	丁巳	戊午	己未	庚申	辛酉	壬戌	癸亥	甲子	乙丑	丙寅	丁卯	戊辰	己巳	庚午	辛未	壬申	癸酉	甲戌	乙亥	丙子	丁丑	戊寅	己卯	庚辰	辛巳	壬午	癸未
4	甲申	乙酉	丙戌	丁亥	戊子	己丑	庚寅	辛卯	壬辰	癸巳	甲午	乙未	丙申	丁酉	戊戌	己亥	庚子	辛丑	壬寅	癸卯	甲辰	乙巳	丙午	丁未	戊申	己酉	庚戌	辛亥	壬子	癸丑	
5	甲寅	乙卯	丙辰	丁巳	戊午	己未	庚申	辛酉	壬戌	癸亥	甲子	乙丑	丙寅	丁卯	戊辰	己巳	庚午	辛未	壬申	癸酉	甲戌	乙亥	丙子	丁丑	戊寅	己卯	庚辰	辛巳	壬午	癸未	甲申
6	乙酉	丙戌	丁亥	戊子	己丑	庚寅	辛卯	壬辰	癸巳	甲午	乙未	丙申	丁酉	戊戌	己亥	庚子	辛丑	壬寅	癸卯	甲辰	乙巳	丙午	丁未	戊申	己酉	庚戌	辛亥	壬子	癸丑	甲寅	
7	乙卯	丙辰	丁巳	戊午	己未	庚申	辛酉	壬戌	癸亥	甲子	乙丑	丙寅	丁卯	戊辰	己巳	庚午	辛未	壬申	癸酉	甲戌	乙亥	丙子	丁丑	戊寅	己卯	庚辰	辛巳	壬午	癸未	甲申	乙酉
8	丙戌	丁亥	戊子	己丑	庚寅	辛卯	壬辰	癸巳	甲午	乙未	丙申	丁酉	戊戌	己亥	庚子	辛丑	壬寅	癸卯	甲辰	乙巳	丙午	丁未	戊申	己酉	庚戌	辛亥	壬子	癸丑	甲寅	乙卯	丙辰
9	丁巳	戊午	己未	庚申	辛酉	壬戌	癸亥	甲子	乙丑	丙寅	丁卯	戊辰	己巳	庚午	辛未	壬申	癸酉	甲戌	乙亥	丙子	丁丑	戊寅	己卯	庚辰	辛巳	壬午	癸未	甲申	乙酉	丙戌	
10	丁亥	戊子	己丑	庚寅	辛卯	壬辰	癸巳	甲午	乙未	丙申	丁酉	戊戌	己亥	庚子	辛丑	壬寅	癸卯	甲辰	乙巳	丙午	丁未	戊申	己酉	庚戌	辛亥	壬子	癸丑	甲寅	乙卯	丙辰	丁巳
11	戊午	己未	庚申	辛酉	壬戌	癸亥	甲子	乙丑	丙寅	丁卯	戊辰	己巳	庚午	辛未	壬申	癸酉	甲戌	乙亥	丙子	丁丑	戊寅	己卯	庚辰	辛巳	壬午	癸未	甲申	乙酉	丙戌	丁亥	
12	戊子	己丑	庚寅	辛卯	壬辰	癸巳	甲午	乙未	丙申	丁酉	戊戌	己亥	庚子	辛丑	壬寅	癸卯	甲辰	乙巳	丙午	丁未	戊申	己酉	庚戌	辛亥	壬子	癸丑	甲寅	乙卯	丙辰	丁巳	戊午

2023年　癸卯年　蔵干(　・　・乙)　立春2月4日11時43分

	1	2	3	4	5	6	7	8	9	10	11	12	13	14	15	16	17	18	19	20	21	22	23	24	25	26	27	28	29	30	31
1	己未	庚申	辛酉	壬戌	癸亥	甲子	乙丑	丙寅	丁卯	戊辰	己巳	庚午	辛未	壬申	癸酉	甲戌	乙亥	丙子	丁丑	戊寅	己卯	庚辰	辛巳	壬午	癸未	甲申	乙酉	丙戌	丁亥	戊子	己丑
2	庚寅	辛卯	壬辰	癸巳	甲午	乙未	丙申	丁酉	戊戌	己亥	庚子	辛丑	壬寅	癸卯	甲辰	乙巳	丙午	丁未	戊申	己酉	庚戌	辛亥	壬子	癸丑	甲寅	乙卯	丙辰	丁巳			
3	戊午	己未	庚申	辛酉	壬戌	癸亥	甲子	乙丑	丙寅	丁卯	戊辰	己巳	庚午	辛未	壬申	癸酉	甲戌	乙亥	丙子	丁丑	戊寅	己卯	庚辰	辛巳	壬午	癸未	甲申	乙酉	丙戌	丁亥	戊子
4	己丑	庚寅	辛卯	壬辰	癸巳	甲午	乙未	丙申	丁酉	戊戌	己亥	庚子	辛丑	壬寅	癸卯	甲辰	乙巳	丙午	丁未	戊申	己酉	庚戌	辛亥	壬子	癸丑	甲寅	乙卯	丙辰	丁巳	戊午	
5	己未	庚申	辛酉	壬戌	癸亥	甲子	乙丑	丙寅	丁卯	戊辰	己巳	庚午	辛未	壬申	癸酉	甲戌	乙亥	丙子	丁丑	戊寅	己卯	庚辰	辛巳	壬午	癸未	甲申	乙酉	丙戌	丁亥	戊子	己丑
6	庚寅	辛卯	壬辰	癸巳	甲午	乙未	丙申	丁酉	戊戌	己亥	庚子	辛丑	壬寅	癸卯	甲辰	乙巳	丙午	丁未	戊申	己酉	庚戌	辛亥	壬子	癸丑	甲寅	乙卯	丙辰	丁巳	戊午	己未	
7	庚申	辛酉	壬戌	癸亥	甲子	乙丑	丙寅	丁卯	戊辰	己巳	庚午	辛未	壬申	癸酉	甲戌	乙亥	丙子	丁丑	戊寅	己卯	庚辰	辛巳	壬午	癸未	甲申	乙酉	丙戌	丁亥	戊子	己丑	庚寅
8	辛卯	壬辰	癸巳	甲午	乙未	丙申	丁酉	戊戌	己亥	庚子	辛丑	壬寅	癸卯	甲辰	乙巳	丙午	丁未	戊申	己酉	庚戌	辛亥	壬子	癸丑	甲寅	乙卯	丙辰	丁巳	戊午	己未	庚申	辛酉
9	壬戌	癸亥	甲子	乙丑	丙寅	丁卯	戊辰	己巳	庚午	辛未	壬申	癸酉	甲戌	乙亥	丙子	丁丑	戊寅	己卯	庚辰	辛巳	壬午	癸未	甲申	乙酉	丙戌	丁亥	戊子	己丑	庚寅	辛卯	
10	壬辰	癸巳	甲午	乙未	丙申	丁酉	戊戌	己亥	庚子	辛丑	壬寅	癸卯	甲辰	乙巳	丙午	丁未	戊申	己酉	庚戌	辛亥	壬子	癸丑	甲寅	乙卯	丙辰	丁巳	戊午	己未	庚申	辛酉	壬戌
11	癸亥	甲子	乙丑	丙寅	丁卯	戊辰	己巳	庚午	辛未	壬申	癸酉	甲戌	乙亥	丙子	丁丑	戊寅	己卯	庚辰	辛巳	壬午	癸未	甲申	乙酉	丙戌	丁亥	戊子	己丑	庚寅	辛卯	壬辰	
12	癸巳	甲午	乙未	丙申	丁酉	戊戌	己亥	庚子	辛丑	壬寅	癸卯	甲辰	乙巳	丙午	丁未	戊申	己酉	庚戌	辛亥	壬子	癸丑	甲寅	乙卯	丙辰	丁巳	戊午	己未	庚申	辛酉	壬戌	癸亥

2024年　甲辰年　蔵干(乙・癸・戊)　立春2月4日17時27分

	1	2	3	4	5	6	7	8	9	10	11	12	13	14	15	16	17	18	19	20	21	22	23	24	25	26	27	28	29	30	31
1	甲子	乙丑	丙寅	丁卯	戊辰	己巳	庚午	辛未	壬申	癸酉	甲戌	乙亥	丙子	丁丑	戊寅	己卯	庚辰	辛巳	壬午	癸未	甲申	乙酉	丙戌	丁亥	戊子	己丑	庚寅	辛卯	壬辰	癸巳	甲午
2	乙未	丙申	丁酉	戊戌	己亥	庚子	辛丑	壬寅	癸卯	甲辰	乙巳	丙午	丁未	戊申	己酉	庚戌	辛亥	壬子	癸丑	甲寅	乙卯	丙辰	丁巳	戊午	己未	庚申	辛酉	壬戌	癸亥		
3	甲子	乙丑	丙寅	丁卯	戊辰	己巳	庚午	辛未	壬申	癸酉	甲戌	乙亥	丙子	丁丑	戊寅	己卯	庚辰	辛巳	壬午	癸未	甲申	乙酉	丙戌	丁亥	戊子	己丑	庚寅	辛卯	壬辰	癸巳	甲午
4	乙未	丙申	丁酉	戊戌	己亥	庚子	辛丑	壬寅	癸卯	甲辰	乙巳	丙午	丁未	戊申	己酉	庚戌	辛亥	壬子	癸丑	甲寅	乙卯	丙辰	丁巳	戊午	己未	庚申	辛酉	壬戌	癸亥	甲子	
5	乙丑	丙寅	丁卯	戊辰	己巳	庚午	辛未	壬申	癸酉	甲戌	乙亥	丙子	丁丑	戊寅	己卯	庚辰	辛巳	壬午	癸未	甲申	乙酉	丙戌	丁亥	戊子	己丑	庚寅	辛卯	壬辰	癸巳	甲午	乙未
6	丙申	丁酉	戊戌	己亥	庚子	辛丑	壬寅	癸卯	甲辰	乙巳	丙午	丁未	戊申	己酉	庚戌	辛亥	壬子	癸丑	甲寅	乙卯	丙辰	丁巳	戊午	己未	庚申	辛酉	壬戌	癸亥	甲子	乙丑	
7	丙寅	丁卯	戊辰	己巳	庚午	辛未	壬申	癸酉	甲戌	乙亥	丙子	丁丑	戊寅	己卯	庚辰	辛巳	壬午	癸未	甲申	乙酉	丙戌	丁亥	戊子	己丑	庚寅	辛卯	壬辰	癸巳	甲午	乙未	丙申
8	丁酉	戊戌	己亥	庚子	辛丑	壬寅	癸卯	甲辰	乙巳	丙午	丁未	戊申	己酉	庚戌	辛亥	壬子	癸丑	甲寅	乙卯	丙辰	丁巳	戊午	己未	庚申	辛酉	壬戌	癸亥	甲子	乙丑	丙寅	丁卯
9	戊辰	己巳	庚午	辛未	壬申	癸酉	甲戌	乙亥	丙子	丁丑	戊寅	己卯	庚辰	辛巳	壬午	癸未	甲申	乙酉	丙戌	丁亥	戊子	己丑	庚寅	辛卯	壬辰	癸巳	甲午	乙未	丙申	丁酉	
10	戊戌	己亥	庚子	辛丑	壬寅	癸卯	甲辰	乙巳	丙午	丁未	戊申	己酉	庚戌	辛亥	壬子	癸丑	甲寅	乙卯	丙辰	丁巳	戊午	己未	庚申	辛酉	壬戌	癸亥	甲子	乙丑	丙寅	丁卯	戊辰
11	己巳	庚午	辛未	壬申	癸酉	甲戌	乙亥	丙子	丁丑	戊寅	己卯	庚辰	辛巳	壬午	癸未	甲申	乙酉	丙戌	丁亥	戊子	己丑	庚寅	辛卯	壬辰	癸巳	甲午	乙未	丙申	丁酉	戊戌	
12	己亥	庚子	辛丑	壬寅	癸卯	甲辰	乙巳	丙午	丁未	戊申	己酉	庚戌	辛亥	壬子	癸丑	甲寅	乙卯	丙辰	丁巳	戊午	己未	庚申	辛酉	壬戌	癸亥	甲子	乙丑	丙寅	丁卯	戊辰	己巳

2025年　乙巳年　蔵干(戊・庚・丙)　立春2月3日23時10分

	1	2	3	4	5	6	7	8	9	10	11	12	13	14	15	16	17	18	19	20	21	22	23	24	25	26	27	28	29	30	31
1	庚午	辛未	壬申	癸酉	甲戌	乙亥	丙子	丁丑	戊寅	己卯	庚辰	辛巳	壬午	癸未	甲申	乙酉	丙戌	丁亥	戊子	己丑	庚寅	辛卯	壬辰	癸巳	甲午	乙未	丙申	丁酉	戊戌	己亥	庚子
2	辛丑	壬寅	癸卯	甲辰	乙巳	丙午	丁未	戊申	己酉	庚戌	辛亥	壬子	癸丑	甲寅	乙卯	丙辰	丁巳	戊午	己未	庚申	辛酉	壬戌	癸亥	甲子	乙丑	丙寅	丁卯	戊辰			
3	己巳	庚午	辛未	壬申	癸酉	甲戌	乙亥	丙子	丁丑	戊寅	己卯	庚辰	辛巳	壬午	癸未	甲申	乙酉	丙戌	丁亥	戊子	己丑	庚寅	辛卯	壬辰	癸巳	甲午	乙未	丙申	丁酉	戊戌	己亥
4	庚子	辛丑	壬寅	癸卯	甲辰	乙巳	丙午	丁未	戊申	己酉	庚戌	辛亥	壬子	癸丑	甲寅	乙卯	丙辰	丁巳	戊午	己未	庚申	辛酉	壬戌	癸亥	甲子	乙丑	丙寅	丁卯	戊辰	己巳	
5	庚午	辛未	壬申	癸酉	甲戌	乙亥	丙子	丁丑	戊寅	己卯	庚辰	辛巳	壬午	癸未	甲申	乙酉	丙戌	丁亥	戊子	己丑	庚寅	辛卯	壬辰	癸巳	甲午	乙未	丙申	丁酉	戊戌	己亥	庚子
6	辛丑	壬寅	癸卯	甲辰	乙巳	丙午	丁未	戊申	己酉	庚戌	辛亥	壬子	癸丑	甲寅	乙卯	丙辰	丁巳	戊午	己未	庚申	辛酉	壬戌	癸亥	甲子	乙丑	丙寅	丁卯	戊辰	己巳	庚午	
7	辛未	壬申	癸酉	甲戌	乙亥	丙子	丁丑	戊寅	己卯	庚辰	辛巳	壬午	癸未	甲申	乙酉	丙戌	丁亥	戊子	己丑	庚寅	辛卯	壬辰	癸巳	甲午	乙未	丙申	丁酉	戊戌	己亥	庚子	辛丑
8	壬寅	癸卯	甲辰	乙巳	丙午	丁未	戊申	己酉	庚戌	辛亥	壬子	癸丑	甲寅	乙卯	丙辰	丁巳	戊午	己未	庚申	辛酉	壬戌	癸亥	甲子	乙丑	丙寅	丁卯	戊辰	己巳	庚午	辛未	壬申
9	癸酉	甲戌	乙亥	丙子	丁丑	戊寅	己卯	庚辰	辛巳	壬午	癸未	甲申	乙酉	丙戌	丁亥	戊子	己丑	庚寅	辛卯	壬辰	癸巳	甲午	乙未	丙申	丁酉	戊戌	己亥	庚子	辛丑	壬寅	
10	癸卯	甲辰	乙巳	丙午	丁未	戊申	己酉	庚戌	辛亥	壬子	癸丑	甲寅	乙卯	丙辰	丁巳	戊午	己未	庚申	辛酉	壬戌	癸亥	甲子	乙丑	丙寅	丁卯	戊辰	己巳	庚午	辛未	壬申	癸酉
11	甲戌	乙亥	丙子	丁丑	戊寅	己卯	庚辰	辛巳	壬午	癸未	甲申	乙酉	丙戌	丁亥	戊子	己丑	庚寅	辛卯	壬辰	癸巳	甲午	乙未	丙申	丁酉	戊戌	己亥	庚子	辛丑	壬寅	癸卯	
12	甲辰	乙巳	丙午	丁未	戊申	己酉	庚戌	辛亥	壬子	癸丑	甲寅	乙卯	丙辰	丁巳	戊午	己未	庚申	辛酉	壬戌	癸亥	甲子	乙丑	丙寅	丁卯	戊辰	己巳	庚午	辛未	壬申	癸酉	甲戌

2026年　丙午年　蔵干(　・己・丁)　立春2月4日05時01分

	1	2	3	4	5	6	7	8	9	10	11	12	13	14	15	16	17	18	19	20	21	22	23	24	25	26	27	28	29	30	31
1	乙亥	丙子	丁丑	戊寅	己卯	庚辰	辛巳	壬午	癸未	甲申	乙酉	丙戌	丁亥	戊子	己丑	庚寅	辛卯	壬辰	癸巳	甲午	乙未	丙申	丁酉	戊戌	己亥	庚子	辛丑	壬寅	癸卯	甲辰	乙巳
2	丙午	丁未	戊申	己酉	庚戌	辛亥	壬子	癸丑	甲寅	乙卯	丙辰	丁巳	戊午	己未	庚申	辛酉	壬戌	癸亥	甲子	乙丑	丙寅	丁卯	戊辰	己巳	庚午	辛未	壬申	癸酉			
3	甲戌	乙亥	丙子	丁丑	戊寅	己卯	庚辰	辛巳	壬午	癸未	甲申	乙酉	丙戌	丁亥	戊子	己丑	庚寅	辛卯	壬辰	癸巳	甲午	乙未	丙申	丁酉	戊戌	己亥	庚子	辛丑	壬寅	癸卯	甲辰
4	乙巳	丙午	丁未	戊申	己酉	庚戌	辛亥	壬子	癸丑	甲寅	乙卯	丙辰	丁巳	戊午	己未	庚申	辛酉	壬戌	癸亥	甲子	乙丑	丙寅	丁卯	戊辰	己巳	庚午	辛未	壬申	癸酉	甲戌	
5	乙亥	丙子	丁丑	戊寅	己卯	庚辰	辛巳	壬午	癸未	甲申	乙酉	丙戌	丁亥	戊子	己丑	庚寅	辛卯	壬辰	癸巳	甲午	乙未	丙申	丁酉	戊戌	己亥	庚子	辛丑	壬寅	癸卯	甲辰	乙巳
6	丙午	丁未	戊申	己酉	庚戌	辛亥	壬子	癸丑	甲寅	乙卯	丙辰	丁巳	戊午	己未	庚申	辛酉	壬戌	癸亥	甲子	乙丑	丙寅	丁卯	戊辰	己巳	庚午	辛未	壬申	癸酉	甲戌	乙亥	
7	丙子	丁丑	戊寅	己卯	庚辰	辛巳	壬午	癸未	甲申	乙酉	丙戌	丁亥	戊子	己丑	庚寅	辛卯	壬辰	癸巳	甲午	乙未	丙申	丁酉	戊戌	己亥	庚子	辛丑	壬寅	癸卯	甲辰	乙巳	丙午
8	丁未	戊申	己酉	庚戌	辛亥	壬子	癸丑	甲寅	乙卯	丙辰	丁巳	戊午	己未	庚申	辛酉	壬戌	癸亥	甲子	乙丑	丙寅	丁卯	戊辰	己巳	庚午	辛未	壬申	癸酉	甲戌	乙亥	丙子	丁丑
9	戊寅	己卯	庚辰	辛巳	壬午	癸未	甲申	乙酉	丙戌	丁亥	戊子	己丑	庚寅	辛卯	壬辰	癸巳	甲午	乙未	丙申	丁酉	戊戌	己亥	庚子	辛丑	壬寅	癸卯	甲辰	乙巳	丙午	丁未	
10	戊申	己酉	庚戌	辛亥	壬子	癸丑	甲寅	乙卯	丙辰	丁巳	戊午	己未	庚申	辛酉	壬戌	癸亥	甲子	乙丑	丙寅	丁卯	戊辰	己巳	庚午	辛未	壬申	癸酉	甲戌	乙亥	丙子	丁丑	戊寅
11	己卯	庚辰	辛巳	壬午	癸未	甲申	乙酉	丙戌	丁亥	戊子	己丑	庚寅	辛卯	壬辰	癸巳	甲午	乙未	丙申	丁酉	戊戌	己亥	庚子	辛丑	壬寅	癸卯	甲辰	乙巳	丙午	丁未	戊申	
12	己酉	庚戌	辛亥	壬子	癸丑	甲寅	乙卯	丙辰	丁巳	戊午	己未	庚申	辛酉	壬戌	癸亥	甲子	乙丑	丙寅	丁卯	戊辰	己巳	庚午	辛未	壬申	癸酉	甲戌	乙亥	丙子	丁丑	戊寅	己卯

2027年　丁未年　蔵干(丁・乙・己)　立春2月4日10時45分

	1	2	3	4	5	6	7	8	9	10	11	12	13	14	15	16	17	18	19	20	21	22	23	24	25	26	27	28	29	30	31
1	庚辰	辛巳	壬午	癸未	甲申	乙酉	丙戌	丁亥	戊子	己丑	庚寅	辛卯	壬辰	癸巳	甲午	乙未	丙申	丁酉	戊戌	己亥	庚子	辛丑	壬寅	癸卯	甲辰	乙巳	丙午	丁未	戊申	己酉	庚戌
2	辛亥	壬子	癸丑	甲寅	乙卯	丙辰	丁巳	戊午	己未	庚申	辛酉	壬戌	癸亥	甲子	乙丑	丙寅	丁卯	戊辰	己巳	庚午	辛未	壬申	癸酉	甲戌	乙亥	丙子	丁丑	戊寅			
3	己卯	庚辰	辛巳	壬午	癸未	甲申	乙酉	丙戌	丁亥	戊子	己丑	庚寅	辛卯	壬辰	癸巳	甲午	乙未	丙申	丁酉	戊戌	己亥	庚子	辛丑	壬寅	癸卯	甲辰	乙巳	丙午	丁未	戊申	己酉
4	庚戌	辛亥	壬子	癸丑	甲寅	乙卯	丙辰	丁巳	戊午	己未	庚申	辛酉	壬戌	癸亥	甲子	乙丑	丙寅	丁卯	戊辰	己巳	庚午	辛未	壬申	癸酉	甲戌	乙亥	丙子	丁丑	戊寅	己卯	
5	庚辰	辛巳	壬午	癸未	甲申	乙酉	丙戌	丁亥	戊子	己丑	庚寅	辛卯	壬辰	癸巳	甲午	乙未	丙申	丁酉	戊戌	己亥	庚子	辛丑	壬寅	癸卯	甲辰	乙巳	丙午	丁未	戊申	己酉	庚戌
6	辛亥	壬子	癸丑	甲寅	乙卯	丙辰	丁巳	戊午	己未	庚申	辛酉	壬戌	癸亥	甲子	乙丑	丙寅	丁卯	戊辰	己巳	庚午	辛未	壬申	癸酉	甲戌	乙亥	丙子	丁丑	戊寅	己卯	庚辰	
7	辛巳	壬午	癸未	甲申	乙酉	丙戌	丁亥	戊子	己丑	庚寅	辛卯	壬辰	癸巳	甲午	乙未	丙申	丁酉	戊戌	己亥	庚子	辛丑	壬寅	癸卯	甲辰	乙巳	丙午	丁未	戊申	己酉	庚戌	辛亥
8	壬子	癸丑	甲寅	乙卯	丙辰	丁巳	戊午	己未	庚申	辛酉	壬戌	癸亥	甲子	乙丑	丙寅	丁卯	戊辰	己巳	庚午	辛未	壬申	癸酉	甲戌	乙亥	丙子	丁丑	戊寅	己卯	庚辰	辛巳	壬午
9	癸未	甲申	乙酉	丙戌	丁亥	戊子	己丑	庚寅	辛卯	壬辰	癸巳	甲午	乙未	丙申	丁酉	戊戌	己亥	庚子	辛丑	壬寅	癸卯	甲辰	乙巳	丙午	丁未	戊申	己酉	庚戌	辛亥	壬子	
10	癸丑	甲寅	乙卯	丙辰	丁巳	戊午	己未	庚申	辛酉	壬戌	癸亥	甲子	乙丑	丙寅	丁卯	戊辰	己巳	庚午	辛未	壬申	癸酉	甲戌	乙亥	丙子	丁丑	戊寅	己卯	庚辰	辛巳	壬午	癸未
11	甲申	乙酉	丙戌	丁亥	戊子	己丑	庚寅	辛卯	壬辰	癸巳	甲午	乙未	丙申	丁酉	戊戌	己亥	庚子	辛丑	壬寅	癸卯	甲辰	乙巳	丙午	丁未	戊申	己酉	庚戌	辛亥	壬子	癸丑	
12	甲寅	乙卯	丙辰	丁巳	戊午	己未	庚申	辛酉	壬戌	癸亥	甲子	乙丑	丙寅	丁卯	戊辰	己巳	庚午	辛未	壬申	癸酉	甲戌	乙亥	丙子	丁丑	戊寅	己卯	庚辰	辛巳	壬午	癸未	甲申

2028年　戊申年　蔵干(己・壬・庚)　立春2月4日16時30分

	1	2	3	4	5	6	7	8	9	10	11	12	13	14	15	16	17	18	19	20	21	22	23	24	25	26	27	28	29	30	31
1	乙酉	丙戌	丁亥	戊子	己丑	庚寅	辛卯	壬辰	癸巳	甲午	乙未	丙申	丁酉	戊戌	己亥	庚子	辛丑	壬寅	癸卯	甲辰	乙巳	丙午	丁未	戊申	己酉	庚戌	辛亥	壬子	癸丑	甲寅	乙卯
2	丙辰	丁巳	戊午	己未	庚申	辛酉	壬戌	癸亥	甲子	乙丑	丙寅	丁卯	戊辰	己巳	庚午	辛未	壬申	癸酉	甲戌	乙亥	丙子	丁丑	戊寅	己卯	庚辰	辛巳	壬午	癸未	甲申		
3	乙酉	丙戌	丁亥	戊子	己丑	庚寅	辛卯	壬辰	癸巳	甲午	乙未	丙申	丁酉	戊戌	己亥	庚子	辛丑	壬寅	癸卯	甲辰	乙巳	丙午	丁未	戊申	己酉	庚戌	辛亥	壬子	癸丑	甲寅	乙卯
4	丙辰	丁巳	戊午	己未	庚申	辛酉	壬戌	癸亥	甲子	乙丑	丙寅	丁卯	戊辰	己巳	庚午	辛未	壬申	癸酉	甲戌	乙亥	丙子	丁丑	戊寅	己卯	庚辰	辛巳	壬午	癸未	甲申	乙酉	
5	丙戌	丁亥	戊子	己丑	庚寅	辛卯	壬辰	癸巳	甲午	乙未	丙申	丁酉	戊戌	己亥	庚子	辛丑	壬寅	癸卯	甲辰	乙巳	丙午	丁未	戊申	己酉	庚戌	辛亥	壬子	癸丑	甲寅	乙卯	丙辰
6	丁巳	戊午	己未	庚申	辛酉	壬戌	癸亥	甲子	乙丑	丙寅	丁卯	戊辰	己巳	庚午	辛未	壬申	癸酉	甲戌	乙亥	丙子	丁丑	戊寅	己卯	庚辰	辛巳	壬午	癸未	甲申	乙酉	丙戌	
7	丁亥	戊子	己丑	庚寅	辛卯	壬辰	癸巳	甲午	乙未	丙申	丁酉	戊戌	己亥	庚子	辛丑	壬寅	癸卯	甲辰	乙巳	丙午	丁未	戊申	己酉	庚戌	辛亥	壬子	癸丑	甲寅	乙卯	丙辰	丁巳
8	戊午	己未	庚申	辛酉	壬戌	癸亥	甲子	乙丑	丙寅	丁卯	戊辰	己巳	庚午	辛未	壬申	癸酉	甲戌	乙亥	丙子	丁丑	戊寅	己卯	庚辰	辛巳	壬午	癸未	甲申	乙酉	丙戌	丁亥	戊子
9	己丑	庚寅	辛卯	壬辰	癸巳	甲午	乙未	丙申	丁酉	戊戌	己亥	庚子	辛丑	壬寅	癸卯	甲辰	乙巳	丙午	丁未	戊申	己酉	庚戌	辛亥	壬子	癸丑	甲寅	乙卯	丙辰	丁巳	戊午	
10	己未	庚申	辛酉	壬戌	癸亥	甲子	乙丑	丙寅	丁卯	戊辰	己巳	庚午	辛未	壬申	癸酉	甲戌	乙亥	丙子	丁丑	戊寅	己卯	庚辰	辛巳	壬午	癸未	甲申	乙酉	丙戌	丁亥	戊子	己丑
11	庚寅	辛卯	壬辰	癸巳	甲午	乙未	丙申	丁酉	戊戌	己亥	庚子	辛丑	壬寅	癸卯	甲辰	乙巳	丙午	丁未	戊申	己酉	庚戌	辛亥	壬子	癸丑	甲寅	乙卯	丙辰	丁巳	戊午	己未	
12	庚申	辛酉	壬戌	癸亥	甲子	乙丑	丙寅	丁卯	戊辰	己巳	庚午	辛未	壬申	癸酉	甲戌	乙亥	丙子	丁丑	戊寅	己卯	庚辰	辛巳	壬午	癸未	甲申	乙酉	丙戌	丁亥	戊子	己丑	庚寅

2029年　己酉年　蔵干(　・　・辛)　立春2月3日22時20分

	1	2	3	4	5	6	7	8	9	10	11	12	13	14	15	16	17	18	19	20	21	22	23	24	25	26	27	28	29	30	31
1	辛卯	壬辰	癸巳	甲午	乙未	丙申	丁酉	戊戌	己亥	庚子	辛丑	壬寅	癸卯	甲辰	乙巳	丙午	丁未	戊申	己酉	庚戌	辛亥	壬子	癸丑	甲寅	乙卯	丙辰	丁巳	戊午	己未	庚申	辛酉
2	壬戌	癸亥	甲子	乙丑	丙寅	丁卯	戊辰	己巳	庚午	辛未	壬申	癸酉	甲戌	乙亥	丙子	丁丑	戊寅	己卯	庚辰	辛巳	壬午	癸未	甲申	乙酉	丙戌	丁亥	戊子	己丑			
3	庚寅	辛卯	壬辰	癸巳	甲午	乙未	丙申	丁酉	戊戌	己亥	庚子	辛丑	壬寅	癸卯	甲辰	乙巳	丙午	丁未	戊申	己酉	庚戌	辛亥	壬子	癸丑	甲寅	乙卯	丙辰	丁巳	戊午	己未	庚申
4	辛酉	壬戌	癸亥	甲子	乙丑	丙寅	丁卯	戊辰	己巳	庚午	辛未	壬申	癸酉	甲戌	乙亥	丙子	丁丑	戊寅	己卯	庚辰	辛巳	壬午	癸未	甲申	乙酉	丙戌	丁亥	戊子	己丑	庚寅	
5	辛卯	壬辰	癸巳	甲午	乙未	丙申	丁酉	戊戌	己亥	庚子	辛丑	壬寅	癸卯	甲辰	乙巳	丙午	丁未	戊申	己酉	庚戌	辛亥	壬子	癸丑	甲寅	乙卯	丙辰	丁巳	戊午	己未	庚申	辛酉
6	壬戌	癸亥	甲子	乙丑	丙寅	丁卯	戊辰	己巳	庚午	辛未	壬申	癸酉	甲戌	乙亥	丙子	丁丑	戊寅	己卯	庚辰	辛巳	壬午	癸未	甲申	乙酉	丙戌	丁亥	戊子	己丑	庚寅	辛卯	
7	壬辰	癸巳	甲午	乙未	丙申	丁酉	戊戌	己亥	庚子	辛丑	壬寅	癸卯	甲辰	乙巳	丙午	丁未	戊申	己酉	庚戌	辛亥	壬子	癸丑	甲寅	乙卯	丙辰	丁巳	戊午	己未	庚申	辛酉	壬戌
8	癸亥	甲子	乙丑	丙寅	丁卯	戊辰	己巳	庚午	辛未	壬申	癸酉	甲戌	乙亥	丙子	丁丑	戊寅	己卯	庚辰	辛巳	壬午	癸未	甲申	乙酉	丙戌	丁亥	戊子	己丑	庚寅	辛卯	壬辰	癸巳
9	甲午	乙未	丙申	丁酉	戊戌	己亥	庚子	辛丑	壬寅	癸卯	甲辰	乙巳	丙午	丁未	戊申	己酉	庚戌	辛亥	壬子	癸丑	甲寅	乙卯	丙辰	丁巳	戊午	己未	庚申	辛酉	壬戌	癸亥	
10	甲子	乙丑	丙寅	丁卯	戊辰	己巳	庚午	辛未	壬申	癸酉	甲戌	乙亥	丙子	丁丑	戊寅	己卯	庚辰	辛巳	壬午	癸未	甲申	乙酉	丙戌	丁亥	戊子	己丑	庚寅	辛卯	壬辰	癸巳	甲午
11	乙未	丙申	丁酉	戊戌	己亥	庚子	辛丑	壬寅	癸卯	甲辰	乙巳	丙午	丁未	戊申	己酉	庚戌	辛亥	壬子	癸丑	甲寅	乙卯	丙辰	丁巳	戊午	己未	庚申	辛酉	壬戌	癸亥	甲子	
12	乙丑	丙寅	丁卯	戊辰	己巳	庚午	辛未	壬申	癸酉	甲戌	乙亥	丙子	丁丑	戊寅	己卯	庚辰	辛巳	壬午	癸未	甲申	乙酉	丙戌	丁亥	戊子	己丑	庚寅	辛卯	壬辰	癸巳	甲午	乙未

2030年　庚戌年　蔵干(辛・丁・戊)　立春2月4日04時08分

	1	2	3	4	5	6	7	8	9	10	11	12	13	14	15	16	17	18	19	20	21	22	23	24	25	26	27	28	29	30	31
1	丙申	丁酉	戊戌	己亥	庚子	辛丑	壬寅	癸卯	甲辰	乙巳	丙午	丁未	戊申	己酉	庚戌	辛亥	壬子	癸丑	甲寅	乙卯	丙辰	丁巳	戊午	己未	庚申	辛酉	壬戌	癸亥	甲子	乙丑	丙寅
2	丁卯	戊辰	己巳	庚午	辛未	壬申	癸酉	甲戌	乙亥	丙子	丁丑	戊寅	己卯	庚辰	辛巳	壬午	癸未	甲申	乙酉	丙戌	丁亥	戊子	己丑	庚寅	辛卯	壬辰	癸巳	甲午			
3	乙未	丙申	丁酉	戊戌	己亥	庚子	辛丑	壬寅	癸卯	甲辰	乙巳	丙午	丁未	戊申	己酉	庚戌	辛亥	壬子	癸丑	甲寅	乙卯	丙辰	丁巳	戊午	己未	庚申	辛酉	壬戌	癸亥	甲子	乙丑
4	丙寅	丁卯	戊辰	己巳	庚午	辛未	壬申	癸酉	甲戌	乙亥	丙子	丁丑	戊寅	己卯	庚辰	辛巳	壬午	癸未	甲申	乙酉	丙戌	丁亥	戊子	己丑	庚寅	辛卯	壬辰	癸巳	甲午	乙未	
5	丙申	丁酉	戊戌	己亥	庚子	辛丑	壬寅	癸卯	甲辰	乙巳	丙午	丁未	戊申	己酉	庚戌	辛亥	壬子	癸丑	甲寅	乙卯	丙辰	丁巳	戊午	己未	庚申	辛酉	壬戌	癸亥	甲子	乙丑	丙寅
6	丁卯	戊辰	己巳	庚午	辛未	壬申	癸酉	甲戌	乙亥	丙子	丁丑	戊寅	己卯	庚辰	辛巳	壬午	癸未	甲申	乙酉	丙戌	丁亥	戊子	己丑	庚寅	辛卯	壬辰	癸巳	甲午	乙未	丙申	
7	丁酉	戊戌	己亥	庚子	辛丑	壬寅	癸卯	甲辰	乙巳	丙午	丁未	戊申	己酉	庚戌	辛亥	壬子	癸丑	甲寅	乙卯	丙辰	丁巳	戊午	己未	庚申	辛酉	壬戌	癸亥	甲子	乙丑	丙寅	丁卯
8	戊辰	己巳	庚午	辛未	壬申	癸酉	甲戌	乙亥	丙子	丁丑	戊寅	己卯	庚辰	辛巳	壬午	癸未	甲申	乙酉	丙戌	丁亥	戊子	己丑	庚寅	辛卯	壬辰	癸巳	甲午	乙未	丙申	丁酉	戊戌
9	己亥	庚子	辛丑	壬寅	癸卯	甲辰	乙巳	丙午	丁未	戊申	己酉	庚戌	辛亥	壬子	癸丑	甲寅	乙卯	丙辰	丁巳	戊午	己未	庚申	辛酉	壬戌	癸亥	甲子	乙丑	丙寅	丁卯	戊辰	
10	己巳	庚午	辛未	壬申	癸酉	甲戌	乙亥	丙子	丁丑	戊寅	己卯	庚辰	辛巳	壬午	癸未	甲申	乙酉	丙戌	丁亥	戊子	己丑	庚寅	辛卯	壬辰	癸巳	甲午	乙未	丙申	丁酉	戊戌	己亥
11	庚子	辛丑	壬寅	癸卯	甲辰	乙巳	丙午	丁未	戊申	己酉	庚戌	辛亥	壬子	癸丑	甲寅	乙卯	丙辰	丁巳	戊午	己未	庚申	辛酉	壬戌	癸亥	甲子	乙丑	丙寅	丁卯	戊辰	己巳	
12	庚午	辛未	壬申	癸酉	甲戌	乙亥	丙子	丁丑	戊寅	己卯	庚辰	辛巳	壬午	癸未	甲申	乙酉	丙戌	丁亥	戊子	己丑	庚寅	辛卯	壬辰	癸巳	甲午	乙未	丙申	丁酉	戊戌	己亥	庚子

2031年　辛亥年　蔵干(戊・甲・壬)　立春2月4日09時58分

	1	2	3	4	5	6	7	8	9	10	11	12	13	14	15	16	17	18	19	20	21	22	23	24	25	26	27	28	29	30	31
1	辛丑	壬寅	癸卯	甲辰	乙巳	丙午	丁未	戊申	己酉	庚戌	辛亥	壬子	癸丑	甲寅	乙卯	丙辰	丁巳	戊午	己未	庚申	辛酉	壬戌	癸亥	甲子	乙丑	丙寅	丁卯	戊辰	己巳	庚午	辛未
2	壬申	癸酉	甲戌	乙亥	丙子	丁丑	戊寅	己卯	庚辰	辛巳	壬午	癸未	甲申	乙酉	丙戌	丁亥	戊子	己丑	庚寅	辛卯	壬辰	癸巳	甲午	乙未	丙申	丁酉	戊戌	己亥			
3	庚子	辛丑	壬寅	癸卯	甲辰	乙巳	丙午	丁未	戊申	己酉	庚戌	辛亥	壬子	癸丑	甲寅	乙卯	丙辰	丁巳	戊午	己未	庚申	辛酉	壬戌	癸亥	甲子	乙丑	丙寅	丁卯	戊辰	己巳	庚午
4	辛未	壬申	癸酉	甲戌	乙亥	丙子	丁丑	戊寅	己卯	庚辰	辛巳	壬午	癸未	甲申	乙酉	丙戌	丁亥	戊子	己丑	庚寅	辛卯	壬辰	癸巳	甲午	乙未	丙申	丁酉	戊戌	己亥	庚子	
5	辛丑	壬寅	癸卯	甲辰	乙巳	丙午	丁未	戊申	己酉	庚戌	辛亥	壬子	癸丑	甲寅	乙卯	丙辰	丁巳	戊午	己未	庚申	辛酉	壬戌	癸亥	甲子	乙丑	丙寅	丁卯	戊辰	己巳	庚午	辛未
6	壬申	癸酉	甲戌	乙亥	丙子	丁丑	戊寅	己卯	庚辰	辛巳	壬午	癸未	甲申	乙酉	丙戌	丁亥	戊子	己丑	庚寅	辛卯	壬辰	癸巳	甲午	乙未	丙申	丁酉	戊戌	己亥	庚子	辛丑	
7	壬寅	癸卯	甲辰	乙巳	丙午	丁未	戊申	己酉	庚戌	辛亥	壬子	癸丑	甲寅	乙卯	丙辰	丁巳	戊午	己未	庚申	辛酉	壬戌	癸亥	甲子	乙丑	丙寅	丁卯	戊辰	己巳	庚午	辛未	壬申
8	癸酉	甲戌	乙亥	丙子	丁丑	戊寅	己卯	庚辰	辛巳	壬午	癸未	甲申	乙酉	丙戌	丁亥	戊子	己丑	庚寅	辛卯	壬辰	癸巳	甲午	乙未	丙申	丁酉	戊戌	己亥	庚子	辛丑	壬寅	癸卯
9	甲辰	乙巳	丙午	丁未	戊申	己酉	庚戌	辛亥	壬子	癸丑	甲寅	乙卯	丙辰	丁巳	戊午	己未	庚申	辛酉	壬戌	癸亥	甲子	乙丑	丙寅	丁卯	戊辰	己巳	庚午	辛未	壬申	癸酉	
10	甲戌	乙亥	丙子	丁丑	戊寅	己卯	庚辰	辛巳	壬午	癸未	甲申	乙酉	丙戌	丁亥	戊子	己丑	庚寅	辛卯	壬辰	癸巳	甲午	乙未	丙申	丁酉	戊戌	己亥	庚子	辛丑	壬寅	癸卯	甲辰
11	乙巳	丙午	丁未	戊申	己酉	庚戌	辛亥	壬子	癸丑	甲寅	乙卯	丙辰	丁巳	戊午	己未	庚申	辛酉	壬戌	癸亥	甲子	乙丑	丙寅	丁卯	戊辰	己巳	庚午	辛未	壬申	癸酉	甲戌	
12	乙亥	丙子	丁丑	戊寅	己卯	庚辰	辛巳	壬午	癸未	甲申	乙酉	丙戌	丁亥	戊子	己丑	庚寅	辛卯	壬辰	癸巳	甲午	乙未	丙申	丁酉	戊戌	己亥	庚子	辛丑	壬寅	癸卯	甲辰	乙巳

2032年　壬子年　蔵干(　・　・癸)　立春2月4日15時49分

	1	2	3	4	5	6	7	8	9	10	11	12	13	14	15	16	17	18	19	20	21	22	23	24	25	26	27	28	29	30	31
1	丙午	丁未	戊申	己酉	庚戌	辛亥	壬子	癸丑	甲寅	乙卯	丙辰	丁巳	戊午	己未	庚申	辛酉	壬戌	癸亥	甲子	乙丑	丙寅	丁卯	戊辰	己巳	庚午	辛未	壬申	癸酉	甲戌	乙亥	丙子
2	丁丑	戊寅	己卯	庚辰	辛巳	壬午	癸未	甲申	乙酉	丙戌	丁亥	戊子	己丑	庚寅	辛卯	壬辰	癸巳	甲午	乙未	丙申	丁酉	戊戌	己亥	庚子	辛丑	壬寅	癸卯	甲辰	乙巳		
3	丙午	丁未	戊申	己酉	庚戌	辛亥	壬子	癸丑	甲寅	乙卯	丙辰	丁巳	戊午	己未	庚申	辛酉	壬戌	癸亥	甲子	乙丑	丙寅	丁卯	戊辰	己巳	庚午	辛未	壬申	癸酉	甲戌	乙亥	丙子
4	丁丑	戊寅	己卯	庚辰	辛巳	壬午	癸未	甲申	乙酉	丙戌	丁亥	戊子	己丑	庚寅	辛卯	壬辰	癸巳	甲午	乙未	丙申	丁酉	戊戌	己亥	庚子	辛丑	壬寅	癸卯	甲辰	乙巳	丙午	
5	丁未	戊申	己酉	庚戌	辛亥	壬子	癸丑	甲寅	乙卯	丙辰	丁巳	戊午	己未	庚申	辛酉	壬戌	癸亥	甲子	乙丑	丙寅	丁卯	戊辰	己巳	庚午	辛未	壬申	癸酉	甲戌	乙亥	丙子	丁丑
6	戊寅	己卯	庚辰	辛巳	壬午	癸未	甲申	乙酉	丙戌	丁亥	戊子	己丑	庚寅	辛卯	壬辰	癸巳	甲午	乙未	丙申	丁酉	戊戌	己亥	庚子	辛丑	壬寅	癸卯	甲辰	乙巳	丙午	丁未	
7	戊申	己酉	庚戌	辛亥	壬子	癸丑	甲寅	乙卯	丙辰	丁巳	戊午	己未	庚申	辛酉	壬戌	癸亥	甲子	乙丑	丙寅	丁卯	戊辰	己巳	庚午	辛未	壬申	癸酉	甲戌	乙亥	丙子	丁丑	戊寅
8	己卯	庚辰	辛巳	壬午	癸未	甲申	乙酉	丙戌	丁亥	戊子	己丑	庚寅	辛卯	壬辰	癸巳	甲午	乙未	丙申	丁酉	戊戌	己亥	庚子	辛丑	壬寅	癸卯	甲辰	乙巳	丙午	丁未	戊申	己酉
9	庚戌	辛亥	壬子	癸丑	甲寅	乙卯	丙辰	丁巳	戊午	己未	庚申	辛酉	壬戌	癸亥	甲子	乙丑	丙寅	丁卯	戊辰	己巳	庚午	辛未	壬申	癸酉	甲戌	乙亥	丙子	丁丑	戊寅	己卯	
10	庚辰	辛巳	壬午	癸未	甲申	乙酉	丙戌	丁亥	戊子	己丑	庚寅	辛卯	壬辰	癸巳	甲午	乙未	丙申	丁酉	戊戌	己亥	庚子	辛丑	壬寅	癸卯	甲辰	乙巳	丙午	丁未	戊申	己酉	庚戌
11	辛亥	壬子	癸丑	甲寅	乙卯	丙辰	丁巳	戊午	己未	庚申	辛酉	壬戌	癸亥	甲子	乙丑	丙寅	丁卯	戊辰	己巳	庚午	辛未	壬申	癸酉	甲戌	乙亥	丙子	丁丑	戊寅	己卯	庚辰	
12	辛巳	壬午	癸未	甲申	乙酉	丙戌	丁亥	戊子	己丑	庚寅	辛卯	壬辰	癸巳	甲午	乙未	丙申	丁酉	戊戌	己亥	庚子	辛丑	壬寅	癸卯	甲辰	乙巳	丙午	丁未	戊申	己酉	庚戌	辛亥

2033年　癸丑年　蔵干(癸・辛・己)　立春2月3日21時41分

	1	2	3	4	5	6	7	8	9	10	11	12	13	14	15	16	17	18	19	20	21	22	23	24	25	26	27	28	29	30	31
1	壬子	癸丑	甲寅	乙卯	丙辰	丁巳	戊午	己未	庚申	辛酉	壬戌	癸亥	甲子	乙丑	丙寅	丁卯	戊辰	己巳	庚午	辛未	壬申	癸酉	甲戌	乙亥	丙子	丁丑	戊寅	己卯	庚辰	辛巳	壬午
2	癸未	甲申	乙酉	丙戌	丁亥	戊子	己丑	庚寅	辛卯	壬辰	癸巳	甲午	乙未	丙申	丁酉	戊戌	己亥	庚子	辛丑	壬寅	癸卯	甲辰	乙巳	丙午	丁未	戊申	己酉	庚戌			
3	辛亥	壬子	癸丑	甲寅	乙卯	丙辰	丁巳	戊午	己未	庚申	辛酉	壬戌	癸亥	甲子	乙丑	丙寅	丁卯	戊辰	己巳	庚午	辛未	壬申	癸酉	甲戌	乙亥	丙子	丁丑	戊寅	己卯	庚辰	辛巳
4	壬午	癸未	甲申	乙酉	丙戌	丁亥	戊子	己丑	庚寅	辛卯	壬辰	癸巳	甲午	乙未	丙申	丁酉	戊戌	己亥	庚子	辛丑	壬寅	癸卯	甲辰	乙巳	丙午	丁未	戊申	己酉	庚戌	辛亥	
5	壬子	癸丑	甲寅	乙卯	丙辰	丁巳	戊午	己未	庚申	辛酉	壬戌	癸亥	甲子	乙丑	丙寅	丁卯	戊辰	己巳	庚午	辛未	壬申	癸酉	甲戌	乙亥	丙子	丁丑	戊寅	己卯	庚辰	辛巳	壬午
6	癸未	甲申	乙酉	丙戌	丁亥	戊子	己丑	庚寅	辛卯	壬辰	癸巳	甲午	乙未	丙申	丁酉	戊戌	己亥	庚子	辛丑	壬寅	癸卯	甲辰	乙巳	丙午	丁未	戊申	己酉	庚戌	辛亥	壬子	
7	癸丑	甲寅	乙卯	丙辰	丁巳	戊午	己未	庚申	辛酉	壬戌	癸亥	甲子	乙丑	丙寅	丁卯	戊辰	己巳	庚午	辛未	壬申	癸酉	甲戌	乙亥	丙子	丁丑	戊寅	己卯	庚辰	辛巳	壬午	癸未
8	甲申	乙酉	丙戌	丁亥	戊子	己丑	庚寅	辛卯	壬辰	癸巳	甲午	乙未	丙申	丁酉	戊戌	己亥	庚子	辛丑	壬寅	癸卯	甲辰	乙巳	丙午	丁未	戊申	己酉	庚戌	辛亥	壬子	癸丑	甲寅
9	乙卯	丙辰	丁巳	戊午	己未	庚申	辛酉	壬戌	癸亥	甲子	乙丑	丙寅	丁卯	戊辰	己巳	庚午	辛未	壬申	癸酉	甲戌	乙亥	丙子	丁丑	戊寅	己卯	庚辰	辛巳	壬午	癸未	甲申	
10	乙酉	丙戌	丁亥	戊子	己丑	庚寅	辛卯	壬辰	癸巳	甲午	乙未	丙申	丁酉	戊戌	己亥	庚子	辛丑	壬寅	癸卯	甲辰	乙巳	丙午	丁未	戊申	己酉	庚戌	辛亥	壬子	癸丑	甲寅	乙卯
11	丙辰	丁巳	戊午	己未	庚申	辛酉	壬戌	癸亥	甲子	乙丑	丙寅	丁卯	戊辰	己巳	庚午	辛未	壬申	癸酉	甲戌	乙亥	丙子	丁丑	戊寅	己卯	庚辰	辛巳	壬午	癸未	甲申	乙酉	
12	丙戌	丁亥	戊子	己丑	庚寅	辛卯	壬辰	癸巳	甲午	乙未	丙申	丁酉	戊戌	己亥	庚子	辛丑	壬寅	癸卯	甲辰	乙巳	丙午	丁未	戊申	己酉	庚戌	辛亥	壬子	癸丑	甲寅	乙卯	丙辰

2034年　甲寅年　蔵干(戊・丙・甲)　立春2月4日03時41分

	1	2	3	4	5	6	7	8	9	10	11	12	13	14	15	16	17	18	19	20	21	22	23	24	25	26	27	28	29	30	31
1	丁巳	戊午	己未	庚申	辛酉	壬戌	癸亥	甲子	乙丑	丙寅	丁卯	戊辰	己巳	庚午	辛未	壬申	癸酉	甲戌	乙亥	丙子	丁丑	戊寅	己卯	庚辰	辛巳	壬午	癸未	甲申	乙酉	丙戌	丁亥
2	戊子	己丑	庚寅	辛卯	壬辰	癸巳	甲午	乙未	丙申	丁酉	戊戌	己亥	庚子	辛丑	壬寅	癸卯	甲辰	乙巳	丙午	丁未	戊申	己酉	庚戌	辛亥	壬子	癸丑	甲寅	乙卯			
3	丙辰	丁巳	戊午	己未	庚申	辛酉	壬戌	癸亥	甲子	乙丑	丙寅	丁卯	戊辰	己巳	庚午	辛未	壬申	癸酉	甲戌	乙亥	丙子	丁丑	戊寅	己卯	庚辰	辛巳	壬午	癸未	甲申	乙酉	丙戌
4	丁亥	戊子	己丑	庚寅	辛卯	壬辰	癸巳	甲午	乙未	丙申	丁酉	戊戌	己亥	庚子	辛丑	壬寅	癸卯	甲辰	乙巳	丙午	丁未	戊申	己酉	庚戌	辛亥	壬子	癸丑	甲寅	乙卯	丙辰	
5	丁巳	戊午	己未	庚申	辛酉	壬戌	癸亥	甲子	乙丑	丙寅	丁卯	戊辰	己巳	庚午	辛未	壬申	癸酉	甲戌	乙亥	丙子	丁丑	戊寅	己卯	庚辰	辛巳	壬午	癸未	甲申	乙酉	丙戌	丁亥
6	戊子	己丑	庚寅	辛卯	壬辰	癸巳	甲午	乙未	丙申	丁酉	戊戌	己亥	庚子	辛丑	壬寅	癸卯	甲辰	乙巳	丙午	丁未	戊申	己酉	庚戌	辛亥	壬子	癸丑	甲寅	乙卯	丙辰	丁巳	
7	戊午	己未	庚申	辛酉	壬戌	癸亥	甲子	乙丑	丙寅	丁卯	戊辰	己巳	庚午	辛未	壬申	癸酉	甲戌	乙亥	丙子	丁丑	戊寅	己卯	庚辰	辛巳	壬午	癸未	甲申	乙酉	丙戌	丁亥	戊子
8	己丑	庚寅	辛卯	壬辰	癸巳	甲午	乙未	丙申	丁酉	戊戌	己亥	庚子	辛丑	壬寅	癸卯	甲辰	乙巳	丙午	丁未	戊申	己酉	庚戌	辛亥	壬子	癸丑	甲寅	乙卯	丙辰	丁巳	戊午	己未
9	庚申	辛酉	壬戌	癸亥	甲子	乙丑	丙寅	丁卯	戊辰	己巳	庚午	辛未	壬申	癸酉	甲戌	乙亥	丙子	丁丑	戊寅	己卯	庚辰	辛巳	壬午	癸未	甲申	乙酉	丙戌	丁亥	戊子	己丑	
10	庚寅	辛卯	壬辰	癸巳	甲午	乙未	丙申	丁酉	戊戌	己亥	庚子	辛丑	壬寅	癸卯	甲辰	乙巳	丙午	丁未	戊申	己酉	庚戌	辛亥	壬子	癸丑	甲寅	乙卯	丙辰	丁巳	戊午	己未	庚申
11	辛酉	壬戌	癸亥	甲子	乙丑	丙寅	丁卯	戊辰	己巳	庚午	辛未	壬申	癸酉	甲戌	乙亥	丙子	丁丑	戊寅	己卯	庚辰	辛巳	壬午	癸未	甲申	乙酉	丙戌	丁亥	戊子	己丑	庚寅	
12	辛卯	壬辰	癸巳	甲午	乙未	丙申	丁酉	戊戌	己亥	庚子	辛丑	壬寅	癸卯	甲辰	乙巳	丙午	丁未	戊申	己酉	庚戌	辛亥	壬子	癸丑	甲寅	乙卯	丙辰	丁巳	戊午	己未	庚申	辛酉

2035年　乙卯年　蔵干(　・　・乙)　立春2月4日09時31分

	1	2	3	4	5	6	7	8	9	10	11	12	13	14	15	16	17	18	19	20	21	22	23	24	25	26	27	28	29	30	31
1	壬戌	癸亥	甲子	乙丑	丙寅	丁卯	戊辰	己巳	庚午	辛未	壬申	癸酉	甲戌	乙亥	丙子	丁丑	戊寅	己卯	庚辰	辛巳	壬午	癸未	甲申	乙酉	丙戌	丁亥	戊子	己丑	庚寅	辛卯	壬辰
2	癸巳	甲午	乙未	丙申	丁酉	戊戌	己亥	庚子	辛丑	壬寅	癸卯	甲辰	乙巳	丙午	丁未	戊申	己酉	庚戌	辛亥	壬子	癸丑	甲寅	乙卯	丙辰	丁巳	戊午	己未	庚申			
3	辛酉	壬戌	癸亥	甲子	乙丑	丙寅	丁卯	戊辰	己巳	庚午	辛未	壬申	癸酉	甲戌	乙亥	丙子	丁丑	戊寅	己卯	庚辰	辛巳	壬午	癸未	甲申	乙酉	丙戌	丁亥	戊子	己丑	庚寅	辛卯
4	壬辰	癸巳	甲午	乙未	丙申	丁酉	戊戌	己亥	庚子	辛丑	壬寅	癸卯	甲辰	乙巳	丙午	丁未	戊申	己酉	庚戌	辛亥	壬子	癸丑	甲寅	乙卯	丙辰	丁巳	戊午	己未	庚申	辛酉	
5	壬戌	癸亥	甲子	乙丑	丙寅	丁卯	戊辰	己巳	庚午	辛未	壬申	癸酉	甲戌	乙亥	丙子	丁丑	戊寅	己卯	庚辰	辛巳	壬午	癸未	甲申	乙酉	丙戌	丁亥	戊子	己丑	庚寅	辛卯	壬辰
6	癸巳	甲午	乙未	丙申	丁酉	戊戌	己亥	庚子	辛丑	壬寅	癸卯	甲辰	乙巳	丙午	丁未	戊申	己酉	庚戌	辛亥	壬子	癸丑	甲寅	乙卯	丙辰	丁巳	戊午	己未	庚申	辛酉	壬戌	
7	癸亥	甲子	乙丑	丙寅	丁卯	戊辰	己巳	庚午	辛未	壬申	癸酉	甲戌	乙亥	丙子	丁丑	戊寅	己卯	庚辰	辛巳	壬午	癸未	甲申	乙酉	丙戌	丁亥	戊子	己丑	庚寅	辛卯	壬辰	癸巳
8	甲午	乙未	丙申	丁酉	戊戌	己亥	庚子	辛丑	壬寅	癸卯	甲辰	乙巳	丙午	丁未	戊申	己酉	庚戌	辛亥	壬子	癸丑	甲寅	乙卯	丙辰	丁巳	戊午	己未	庚申	辛酉	壬戌	癸亥	甲子
9	乙丑	丙寅	丁卯	戊辰	己巳	庚午	辛未	壬申	癸酉	甲戌	乙亥	丙子	丁丑	戊寅	己卯	庚辰	辛巳	壬午	癸未	甲申	乙酉	丙戌	丁亥	戊子	己丑	庚寅	辛卯	壬辰	癸巳	甲午	
10	乙未	丙申	丁酉	戊戌	己亥	庚子	辛丑	壬寅	癸卯	甲辰	乙巳	丙午	丁未	戊申	己酉	庚戌	辛亥	壬子	癸丑	甲寅	乙卯	丙辰	丁巳	戊午	己未	庚申	辛酉	壬戌	癸亥	甲子	乙丑
11	丙寅	丁卯	戊辰	己巳	庚午	辛未	壬申	癸酉	甲戌	乙亥	丙子	丁丑	戊寅	己卯	庚辰	辛巳	壬午	癸未	甲申	乙酉	丙戌	丁亥	戊子	己丑	庚寅	辛卯	壬辰	癸巳	甲午	乙未	
12	丙申	丁酉	戊戌	己亥	庚子	辛丑	壬寅	癸卯	甲辰	乙巳	丙午	丁未	戊申	己酉	庚戌	辛亥	壬子	癸丑	甲寅	乙卯	丙辰	丁巳	戊午	己未	庚申	辛酉	壬戌	癸亥	甲子	乙丑	丙寅

注意

2025～2035年の立春時刻は、コンピュータで計算した値です。

前年に国立天文台から発表になる正しい値と数分のずれが生じる可能性がありますので、詳細に命式を求める場合は、気をつけください。

命式・大運記入表

大運図作成シートと大運図は、切り取り線で本書より切り離せます。きれいに切り離すにはカッターなどを使用してください。無理に切り取ると破れる場合がありますのでご注意ください。

大運図には、順行と逆行の2種類があります。間違えないようにしてください。求めたい大運の図をハサミで切り取り、大運図作成シートに、第0運から第9運までを貼れば完成です。

本書はA5判ですが、A4に拡大コピーして使用すると見やすくなります。また、太玄社のサイト（左記）よりダウンロードしてお使いいただくこともできます。

［ダウンロード先］

太玄社ホームページ（検索サイトで「太玄社」と入力・検索していただくと出てきます）

https://www.taigensha.com/

ダウンロード後、文書（PDF）データを開こうとすると「文書を開くパスワードを入力してください」と求められますので、下記のパスワードを入力してください。

［パスワード］

（すべて小文字・半角で入力してください）

a4daiun

命式

	年柱	月柱	日柱
天干			
変通星			比肩
地支			
蔵干			
蔵干変通星			

第0運

,

歳
か月

第1運

,

歳
か月

第2運

,

歳
か月

第3運

,

歳
か月

第4運

,

歳
か月

第5運

,

歳
か月

第6運

,

歳
か月

第7運

,

歳
か月

第8運

,

歳
か月

第9運

,

歳
か月

大運図　順行

男性は、年干支が陽の人です。
女性は、年干支が陰の人です。
大運は、干支番号が増加する方向に進んでいきます。
第60運の次は第1運に戻ります。

第　運　1. 甲子

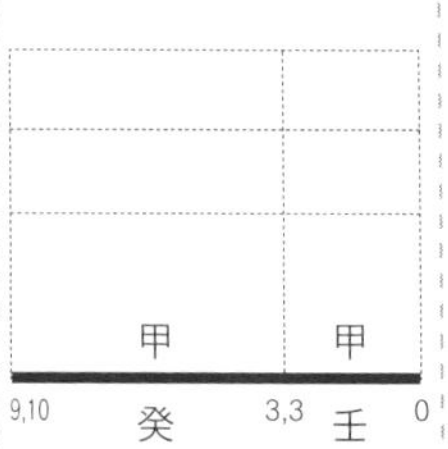

第　運　2. 乙丑

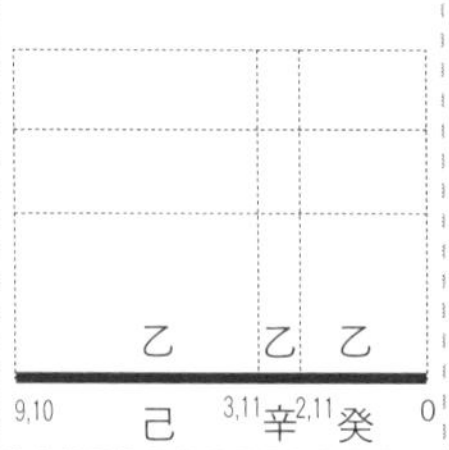

第　運　3. 丙寅

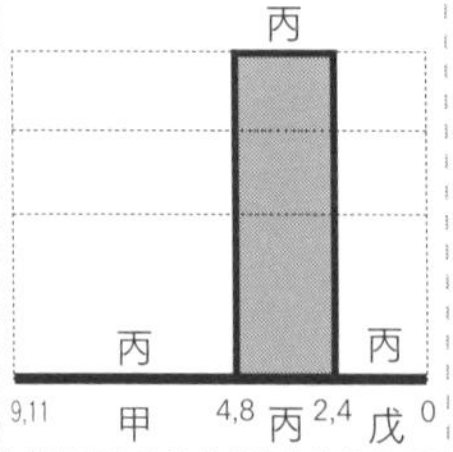

第　運　4. 丁卯

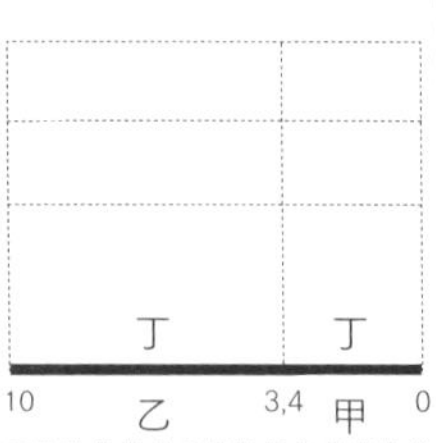

第　運　5. 戊辰

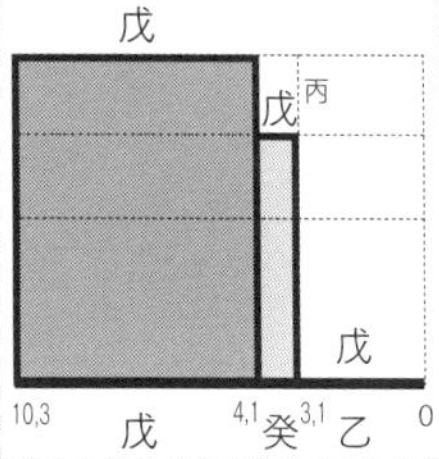

第　運　6. 己巳

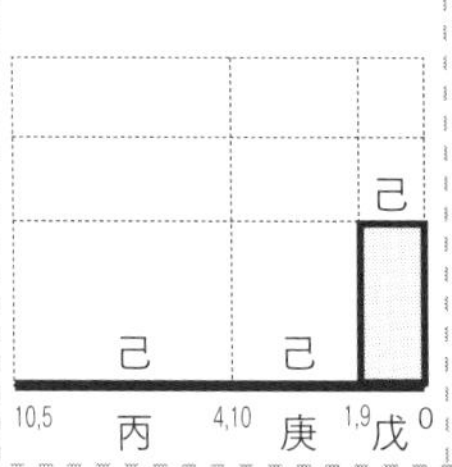

第　運　7. 庚午

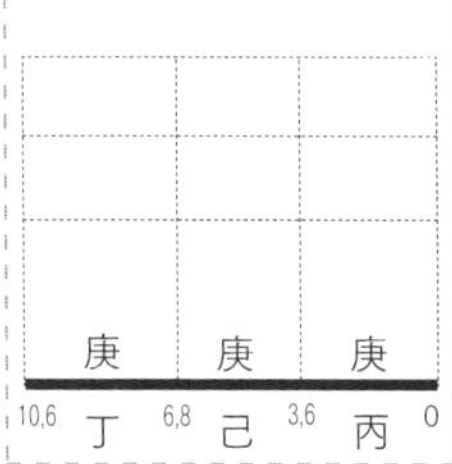

第　運　8. 辛未

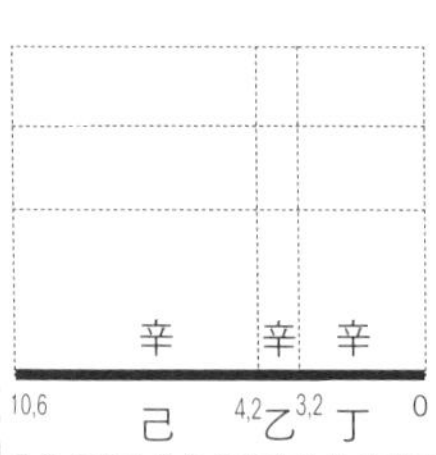

第　運　9. 壬申

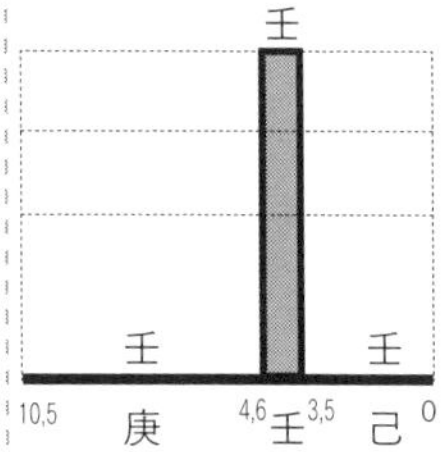

第　運　10. 癸酉

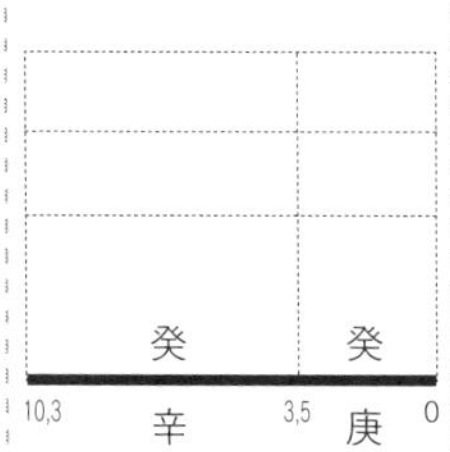

第　運　11. 甲戌

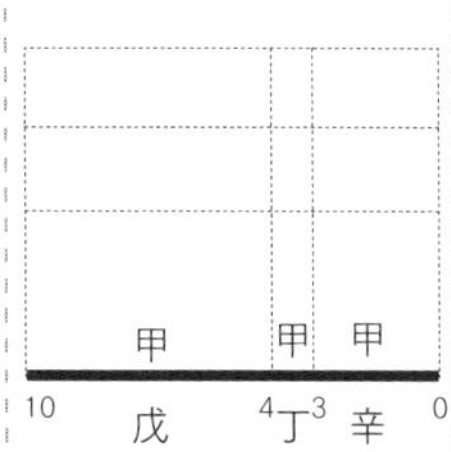

第　運　12. 乙亥

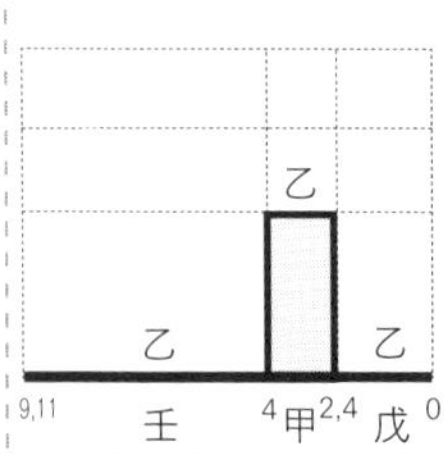

第　運　13. 丙子

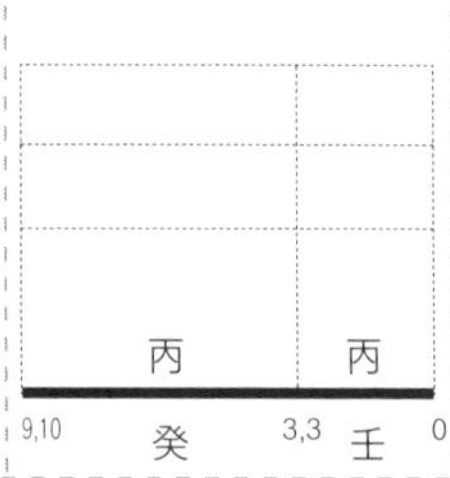

第　運　14. 丁丑

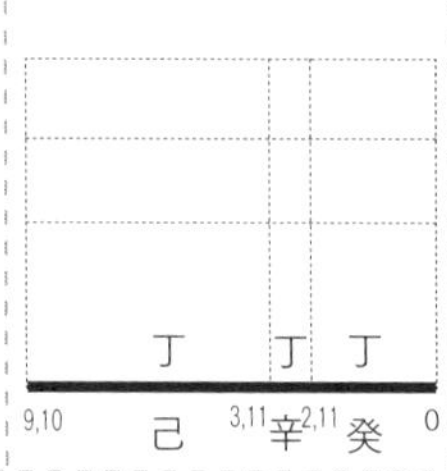

第　運　15. 戊寅

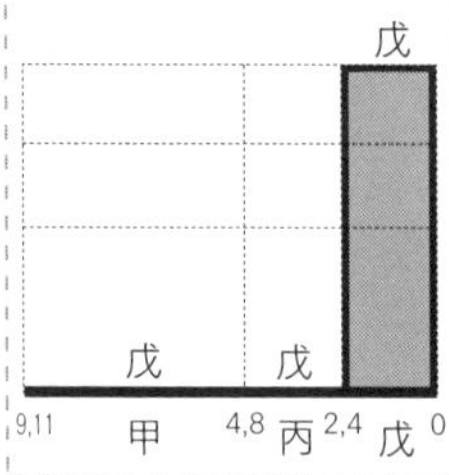

第　運　16. 己卯

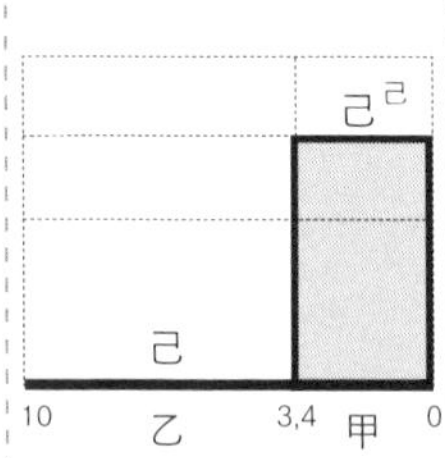

第　運　17. 庚辰

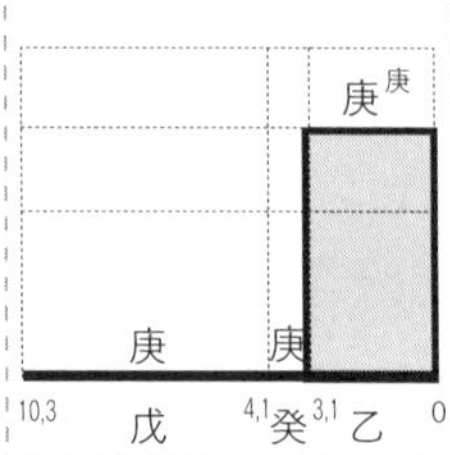

第　運　18. 辛巳

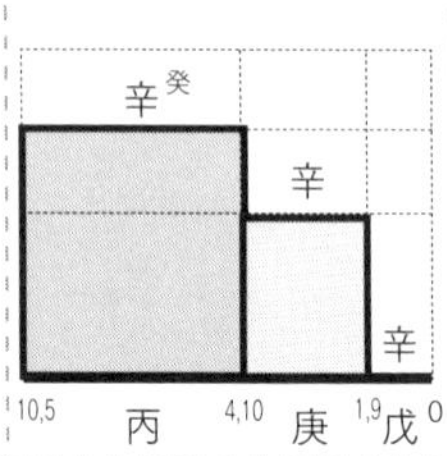

第　運　19. 壬午

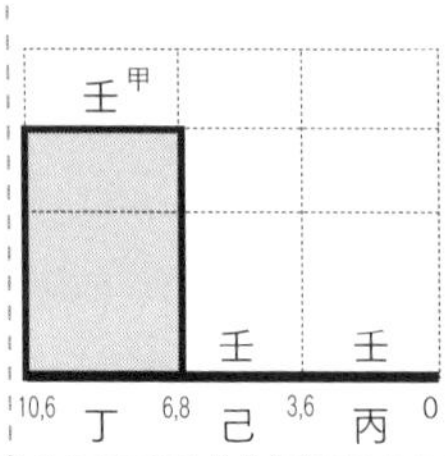

第　運　20. 癸未

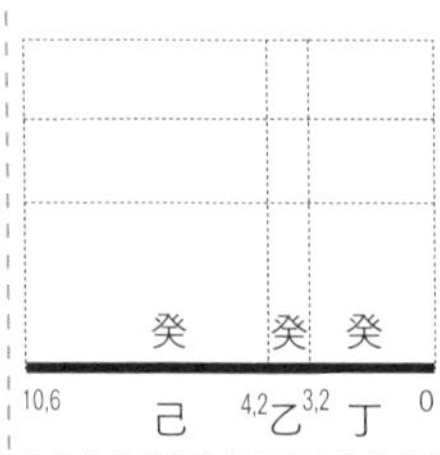

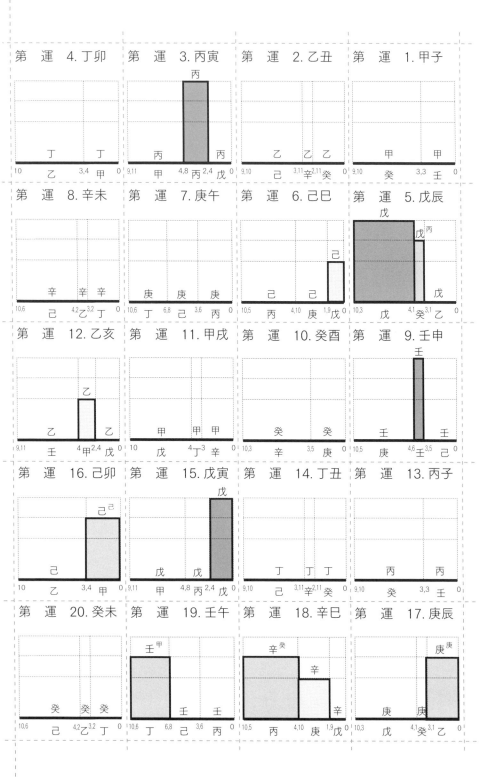

第 運 21. 甲申

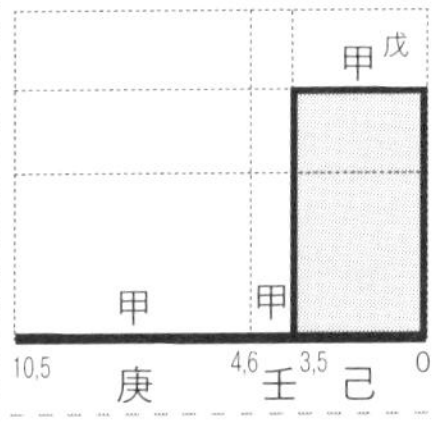

第 運 22. 乙酉

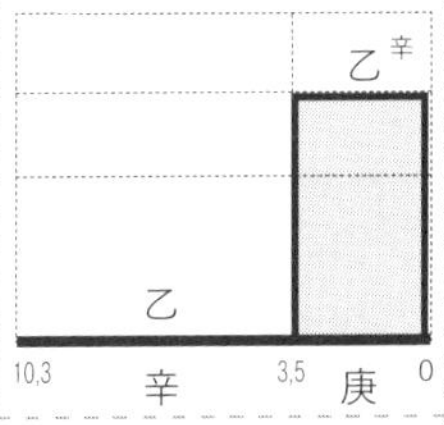

第 運 23. 丙戌

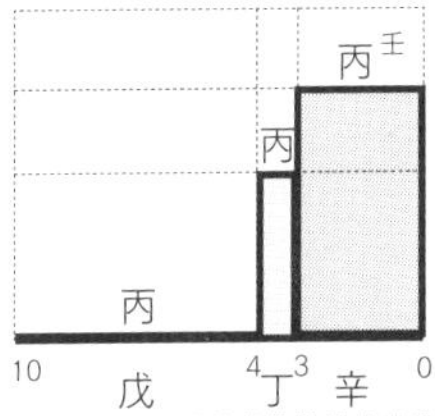

第 運 24. 丁亥

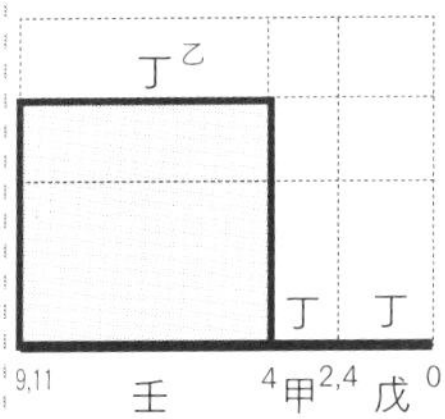

第 運 25. 戊子

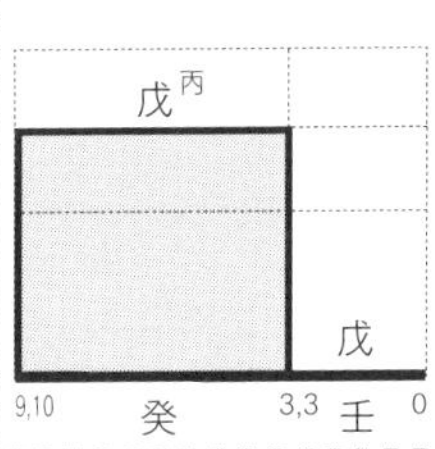

第 運 26. 己丑

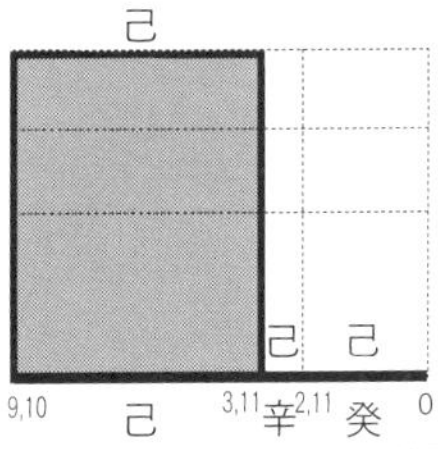

第 運 27. 庚寅

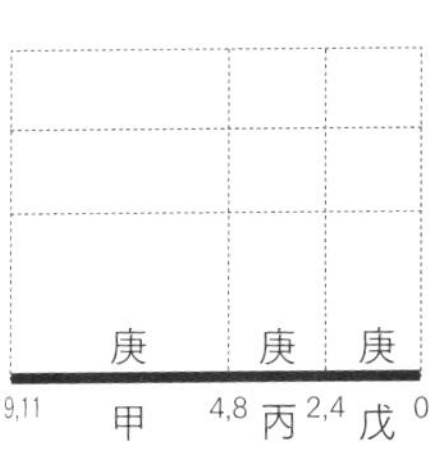

第 運 28. 辛卯

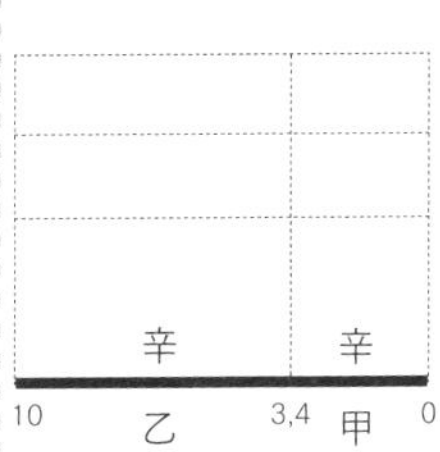

第 運 29. 壬辰

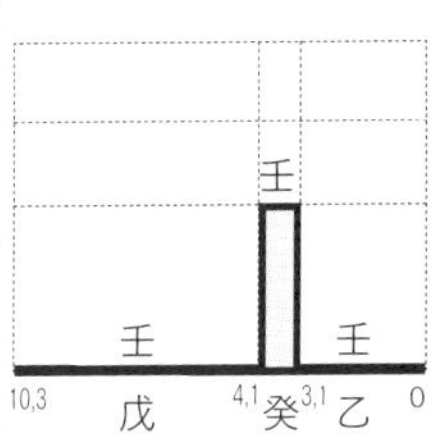

第 運 30. 癸巳

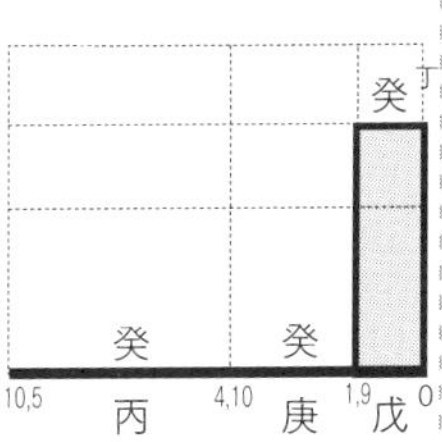

第 運 31. 甲午

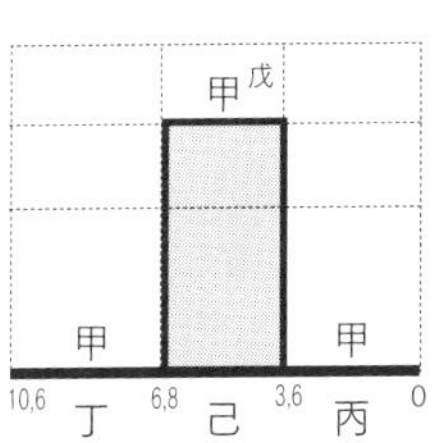

第 運 32. 乙未

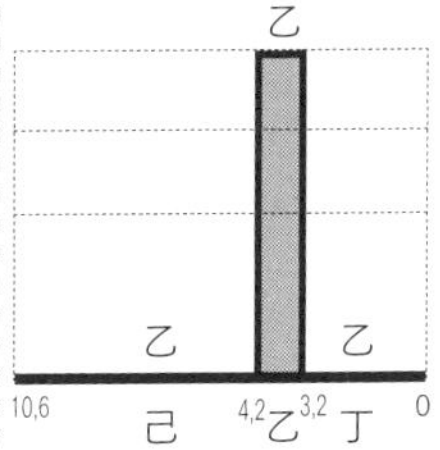

第 運 33. 丙申

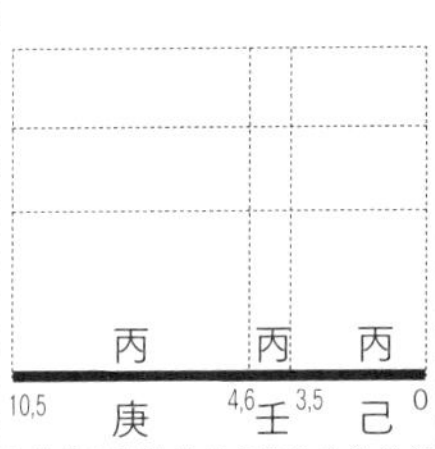

第 運 34. 丁酉

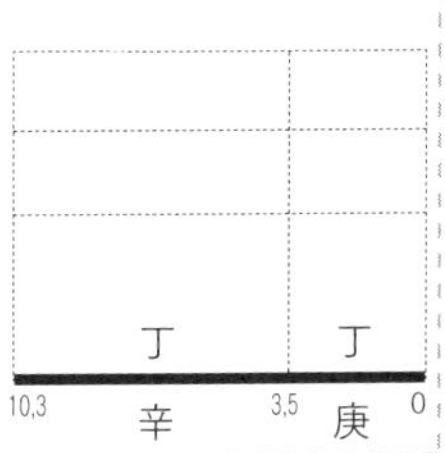

第 運 35. 戊戌

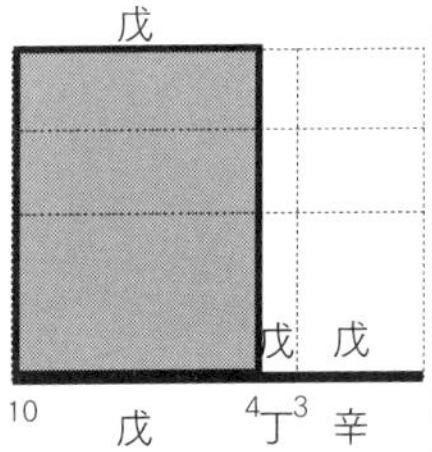

第 運 36. 己亥

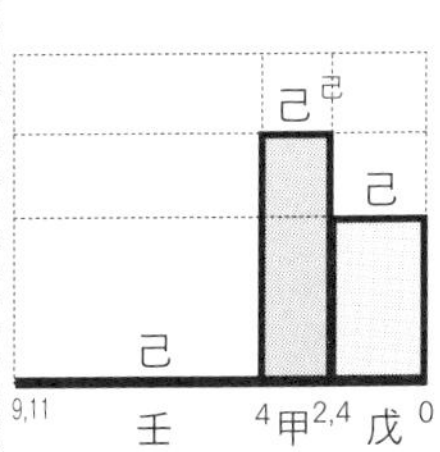

第 運 37. 庚子

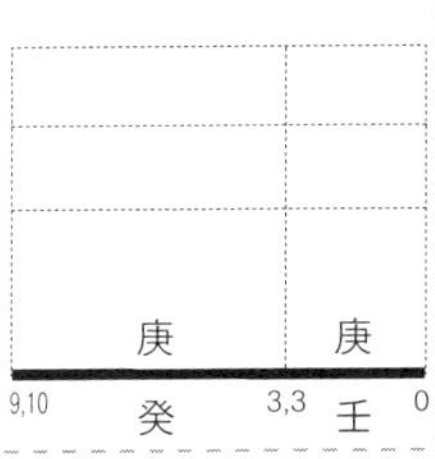

第 運 38. 辛丑

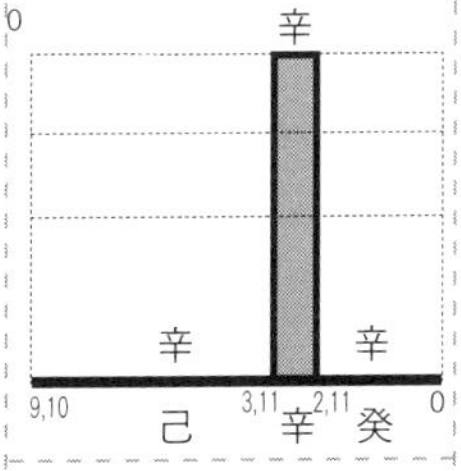

第 運 39. 壬寅

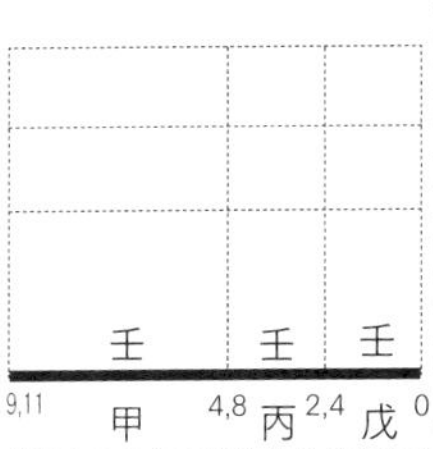

第 運 40. 癸卯

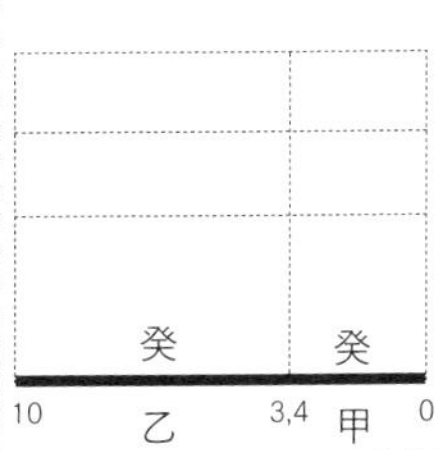

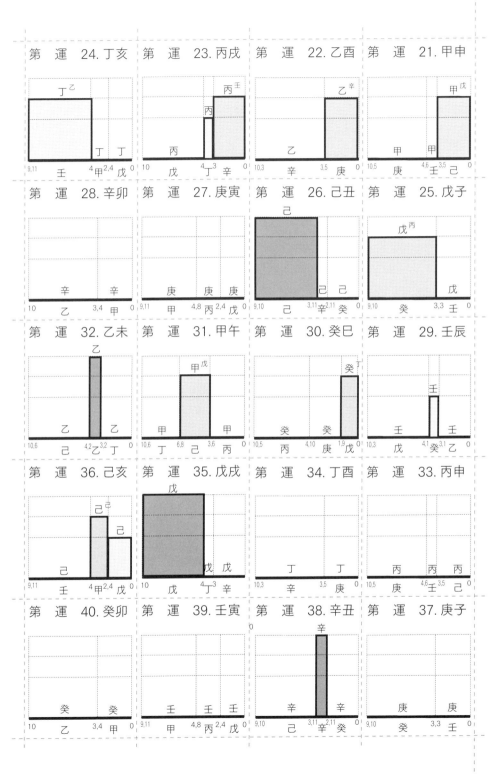

第　運　41. 甲辰

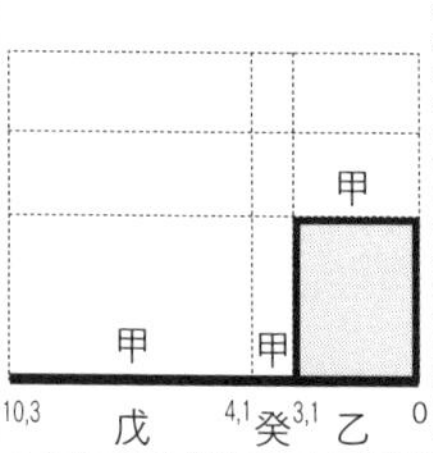

第　運　42. 乙巳

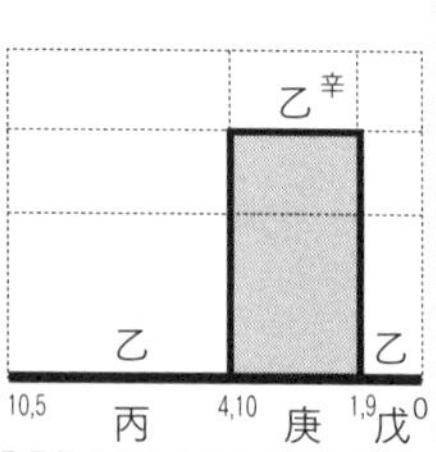

第　運　43. 丙午

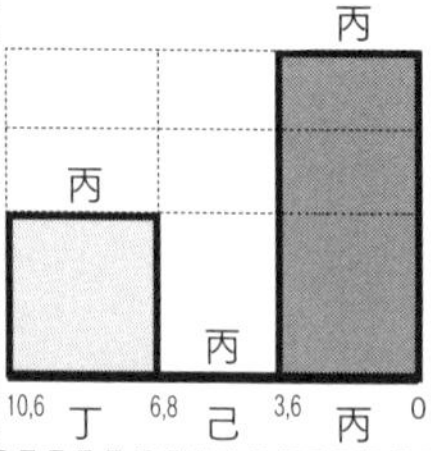

第　運　44. 丁未

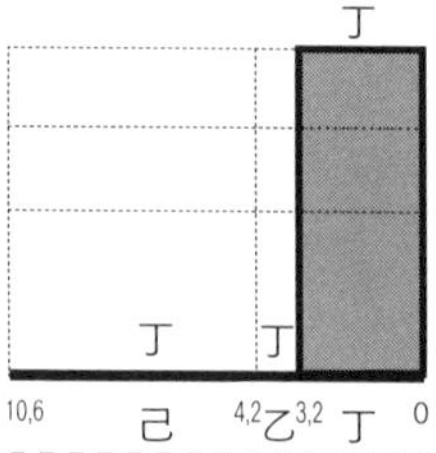

第　運　45. 戊申

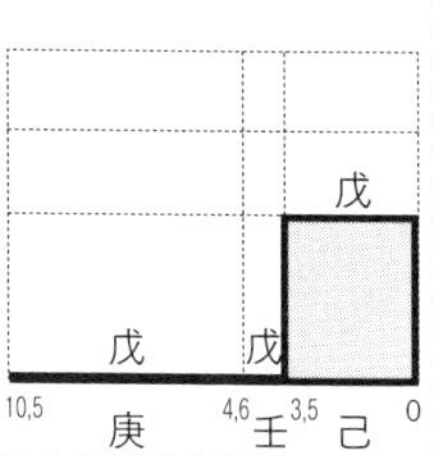

第　運　46. 己酉

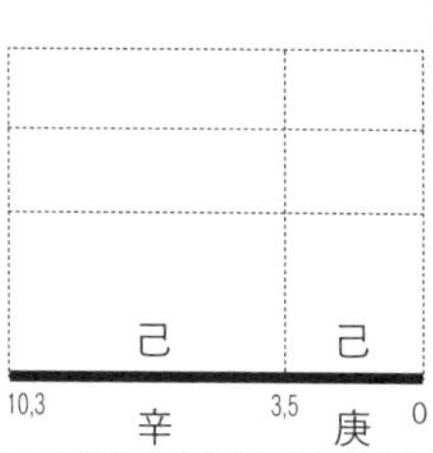

第　運　47. 庚戌

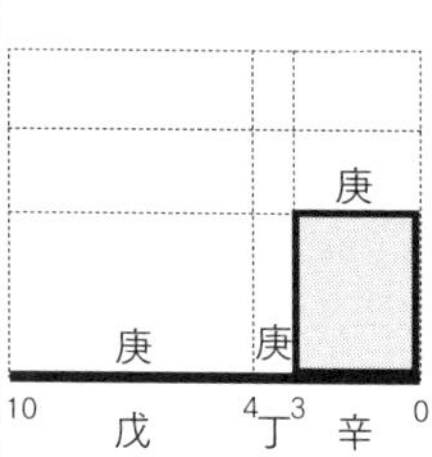

第　運　48. 辛亥

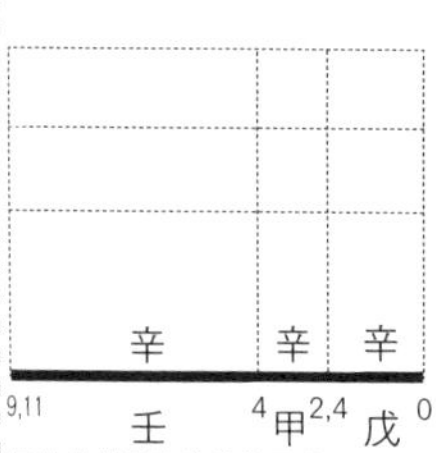

第　運　49. 壬子

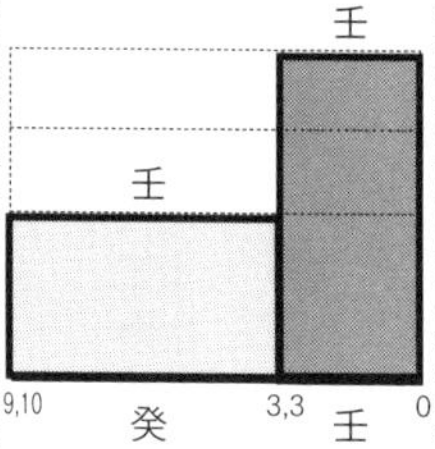

第　運　50. 癸丑

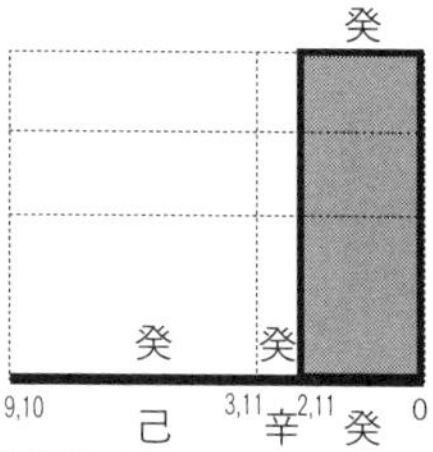

第　運　51. 甲寅

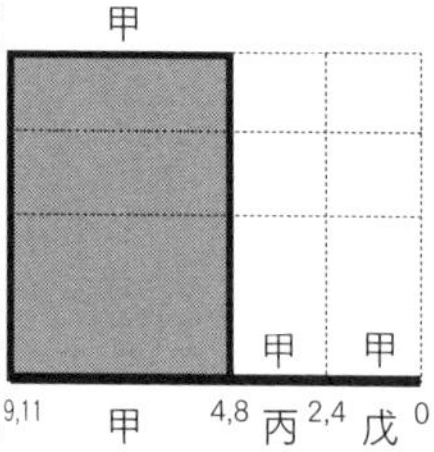

第　運　52. 乙卯

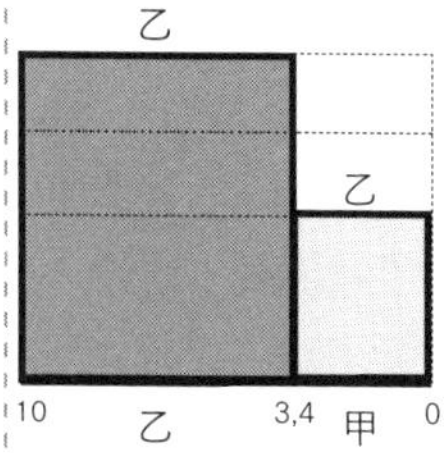

第　運　53. 丙辰

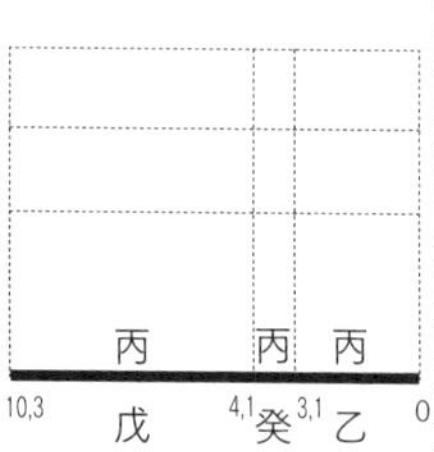

第　運　54. 丁巳

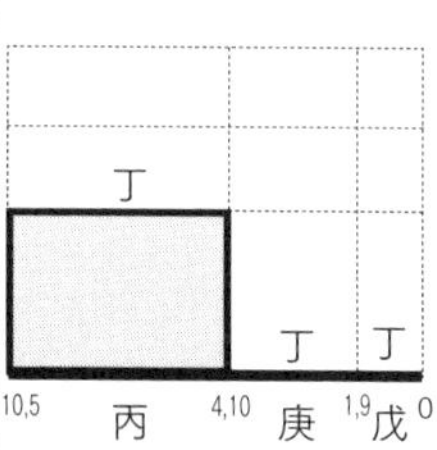

第　運　55. 戊午

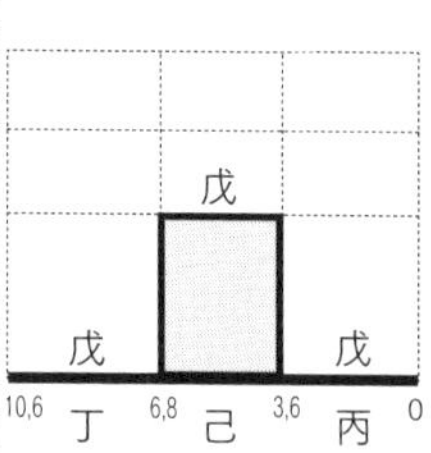

第　運　56. 己未

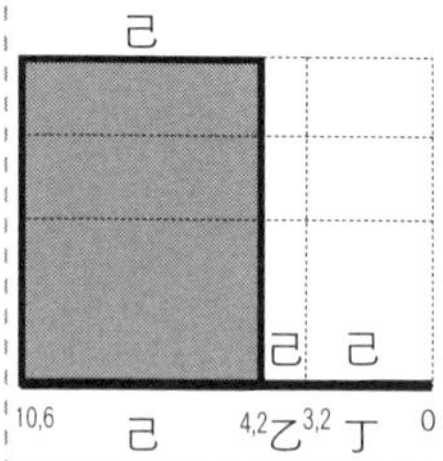

第　運　57. 庚申

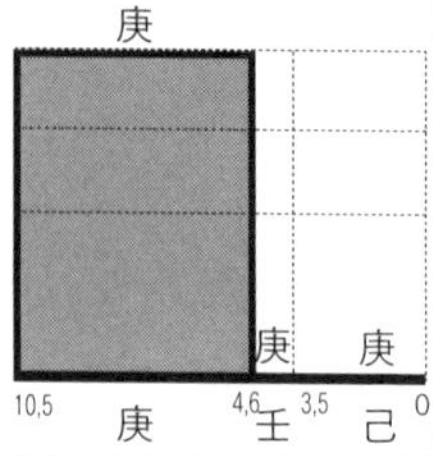

第　運　58. 辛酉

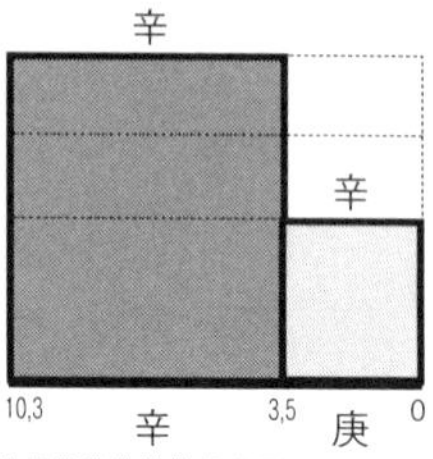

第　運　59. 壬戌

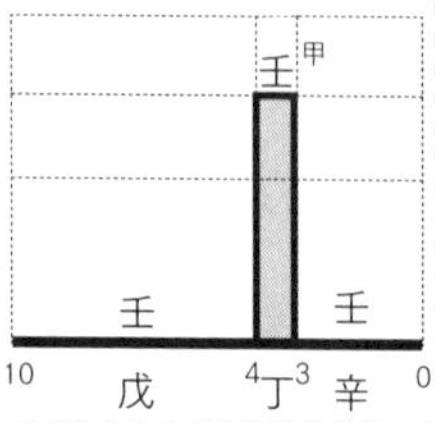

第　運　60. 癸亥

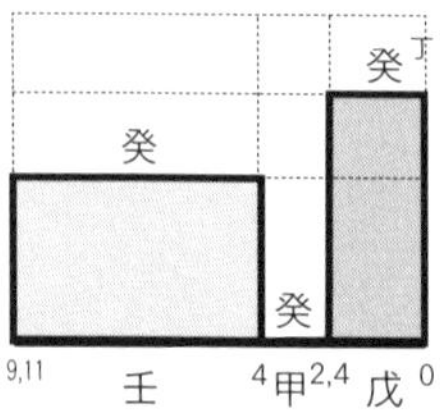

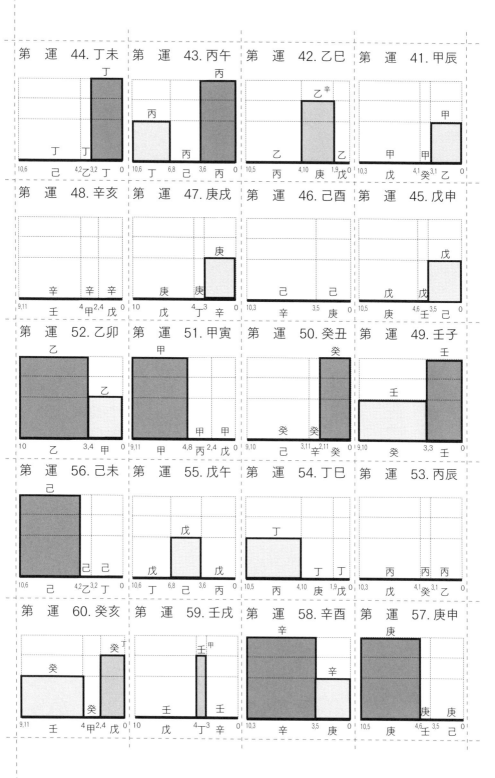

大運図　逆行

男性は、年干支が陰の人です。
女性は、年干支が陽の人です。
大運は、干支番号が減少する方向に進んでいきます。
第1運の次は第60運に戻ります。

第　運　57. 庚申

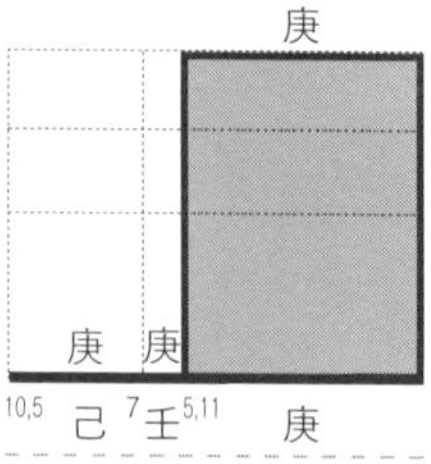

第　運　58. 辛酉

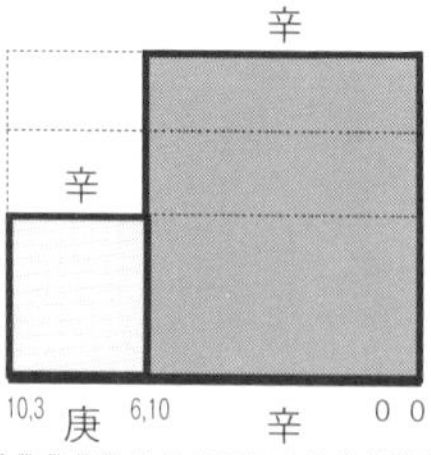

第　運　59. 壬戌

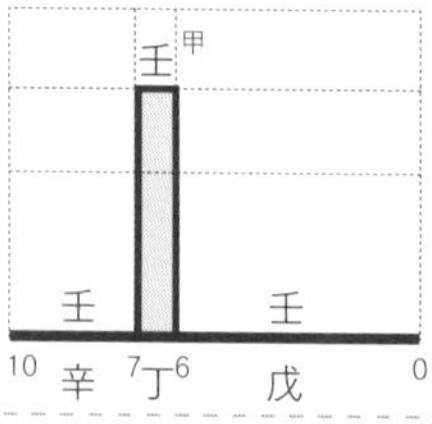

第　運　60. 癸亥

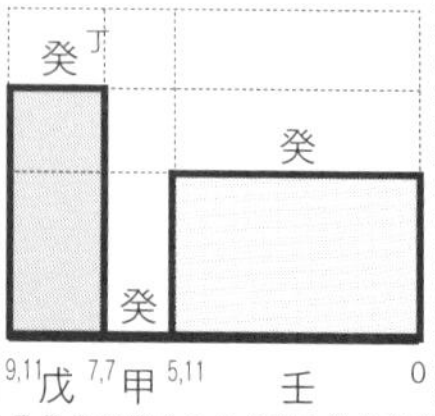

第　運　53. 丙辰

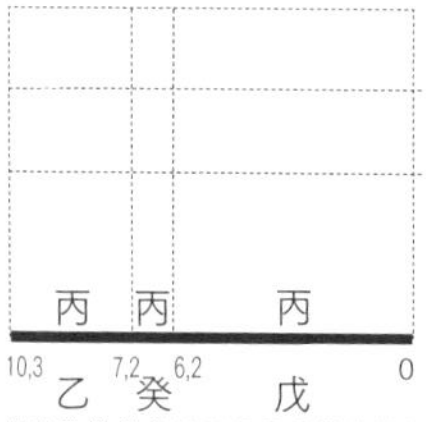

第　運　54. 丁巳

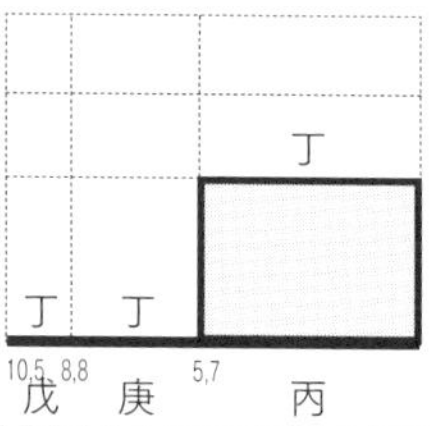

第　運　55. 戊午

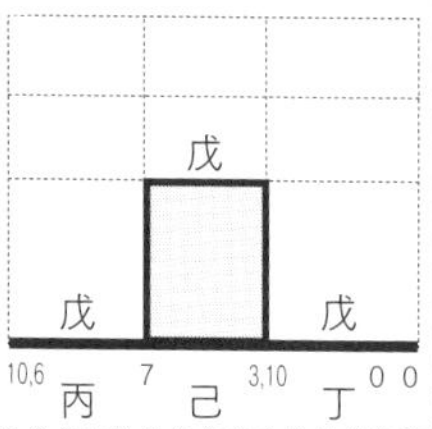

第　運　56. 己未

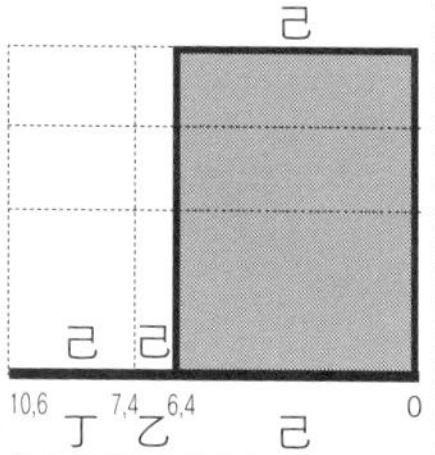

第　運　49. 壬子

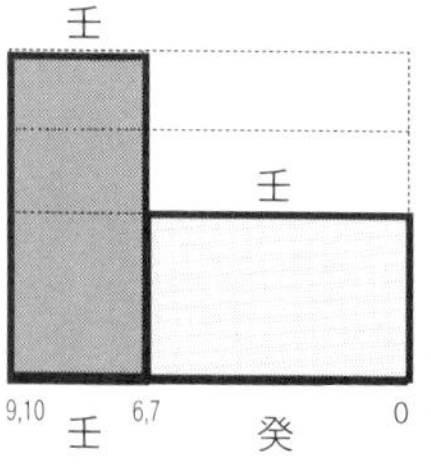

第　運　50. 癸丑

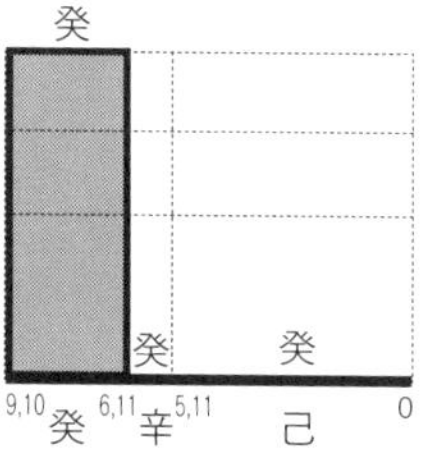

第　運　51. 甲寅

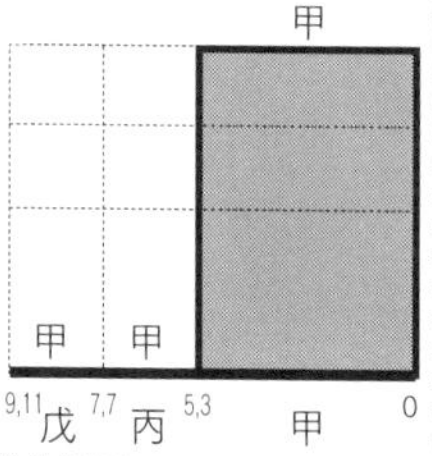

第　運　52. 乙卯

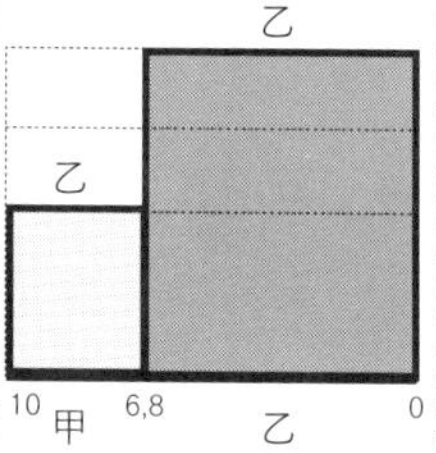

第　運　45. 戊申

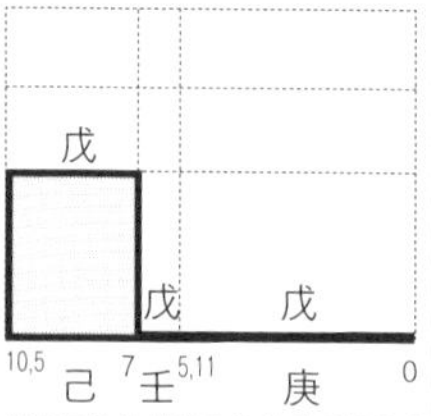

第　運　46. 己酉

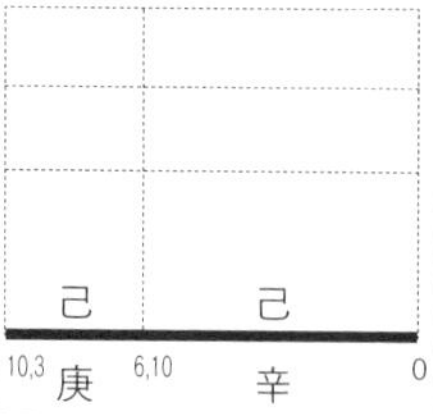

第　運　47. 庚戌

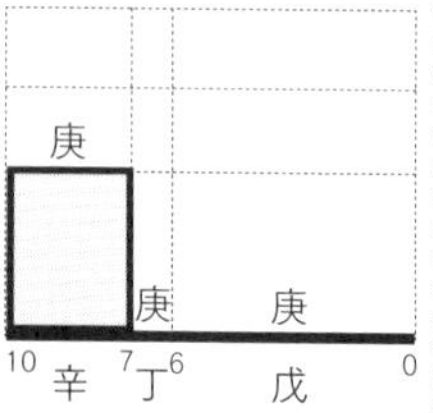

第　運　48. 辛亥

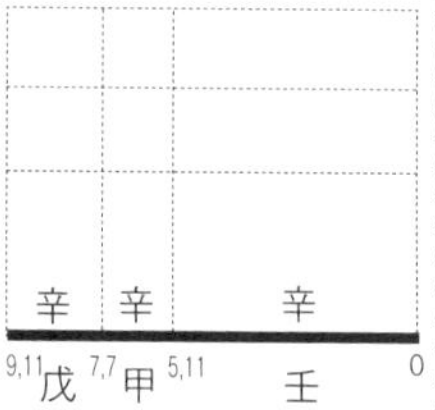

第　運　41. 甲辰

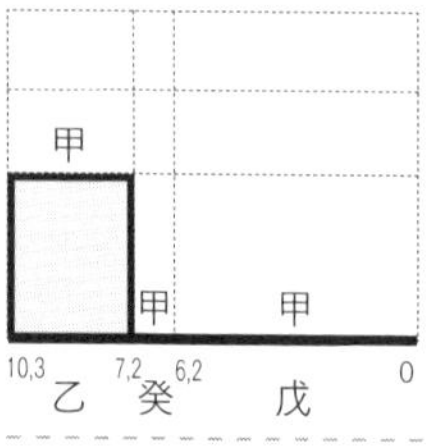

第　運　42. 乙巳

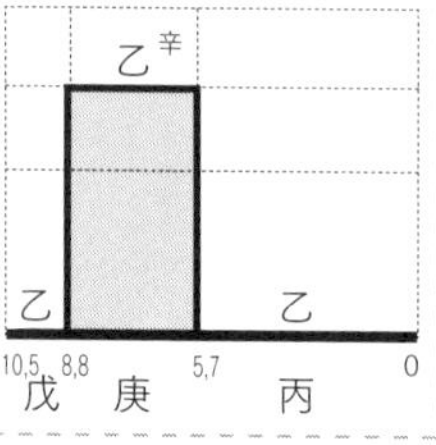

第　運　43. 丙午

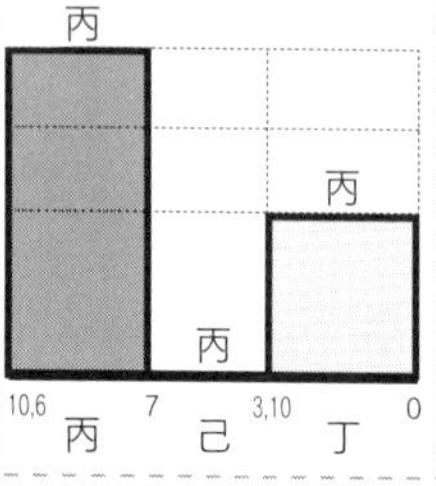

第　運　44. 丁未

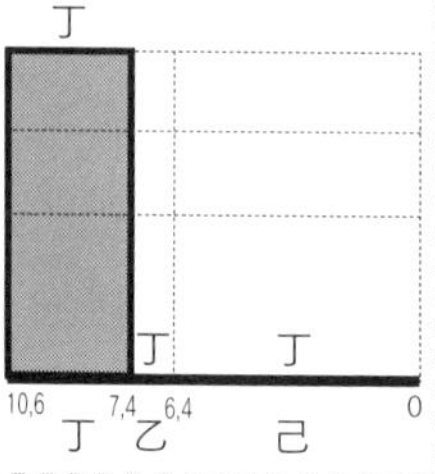

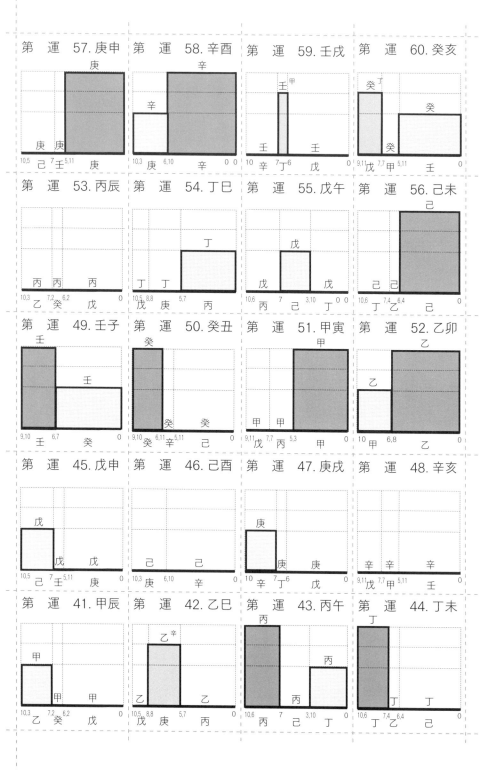

第　運　37. 庚子

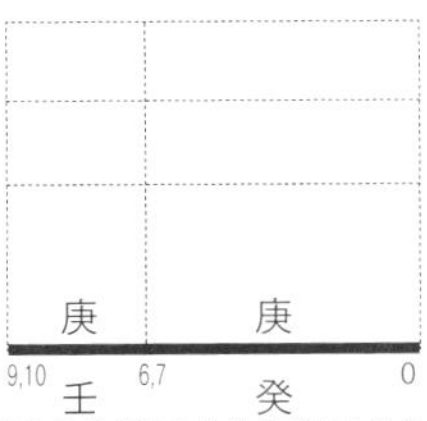

第　運　38. 辛丑

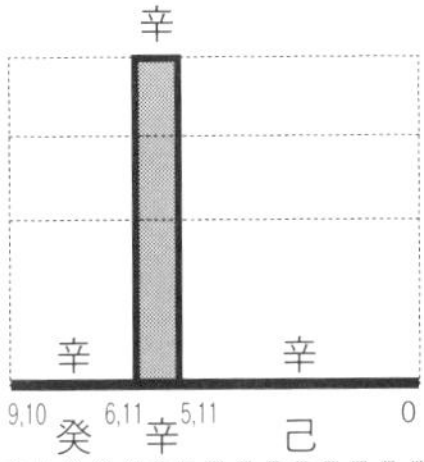

第　運　39. 壬寅

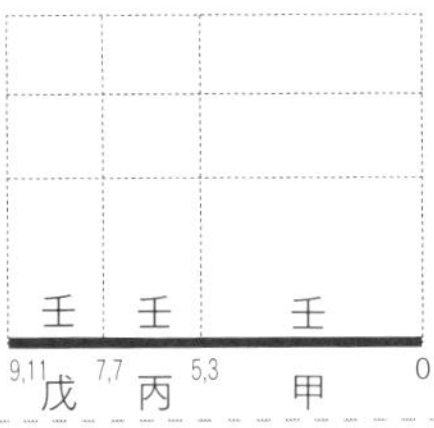

第　運　40. 癸卯

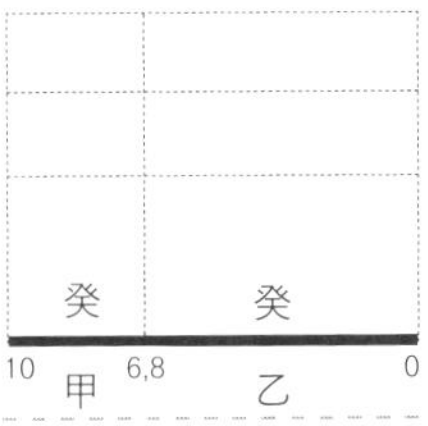

第　運　33. 丙申

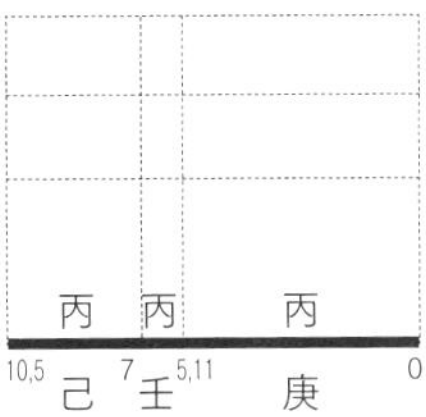

第　運　34. 丁酉

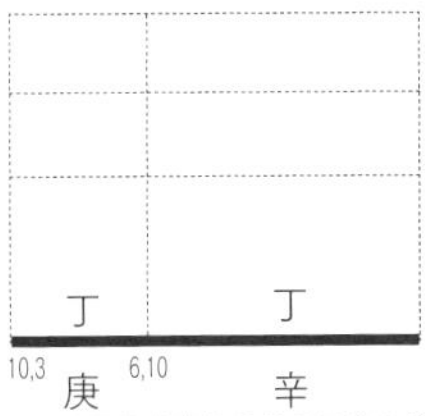

第　運　35. 戊戌

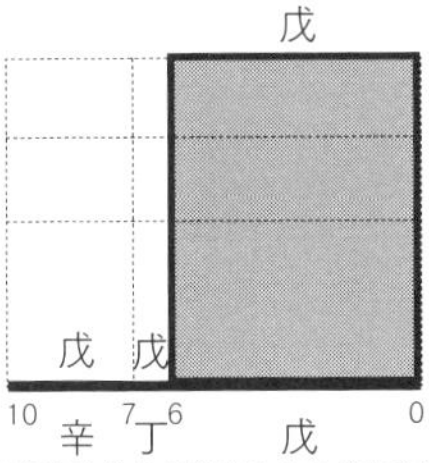

第　運　36. 己亥

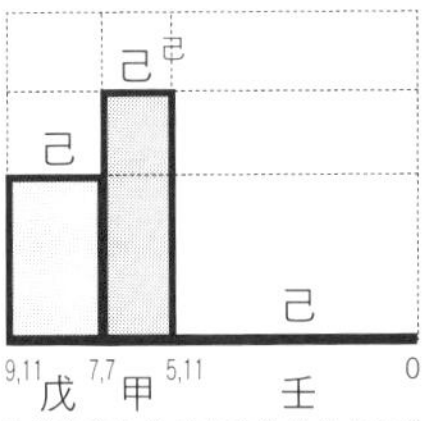

第　運　29. 壬辰

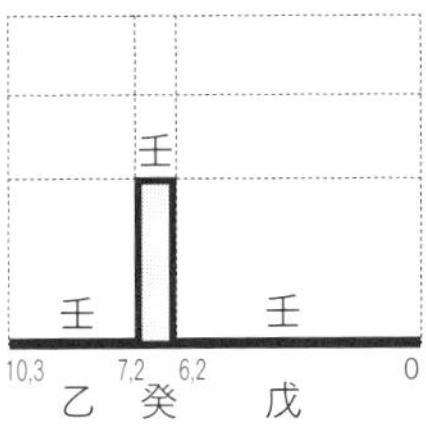

第　運　30. 癸巳

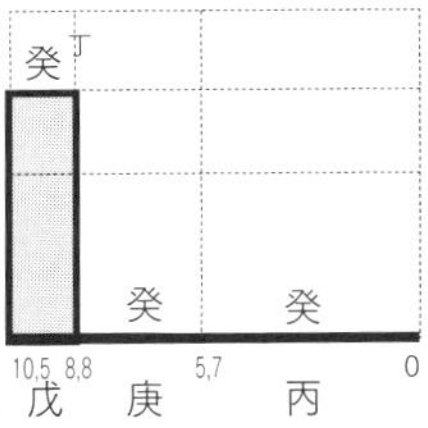

第　運　31. 甲午

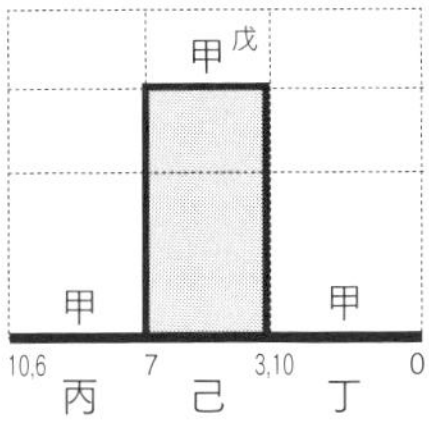

第　運　32. 乙未

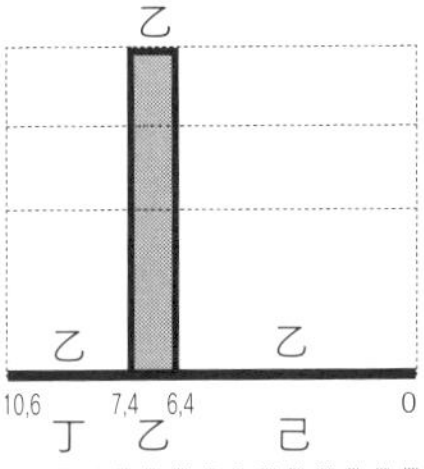

第　運　25. 戊子

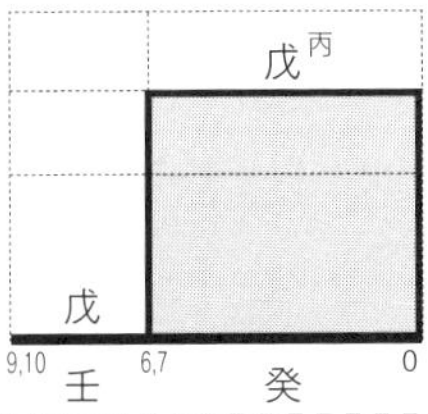

第　運　26. 己丑

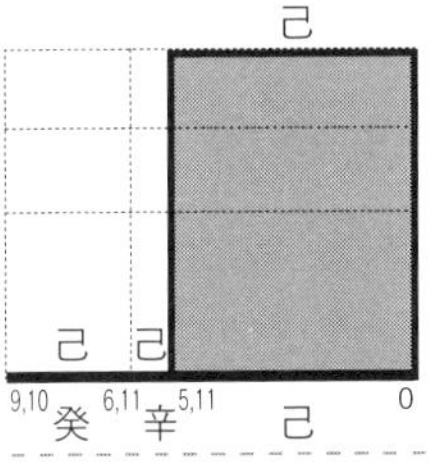

第　運　27. 庚寅

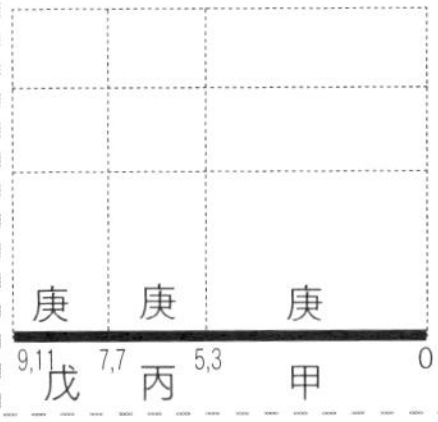

第　運　28. 辛卯

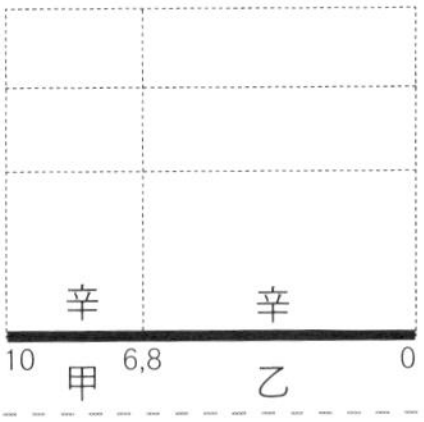

第　運　21. 甲申

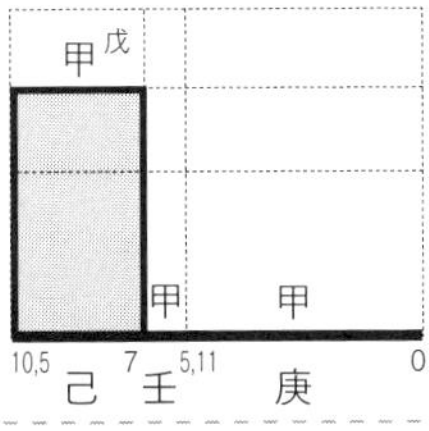

第　運　22. 乙酉

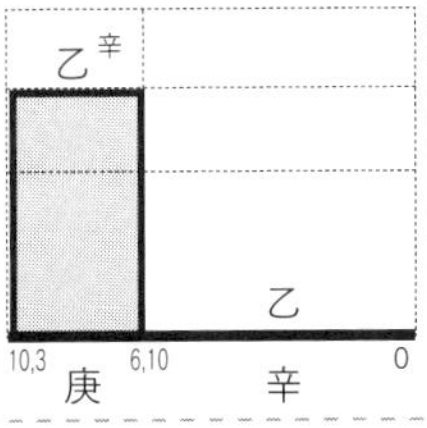

第　運　23. 丙戌

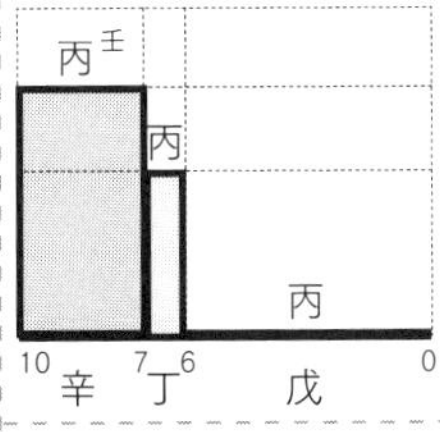

第　運　24. 丁亥

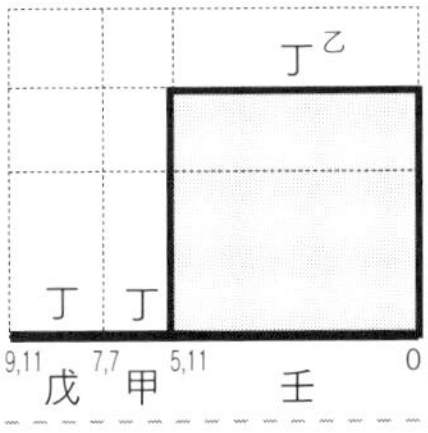

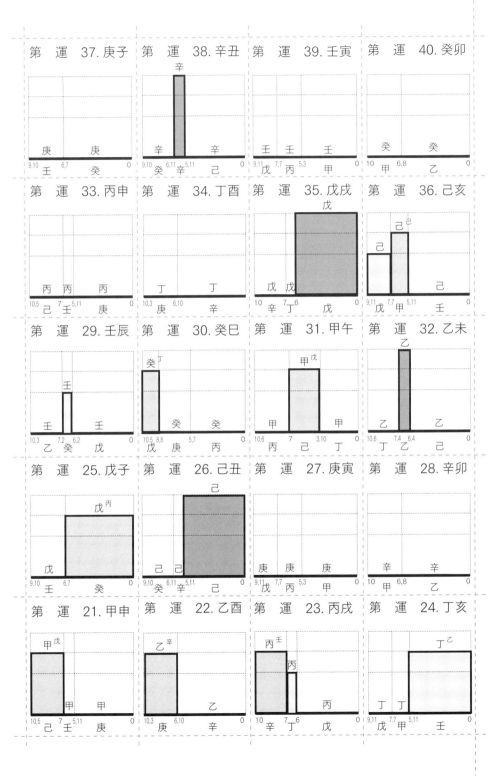

第　運　17. 庚辰

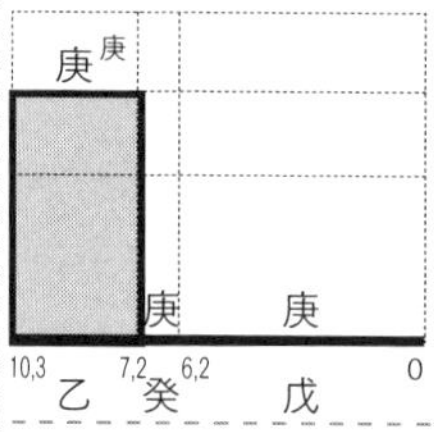

第　運　18. 辛巳

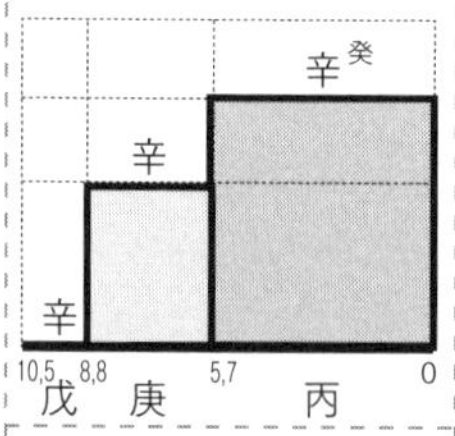

第　運　19. 壬午

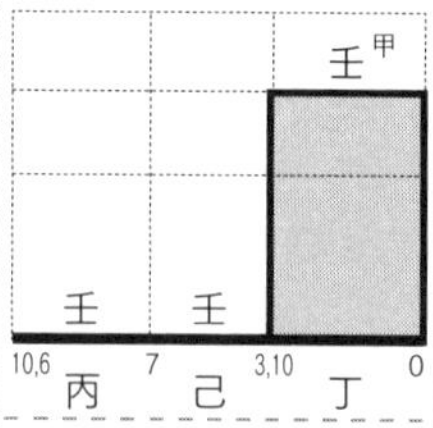

第　運　20. 癸未

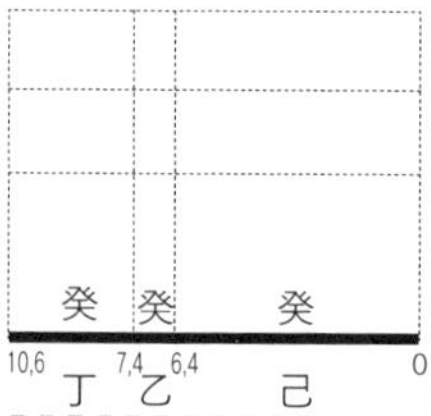

第　運　13. 丙子

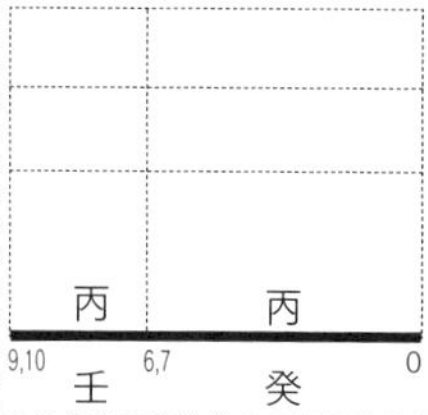

第　運　14. 丁丑

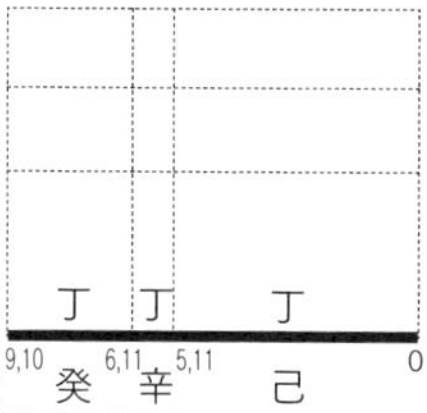

第　運　15. 戊寅

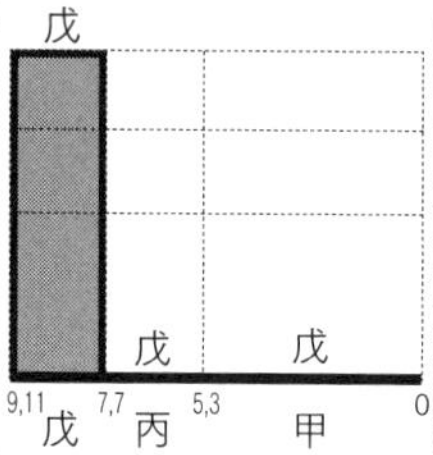

第　運　16. 己卯

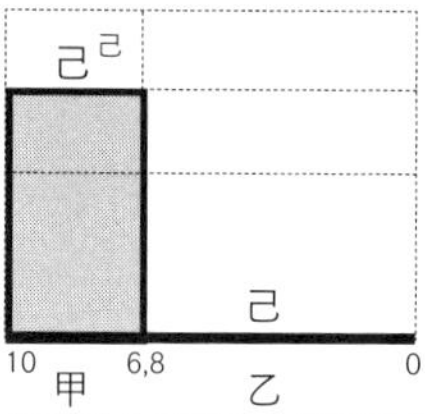

第　運　9. 壬申

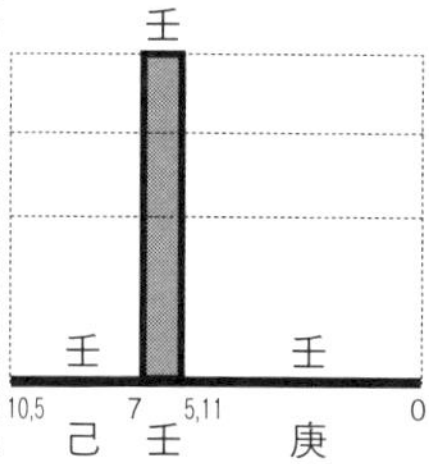

第　運　10. 癸酉

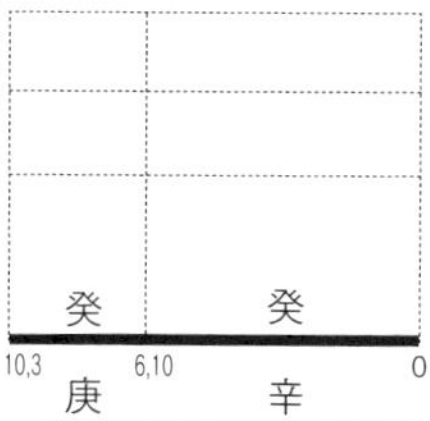

第　運　11. 甲戌

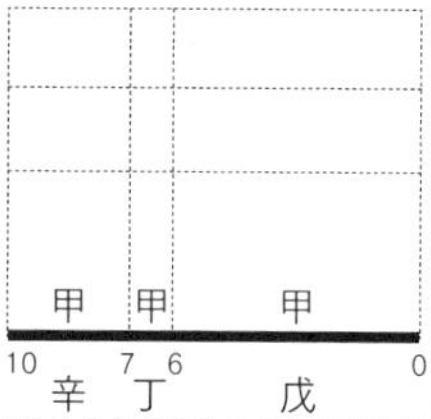

第　運　12. 乙亥

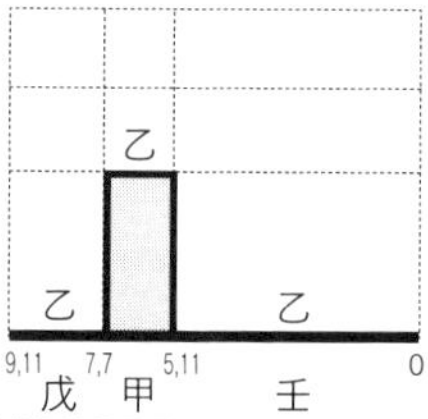

第　運　5. 戊辰

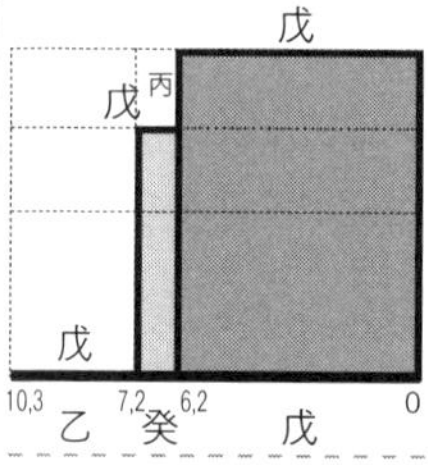

第　運　6. 己巳

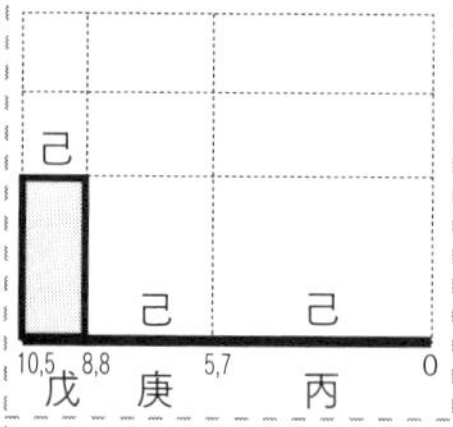

第　運　7. 庚午

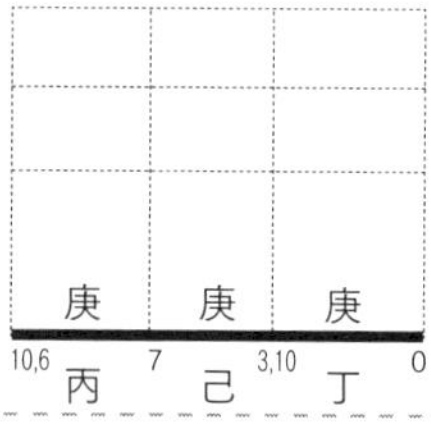

第　運　8. 辛未

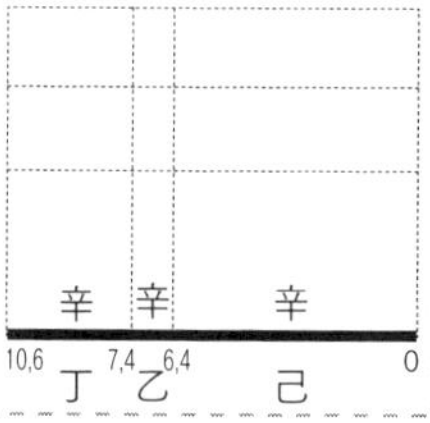

第　運　1. 甲子

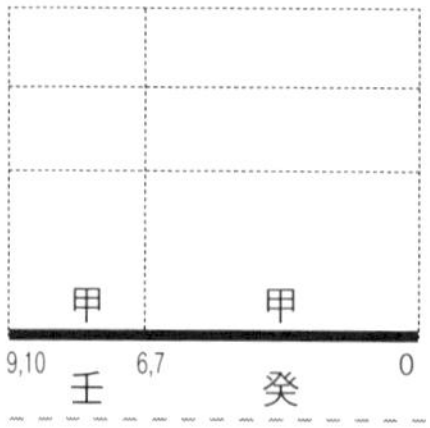

第　運　2. 乙丑

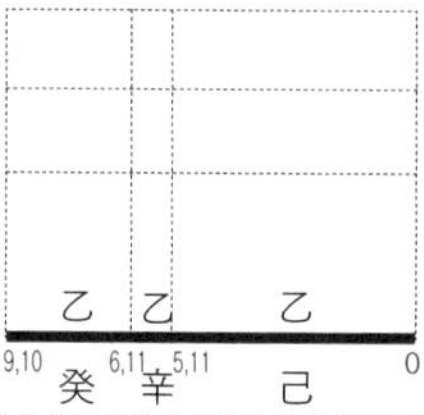

第　運　3. 丙寅

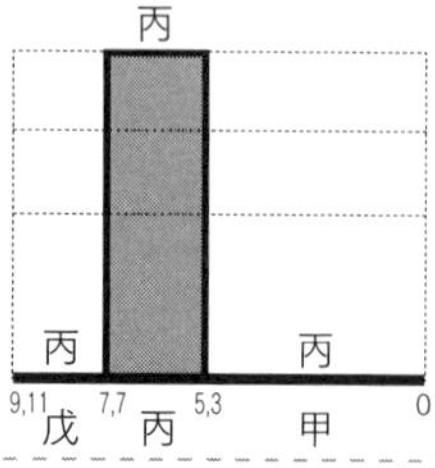

第　運　4. 丁卯

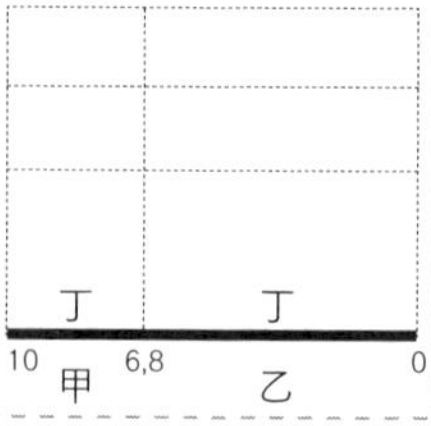

【著者紹介】
池本正玄（いけもと・せいげん）
1952年１月２日福岡県太宰府生まれ。
東京理科大学理学部数学科卒。
平成元年真占術会設立。
平成18年『正玄流 四柱推命 乾之巻』出版。
平成29年『黄帝暦 八字占術』出版。
令和元年『子育てママの四柱推命 正玄流意識編』編集出版。
令和５年『六壬神課金口訣心髄指要』原文翻訳。
学校法人松蔭学園監事。

正玄流四柱推命　震之巻　大運

2023年７月28日　初版発行

著　者――池本正玄（いけもと・せいげん）
装　幀――福田和雄（FUKUDA DESIGN）
編　集――初鹿野剛
本文DTP――Office DIMMI

発行者――今井博揮
発行所――株式会社太玄社
TEL 03-6427-9268　FAX 03-6450-5978
E-mail：info@taigensha.com　HP：https://www.taigensha.com/

発売所――株式会社ナチュラルスピリット
〒107-0062　東京都千代田区神田神保町3-2　高橋ビル2階
TEL 03-6450-5938　FAX 03-6450-5978

印刷――モリモト印刷株式会社

ISBN 978-4-906724-87-1 C0011
Printed in Japan

池本正玄の本

●陰陽五行を極める本格的占い出版社、太玄社の本

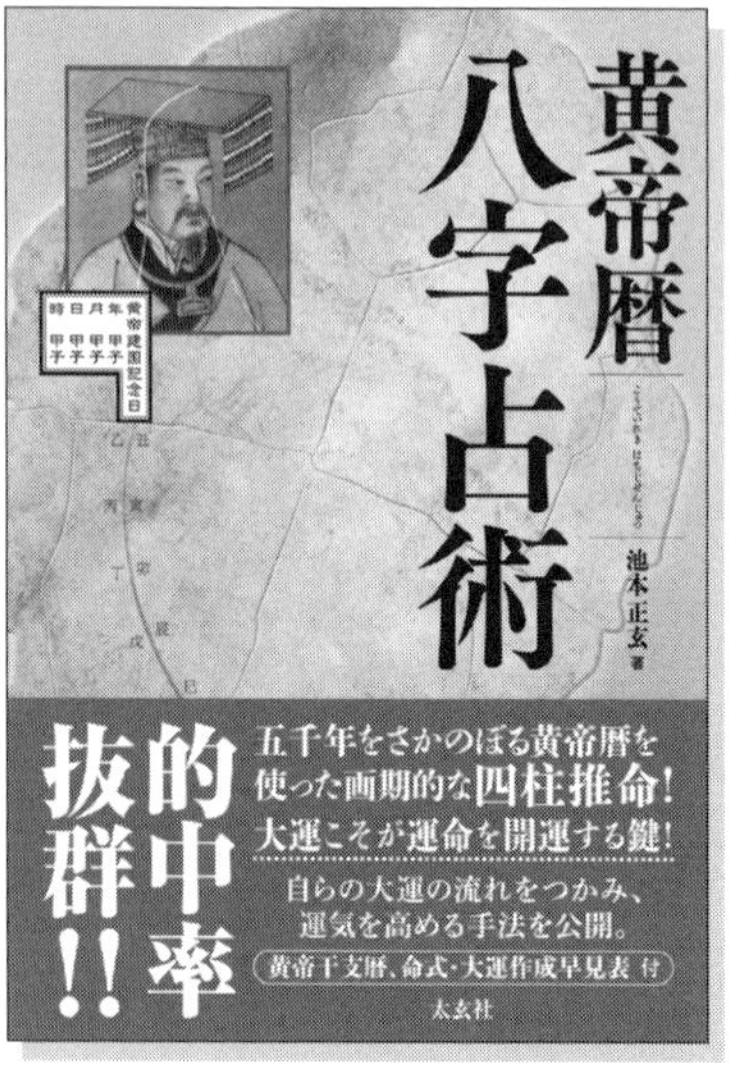

A5判・並製／定価 本体 2300円+税

黄帝暦
八字占術

池本正玄 著

有名人を例に、
わかりやすく解説！
五千年をさかのぼる古への暦法、
黄帝暦を使った画期的な四柱推命！
自らの大運の流れをつかみ、
運気を高める手法を公開。

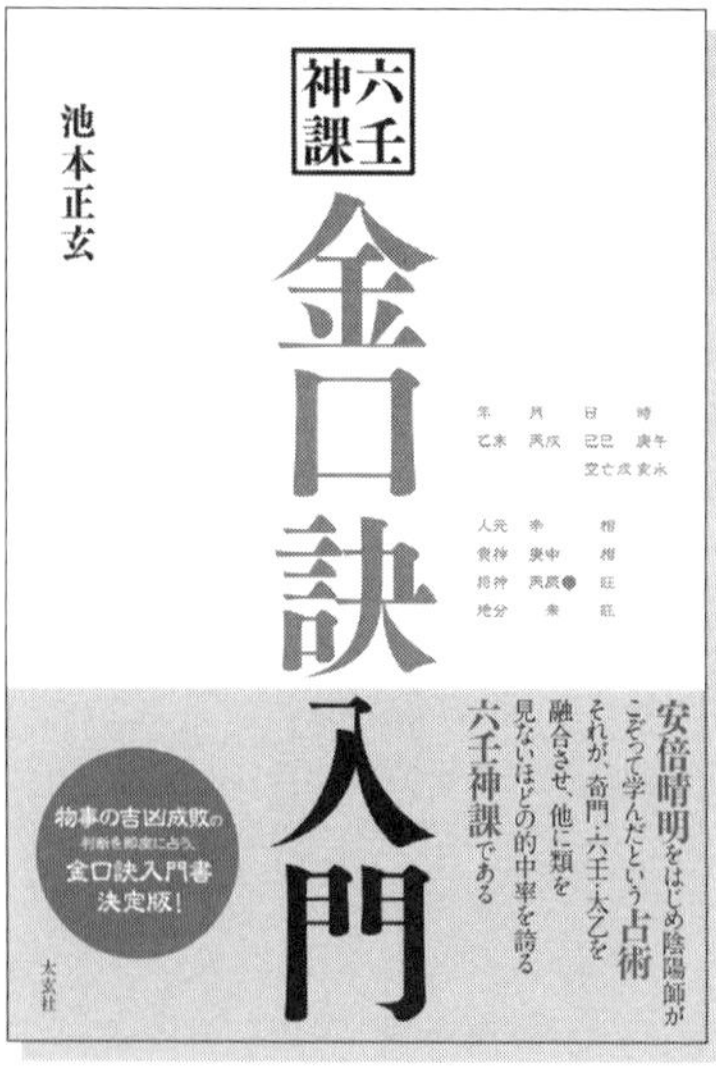

A5判・並製／定価 本体 2400円+税

六壬神課
金口訣入門

池本正玄 著

物事の吉凶成敗の判断を
即座に占う、金口訣入門書決定版！
奇門・六壬・太乙を融合させ、
他に類を見ないほどの
的中率を誇るのが六壬神課であり、
その系統の一つが金口訣である。

お近くの書店、インターネット書店、および小社でお求めになれます。